사회복지 윤리와 철학

오 혜 경

창지사

머리말

시대적 상황에 따라서 사회복지실천가에게 실천의 쟁점이 되는 사회문제의 내용도 변화를 거듭하여 왔으며, 이 문제를 이해하고 해결하기 위한 사회복지실천의 가치와 윤리기준도 변화되고 있습니다. 따라서 사회복지실천가는 사회복지실천 분야에서 지금까지 진행되어 왔던 전문가의 가치는 무엇에 의해 결정되어 왔는지, 그리고 사회복지실천에서의 사회복지사는 어떤 종류의 윤리적인 딜레마를 경험하고 있는지, 또한 이들이 이 딜레마를 해결하기 위해서 어떤 노력을 하고 있는지에 관해 이해하여야 합니다.

때때로 슈퍼바이저를 비롯한 사회복지사들이 실천현장에서 윤리적인 딜레마에 빠질 때가 많습니다. 그럼에도 불구하고 이를 극복하기 위한 기준이 되는 윤리강령이나 실천지침이 부족합니다. 그뿐만 아니라 사회복지사가 윤리적인 딜레마에 직면했을 때, 필요한 자문을 받는 일도 용이하지 못한 것이 사실입니다. 이와 같은 현실에 비추어, 본서는 사회복지실천의 기본적인 가치와 철학, 그리고 사회복지실천윤리 등의 내용을 담고 있습니다.

본서는 사회복지실천의 가치와 철학 및 윤리이론과 사회복지실천기준과 원칙, 그리고 이를 기반으로 만들어진 사회복지사 윤리강령 등으로 구성되었습니다. 이와 더불어 사회복지사가 사회복지실천현장에서 경험하고 있는 윤리적 딜레마 사례를 살펴보고, 이를 해결하기 위한 윤리적인 의사결정방안에 관해 논의하고 있습니다.

어려운 여건 속에서도 본서의 출판을 맡아 주신 창지사 관계자 분들께 감사의 뜻을 전합니다.

2015년 저자 오 혜 경

목 차

1 P/A/R/T

사회복지 윤리의 기초 - 이론적 배경

사회복지실천의 가치와 윤리

CHAPTER 1

사회 변화에 따라서 사회문제도 변화를 거듭하여 왔다. 더불어 사회복지실천의 주제와 쟁점도 변화하게 되었다. 특히 사회복지실천을 담당하는 사회복지사에게는 사회적 변화에 따른 사회문제에 적절히 대응하기 위해 새롭게 제기되는 인간서비스의 변화를 위한 노력이 요구되어 왔다. 이러한 새로운 과업들로 인해 사회복지사에게 사회복지실천의 가치와 전문가의 윤리기준도 변화의 필요성이 제기되는 등 여러 가지 도전에 직면하게 되었다.

사회복지실천의 쟁점이 되고 있는 가치와 윤리에 대한 충분한 이해를 위해서는 사회복지실천 분야에서 지금까지 진행되어 왔던 전문가의 가치기준은 무엇에 의해 결정되어 왔는지, 그리고 사회복지실천에서의 윤리적인 딜레마는 무엇이며 이를 해결하기 위해 어떠한 방법들을 사용하고 있는지에 관해 이해하여야 한다.

1. 사회복지실천에서의 가치

사회복지사가 클라이언트인 개인, 가족, 집단 혹은 지역사회의 문제를 다루는 일, 그리고 사회문제를 해결하기 위한 일에도 사회복지사의 가치와 윤리의 중요성은 지속적으로 인식되어 왔다.

가치는 인간의 경험으로부터 만들어지는 것이며, 이 경험으로 인해 새로운 가치가 만들어지는 것이다. 또한 가치는 각각의 개인이나 집단에도 영향을 미쳐 개인이나 집단 구성원이 특정한 행동을 선택하는 데 있어 안내 지표를 제공하게 된다. 그리고 가치는 개인 혹은 집단 구성원이 행동을 조직하고 수행하는 일에 영향을 미치고, 이들 집단 구성원이 가치를 함께 공유하고 나누기 위한 목적을 제공하게 된다.

레셔(Rescher, 1969)는 가치에 관해 다음과 같이 정의하고 있다.

- 가치란 강하고, 극복할 수 있어야 하며, 가치는 존경할 만큼 훌륭한 것이다.
- 가치란 감사를 받을 가능성이 있는 모든 것이며, 모든 욕구의 대상이다.
- 가치는 명백한 개념이며, 동시에 때때로 암시적인 개념이다.
- 가치는 개인이나 집단의 특성을 표시하는 특수한 개념이다.
- 가치는 개인이나 집단의 행동을 선택하고 가능하게 만드는 수단과 목표에 영향을 미치는 개념이다.
- 가치가 추구하는 바람직한 목표는 인간이 자신의 행동을 선택하는 데 있어서, 다른 대안적인 과정들 가운데에서 자신의 선택에 영향을 미치는 인간의 노력 혹은 가장 일반적이며 법률적인 진술을 안내하기 위한 행동을 설명하는 것이다.

가치에 대한 정의를 명료하게 내리는 일은 쉬운 일이 아님에도 불구하고 사회복지실천에서의 가치는 사회복지사들 사이에서 지속적으로 주목받아 왔다.

펄만(Perlman, 1976: 381)은 사회복지실천의 '가치'를 다음과 같이 설명하고 있다.

> "가치는 사회복지의 모든 실천에 적용되고 있으며, 가치는 사회복지실천에 중요하게 영향을 미치기 때문에 사회복지사는 가치에 대해 의식적으로 인식하고 깨달아야 할 필요가 있다. 또한 사회복지실천의 가치는 개념 정립이나 논의의 주제일 뿐만 아니라 개별 사회복지사나 집단 사회복지사 혹은 지역사회

실천 계획을 담당하는 사회복지사, 사회조사 전문가 들에게 관심의 동기로 다가서야 한다. 그럼으로써 모든 사람에게 보이지 않는 가치라 가정하는 것이나 책임이나 약속에 의해 끌려가기도 하고 끌고 갈 수도 있어야 한다. 사회복지실천 전문가들은 지속적으로 실천의 내용을 가정할 수 있어야 하며 지속적으로 실천에 대한 약속과 공약을 지키며 충분한 의식을 가지고 가치가 의미하고 있는 내용을 확인할 수 있어야 한다."

그럼에도 불구하고 사회복지실천 문헌에서는 지금까지 '가치'에 대한 명확한 정의를 내리지 못한 채, 가치를 중요한 논의의 개념으로 다루고 있다.

비즐렌티(Vigilante, 1974: 108, 114)는 사회복지실천에 있어서의 '가치'를 다음과 같이 설명하고 있다.

"사회복지실천은 가치, 지식, 그리고 기술이 통합되어 하나의 개념으로 규명되고 있다. 가치는 우수한 것, 혹은 탁월한 것으로 가정하고 있으며, 학자들은 가치는 지식과 기술을 통합한 총체적인 것이 직접적으로 영향을 미쳐 만들어진 것이라고 가정하고 있다. 이 밖에도 사회복지실천의 가치는 학자, 이론가, 사회복지실천 교육과정의 교과목을 계획하는 사람들이 사회복지실천 교육에서 가치를 어떻게 다룰 것인지 하는 문제에 최선의 관심과 주의집중을 하고 있는 상황이라고 소개하면서, 다른 학술 분야에서 다루고 있는 가치에 대한 관심과의 차이를 비교할 필요가 있음을 지적하고 있다. 초기 사회복지실천에서는 대부분의 사회복지사가 종교적인 가치를 중시하였으나, 이후에도 종교적인 가치에 기초한 사회복지사로서의 가치를 뛰어넘지 못한 채, 전문가의 가치 계발과 사회복지실천 가치에 대한 정의를 내리는 일을 소홀히 다루어 왔다고 해도 과언이 아니다."

사회복지실천에서 '가치'의 핵심적인 관심 내용으로는 사회복지실천의 역할과 과업, 사회복지사는 자신의 클라이언트와 사회복지사와 함께 일하는 동료, 전체 사회구성원들과의 관계, 사회복지사의 실천 활동인 개입방법, 그리고 실천에 있어 윤리적인 딜레마의 해결 등을 들 수 있다. 좀 더 구체적으로 살펴보면, 넓은 의미의 사회복지실천의 다양한 목적과 책임을 수행하기 위해서 '전문가의 가치'에 기초를 세운 사람들과 최근의 실천가들의 신념을 기초로 하여 '사회복지실천의 가치'가 결정되고 있다.

사회복지실천은 단순하고 기술적인 것이 아니다. 오히려 사회복지실천은 가치에 기초하고 가치의 정신에 따라 복잡하고, 신중하게 개입해야 하는 중재의 방식을 통해 상처받기 쉬운 나약한 사람들을 돕기 위해 노력하는 일에 최선을 다하는 것이다(Timms, 1983).

사회복지사의 가치는 사회복지사와 함께 일하는 클라이언트, 동료, 그리고 사회복지실천현장에서 함께 일하는 다양한 사회구성원들과의 관계에 영향을 미친다(Hamilton, 1940). 사회복지사는 자신이 누구와 함께 실천할 것인지에 대한 선택을 하게 된다. 예컨대, 어떤 사회복지사는 학대피해아동, 선천성 중증장애인 등 상처를 입은 클라이언트부터 이들을 돌보는 보호자까지 다양한 대상을 만나게 되고, 동시에 다양한 클라이언트를 돕게 된다. 반면 또 다른 사회복지사는 여러 형태의 가해자들, 예컨대, 성폭력 가해자, 범죄자, 감옥 수감자 등을 만나게 된다. 또한 일부 사회복지사는 경제적 취약계층의 사람을 클라이언트로 선택하는 경우도 있다. 사회복지사는 어떤 클라이언트를 자신의 클라이언트로 받아들일 것인지를 결정할 때 사회복지사 자신의 개인적인 가치관(personal value)에 의해 영향을 받게 된다. 그뿐만 아니라, 사회복지사의 가치는 개인, 가족, 집단, 지역사회 등을 대상으로 사회복지실천을 하는 데 있어 자신들의 중재내용이나 개입방법을 결정하는 일에도 영향을 미치게 된다(McDermott, 1975; Varley, 1968).

예컨대, 어떤 사회복지사가 비행청소년을 클라이언트로 받아들여 함께할 때, 클라이언트의 행동에 변화를 가져오게 하기 위해 가장 효과적인 방법이 클라이언트에게 믿음과 신념을 심어 주는 것이라 믿고, 지금까지 활용해 온 청소년 비행예방법과는 전혀 다른 방법을 활용하는 경우가 있다. 또 다른 사회복지사는 같은 유형의 비행청소년을 대상으로 실천하는 데 있어 사회복지사 자신의 개인적인 가치관에 따라서, 지금까지의 클라이언트에 적용해 온 임상적인 개입방법이 적절하지 못하고 비인간적이라는 비평과 함께 치료나 상담 등의 개입방법에 클라이언트의 자기결정권을 강조하여 새로운 치료적인 접근을 시도하는 경우도 있다. 때론 사회복지사들 가운데 저소득층의 주민생활과 빈곤층의 주택문제에 대해 옹호자의 역할을 하는 사회복지사가 있는데, 이들은 주로 공공기관의 담당자들과 시위, 단체활동, 협조 요청 등의 형식으로 문제해결을 위한 직접적인 방식을 활용하는 경우가 많다. 이때 사회복지사의 선택은 저소득층에게 기본적인 주택이 제공되어야 한다는 자신의 가치에 가장 중요 시 여기는 결정내용으로 인식되는 선택이고, 자신의 직접적인 행동을 통한 문제해결은 클라이언트의 생활향상과 사회적인 변화를 위해 반드시 필요한 방법이라고 생각한다. 또 다른 사회복지사는 자신의 가치와 사회적인 가치 간의 차이가 무엇인지를 탐구하게 되고, 자신의 신념에 기초한 사회복지실천가의 통합적인 가치와 사회적인 가치 간에 차이가 있을 때에는 이 차이로 인해 직접적인 행동을 통한 문제해결 방식을 거부하는 경우도 간혹 있다.

이처럼 가치와 관련한 여러 가지 논쟁이 지속되고 있음에도 불구하고 가치는 사회복지실천의 중심 개념에 놓여 있음은 확실하다. 사회복지사가 사회복지실천의 전문적인 책임과 의무를 수행하는 데 갈등이 생기게 되고, 윤리적인 딜레마에 빠지게 되는데, 이때 사회복지실천의 가치는 이를 해결하는 핵심 열쇠의 역할을 하게 된다. 사회복지실천에서 사회복지사가 경험하는 윤리적인 딜레마는 대체로 사회복지실천 가치와 연결되어 있고, 가치관이 제대로 확립되어 있지 못한 경우에는 윤리적인 딜레마에 쉽게 빠져들기도 한다.

아동학대와 관련한 예를 살펴보면, 사회복지사는 '클라이언트의 자기결정권', 예컨대, 아동의 부모인 클라이언트가 자신의 자녀에게 학대한 사실에 대해 아동복지전문기관에 보고하지 않기를 바라는 경우에, 이들의 '부모의 자기결정'과 '비밀보장의 권리'는 존중해야 하는 가치인가? 사회복지사의 책무와 관련하여 제도적으로 아동학대는 반드시 해당 기관에 보고해야 한다. 그래서 사회복지사는 법률적인 문제 사이에서 갈등을 겪게 된다. 사회복지실천 전문가들이 이와 같은 윤리적인 딜레마에 직면하였을 때 혹은 사회복지사가 이로 인해 갈등을 겪게 되었을 때 사회복지실천의 가치는 전문가의 의사결정이 이루어지기 전에 작용하게 되며, 결국 사회복지사는 자신의 기본 가치관에 기초하여 자신의 신념을 믿고 자신의 결정에 따라 행동하게 된다. 이때 사회복지실천의 가치는 구체적인 전문가의 임무와 책임으로 전환되는 것으로 이해할 수 있다.

사회복지실천 가치에 영향을 미치는 요인들이 무엇인지에 관한 논의가 필요하다. 예를 들어, 사회복지사의 기본적인 책무, 전문가의 기본 가치의 계발과 가치의 핵심 내용의 개발, 사회복지실천 가치와 관련한 용어 정의의 필요성, 관련 클라이언트와 사회복지사의 문화와 종교적 가치, 그리고 사회복지실천 가치가 클라이언트의 욕구에 따라 서비스 제공을 위한 실천 행위로 전환되는 방법들에 대한 논의 등이 필요하다. 이러한 논의를 통해 사회복지실천 가치는 사회복지사와 함께하는 클라이언트, 동료 사회복지사, 사회의 타 구성원들과의 관계에 영향을 미치는 동시에 사회복지사가 자신이 사용하는 사회복지실천방법, 사회복지실천과정에서 경험하는 윤리적인 딜레마 사례를 해결하기 위한 문제해결 방식에도 영향을 미친다.

참고 윤리의 개념

- 윤리(ethics)란 원래 관습을 의미하는 희랍어의 에토스(ethos)에서 온 말로, 사회의 발전과 번영을 위해 요구되는 바람직한 행동규범이 관습으로 정착된 것을 의미한다.
- 윤리(倫理)라는 한자어에서 '윤(倫)'은 사람이라는 의미의 인(人)과 뭉치라는 뜻의 륜(侖)이 합하여 만들어진 글자로, '무리 윤(倫)'이라고 한다. 이는 무리, 인간집단 등을 의미하는 글자이다. 윤리의 한자 '리(理)'는 구슬(玉)을 다듬다는 뜻을 가지고 있는 말로, 이치, 법도, 도리를 뜻하는 말이다. 즉, '윤리'는 '인간관계의 이법(理法)'으로, 사회적 관계 속에서 인간과 인간의 욕망에 의한 충돌이 발생할 경우, 이를 해결하는 조정역할 하는 것을 말한다.
- 윤리(倫理)라고 하면 '사람과 사람 사이의 도리' 또는 '인간관계의 질서'를 의미한다. 한마디로 윤리는 인간의 도리이다. 즉, 인간관계를 성립시키는 도리이며 질서이다.

2. 윤리적 사회복지실천의 전개

시대적인 변화와 함께 사회복지실천에 있어서도 전문가에 의한 전문적인 개입을 강조하는 측면에서 그 위상과 실천내용의 전문성을 높이기 위한 노력을 지속하여 왔으며, 그 과정에서 사회복지실천은 변화와 발전을 거듭하고 있다. 전문 사회복지실천의 발전에서 가장 특징적인 변화는 사회복지실천의 가치의 기준과 윤리적인 실천 방법에 대한 중요성이 강조되고 있다는 점이다.

지금까지 사회복지실천은 사회복지사가 서비스를 요구하는 클라이언트에게 서비스를 제공하는 데 있어서 그 실천 내용과 방법 등에 관해 기준을 세워 그 기준에 맞춰 서비스를 제공하는 실천을 수행하는 것(normative practice)을 특징으로 하고 있다. 예를 들어, 공공부조와 관련한 사회복지 서비스를 제공하는 데 있어서 서비스의 대상이 되는 클라이언트를 선정하는 과정에서 선정 대상자의 기준이 마련되어 있으며, 선정된 클라이언트에게 서비스를 제공하는 데 있어서도 서비스의 기준에 따라서 서비스를 제공하는 등, 모든 사회복지실천 서비스는 매우 구체적이며 표준화된 기준에 따라서 실천하는 특징이 있다. 이러한 사회복지실천의 특징은 사회복지사를 인식하는 데 있어서도 영향을 미치고 있다. 예컨대, 사회복지사의 경우에는 정해 놓은 실천기준에 기초하기 때문에 사회복지 서비스를 제공하기 때문에 자발적이고 독립적인 전문가로서 인식되기보다는 정해 놓은 표준지침을 따르는 '표준 전문가(normative profession)'로 인식되었다.

사회복지실천에서 사회복지사의 전문가로서의 가치와 윤리기준은 시기적으로 몇 단계의 변천을 거쳐 왔다.

(1) 19세기 후반

이 시기에는 사회복지실천에 있어서도 전문적인 내용과 방법으로 이루어져야 한다는 필요성이 강조되고 전문 사회복지실천에 대한 공식적 선언이 처음으로 이루어졌다. 당시에는 사회복지실천에 있어서의 사회복지사의 전문적인 가치와 윤리규정에 대한 관심을 두기에 앞서, 당시 사회적으로 가장 심각한 사회문제로 인식되는 클라이언트의 도덕성에 관한 내용이 사회복지실천의 최대 관심 분야로 여겨졌다. 따라서 당시에는 도덕적으로 취약한 사람들이 겪게 되는 빈곤의 문제에 대한 대응방안과 취약계층에 대한 원조를 위해 조직을 구성하는 일 등이 전문가의 실천 책무였다. 이때 사회복지실천의 기본적인 가치기준은 빈곤한 클라이언트가 도덕성을 회복하여 가난으로부터 벗어날 수 있도록 돕는 길을 마련하는 일에 실천의 초점을 맞춘 온정주의에 기초하고 있다.

(2) 20세기 초

20세기로 들어서면서, 구빈원이 생겨나고, 변혁의 시기(progressive era)가 진행된 시기이다. 이 기간 동안 사회복지실천의 관심은 지금까지 실천의 초점이었던 빈민의 도덕성 혹은 비도덕성의 문제에서 벗어나 실제 빈곤의 문제를 어떻게 다룰 것인가 등 서민들의 먹고사는 문제로 옮겨가면서 사회복지실천도 빈곤에 문제에 초점이 맞춰졌다. 따라서 빈곤의 문제에 대한 새로운 이해와 이들 빈민을 돕는 사회복지실천의 내용이 확대되기 시작하였다. 이 시기의 사회복지실천의 특징은 빈곤문제와 관련 있는 주택, 의료·건강관리, 보건위생, 고용, 교육 등의 사회문제에 대한 법률적·제도적 개입의 필요성이 인식되면서 이러한 사회제도의 형성을 강조하는 개혁적인 실천으로 전환되었다.

지금까지 사회복지실천이 클라이언트의 도덕성에 관심을 가져 왔던 것으로부터 사회복지실천의 관심은 사회복지사의 도덕성 확립, 투명성, 정직함 등 사회복지실천에 우선적으로 강조되었다. 이와 함께 사회복지실천의 실천전략, 개입방안, 실천기술을 마련하는 일에 대한 필요성이 강조됨과 함께, 전문가에 대한 교육

내용과 훈련 프로그램 등에 대한 필요성이 요구되기 시작하였다. 사회복지실천에 필요한 구성요소에 대한 개념이 정립되기 시작하면서 전문 사회복지실천으로서의 조건을 갖추기 위한 필요한 노력이 전개되었다.

초기의 사회복지실천에서 클라이언트의 도덕성의 문제에 관심의 초점을 맞추고 있는 동안, 사회복지실천에서 사회복지사가 전문가로서 앞으로 추구해야 할 역할에 관한 논쟁이 벌어져 왔다. 그 과정에서 사회복지실천이 클라이언트의 도덕성에 초점을 맞춰져 이들의 도덕성을 변화시키기 위한 노력이 전문가인 사회복지사의 미래의 역할로서 적절하지 않음을 인식하게 되었다. 이와 동시에 대부분의 사회복지사는 사회복지실천에서 전문가로서의 위상을 높이고 전문성을 확립하기 위하여 정신치료, 정신분석 혹은 심리·사회적인 개입방법에 대한 교육과 훈련의 필요성을 강조하고, 특히 사회문제에 대한 적극적인 개입을 위해서는 사회복지 정책과 행정, 지역사회조직, 그리고 사회개혁, 사회제도의 형성 등에 관한 교육과 훈련에 대한 관심이 고조되었다.

(3) 1940년대~1950년대

이 시기에는 지금까지의 사회복지실천과는 다른 형태로서 문제가 있는 클라이언트를 찾아내어 그들의 문제에 적극적이고 집중적인 치료 혹은 개입을 강조하는 등의 새로운 개입방식을 추구하는 것에 사회복지실천의 관심이 모아지고, 동시에 사회복지실천에서 사회복지사를 비롯한 모든 실천가의 도덕성의 문제에 관심을 보이는 특징이 있다. 이때의 관심사인 실천가의 도덕성은 초기 사회복지실천에서 강조하였던 클라이언트의 도덕성에 대한 관심과는 전혀 다른 형태의 도덕성의 문제였다. 20세기 중반에 강조한 도덕성은 전문가로서 사회복지사와 실천가의 도덕성과 가치, 그리고 윤리실천에 대한 내용이었다.

이처럼 전문가의 도덕성과 가치, 윤리 문제에 관한 내용이 사회복지실천에서 중요한 쟁점으로 강조되면서, 20세기 중반에는 전문가의 도덕성 문제가 공식적으로 논의의 주제로 인정되어 공표하기에 이르렀다. 그 결과 사회복지사와 실천가 사이에서는 전문가에 의한 전문적인 실천으로서 적절하고 타당한 실천 내용과 방법을 구체화하고 강화하기 위해 윤리적인 사회복지실천 지침을 만들기 시작하였다. 사회복지실천윤리에 관한 여러 차례의 논쟁과 토의를 거쳐 1947년 미국사회사업가협회 대표자회의에서 사회복지사의 윤리강령(Code of Ethics)을 채택하게 되었다.

이 시기까지만 해도 대부분의 사회복지사들은 사회복지실천의 가치와 윤리에 대한 주제를 적극적으로 받아들이지 못하는 경우가 많았다. 그러나 사회복지사 집단의 구성원은 지속적으로 자신의 전문성 확보를 위해 노력하고 전문가로서의 실천윤리를 확립하는 것에 대한 필요성을 인식하고 이를 지켜 왔다. 또한 이들 사회복지사는 전문적인 서비스의 제공을 위해 다음과 같은 사회복지실천의 중심 가치를 제안해 왔다. 예컨대, '클라이언트에 대한 인간의 존엄성과 인권', '클라이언트 개개인의 다양성', '개인의 가치와 존엄', '클라이언트의 자기결정권', '자율성', '클라이언트에 대한 존중', '사회정의와 인간의 평등', '클라이언트 개별화' 등을 기본 가치로 인식하고 사회복지실천에 도입·적용하여 왔다.

이 밖에도 20세기 초에 몇 가지 계기를 통해, 사회복지사의 윤리에 관한 의제가 만들어지게 되었다. 대표적인 예로, 1919년 초 미국에서는 사회복지윤리강령(Code of Ethics)의 초안이 만들어졌다. 또한 1922년에는 미국가족복지협회(The Family Welfare Association of America)에서 이 분야의 윤리적인 문제에 관한 질문에 대응하기 위하여 윤리강령 제정위원회를 구성하게 되었다. 한편 1940년대와 1950년대 초, 사회복지사가 전문가로서의 권리 확보와 관련하여 사회복지실천에서의 전문가 윤리문제를 학술적인 측면에서 중요하게 인식하면서 사회복지실천 교육 내용에서도 중요한 교과목의 주제로 다뤄야 한다는 것에 대한 명확한 인식이 생기게 되었다.

(4) 1960년대

1960년대의 사회복지실천가와 교육가 사이에서는 '사회정의'와 '인간의 권리'에 대한 관심이 고조되면서 사회적인 법률이나 제도를 제정하는 데 있어서 '그 내용이 과연 윤리적인 내용으로 구성되어 있는지'에 관심이 모아지게 되었다. 이 시기에 사회복지실천교육과 현장실습은 인간의 권리, 사회적 평등, 수혜가 아닌 권리로서의 사회복지와 다양한 서비스 이용, 차별과 사회적인 억압문제에 대한 대응 등에 초점이 맞춰졌다. 이와 같은 사회복지실천교육과 실천의 내용이 공공정책이나 정치적인 분위기에 영향을 미치게 되었으며, 사회복지실천에서의 가치 또한 이러한 사회복지실천교육과 실천 내용에 영향을 받아 점진적인 변화를 나타내 보였다.

이러한 변화 가운데에서 사회복지실천 가치와 윤리와 관련하여 가장 중요한 영향력으로 작용한 가시적인 변화는 레비(Levy, 1976)의 『사회사업윤리학(*Social Work Ethics*)』이 출간된 것이라 할 수 있다. 그동안 사회복지실천의 윤리와 철학에 대한 몇몇의 출판물이나 전문 논문의 출간이 이루어져 사회복지실천의 가치와 윤리에 대한 공식적인 논의가 이루어져 왔으나, 레비의 출판물이 사회복지실천의 전문가 윤리와 가치기준에 대해 가장 도전적인 개념 정의를 내리고 있는 것으로 보고 있다. 이전에 발표된 레비(1973a, 1973b)의 연구는 사회복지실천의 전문 가치와 윤리 연구에 기초를 다져 학문적으로도 많은 기여를 하였고, 이 분야의 또 다른 학자들에 의해 전문가의 윤리와 가치에 대한 연구가 더욱 활성화되는 계기가 되었다.

(5) 1970년대

1970년대에는 사회복지실천의 가치와 가치기준에 초점을 맞춰 전문적으로 윤리와 관련이 있는 포괄적인 주제에 관심을 갖게 되고, 이를 실천에 적용하려는 움직임이 활발히 전개되었다. 다양한 분야의 전문가들(예를 들어, 의사, 법률가, 경영자, 언론인, 공업계 기술자, 간호사, 사회복지사 이외 법관 등) 모두는 전문가의 가치와 윤리에 기초하여 역할과 책무를 행하고 있었다. 전문가로서의 가치와 윤리에 대한 지금까지의 교육 내용(학부 과정에서부터 대학원 석·박사 과정 전반에 개설되어 있는 학과목들)은 현장에서의 실천에 적용하는 데 실질적인 도움을 주지 못하였다. 이러한 상황을 극복하기 위하여 전문가를 대상으로 한 윤리교육의 필요성이 급속하게 증가한 시기였다.

전문가의 가치와 윤리에 관한 관심도 다양한 요인들에 의해 더욱 높아지게 되었다. 그 예로서 당시에 의료적인 치료 분야를 비롯하여 생명공학 분야 등에서 기술적인 발전을 보였다. 의료적인 기술발전으로 인간의 생명연장이 가능해지고, 인간의 성별 구분, 장기이식, 유전자 조작에 의한 생명체 실험, 시험관 아기 등에 대한 윤리성 문제가 논의되었다. 인간의 장기이식이 가능한 범위를 무엇으로 규정할 것인지, 의료적인 목적에 의한 장기이식의 내용 및 범위를 무엇으로 볼 것인지, 기계장치 등 인위적인 방식에 의한 생명연장의 중단시점을 언제로 결정할 것인지, 이와 같은 결정에 클라이언트의 가족 동의가 필요한지 혹은 필요하면 누가 의사결정권자가 될 것인지 등, 이 밖에도 기술적으로 조작이 가능한 인간의 성별 선택의 문제, 유전자 조작에 의한 생명공학의 문제를 어떻게 다룰 것인지 등에 대한 윤리적인 문제에 관심을 갖게 되었다.

1970년대 이후에는 전문가의 윤리문제와 관련해서는 전문가에 의한 클라이언트나 환자에 대한 정신적·정서적·신체적 학대, 그리고 경제적인 학대에 이르기까지 전문가의 윤리와 가치에 대한 대중적인 관심이 높아지게 되었다. 언론에서도 의료인, 정신치료사, 법률가, 판·검사, 심리상담사, 사회복지사 등 여러 분야의 전문가들이 자신의 도움을 필요로 하는 클라이언트로부터 이득을 취하는 내용에 관해 보도함으로써 인간을 대상으로 서비스를 제공하는 전문가집단의 윤리문제를 제기하였다. 대부분의 전문가들이 윤리문제에 대한 예방책을 마련함과 동시에 잠재적인 문제까지도 고려하여 실천가의 교육내용에 전문가 자신의 책임을 더욱 중요하게 포함시키게 되었다.

이 밖에도, 1960년대 초기부터 전문가들 사이에서는 환자의 권리로서 죽음의 문제, 사회복지 서비스 수급권자의 권리, 범죄자의 권리 등에 인식을 같이하고 윤리적인 개념을 확대하기 위한 필요성에 대한 전문가의 의견을 함께 나누어 왔다. 1960년대 이후, 다양한 전문가집단의 구성원들이 인권의 개념에 대해 일치된 의견을 보이고, 여러 전문가를 위한 훈련 프로그램 등에서도 클라이언트나 환자들에 대해서 전문가의 관점에 관한 질문이 내용에 포함되어 있다. 최근 전문가들은 생명을 다루는 과학의 발전에 제한을 가하는 일에 대해 관심을 보이고 있는데, 이는 전문가들이 접하고 있는 여러 가지 복합적인 질문에 대응하기 위한 능력을 키우는데 도움이 되기 때문이다. 특히 1930년대 이후 때로 현대 전문가들의 지식에 기초한 과학이 생활에서 해결할 수 없었던 문제들을 해결하는 열쇠가 되고, 다양한 분야의 관심을 다루는 것으로 재편되어 가고 있음에도 불구하고, 현대의 과학이 결국은 윤리의 근본적인 문제에 대한 해답이 될 수 없다는 현실을 깨닫게 되었다.

마지막으로 클라이언트 개인 정보가 담긴 문서에 대한 통계적인 처리가 이뤄지면서, 통계 처리한 내용을 무분별하게 활용하는 공공부문의 전문가 등 비윤리적인 전문가를 상대로 법률적인 소송이 제기되는 문제가 증가하고 있다. 이런 가운데에서도 개인 신상에 대한 통계처리가 낳은 역기능적인 실천은 더욱 증가하는 추세를 보이게 되었다. 한편 윤리적인 접근을 위해 노력해 온 전문가의 경우에는 자신들이 윤리적인 전통을 유지하기 위한 교육과 훈련방법을 새롭게 해야 할 필요성을 더욱 더 공감하는 분위기를 만들어 나가고 있다.

(6) 1980년대

1980년대 이후 사회복지실천윤리의 중요성이 확대되면서 동시에 이에 대한 위기상황이 더욱 확대되는 결과를 보이게 되었다. 1980년대 이후의 사회복지실천의 윤리에 관한 출판물들은 사회복지사가 사회복지실천현장에서 직면한 윤리적인 딜레마에 대한 윤리이론이나 윤리적인 의사결정과정에서 고려해야 할 도덕적 철학과 관련된 내용에 대한 연구들이 대부분이었다. 이때 사람들은 사회복지사가 윤리적인 문제에 대한 접근방법이나 사회복지실천의 가치와 윤리에 대한 이해가 근본적으로 변화되는 분수령이 되는 시기라 생각하고 있다. 사회복지실천윤리에 관한 관심이 새롭게 움트듯이 사회복지실천윤리와 가치에 대한 새로운 생각을 가진 사람들이 전문가의 가치와 윤리에 관심을 갖는 것은 다양한 상황을 만들어 내기 위한 것으로 생각하였다. 이로써 전문가들은 전문가들 간의 주제에 관심의 확대를 지속하게 만들고 많은 생산을 위해 함께하게 되었다.

(7) 2000년대 이후 사회복지실천윤리의 위기

2000년대 이후, 현대 사회의 복잡한 문제의 영역이 확대되면서, 사회복지실천윤리의 문제도 더욱 다양하고 복잡해졌다. 몇 가지 주요 윤리적 쟁점을 소개하면 다음과 같다.

첫째, 정치, 경제, 사회에서의 사람들 간의 관계이다. 예컨대, 시민권의 문제, 정의의 문제, 기회균등의 문제, 차별철폐 정책, 여성고용할당제, 인재지역할당제, 다문화가정과 장애인 등 소외계층의 문제, 경제적 분배정의 등, 법, 정치, 경제, 사회, 여성문제 등이다.

둘째, 인간과 자연의 관계에 있어서의 문제, 인류의 과학기술문명의 발전이 낳은 문제이다. 예컨대, 환경파괴, 생태계위기의 문제, 자원의 고갈, 물과 공기의 오염, 땅의 황폐화, 오존층의 파괴, 기후의 변화, 동물의 멸종, 생물의 고갈 등으로 집약되는 환경파괴와 생태계 위기문제 등이다. 이는 현존하는 인류의 생존뿐만 아니라 미래 세대의 생존권의 확보와 직결된 중대한 문제다. 자연환경 파괴의 이러한 심각성에 직면하여 우리들은 인간의 자연 이용을 되돌아보고, 바람직한 자연이용과 자연보호의 실천원리를 강조하고 있다.

셋째, 현대 과학 기술의 발전과 더불어 야기된 인간의 자기 자신과의 관계 문제이다. 예컨대, 현대 의학은 의료기술의 발전과 더불어 인간생명의 문제, 불치병의 치료, 더 건강한 삶, 수명의 연장 등 사람들에게 긍정적이고 희망찬 확신을 심어 주었지만 그것은 원치 않은 결과나 부작용을 낳고 있으며, 쉽게 해결하기 어려운 많은 문제를 초래하였다. 또한 생명유전과학과 그 연구 결과의 기술적·의학적 응용은 특히 농업, 의학, 제약 등의 분야에 혁신을 불러일으켜 인류의 미래에 더 많은 복지와 안녕을 가져다줄 것으로 기대하고 있다.

3. 사회복지실천의 윤리와 윤리이론

윤리란 '도덕이나 철학과는 다른 개념'이라고 생각하고 있으며, 간혹 윤리는 '매우 난해한 개념'으로 이해되는 경우가 많다. 특히 의학, 심리치료, 정신치료 등 인간을 대상으로 하고 있는 실천 전문가들에 의해서 또는 다양한 실천이 이루어지고 있는 현장에서 실천윤리에 관한 기준을 정하고 표준화된 윤리를 적용하고 있다. 물론 사회복지사에 의해 실천이 진행되고 있는 사회복지실천에서도 윤리적인 실천과 직접적으로 관련되어 있기 때문에 사회복지실천에 있어서의 윤리기준을 마련하는 일에 특별한 관심이 요구되고 있다.

(1) 윤리

윤리란 어떻게 행동하는 것이 바람직한 것인가에 관한 철학적이고 종교적인 해답이라고 할 수 있다. 인간은 사유할 수 있는 능력이 있기 때문에 이러한 고민을 하게 된다.

첫째, 윤리는 사람이 지켜야 할 도리이다. 즉, 실제의 도덕규범이 되는 원리로서 도덕보다 더 추상적인 것을 의미한다. 둘째, 윤리는 공동체 생활을 하는 사람들이 무엇을 어떤 기준에 의해 행할 것인가에 대한 원리 및 준거이다. 즉, 옳다고 믿는 행동규범 혹은 기준이라는 규범적 의미로 정의할 수 있다.

참고 **윤리의 의미론적 개념**

- '좋다(good)'는 도덕적 차원에서 사람 혹은 사물에 대하여 존중(혹은 존경)의 의사를 표현하는 것을 의미한다. 예컨대, 친절, 봉사하는 좋은 행정, 인간다운 공직자 등에서 이런 의미를 찾을 수 있다.
- '옳다(right)'는 의도한 것이 혹은 일하는 방식과 방향이 어떤 기준에 일치한다는 의미와 '선량하다', '양심적이다'라는 의미를 모두 지니고 있는 개념이다.
- '해야 한다(ought to)'는 '옳기 때문에 해야 한다. 그른 것을 하지 말아야 한다'와 같은 책임과 관계되는 개념이다.

옳음(rightness)은 정의하기 어려운 단순 개념(simple notion)이다. 그러나 '옳음'이 실재한다는 것은 확실하며 합리적인 존재라면 즉각적인 지각의 힘을 통하여 '옳음'을 이해할 수 있는 것이다. 윤리는 법과 다르다. 물론 법에도 옳고 그름, 정의가 내포되어 있는 것은 사실이지만, 이런 생각들이 문서화되는 순간 순수한 윤리적 특성은 일부 사라지게 된다. 결국 순수한 윤리는 그 자체로서 각 개인의 내면세계에 존재하는 것으로, 그리고 개인 내면의 윤리가 밖으로 발현되어 나타나는 것이 일상생활에서의 언어이고 행동이다.

(2) 윤리의 유사개념

① 도덕

윤리는 영어로 ethics인데, 이는 인격을 의미하는 그리스어 ethos에서 나왔다. 도덕은 영어로 morality이며, 이는 관습 또는 예의를 의미하는 라틴어 moralis에서 나왔다. 즉, 윤리는 어떤 사람 혹은 사람들의 개별적인 인격에 관한 것인데 반해 도덕은 인간들 사이의 관계에 관한 것이다. 도덕의 사적인 의미는 인간으로서 마땅히 지켜야 할 도리 및 그에 준한 행위이다. 서양에서는 도덕은 대체로 종교적인 판단 기준(덕성, 품성, 풍기 등)과 관련되며, 개인적인 특성을 띠고, 구체적이고 사실적인 것을 의미한다. 이에 비하여 윤리는 종교적인 것과는 무관하며 추상성(선험성), 이론성(실천성), 집단성(전문직업에 따른)을 가진다. 이렇게 도덕과 윤리를 구분하는 시각도 있지만, 보통 윤리와 도덕은 같은 것으로 간주하고 있는 것이 보편적이다. 즉, 도덕은 사회적 산물로서 옳은 행동의 기준이라는 의미로, 윤리와 혼용해서 쓰이는 경우가 많다.

② 가치관

가치관이란 각 사람들이 옳거나 선호하는 것에 대한 생각이고, 윤리란 그 사회의 구성원이 공유하는 가치(public value)를 의미한다. 윤리는 옳고 그르다는 가치판단을 전제로 하는 것인데 비하여 가치관은 중립적인 것이라는 점에서 차이가 있다. 가치관의 사전적 의미를 살펴보면, '인간이 자기를 포함한 세계나 그 속에 만물에 대하여 가지는 평가의 근본적 태도나 보는 방법 또는 그 가치를 중심으로 보는 관점'이라고 정의하고 있다.

그렇다면 인간이 추구하는 가치에는 어떤 것이 있을까? 흔히 돈, 권력, 명예(지식)를 인간들이 공통적으로 추구하는 가치라고 할 수 있다. 이외에는 이성으로부터의 관심 끌기와 같은 것도 많은 사람들이 추구하는 가치라고 할 수 있다.

③ 정의

정의(justice)란 사회에서 '가치 있다'고 생각하는 것들이 각 개인이 마땅히 가져야 한다고 생각하는 대로 분배되는 것을 의미한다. 더불어 윤리의 개념 정의의 옳고 그름에 대한 판단과 매우 유사한 개념이라 할 수 있다. 다만 정의는 '받은 만큼 돌려준다' 혹은 '카이저의 것은 카이저에게로'라는 매우 객관적인 잣대를 의미하는 반면, 윤리는 이렇게 정의롭게 배분된 상태임에도 불구하고 지나친 편차를 시정하기 위해 재분배하는 것도 포함될 수 있다는 점에서 좀 더 넓은 개념이라고 할 수 있다.

참고

롤스의 정의론

정의에 관한 대표적인 논의는 미국 존 롤스(J. Rawls)의 정의론이다. 롤스가 보는 정의(justice)는 다음과 같은 원칙에서 연역적으로 도출된다.

첫째, 자연적인 분배는 공정하거나 불공정하지 않다. 공정과 불공정은 사회의 제도들이 어떻게 다루느냐의 문제이다. 따라서 자연적인 불평등을 지정하기 위해 정부가 교육 등 여러 가지 측면에서 기회균등의 제도를 마련해야 한다.

둘째, 정의로운 사회에서 개인의 권리와 자유는 다수의 이익에 우선하여 존중받아야 한다. 이는 공리주의와 대립되는 것이다.

셋째, 수입이나 부의 불평등은 사회의 최약자에게 유익을 주는 한도 내에서만 용납될 수 있다. 그는 각 개인은 정의에 기반을 둔 불가침성을 지니고 있으며, 이는 전체의 복지를 위한 것이라고 하더라도 침해할 수 없다고 주장하였다. 또한 정의로운 사회에서 보장받은 권리는 정치적 협상이나 사회이익을 계산하는 대상이 될 수 없다고 보았다. 이러한 특징 때문에 그의 정의론을 곧 윤리론으로 보기도 하는 것이다.

④ 공익

공익은 사익과 대비되는 개념으로서 공공의 이익을 의미한다. 구체적인 문제에 있어서 사익과 공익이 대립될 때 사익을 희생하는 것을 윤리적 행위라고 볼 수 있다. 또한 공익의 실현방법 중의 하나가 공공윤리라고 불 수 있다. 그런데 공익이 무엇이냐에 따라 윤리와의 개념관계는 달라질 수 있다. 우선, 이익(interest)이 무엇이냐가 중요하다. 도덕적 선을 제외하고 이익만을 고려한다면, 즉 이익을 쾌락과 동일시한다면 공익(公益)이란 문자 그대로 공리(公利)와 일맥상통하게 된다.

⑤ 책임

책임이란 어떤 규범적 상태를 실현시키기 위하여 개인을 강제하는 것을 말한다. 또 책임감이란 자발적으로 책임을 지려는 마음의 상태를 말한다. 책임과 책임감은 윤리와 매우 가까운 개념이다. 책임을 의미하는 것으로는 responsibility와 accountability가 있다. 이때 전자는 윤리·도덕적 책임, 후자는 법적 책임으로 이해한다. responsibility는 '어떤 행동에 대하여 책임 있다'라고 하려면 어떤 행동에 대하여 그가 사고하고 의도했으며 이런 사고와 의도 속에서 행동했을 때를 말한다. 그러나 어떤 사람이 어떤 제도(조직) 속에서 일정한 의무와 권한이 있다면 그가 책임지고 있는 사물이나 사람이 한 일에 대하여 책임이 있다고 보는 경우도 많다. accountability는 responsibility보다 좀 더 복잡한 개념이다. 누구에게 책임이 귀속되는가와 같은 문제인 책무는 흔히 조직 내에서 일어난다. 즉, 이는 상대방에 대한 정당화(justification)에 관한 것이다. 이러한 책무는 도의적 책무(moral accountability)와 법적 책무(legal accountability)로 분류할 수 있다. 전자는 주관적 책무(subjective responsibility)로, 비록 합법적인 사안이라고 하더라도 개인이 책임을 지는 것을 의미한다.

(3) 사회복지실천윤리 이론

사회복지사는 윤리적인 의사결정을 하기 위하여 지금까지의 윤리와 관련된 이론들과 이를 기초하여 만들어진 윤리 원칙을 각각의 개별 사례에 도입하고 적용하려는 시도를 계속하여 왔다. 특별히 윤리를 기초로 한 사회복지실천 지침은 사회복지사가 자신들의 기본적인 역할을 수행하고, 과업을 실행하는 가운데 나타나는 갈등에 직면하게 되었을 때 더욱 유용하다.

사회복지사 실천기준을 마련해 주고 실천의 기초가 되는 윤리이론은 다음과 같다.

① 의무론

첫 번째 윤리이론으로는 '의무론(deontological)'을 들 수 있다. '의무'란 그리스 'deontos,' 즉 '책임을 다 한다'는 의미에서 비롯되었다. '의무론'에 의하면 특정 행동에 있어 그 행동으로 인해 어떠한 결과를 얻을 수 있는지에 상관없이 그 행동 자체가 옳은지 혹은 그른지를 확인하는 일에 초점을 맞추는 동시에 그 행동이 '좋은지' 혹은 '나쁜지'를 따지는 것을 의미한다. 의무론이 강조하는 내용은 '진실을 공개하는 것은 당연하고 옳은 일'이며, '진실을 공개할 수 있다는 것' 자체가 매우 중요한 일이라는 것이다.

의무론을 주장하는 학자나 사회복지사는 클라이언트에게 "어떠한 상황에서도 거짓을 말해서는 안 된다."는 것을 강조한다. 간혹 사회복지사가 클라이언트에게 진실을 밝히지 않음으로써 나타나게 될 결과가 매우 바람직할 것으로 기대되더라도, 혹은 사회복지사가 거짓을 말함으로써 실천의 개입효과가 매우 긍정적인 결과로 나타난다고 하더라도 사회복지실천과정에서 사회복지사의 정직하지 못한 실천, 즉 진실을 외면한 거짓을 통한 실천은 절대로 용납될 수 없다고 하는 주장이다.

사회복지사는 사회복지실천에서 자신의 동료들과 약속을 지키는 일과 계약을 맺은 상대방과의 계약을 지키는 일을 반드시 준수하도록 하고 있다. 뿐만 아니라 법률에서 반드시 아동학대 사실을 해당기관에 보고해야 한다고 규정되어 있기 때문에 그 법규를 준수하는 차원에서 아동학대 사실을 해당 기관에 반드시 보고하는 것을 중요시하고 있다. 이 밖에도 사회복지사는 사회복지실천과 관련한 모든 사안에 있어 진실을 준수하고, 클라이언트와의 어떠한 약속도 위반해서는 안 되며, 또한 법률이 정한 바에 따라서 반드시 법규를 지키고 실행하는 것이 중요한 사회복지실천의 덕목이며 의무라고 인식하고 있다.

이처럼 의무론을 주장하는 실천가들에게는 규범, 권리, 의무, 원칙은 매우 신성한 것이고, 어길 수 없는 것으로 여겨져 왔다. 또한 의무론을 주장하는 사람에게 있어서는 특정한 규정이나 권리, 원칙 혹은 법률을 지킬 수 없는 경우, 그 실천목적이 무엇이든 상관없이 그 수단과 방법에 대해 절대로 정당화시킬 수 없다는 입장이다. 예를 들어, 의무론자의 입장에서는 사회복지사가 클라이언트의 비밀을 보장하는 일은 법률뿐만 아니라 사회복지사 윤리강령에 명시되어 있기 때문에 클라이언트와의 비밀을 반드시 지켜야 한다. 그러나 간혹 클라이언트와의 비밀유지의 약속을 지킴으로써 부정적인 결과가 초래될 가능성이 있을지라도 사회복지사는 클라이언트와의 비밀유지의 약속을 지키는 것이 사회복시사의 책임을 다하는 것이라고 믿고 있다.

사회복지실천에서 의무론을 강조하는 사회복지사는 인간은 본질적으로 옳고, 도덕적이라고 믿는다. 예를 들면, 만약 사회복지사가 말기 상태의 클라이언트가 '자살'을 선택하는 경우에도 자신의 건강 상태가 이미 회복될 수 없을 정도의 상태이기 때문에 클라이언트 스스로 '자신의 삶'의 마지막을 선택하는 것이라고 믿고 있다. 클라이언트의 선택은 자신이 가지고 있는 옳은 속성에 의해 결정된 일이기 때문에 그 결정은 옳은 일로 인정하고 받아들일 만한 가치가 있는 것으로 믿는다.

또 다른 의무론적인 입장에서는 '클라이언트의 권리', '자기결정권'을 존중하는 것은 사회복지사이 의무라고 생각한다. 그러나 클라이언트가 자신의 삶의 마지막을 선택하는 일, 즉 자살을 위해 사회복지사에게 도움을 청하는 행동에 대해서는 사회복지사는 클라이언트의 자기결정이나 비밀을 보장해야 하는 의무 수행에 앞서 클라이언트의 자살계획을 자신의 슈퍼바이저나 의료진 등 주변 동료들에게 알리고, 클라이언트의 자살을 막기 위한 필요한 행동을 취하는 것이 사회복지사의 책무라고 주장하고 있다.

사회복지사의 의무와 관련하여 '의무론'을 주장하는 사람들의 의견을 정리하면, 사회복지사가 클라이언트와의 비밀보장에 대한 약속을 유지하여야 하는 것은 사회복지사가 반드시 지켜야 할 '의무'라고 믿는다. 동시에 클라이언트가 '자살'을 계획하고 시도하는 행위는 법률을 위반하는 '옳지 않은 행위'이기 때문에 사회복지사가 클라이언트의 자살계획과 같은 사실을 공개함으로써 클라이언트의 법률 위반을 막는 실천도 역시 사회복지사의 의무라는 주장이다. 결국 의무론자의 입장에서는 사회복지사가 실천가로서 의무를 수행하기 위해 실천의 원칙과 책무를 지키기 위해 선택된 실천행동은 윤리적인 선택이며 윤리적인 행동이라고 믿는다.

참고 **의무론(절대주의)**

절대주의라고 하는 '의무론'은 무엇이 옳고 그른가에 관하여 동서고금을 막론하고 적용할 수 있는 원리가 있다는 시각이다. 대표적으로는 칸트(Immanuel Kant, 1724~1804)의 윤리론을 들 수 있다.

칸트는 인류 역사상 가장 위대한 철학자 중의 하나로 여겨지고 있다. 칸트는 동프러시아에 있는 쾨니히베르크에서 살았으며 그곳의 대학교수로 봉직했다. 칸트는 미학, 법학, 종교 철학뿐만 아니라 윤리학과 인식론에도 크나큰 공헌을 했으며 그 기반을 닦는 데 큰 영향을 미쳤다. 저서로는 『순수이성비판(*Critique of pure reason*)』과 『도덕형이상학의 기초(*Foundation of the Metaphysics of Morals*)』가 있다.

칸트(I. Kant)는 의무론을 주장하는 대표적인 18세기 독일 철학자이다. '무조건적인 의무'에 대한 그의 주장을 요약하면 다음과 같다.

첫째, 윤리적 가치를 갖는 것이 지식이나 유머, 건강 등 기타 영육 간의 어떤 다른 재능을 갖는 것보다 중요하다. 이러한 재능들은 가치 있는 것이지만, 윤리적 가치는 절대적인 가치를 지니는 것으로서 단순한 감탄의 대상이 아니라 숭상과 경의를 요구하는 대상인 것이다. 옳은 일을 함으로써 단지 자기 자신이 만족을 느끼기 때문에 옳은 일을 하는 사람은 본질적인 의미에서 볼 때 도덕적 인간이라고 할 수 없다. 왜냐하면 그렇게 함으로써 만족을 느꼈던 것이라면 인간은 그릇된 행동을 할 수 있었던 것이기 때문이다.

둘째, '도덕적으로 행동한다는 것'은 '옳은 일'을 한다는 동기로부터만 행동하는 것이지 다른 어떤 동기들로부터 행동하는 것은 아니다. 이러한 종류의 동기는 만족과 같은 주관적인 것과는 아무 관련이 없다. 원칙에 입각해서 '옳은 일'을 하는 것은 그 어떤 합리적인 존재에게도 '의무'를 부과하는 객관적인 옳음(objective right)을 인식하는 것이다.

셋째, '도덕적인 인간'은 자신의 행동원칙이 다른 이들에게도 적용되는 보편적인 원칙이 되도록 의도할 줄 아는 사람이다. 즉, 도덕적 인간은 어떤 행동을 할 때, "과연 이것이 모든 이들이 행해야 하는 종류의 행위인 것인가?"를 질문을 하고, 이러한 질문에 "예."라는 답을 할 수 있는 행동을 하는 인간이라 할 수 있다. 이러한 질문이 어떤 행위나 행위규칙이 도덕적인지 여부를 판단하는 하나의 잣대가 될 수 있다.

넷째, 칸트는 어떤 '원칙'이 과연 도덕적이고 객관적인지 아니면 단순히 주관적인지를 판단함에 있어서 이 잣대가 어떻게 적용될 수 있는지를 보여 주고 있다. 예를 들면, "나는 약속을 깨뜨리고 싶어 할 수도 있다. 그러나 이것은 도덕적이라고 할 수 없는데 이는 내가 약속을 깨뜨리는 것이 보편적 관례가 되도록 의도할 수 없기 때문이다."

다섯째, 칸트는 윤리의 핵심을 의무(duty)라고 보았다. 칸트는 의무를 위해서 행동을 할 것을 주장한다. 즉, 어떤 사람이 윤리적 행위를 한다는 것은 '의무'가 '동기'가 되어야 한다는 것이다. 인간은 의무감에서 행동할 의지를 가지고 있다. 다시 말해서 합리적인 존재는 보편적인 법칙에 따라 행동할 능력을 지니고 있다. 이때 보편적 법칙에서 행동을 이끌어 내는 것은 실천이성(practical reason)을 필요로 한다. 그렇게 때문에 '의지'는 실천이성과 다르지 않다. 이에 따라 보편적인 법칙에 따라 의지를 결정하여야 하는 의무가 발생하는 것이다. 즉, 의무란 보편적 법칙에 대한 존중으로 말미암아 행위 하지 않을 수 없는 필연성을 의미한다.

마지막으로, 칸트 윤리학에서의 도덕은 '인간의 선의지(good will)'이다. 여기서 선의지는 '어떤 애착심이나 경향(주관적 동기)에 구애받지 않고 옳은 것을 선택하는 능력'을 의미한다. 즉, 선의지는 어떤 결과를 얻기 위하여 하는 것이 아니고 인간이라는 조건 하에서 자신의 욕구나 경향성을 극복하려는 의무에서 행위 하는 것을 뜻한다. 이렇게 본다면 의무와 선의지는 매우 밀접한 관련을 갖게 된다.

② 목적론

두 번째 사회복지실천과 관련한 윤리이론으로서 목적론적(teleological) 이론을 들 수 있다.

목적론적 이론은 그리스의 'teleios'에서 비롯되었고, 목적론적 이론의 특징은 가급적 다양한 접근방식을 택함으로써 결과적으로 그 선택을 통해서 '좋은 목적'을 달성하고 '바람직한 결과'를 얻을 수 있는 선택이 윤리적인 선택이라고 믿는 것이다. 다시 말해 사회복지실천의 결과로서 '좋은 결과'를 기대할 수 있다면 어떠한 실천행동의 선택도 가능하다는 것을 의미하며, '좋은 목적'을 달성하기 위해서는 어떠한 행동도 정당성을 인정받게 될 것이라는 주장이다. 목적론적 이론의 핵심은 특정행동의 결과가 좋은 경우, 특정행동의 정당성을 인정받게 되며 동시에 선택한 특정행동의 정당성은 그 행동의 결과가 반드시 좋은 것에 의해 결정된다고 주장하고 있다.

목적론적인 이론을 주장하는 사람들은 앞으로 나타날 '잠재적인 결과'에 대해 저울질하는 일 없이 단순한 윤리적인 선택을 하게 된다. 목적론적인 관점에서는 사회복지실천의 결과가 반드시 '좋은 결과'를 얻고 '바람직한 목적'을 달성하기만 하면 어떠한 행동이든 그 선택된 행동이 바람직한 행동 혹은 좋은 행동으로 결정되기 때문에 목적론을 주장하는 사람들을 결과론자라고 부르기도 한다.

사회복지실천에서 특정한 클라이언트와의 실천에서 개입을 위해서 선택한 행동의 내용이나 방향에 따라서 그 결과가 각기 다르게 나타나게 되는데, 이때 사회복지사는 어떤 선택이 어떤 결과를 가져올 수 있을 것인지에 대해 정확히 예측하고 그 결과를 추론할 수 있는 능력이 요구된다.

예를 들어, 클라이언트의 자기결정이나 비밀보장과 관련하여, 클라이언트 자신이 사회복지 서비스를 제공받고 있다는 사실을 공개하는 것을 원하지 않는 경우, 사회복지사는 사회복지 서비스에서 투입되는 비용과 나타나게 될 결과로서 얻을 수 있는 이득이 각각 어느 정도인지를 비교해 보아야 한다. 사회복지사가 비교한 결과를 통해서 클라이언트가 복지서비스를 받고 있는 사실이 공개될 경우에 오히려 더 큰 상처와 불이익이 나타날 가능성이 있는 경우가 있다. 오히려 클라이언트가 복지서비스를 제공받고 있다는 사실을 비밀로 하는 경우, 클라이언트가 다른 부가적인 서비스를 제공받을 수 없게 될 것이며, 이런 상황에서 클라이언트가 제공받을 수 있는 부가적인 서비스를 포기하는 것이 클라이언트의 자기결정을 존중하는 것보다 더 큰 손해를 감수해야 할 상황이 발생할 것으로 기대될 수 있다. 따라서 이때 사회복지사는 클라이언트의 자기결정의 존중이나 클라이언트의 비밀보장의 권리를 존중하는 것을 계속 유지하여야 할 것인지를 결정해야 한다.

그러나 이와 같은 결정은 단순하게 이루어질 수 있는 것이 아니다. 이러한 결정을 내리기 위해서는 몇 가지 질문을 고려해야 한다. 예컨대, 사회복지실천의 '비용'과 '이득'을 어떻게 비교할 것인가? 또한 클라이언트의 비밀보장 차원에서 클라이언트가 공개하는 것을 원하지 않는 사실을 공개할 경우, 사회복지사가 클라이언트와의 약속을 지키지 못하는 등 정직하지 못한 행위를 하게 되는데, 이를 피할 수 있는 방법은 무엇인가?

결과론적 이론의 핵심적인 두 가지 개념으로 자기중심의 이기주의(egoism)와 공리주의(utilitarianism)를 들 수 있다. 이기주의(egoism)는 결과론적 이론의 한 형태이나 사회복지실천에서는 특정하게 적용되지 않는 개념이다. 이기주의적 관점에서는 사람들이 역할의 갈등 혹은 의사결정의 딜레마에 직면하게 될 경우, 자신에게 최대한 유익하고 좋은 결과가 나타날 수 있는 방향으로 선택하고 동시에 자신의 개인적인 관심을 가장 중요하게 여기는 것을 의무적으로 행하는 것이다. 따라서 이기주의적인 관점에서 결정을 할 때에는 어떤 결정이 자신에게 최대한의 이익이 되는지 혹은 결과적으로 무엇이 자신에게 궁극적인 이익이 되는지를 따져 의사결정을 하는 것이다. 다른 말로 설명하면, 자신을 가장 최소한도 내에서 불리하게 만드는 일이 무엇인지 혹은 자신을 가장 최소한으로 악화시킬 수 있는 일은 무엇인지 등을 고려하여 선택하는 것이다. 예를 들어, 클라이언트에 대한 개입을 시도하는 데 있어, 클라이언트에게 존재하고 있는 잠재적인 갈등을 최소화시킬 수 있는 선택은 어떠한 것인지 , 동시에 사회복지사에게 있어서는 법률적인 책임을 최소화할 수 있는 선택은 어떠한 것인지를 따져 결정하는 것이다.

반대의 개념으로 공리주의(utilitarianism)를 들 수 있는데, 공리주의는 선택한 행동이 옳은 것을 원칙으로 하고, 최대한 좋은 결과가 기대되는 것을 선택하는 것이다. 따라서 공리주의는 역사적으로 결과론적 이론에서 가장 많이 사용된 개념이다. 또한 공리주의 개념은 사회복지사에게 이루어지는 많은 결정들에 대해 최대한 정당화하는 기준으로서 제공되고 있다. 대표적인 공리주의자로 18세기 영국의 철학자 벤담(Bentham), 19세기의 밀(John Stuart Mill) 등이 있다. 공리주의의 전통적인 형태에 의하면 공리주의자들은 개인의 역할과 임무에 대해 갈등을 겪게 될 때에는 그 결과가 최대한 좋은 것을 생산해 낼 수 있는 결정이 무엇인지를 고려해 이를 선택하는 것이다.

이 원리는 사회복지사가 사회복지실천에 있어 어떠한 결과가 가장 좋은 생산을 끌어낼 수 있는지를 따져 보고 의사결정을 선택하게 된다. 예를 들면, 사회복지실천에서 클라이언트의 '비밀보장의 권리'를 존중해야 할 것을 강조하고 있다. 이는 클라이언트가 자신이 사회복지서비스 대상자라는 사실을 알리고 싶지 않은 경우, 예를 들어 클라이언트의 사적인 비밀이 보장되지 않는 경우, 클라이언트와 클라이언트의 자녀가 피해를 입을 수 있는 상황으로부터 보호하기 위해 클라이언트의 비밀을 보장하고 있다. 또한 그 결과는 클라이언트와 클라이언트 자녀 등 최대한 많은 사람들에게 좋은 결과로 끌어낼 수 있다고 믿기 때문이다. 반대로 클라이언트의 비밀보장이 이루지지 않을 경우에는 클라이언트뿐만 아니라 클라이언트의 자녀들에게도 상처가 되어 그 결과가 최대한 좋은 생산을 끌어낼 수 없기 때문이다.

공리주의 이론의 한 형태는 '물질총합공리주의(good aggregative utilitarianism)'이다. 이 이론에 의하면 대부분의 적절한 행동은 '최대다수의 최대복리'를 증진시키는 것이다. 또 다른 이론은 '활동총합공리주의(locus aggregative utilitarianism)'이다. 이 개념에 의하면, 가장 적절한 행동이 최대한의 사람들에게 최대한의 좋은 것을 얻을 수 있게 함을 의미하는 것이다. 이는 전체에 좋은 것을 생산하는 것뿐만 아니라 좋은 것을 제공받는 사람들의 숫자도 최대화시킬 수 있다는 주장이다.

공리주의의 이 두 가지 이론 사이에는 사회복지실천에서 중요하게 인식되고 있는 차이점이 있다. 예를 들어, 제한된 공공복지의 예산을 배분하는 방법에 있어서도 모든 사람에게 최대한의 만족을 끌어낼 수 있는 방법을 고려하게 된다. 그러나 모든 사람이 최대한의 만족을 얻기 어려운 상황에서는 공리주의 실천을 적용하는데, ① 가능한 최소한의 사람들에게 가능한 많은 금액이 돌아가게 할 것인지, ② 개인에게 제공되는 금액은 비록 적은 액수일지라도 최대한 많은 사람들에게 골고루 혜택을 제공할 것인지, 어느 선택이 모든 사람에게 만족을 끌어낼 수 있는 선택이 될 것인지를 고려하게 된다.

사회복지실천에서 법률로 규정된 강제적인 조항이나 실천지침에 따르는 문제와 공리주의이론에 입각한 사회복지실천의 차이점에 대해 이해하는 일은 중요하다. 예를 들어, 법률에 의하면 현재 아동복지 관련 아동학대나 방임에 대해서는 반드시 아동학대 사실을 해당기관에 보고하도록 되어 있다. 따라서 사회복지사는 아동의 학대 사실을 아동복지기관에 보고하게 될 것이다. 이로 인해 아동은 자신의 부모로부터 격리되고 위탁가정에 보내지는데, 사회복지실천에서 사회복지사가 이와 같은 행동을 선택하는 것은 아동이 학대부모로부터 양육 받는 것보다는 좋은 환경의 위탁가정에서 안정적인 보호를 받으며 지낼 수 있도록 하는 방안이 학대사실을 해당기관에 알리지 않는 방법보다 더 좋은 결과를 가져올 것으로 믿는 공리주의적 차원의 생각을 한 것이기 때문이다.

전통적인 공리주의의 예를 들면, '행동에 의한 공리주의자'는 법률에 의한 강제적인 보호에 대한 법률을 위반한 것을 정당화할 것이다. 또한 그 결과가 최대한 좋은 결과를 생산해 내는 것으로 믿을 것이다. 예를 들어, 사회복지사는 부모의 상황에 비추어 볼 때, 고의가 없는 아동의 방임으로 생각하여 방임 사실을 보고하지 않았으며, 동시에 사회복지사는 그의 부모에게 지속적으로 상담을 제공하고 다른 사회복지 서비스와 연결을 통해 아동이 더 이상 그의 부모로부터 학대나 방임을 당하지 않고 좋은 보호를 받게 될 것이라는 사실을 실천의 결과로서 보일 수 있게 된다.

그러나 '법률 규정에 의한 공리주의자'의 경우, 법률을 어긴 것 자체가 법을 어김으로써 얻게 되는 모든 좋은 것보다는 더 큰 피해를 가져오는 것으로 믿는다. 위의 예에서와 같이 사회복지사가 법률을 어기고 아동복지기관에 아동의 방임 사실을 보고하지 않는 경우, 현재 사회복지사가 아동의 부모와 지속적인 상담을 실시하고 있으므로 일시적으로는 부모의 아동에 대한 방임이 줄어들고 부모의 태도에 어느 정도 변화의 가능성을 보일 수도 있으나 이와 같은 개입 행위는 매우 위험한 실천이고, 장기적으로 생각할 때 언젠가 현재와 같은 수준의 방임 혹은 더욱 심각한 수준의 방임이나 아동학대가 일어날 가능성이 있기 때문에 사회복지사는 법률에서 정한 규정을 반드시 지키는 것만이 가장 바람직한 결정이며 최대한 좋은 결과를 생산해 낼 수 있다고 믿는다.

공리주의의 핵심적인 문제점은 각자 다른 사람들이 각자 다른 생활의 경험, 가치, 그리고 정치적인 이념 등 이 밖에도 다양한 다른 특성들을 가지고 있기 때문에 이들이 다른 각도에서 서로 다른 방법으로 문제의 심각성을 측정하게 된다는 점이다. 개개인의 사회복지사는 각자 다른 가치관에 기초하여 사회복지실천을 하고 있는데, 예컨대, 어떤 사회복지사는 클라이언트의 사생활 보호 및 비밀보장을 존중하는 한편, 또 다른 사회복지사는 실천현장에서 법률이 정한 규정들은 반드시 지켜져야 한다는 것을 존중하는 경우가 있다.

이 밖에도 극단적인 경우이긴 하지만 전통적인 공리주의는 다수의 최대효과, 즉 최대의 이익을 얻기 위해 상처받기 쉬운 최소한의 권리, 즉 소수의 이익이 존중받지 못하는 경우가 있다. 예를 들면, 원칙을 준수하는 냉담한 공리주의 사회복지사는 정신적인 고통을 받는 정신장애인들의 권리를 보호하는 정책(예컨대, 기관의 윤리위원회에서 정신장애인에 대한 재활치료 내용을 최종적으로 결정하기 전에 클라이언트에 대한 포괄적이고 다양한 능력 평가를 확대하여 실시하는 것)은 너무 많은 비용이 소요된다는 주장을 할 것이다. 다시 말해 정신장애인의 재활을 위해 많은 비용이 소요되는 사업을 '비용·성과'로 평가한다면 이와 같은 사업은 효과적이지도 못하고 동시에 효율적이지 못하다고 주장할 것이다.

지금까지도 사회적 약자의 입장에서 볼 때, 우리 사회의 약자와 소수자는 측정할 수 없을 만큼의 많은 불이익을 받아 왔다는 점, 그리고 사회적인 대처가 미흡하여 사회가 이들이 당하는 불이익에 대해 민감한 반응을 나타내 보이지 못한 점, 혹은 필요한 조치도 제대로 취하지 못한 점 등 우리 사회는 이미 이들에게 많은 빚을 지고 있음을 인식해야 할 것이다. 따라서 특별히 우리 사회에서 지금까지 불이익을 받아 온 사회적 약자들에 대한 실천에서는 공리주의 원칙을 기초로 한 경직된 규정의 적용과 실천을 어떻게 다룰 것인지에 대해 새로운 논의가 요구된다.

참고

밀의 공리주의

밀(John Stuart Mill, 1806~1873)은 윤리문제를 해결할 수 있는 객관적이고 보편적인 원칙이 있다고 보는데, 그것이 바로 최대다수의 사람들에 최대의 행복을 가져다주는 것이다. 밀에게 있어 만족과 쾌락은 다른 개념으로서, 쾌락은 만족과 더불어 충족되지 않은 욕구의 부재까지 포함한 적극적인 개념으로 보았다. 밀은 쾌락은 단일한 어떤 것이 아니며 쾌락들 간에서 서로 질적인 차이가 있다고 주장하였다. 한편 그는 도덕적 행위를 담보하기 위해서는 내적인 의무감이 중요하다고 보았다. 이것은 최대 고결의 원리로서 행복을 일에서 찾아야 할 것이며, 정신적 쾌락이 육체적인 쾌락보다 우월하다고 보았다.

효용(Utility)에 바탕을 둔 이론이 근본원리나 법칙, 즉 모든 도덕이 뿌리가 되며, 제 1원리(first principles)의 존재를 둘러싼 다툼에 마침표를 찍을 수 있다고 확신한 것이다. 이와 같이 공리주의는 효용과 최대행복원리(greatest happiness principle)를 도덕의 기초로 삼는 이론이다. 공리주의자는 어떤 행동이든 행복(happiness)을 증진시킬수록 옳은 것이 되고, 행복과 반대되는 것을 낳을수록 옳지 못한 것이 된다는 주장을 편다. 여기서 '행복'이란 쾌락(pleasure), 고통(pain)이 없는 것을 뜻한다. 인간의 삶에서 고통으로 부터의 자유와 쾌락이야말로 목적으로서 바람직하고 유일한 것이다. 어떤 행위든 행복을 증진시켜 주면, 즉 쾌락을 늘려 주거나 고통을 줄여 주면 정당한 것(right)이 되고, 그 반대가 되면 나쁜 것(wrong)이 된다는 것이다. 이것이 공리주의의 핵심 명제이다. 밀은 이처럼 행복의 증진에 도움이 되는 것을 효용이라고 부르면서, 이 기준에 따라서 도덕률을 확립하고자 하였다.

참고 벤담의 공리주의: 최대다수의 최대행복

벤담(Jeremy Bentham, 1748~1832)은 공리주의자로서 당시의 정치 철학자 중 대표적 인물이다. 그의 저서 『도덕과 입법의 원리(*The Principle of Morals and Legislation*)』는 도덕 정치 철학의 고전으로 꼽힌다. 벤담에게 있어 진정한 쾌락(쾌락다운 쾌락)은 다른 사람을 위하여 희생함이 없이 그 자신의 이익을 추구하는 개인에게 만족을 줄 수 있는 쾌락, 즉 이기적인 쾌락이다. 벤담과 밀은 행복과 쾌락을 동일시하였는데, 다만 벤담은 쾌락의 계량 가능성을 주장하고 쾌락계산의 구상을 내건 양적 쾌락주의자였으나 밀은 쾌락의 질적 차이를 인정하여 질적 쾌락주의의 입장을 취하였다는 점에서 차이가 있다.

옳고 그름과 의무의 궁극적인 기준은 공리의 원칙(principle of utility)이라는 견해에 따르면, 첫째, 도덕적 목적은 전체로서의 세계를 기준으로 따져 봐야 하는데, 이 경우 가능한 최대의 선을 가져오는 행위가 공리에 부합하는 행위가 되면 이때 선과 악이라는 것은 도덕과 무관한 의미이다. 둘째, 어떤 행위가 인간의 행복을 증진시키고 불행을 감소시키면 옳은 것이고, 그 반대의 것은 옳지 않은 것으로 본다. 즉, 쾌락(어떤 행위의 결과가 가져오는 쾌락의 양)이 윤리성 평가의 기준이 된다. 벤담의 공리주의는 어떠한 행위가 행복과 만족을 증가시켜 줄 때 그 행위는 옳은 것이며 그 반대의 결과를 가져오면 옳지 못한 것이다.

③ 윤리적 상대주의

윤리는 어느 사회에서 편의상 만들어지는 것으로 관습과 같은 것으로 볼 수 있다. 따라서 각 문화마다 관습이 서로 다르듯이 어떤 사회에서 윤리적인 것이 다른 사회에서는 비윤리적인 것이 될 수 있다. 그리고 이러한 논리에 의한 경우, 윤리적으로 옳고 그름의 판단은 각 사회의 맥락에 들어가서 그 구성원들이 생각하는 것을 기준으로 파악해야 한다는 결론, 즉 윤리적 상대주의에 도달하게 된다.

참고 윤리적 상대주의

윤리적 상대주의는 그리스 철학자 프로타고라스(Protagoras, B.C. 480?~421?), 스펜서(Spenser, 1820~1903)와 콩트(Conte, 1798~1857) 같은 실증주의자들에 의해서 정리된 이론이다.

프로타고라스는 "인간은 만물의 척도다."라며 가치판단에 대한 상대주의를 표방하였다. 즉, 어떤 것이든 그 지위와 시비는 인간에게 상대적으로 논해지며, 사물은 인간 주체가 본 대로 존재한다고 주장하였던 것이다. 또한 스펜서는 사물의 본질이나 절대적인 것은 인식되지 않는다고 하였고, 콩트는 경험적인 사실이나 사물은 인간의 주관적 감각에 의해 해석되는 것이라고 하였다.

윤리적 상대주의를 주장한 학자들은 모든 고정불변의 도덕률을 부인하면서, 행동을 하게 된 동기보다는 행동이 초래한 결과를 중시하였다. 그 근본적 이유는 어떤 사회에서는 사람들의 가치관이 지속적이라고 보았기 때문이다. 환언하면, 사회통합과 사회질서유지를 중시하기 때문에 윤리문제에 있어서 상대주의가 불가피하다고 보았던 것이다.

참고

아리스토텔레스의 니코마코스 윤리학

『니코마코스 윤리학』은 아리스토텔레스(Aristoteles, B.C. 384~B.C. 322)가 아들 니코마코스에게 강의하는 형식을 빌려 여러 윤리적 주제들에 대해 논의한 것을 한데 모은 책이다. 이 책은 인간이 살아야 할 도리에 관한 사유와 철학적 논변들을 체계적으로 종합하고 있다.

아리스토텔레스는 덕은 기술과 마찬가지로 덕 있는 행위를 반복함으로써 습득되는 것으로 보았다. 아리스토텔레스는 그의 『정치학』이란 저서에서 인간은 사회적 동물이라고 하였다. 개인보다는 공동체를 중시한다는 점에서 윤리적 상대주의자라고 볼 수 있다.

아리스토텔레스는 정의(justice)에는 자연적(natural)인 것과 인위적(legal)인 것이 있다고 하였다. 자연적 정의란 절대주의적 사고로서, 사람들의 생각에 관계없이 성립하는 것을 말한다. 이에 비하여 인위적 정의란 본래 이렇게 해도 되고 저렇게 해도 되는 것으로서, 일단 하나로 정해지면 다음부터는 그렇게 할 수밖에 없는 것을 말한다.

관습법과 같은 것이 후자에 해당하는데, 이는 곧 윤리적 상대주의를 나타내는 것으로 볼 수 있다. 그러므로 아리스토텔레스는 윤리적 상대주의를 인정하고 있다고 볼 수 있다. 윤리적 상대주의 관점에서 볼 때, 도덕은 각 사회에서 용인된 습관이다. 그러나 어떤 문명도 인간행위의 모든 잠재적 범주에 적용시킬 만큼 도덕적으로 유용할 수는 없다. 모든 사회는 점점 더 선택된 하나의 기본적 바탕 위에 수렴되어 가고 다른 행동경향을 없애 간다. 따라서 사람들은 자신의 사회에서 오래된 관습에 의해 형성된 눈으로 문제를 바라보게 된다. 결국 도덕은 '사회적으로 용인된 습관'일 뿐만 아니라, 각 사회마다 서로 구별되는 성격을 지닌 습관들을 지칭하는 용어이다.

특정한 한 사회에서 매우 비정상적인 행동도 다른 문화에서는 정상적일 수 있다. "정상적(normal)이다."라는 말은 또한 "선하다(good)."는 뜻이다. 선하다는 것은 곧 사회적으로 용인되었다는 의미이다. 인류는 항상 "그것은 습관적이다."라고 말하기보다는 "그것은 도덕적으로 선하다."라고 말하길 좋아해 왔으나, 역사적으로 그 둘은 동의어이다. 즉, 언어 사용상의 혼용이 일어나는 것이다. 다양한 사람들이 존재하므로 다양한 행동양상이 생겼으며 또 다양한 사회가 형성되었고, 따라서 사회는 문화적으로 제도화된 행동양식과 분리될 수 없다. 윤리적 상대론은 어떤 종류의 정해진 도덕률도 부인하는 것으로, 선과 악이나 옳고 그름이라는 것도 주관적이고 상대적인 것이지 절대적인 가치란 없다는 것을 말한다. 따라서 이는 전술한 절대주의 윤리관과 대비되는 것이다. 오늘날과 같이 문화적 특수성과 다원화를 바람직한 가치 체계로 받아들이고 있는 때에는 윤리적 상대주의가 바람직하다고 할 수 있다.

그러나 이를 적용함에 있어 제한점이 있다. 그것은 한 사회를 지배하는 윤리관의 적용 대상 범위가 얼마나 큰지 작은지의 문제이다. 이를 문화로 말하면 한 사회의 문화 내부에 여러 가지 하위문화가 있는데, 최하위수준에서는 개인, 가족, 공동체, 지역사회 등 소규모 집단의 문화가 위치하게 된다. 그런데 윤리적 상대주의에 의할 경우 이러한 소규모 집단의 관습 혹은 윤리가 모두 정당화될 수 있는 것이다. 한편 그 구체적인 정당화의 논리를 윤리적 이기주의와 윤리적 공리주의로 요약될 수 있다.

④ 윤리적 이기주의

이기주의적 윤리관은 이타주의의 허구성을 지적하고 인간의 본성을 이기주의에 입각하여 윤리문제에 접근하는 것이다. 인간의 욕구에 대한 논의 중 생리적 욕구는 물론이고, 자아실현적 인간(self actualizing man)도 사실상 이기주의적 인간형을 강조한 것이다. 이기주의와 동의어인 에고이즘이란 일반적으로 윤리적 이기주의를 말하며 이타주의나 부분적으로는 공리주의와 대립된다.

인간의 이기주의적 본성을 철저히 추구한 것의 연원은 고대 그리스 시대의 철학자들까지 거슬러 올라갈 수 있다. 즉, 소피스트, 레네학파, 에피쿠로스학파 등이 여기에 속한다. 그리고 이러한 사조는 그 이후에도 계속 이어서 홉스(Hobbes), 슈티르너(Stirner) 등에서 두드러진 경향을 찾아볼 수 있다.

참고 윤리적 이기주의 주요 학파

키레네학파: 키레네학파는 지금 당장의 육체적인 쾌락을 중시했다. 왜냐하면 현재만이 우리들의 능력이 미치는 영역이며 미래는 우리들의 능력을 벗어나기 때문이다. 쾌락의 노예가 되지 말고 주인이 되라는 것이다. 대표학자는 아리스티푸스(Aristippus, B.C. 435~356)로, 쾌락이 유일한 선택이며 최고의 선이라고 보았다. 그는 이러한 쾌락의 즉각적인 충족을 주장하였다. 결국 그는 순간적인 쾌락과 육체적, 감각적 쾌락 쾌락을 선이라 본 것이다. 또한 그는 쾌락은 한 가지뿐이며 단지, 강도, 순수성 등의 차이가 있을 뿐이라고 보았다.

에피쿠로스학파: 에피쿠로스(Epicouros, B.C. 341~271)로 대표되는 에피쿠로스학파는 키레네학파의 육체적 쾌락에 정신적 쾌락을 추가하였다. 즉, 단순한 육체적 쾌감보다는 고차원적인 쾌감을 중시한 것이다.

윤리적 이기주의는 이론적으로는 의무론의 형태도 취할 수 있으나, 개인의 선(善, 이익)이라는 목적을 행동의 의무, 올바름의 유일한 기준으로 삼는 점에서 실제로는 목적론적 윤리관의 한 형태를 취한다. 나아가 목적내용의 차이에 따라 행복주의나 쾌락주의 중의 한 형태를 취할 수도 있는데, 대체로 쾌락주의일 경우가 많다.

참고 이기주의 윤리관 대표학자

홉스(Hobbes)는 이기주의적 윤리관의 대표학자이다. 그는 인간이란 개인의 욕구를 유일한 가치로 보고 자기보존에 도움이 되는 것을 선이라고 보는 존재라고 하였다. 그는 자연적 상태는 개인의 생존조차 보장해 주지 않는데, 이러한 상태에서 이타주의만 추구한다면 문제가 된다고 보았다. 나아가 만약 자신의 이익을 추구하는 것이 악이라면 곧 자신의 생존을 추구하는 것이 악이라는 의미가 되는데, 이것은 자신의 존재까지 부정하는 모순 속에 빠진다고 하였다. 즉, 이타주의는 자아존중의 여지를 허용하지 않는 개념인 것이다. 이러한 맥락에서 홉스의 자연권 개념은 자기보존을 위하여 필요한 것은 무엇이든지 할 수 있는 권리이다.

이기주의의 의미는 분석의 단위를 개인의 차원에 국한시킬 때에는 다른 윤리관과 구분되지만, 어느 행위를 당사자 개인뿐만 아니라 그 사회의 구성원 전체가 가지는 이익으로 확대하여 생각한다면 앞서 논의한 공리주의적 윤리관과 공통되는 점이 많이 있다. 즉, 사회의 이익이 곧 자신의 이익이 되고, 단기적인 이익이 아니라 장기적인 이익까지 고려한다면 공리주의나 상대주의적 윤리관과 일맥상통하게 된다.

4. 사회복지실천에서의 윤리적 대응

(1) 롤스의 정의이론

널리 알려진 대안적인 공리주의에 대해서는 롤스(Rawls, 1971)의 저서 『정의이론(*A Theory of Justice*)』이 있다. 롤스의 이론은 사회복지사의 실천에서 공리주의를 적용하는 데 많은 영향을 미쳤다. 이 이론은 "개인은 도덕적인 원리로 형성되어 있으며, 도덕적 원리를 대표하는 것으로서 인간은 평등하다."는 것을 설명하고 있다. 즉, 각 개인은 자신의 속성과 지위를 인식하지 못하고 모든 인간은 모두 다 평등한 위치에 있다고 믿는데, 이러한 믿음이 개인들 각자에게 때로는 장점이 될 수도 있고 단점이 될 수도 있다는 것이다. 이처럼 모든 인간이 평등하다고 믿는 인간 무지의 가면 뒤에 있는 사람들은 각자 자신이 다른 사회 혹은 다른 지위에 놓여 있다는 것에 대해 인식하지 못한다. 그러나 사회복지실천에서는 사정 과정을 통해 클라이언트 개개인의 속성, 개인의 지위, 개인이 가지고 있는 잠재 가능성 등을 조사하게 되는데, 이러한 사정과정을 통해서 사회복지사는 클라이언트 개인이 가지고 있는 욕구의 우선순위를 파악하고 이에 기초하여 서비스를 제공함으로써, 사회적인 차별과 불이익을 당할 수 있는 상황으로부터 개인을 보호하고 가능한 클라이언트가 필요로 하는 혜택을 받도록 하기 위한 것이다.

이 밖에도 롤스는 사회복지사가 반드시 인식해야 할 역할과 책임에 대한 범위에 관해 설명하면서 사회복지사는 전문 실천가로서의 본질적인 역할과 전문가로서의 궁극적인 책임 간에 존재하고 있는 차이를 구분할 수 있어야 한다고 강조하고 있다.

예를 들어, 긴급한 욕구가 있는 사람들을 돕는 일 혹은 다른 사람에게 상처를 입히지 않는 일, 그리고 막대한 책임을 감수하는 일 등의 행동은 매우 훌륭한 일이며 동시에 이러한 행동은 보상을 받을 가치가 있다. 그러나 이처럼 훌륭한 행동이 반드시 사회복지사가 준수해야 할 행동인가에 대한 질문에는 의견의 차이가 있다. 다시 말해 사회복지사가 자신의 '책임을 준수하는 행동'과 자신의 '책임의 범위를 넘어서는 행동' 사이에 존재하고 있는 차이를 구분하는 일은 매우 중요한 일이다.

롤스는 사회복지실천의 가치와 윤리적인 책무의 우선순위를 정하는 일과 같이 사회복지실천에서 윤리적인 결정을 하는 데 있어 매우 중요하게 고려하여야 할 기준을 제시하고 있다. 롤스에 의하면 사회복지실천에서 윤리적인 결정을 하는 일은 선택 가능한 다양한 종류의 가치와 많은 책무들 가운데에서 모든 것을 뛰어넘어 가장 우선적으로 선택하는 것이기 때문에 그 선택에 어려움이 따른다고 하였다. 따라서 윤리적인 결정을 위해서는 많은 시간이 걸리는데, 특히 사회복지실천에서 윤리적인 결정을 선택하고 그 결정에 따라서 실천하게 되는 경우 종종 실천의 속도가 늦어질 수 있음을 문제로 지적하고 있다.

롤스는 사회복지사는 어떤 행동을 선택해야 하는지, 즉 어떤 기준에 의해 윤리적인 결정과 윤리적인 행동을 선택할 수 있는지에 관해 논의하고 있다.

예를 들어, 클라이언트의 사생활에 대한 권리가 우선적으로 보호되어야 하는지 혹은 클라이언트를 신체적인 피해를 입게 될 가능성으로부터 보호하는 것이 우선적으로 이루어져야 하는지, 또는 부정한 방법을 피하고 법률을 존중하는 것을 선택하는 것이 반드시 클라이언트를 피해로부터 보호할 수 있는 일인지, 사회복지실천에 있어 다양한 갈등을 일으키고 있는 상황에서 사회복지사의 과업을 우선 고려해야 되는데 사회복지사의 과업은 반드시 과정을 통해 실행하여야 하는지, 그리고 사회복지사의 과업들 가운데 본질적인 과업은 무엇인지 하는 질문을 하게 된다.

(2) 도나건의 도덕이론, 해의 최소의 원칙

철학자 도나건(Donagan, 1977)의 『도덕이론(*The Theory of Morality*)』에서 사회복지사는 여러 가지 사회복지사의 과업들 가운데에서 과업의 우선순위를 정하고, 어떤 특정한 과업을 선택한 경우 결과로 인해 만약 해가 발생한다면, 사회복지사는 반드시 나타나게 될 그 결과가 최소한의 피해를 입을 수 있는 과업을 선택해야 한다는 것이다. 이에 대해 포퍼(Popper, 1966)는 '고통을 최소화하는 선택'이라고 부르고, 스마트와 윌리암(Smart & Williams, 1973)과 같은 학자는 '부정적 공리주의'라고 불렀다. 다시 말해, 사회복지사는 어떤 과업을 선택하는 데 있어서 선택한 행동의 결과로서 나타날 피해의 정도가 최소 수준인 내용을 선택의 기준, 즉 '고통의 최소화'나 '해의 최소의 원칙'을 의사결정 기준으로 삼는 방법을 택하게 되는 것이다.

(3) 게워스의 이성과 도덕, 자유와 행복추구권

게워스(Gewirth, 1978)는 『이성과 도덕(*Reason and Morality*)』에서 "인간은 궁극적으로 자유에 대한 권리와 행복을 추구할 권리를 가지고 있으며 이러한 개념은 사회복지실천에서 클라이언트의 자기결정권을 존중하고 있는 가치의 개념과 유사하다."고 소개하고 있다.

참고 인간의 자유에 대한 권리와 행복추구

게워스(Gewirth, 1978)에 의하면, 인간의 자유에 대한 권리와 행복을 추구할 권리는 세 가지 핵심적인 소유물을 추구할 권리를 기본 가치로 여기고 있는데, 그 내용은 다음과 같다.

첫 번째, 인간의 '기본적인 소유물'을 추구하고자 하는 가치이다. 기본적인 물질이란 모든 사람에게 있어 목적이 있는 활동들, 예를 들어, 생명을 유지하고, 건강을 보호받고, 적절한 음식물이나

> 주택의 공급, 그리고 정신적인 균형을 이루는 것 등을 위해서 반드시 존재해야 하며 제공되어야 하는 것이다.
> 두 번째, 인간의 '공제되지 않는 소유물'을 추구하고자 하는 가치이다. 공제가 되지 않는 물질이란 개인이 자신의 목적 추구, 예를 들어, 열악한 생활조건이나 좋지 않은 노동환경의 결과 혹은 도둑 혹은 거짓, 사기 등으로 피해를 입은 경우, 이를 해결하기 위한 목적 추구와 같은 것으로, 이를 추구함으로써 자신의 개인적인 능력이 감소되는 것을 막거나 줄이기 위한 것이다.
> 세 번째, 인간의 '추가적인 소유물'을 추구하고자 하는 가치이다. 추가적인 물질이란 개인의 능력을 강화시키는 물질, 즉 개인의 목적을 추구하기 위하여 개인의 능력을 강화시키기 위해 행해지는 것인데, 예를 들어 지식의 강화, 자아존중의 증진, 물질적인 부유함, 교육의 향상 등이 이루어질 때 개인 자신의 능력이 향상될 수 있음을 기대할 수 있다.

게워스는 사회복지사가 자신의 과업에 대한 여러 갈등 가운데에서 선택의 우선순위를 결정하기 위해 마련된 몇 가지 원칙을 제시하고 있다.

첫째, 만약 한 사람 혹은 한 집단이 법을 위반하거나 다른 사람의 자유와 행복에 대한 권리를 위반하게 되는 경우(기본 물질, 공제가 되지 않는 물질, 그리고 추가적인 물질 등 포함), 이와 같은 불법을 예방하거나 제거하기 위한 사회복지사의 행동은 정당화될 수 있다. 즉, 클라이언트의 어떤 특정한 불법적인 행동이 앞으로 클라이언트 개인의 능력을 향상시키는 일에 위험이 되는 불법적인 경우에는 그 상황에 따라서 사회복지사가 불법적인 행동을 예방하거나 제거하는 방향으로 행동을 선택하는 것이 정당화될 수 있다는 뜻이다.

예를 들어, 만약 에이즈(HIV/AIDS)에 감염된 클라이언트를 담당하고 있는 사회복지사는 클라이언트의 비밀보장의 원칙을 존중해야 한다. 그럼에도 불구하고, 클라이언트가 자신의 상대 혹은 배우자에게 피해를 입힐 가능성이 있는 경우에는, 사회복지사는 클라이언트의 비밀보장의 권리를 보호하고 유지해야 하는 전문가로서의 역할 수행을 중단하고 클라이언트의 감염 사실을 클라이언트의 배우자에게 공개해야 한다. 이는 클라이언트의 배우자가 당할 수 있는 피해를 예방하고 보호하는 책임을 수행하는 것이다. 즉, 사회복지사는 클라이언트 개인의 비밀보장을 유지하는 일에 우선하여 타인이 행복해야 할 권리가 침해되는 일을 막기 위해 클라이언트의 비밀보장의 약속을 지킬 수 없게 되는 것이다. 따라서 클라이언트 배우자의 행복할 권리를 지키는 것이 클라이언트의 자기결정 권리나 사생활의 비밀을 지킬 권리를 유지하지 못하는 가치 위반에 대해 정당화할 수 있는 근거가 되는 것이다.

둘째, 사회복지사는 모든 개인과 다른 사람의 자유와 행복추구를 위해 필요한 조치를 취할 의무와 책임이 있다. 만약 사회복지사가 수행해야 할 특정한 책무가 인간의 행동 변화를 위한 책무보다 더 시급하고 필요로 하는 경우, 사회복지사의 책무는 처음의 책무 수행을 뛰어 넘어 다음 순서를 택할 수 있음을 뜻한다.

예를 들어, 사회복지사에게 있어 첫 번째 책무는 클라이언트의 행동을 변화시키고 기능을 향상시키기 위해서 상담을 실시하는 과업, 두 번째 책무는 클라이언트의 신체적인 손상을 보호하는 과업이라고 가정해 보자. 이때, 만약 그 클라이언트의 우선적인 권리가 두 번째의 책무에 대해 법을 어기지 않고는 지켜질 수 없는 경우, 사회복지사는 첫 번째 책무를 뛰어넘어 다음 순서의 책무를 우선적으로 취할 수 있음을 뜻한다. 다시 말해, 클라이언트에 의해 상처를 입을 수 있다고 생각되는 불법적인 피해로부터 클라이언트의 배우자를 보호하는 일은 클라이언트의 권리나 사생활 보호를 뛰어넘어서 다음 단계를 취할 수 있음을 의미한다.

또 다른 예를 들어, 사회복지사의 책무들 가운데 심각한 신체 손상으로부터 클라이언트를 보호하는 책무는 다른 책무들에 우선하여 행해야 할 책무이다. 이처럼 사회복지사가 클라이언트 혹은 다른 사람을 신체적인 손상으로부터 보호하는 것이 클라이언트의 사생활을 보호하거나 혹은 클라이언트의 행동을 변화시키는 것이나 기능을 향상시키기 위한 책무보다 더 우선적이고 필수적으로 행해야 할 책무로 여겨지기 때문이다.

셋째, 사회복지사는 클라이언트에게 강압을 가하지 않는 것을 책무로 여기고 있으나, 사회복지사와 클라이언트 사이의 상호작용을 관리하는 규칙은 특정한 사례의 경우에는 무시될 수 있다. 사회복지사가 반드시 지켜야 할 규칙은 반드시 몇 가지 조건을 갖춰야 하는데, 그 규칙은 심각한 피해나 부당한 강압을 예방하기 위해 반드시 필요하며, 규칙에 의한 어떠한 강압도 허용되지 않을 경우가 해당된다. 그러나 때때로 강압은 클라이언트 보호를 위해 반드시 필요한 것으로서, 규칙으로 인해 다음 순서로 밀려날 수 없다. 이는 사회복지사와 클라이언트 간에 정한 규칙은 가끔씩 나타나는 강압이 민주적인 방법에 의해 이루어질 수 있도록 허용되어야 하는 것을 의미하며, 이와 같은 강압은 클라이언트가 받아들일 수 있는 강압이어야 한다는 의미이다.

예컨대, 사회복지사는 클라이언트에게 경찰이나 검찰 등 공권력을 가지고 있는 사람들에게 클라이언트의 배우자에게 해를 가하는 것과 같은 불법이 공개될 수 있다는 강력한 경고를 하는 것을 뜻한다. 왜냐하면, 클라이언트 개인이나 타인의 신체에 해를 입히는 것과 같은 부당한 강압을 예방하기 위해서뿐만 아니라 이들에게 나타날 심각한 피해를 예방하기 위해서 법률적인 제재나 규칙이 필요한 것이다. 따라서 정보 공개의 강압은 클라이언트의 배우자를 보호하기 위해 반드시 필요한 것이나 항상 최우선 고려사항은 아니다. 클라이언트의 정보를 공개하는 것을 고려하는 공공의 정책은 반드시 민주적인 과정의 결과, 예를 들어 선거에 의해 선출된 법률을 다루는 사람들이나 혹은 법률적인 권한을 가지고 있는 법률전문가들에 의해서 만들어진 공공정책이어야 한다.

이상의 게워스의 선택의 우선순위에 대한 지침은 사회복지실천에 있어 윤리적인 딜레마를 결정하는 데 중요한 역할이 되고 있다.

(4) 리머의 윤리적 대응

리머(Remer, 1990)는 여러 종류의 윤리이론에 기초하여 윤리지침을 소개하고 있는데, 이 지침은 사회복지사가 윤리적 딜레마로 갈등을 겪을 때, 어떻게 이를 해결할 수 있는지에 대한 길잡이가 될 수 있다.

첫 번째 윤리지침: 인간 활동의 필요조건

인간의 활동에 기본이 되는 필요한 조건들(예컨대, 인간의 생명, 건강, 의식주), 정신건강의 균형을 유지하는 것들에 피해가 가해지는 경우, 일반적으로 사람들이 당할 수 있는 피해들(예컨대, 거짓에 의해 피해를 당하는 경우, 비밀보장 되어야 할 정보가 노출되는 경우, 혹은 여가생활·교육·경제적 부 등 추가적인 물질에 위협이 가해지는 경우) 등에 의한 피해에 앞서 우선적으로, 그리고 강제적으로 다루어질 수 있다. 이 지침은 특정 혹은 불특정 개인이 위험한 피해를 입게 되는 경우, 예를 들어, 만약 클라이언트가 자신의 아내에게 심각한 상처를 가할 수 있는 위기에 직면해 있는 경우에 클라이언트의 아내를 보호하기 위해 클라이언트 개인의 비밀보장의 원칙을 유지하는 것을 지속하지 못하고 클라이언트의 비밀이나 정보를 공개하는 것은 정당화되고 있다. 그 이유는 사회복지사가 특정한 개인이나 불특정 개인들이 당하게 될 불법적인 피해로부터 이들의 안전을 지키고 보호하는 일은 클라이언트 개인의 사적인 권리를 지키는 일보다 우선적으로 이루어져야 하며 이러한 지침은 강제적이기 때문이다.

이 지침은 정부의 공적인 기금을 균형 있게 배분하는 데에도 적용이 가능하다. 예컨대, 국가의 공적인 예산을 분배함에 있어 우리 사회에서 가장 상처받기 쉬운 사람(빈민, 장애인, 교육적인 혜택으로부터 소외된 계층 등)에게 우선적으로 배분하고 예산을 사용하도록 하는 것은 이와 같은 원리에 의해 이루어지는 것이다. 다시 말해, 사회적 약자 혹은 취약계층의 주민을 위한 서비스에 필요한 예산을 우선 배당·지급하고 우선적으로 이들을 위한 서비스를 제공하는 반면, 사회적으로 주

류층에 속한 사람들 혹은 비소외계층들에게는 특정한 서비스를 제공하지 않는 것을 정당화시킬 수 있는 근거가 된다.

두 번째 윤리지침: 개인의 기본적인 행복추구

개인의 기본적인 행복추구권(인간의 행복을 위해 기본적으로 필요한 물질을 추구하는 것)은 다른 개인의 자기결정권에 우선하여 다뤄질 수 있다. 일반적으로 두 번째 지침이 제안하는 내용은 개인이 자기결정권을 가지고 있고 그들이 원하는 행동을 할 수 있는 권리를 가지고 있으며 이를 사회복지사가 오랫동안 클라이언트의 자기결정권으로서, 그들의 행동이 다른 사람의 복지와 행복에 위협적인 해를 가하지 않는 한 클라이언트의 자기결정권은 보호받아야 하는 주제로서 지속적으로 다루어 왔다.

예를 들어, 사회복지사는 자신과 전혀 다른 자녀양육방식과 의견을 고수하고 있는 클라이언트가 자기 방식대로 자녀양육을 하고 있다고 할 때, 사회복지사는 클라이언트의 자녀양육에 대한 권리와 그 자녀양육의 방식 등을 반드시 존중하는 것으로 여겨 왔다. 다시 말해 사회복지사가 자신의 클라이언트가 자신과 다른 신념을 가지고 자신과 다른 행동을 하는 경우에도 클라이언트의 결정에 대해 존중해 왔다. 그러나 만약 클라이언트의 자녀양육 방식이 아동의 기본 복리를 위협하는 경우, 이때 사회복지사는 부모의 자기결정의 권리에 제한을 가하는 다음 단계를 택해야 하며, 이러한 행동은 사회복지사가 취해야 할 적절한 태도이다.

세 번째 윤리지침: 개인의 자기결정

사회복지실천에서 개인의 자기결정권은 존중되어야 한다. 그러나 타인의 기본적인 행복에 피해를 입는 상황이 예상되는 경우에는 클라이언트 개인의 자기결정권이 제한받을 수 있다. 세 번째 윤리지침에서 일반적으로 제한하는 내용은 누군가가 자기 자신을 파괴시키는 행동과 관련된 것을 선택하는 경우, 만약 개인이 이 사실을 알리고 그 상황과 관련된 지식에 기초한 자발적인 결정이 있고, 그리고 그 결정한 결과가 다른 사람의 행복을 위협하지 않을 경우에는 이를 행하도록 허용하는 것이다.

그러나 개인에 대한 임시적인 간섭이나 방해가 정당화되는 경우가 있는데, 이는 현재 관련된 행동 혹은 앞으로 관련될 행동들의 결과가 자기 자신에게 기본적인 해를 입힐 경우, 이 조건이 자발적인 조건이든지 아니든지 이를 막고 중단하도록 하는 행위는 정당화되고 있다. 다시 말해 클라이언트가 지금까지 해 온 일들을 공개하는 일 혹은 이러한 사실을 알리고 발생할 가능성이 있는 피해를 막기 위한 행동을 즉각적으로 취하는 일들은 정당화될 수 있음을 의미한다. 따라서 세 번째 윤리 지침에 의한 행동을 취하는 일을 통해 앞으로 발생 가능한 불법적인 피해를 반드시 중단시킬 수 있는 결과를 가져오게 될 것이다.

예를 들어, 사회복지사가 자신의 클라이언트로부터 자신의 삶을 비관하여 장애가 있는 자신의 자녀와 동반자살을 할 것이라는 이야기를 전해 들었을 때, 사회복지사는 클라이언트의 자기결정을 존중해야 하는 실천원칙을 지키는 임무를 수행하기에 앞서 인간의 기본적인 행복인 클라이언트 자신과 그의 장애 자녀가 피해를 입을 수 있는 상황을 사전에 예방하는 것을 우선 선택해야 할 것이며, 이와 같은 상황에서는 클라이언트의 자기결정에 대한 권리는 무시될 수 있다.

네 번째 윤리지침: 자유와 자율성

사회복지실천에 있어서 사회복지사가 자신이 자발적으로 그리고 자유롭게 동의할 수 있는 법률, 규칙, 그리고 규정 등을 따라야 하는 책임과 법률, 규칙, 규정에 갈등을 주는 방향에서 자발적으로 그리고 자유롭게 관련되는 사람의 권리를 자동적으로 무시할 수 있다.

예를 들면, 만약 여성 자신이 출산의 선택과 낙태에 대한 권리를 옹호하는 기관에 속한 사회복지사인 경우, 사회복지사가 기관의 직원들과 자율적으로 낙태반대 회의에 참석하고 자신이 낙태에 대한 반대 정책을 옹호하는 발언을 한 경우, 다시 말해 사회복지사 개인의 의견이 자신이 속한 기관의 정책과 상반되는 의견을 가지고 있다면 이는 사회복지사가 행하는 정책의 전달을 잘못 수행하고 있음을 뜻하게 되므로 사회복지사의 행위는 당연히 비윤리적인 행위가 된다. 따라서 자신이 속한 기관의 정책에 반대하는 사회복지사는 다른 일자리를 찾아보거나 기관의 정책의 잘못을 지적하고 긍정적으로 변화시킬 수 있도록 노력해야 한다.

또 다른 흡사한 예를 들면, 사회복지사의 개인적인 의견과 현재 시행 중인 법률(아동의 학대나 방임과 관련하여 강제적으로 보고하도록 되어 있는 법률)이 정한 규정 내용과 차이가 있어 사회복지사 자신이 법률 규정에 동의하지 않는 경우에는 사회복지사는 제도를 통해 법률의 모순을 지적하고 법률을 개정하기 위해 노력해야 한다. 한편, 사회복지사가 법률을 위반하며 서비스를 전달하는 것은 비윤리적인 것이다. 법률은 민주적인 절차를 거쳐서 만들어지고, 실천가의 윤리는 이 법률에 의해 구속받게 된다.

다섯 번째 윤리지침: 개인의 행복추구권

사회복지실천에서 개인의 행복을 위한 권리는 법률, 규칙, 규정, 그리고 갈등의 사례에 자발적으로 관여되어 있는 협정을 무시할 수 있다. 법률을 따르고 규칙이나 규정을 지키는 것에 대한 책임은 반드시 당연한 것이 아니며 필요한 경우 때때로 제한을 가할 수 있다. 클라이언트의 기본적인 행복에 위협이 가해질 때와 같은 상황이 생겨날 경우, 사회복지사가 법률, 규칙, 규정을 위반하는 일에 대해 정당성을 부여받을 수 있다. “어떤 관점에서 법률 위반이 정당성을 부여받을 수 있는가?”, “사회복지사가 언제, 어떠한 상황 하에서 법률, 규칙, 그리고 규정을 어길 수 있는 피보증상태가 될 수 있는가?” 하는 문제 또한 매우 논쟁적인 주제이다. 사회복지사는 사회복지실천에서 어떠한 상황이 불법적인 것인지 혹은 정당화될 수 있는 예외적이고 특별한 상황인지에 관해서 반드시 알고 있어야 한다.

이 밖에도 사회복지사 자신이 속한 전문가협회의 규정들도 만약 그들 각자가 개인적인 행복에 위협을 받는 경우, 자동적으로 인정받지 못하는 상황이 될 수 있다.

예를 들어, 사회복지사가 속한 기관이 제3의 기관으로부터 기금을 제공받는 경우 사회복지사가 속한 기관이 지속적으로 기금을 제공받을 수 있도록 하기 위해, 기관의 책임자가 사회복지사에게 서류를 조작할 것을 명령하였다. 이때 지시를 받은 사회복지사는 이러한 지시를 따라 책임을 수행하는 것을 거부할 수 있음을 뜻한다. 또한 사회복지사는 한 발 더 나아가 기관 책임자의 비윤리적인 지시에 대항할 수 있는 도전적인 행동을 취할 수 있다.

여섯 번째 윤리지침: 예방을 위한 공공의 책임

사회복지사는 인간이 기아 상태에 빠지는 것과 같은 기본적인 욕구에 피해를 입게 되는 것을 예방하기 위한 공적인 책임과 공공의 행동을 변화시키고 기능을 향상시키기 위한 책임을 수행해야 한다.

예를 들어 주택, 교육, 그리고 공공부조 등을 제공하기 위한 책임은 특정한 개인 자신이 스스로의 삶을 영위하기 위한 권리에 앞서 행할 수 있으며, 이때 특정인의 개인의 권리는 또 다른 개인의 기본적인 욕구가 피해를 입게 되는 것에 우선 할 수 없음을 의미한다. 다시 말해, 개인 자신의 권리를 지키는 일이 사회복지실천에서 중요한 실천 원칙이지만 또 다른 특정 개인의 기본적인 욕구에 피해가 가해지는 것을 예방하기 위한 노력이 한 개인의 권리를 지키는 것에 우선하여 이루어져야 함을 의미한다.

이 지침은 특별히 세금이나 다른 형태의 강압(예컨대, 우리 사회의 소외계층이나 약자를 위한 기본적인 시설을 설립하고자 할 때 사회적으로 힘과 세력이 있는 사람들에 의해 정책실정이 미뤄지는 경우)에 관계가 있으며, 이 지침은 욕구가 있는 사람들에게 도움을 제공하기 위해서 필요한 것이며 동시에 기본적인 욕구에 가해지는 피해를 예방하기 위한 목적일 때 필요하다. 이 지침은 개인을 사정하고 평가하는 것을 정당화하고 있는데, 개인이 기본적인 서비스를 제공받을 수 있는 조건인지, 예컨대, 학대아동, 주택, 건강보호, 그리고 장애상태 등을 포함한 사람들의 빈곤상태 등을 확인하기 위해 다른 욕구 측정이나 세금에 대한 사정을 필요로 한다.

이상 여섯 가지 윤리지침은 사회복지사가 자신의 과업을 수행하는 데 있어, 과업들 가운데 어떤 과업이 실행되어야 하는지 하는 갈등에 접했을 때 이를 해결해 주는 데 도움이 되고 있다. 이 지침은 특히 조직적인 분석과 의사결정을 위한 유용한 항목들을 제공하여 사회복지사가 윤리적인 딜레마에 당면한 경우, 딜레마를 풀어 가는 데 지침이 되는 기본 자료가 된다.

그러나 중요한 것은 이러한 지침이 얼마나 구체적인지에 상관없이, 사회복지실천에서 직면하고 있는 모든 딜레마를 해결해 줄 수는 없다. 모든 개인이 특정한 가치, 선, 그리고 책임, 과업과 관련하여 취할 점에 관해 모두 다 찬성하지 않을 것이다. 이러한 사회복지사가 관련된 제각기 다르게 중요한 가치, 선, 그리고 책임 등에 대해서 동의할지라도 개별적인 사례에 관련된 가치, 선, 책임, 그리고 과업 등에는 동의하지 않을 수 있다. 이 지침이 모든 사람에게 찬성받고 동의받지 못할지라도 사회복지실천현장에서 사회복지사가 윤리적인 딜레마를 경험하게 될 때, 윤리적인 의사결정에 필요한 원칙과 방향을 제시해 주는 등 체계적인 틀을 제공하고 있다.

사회복지실천의 핵심 가치

CHAPTER 2

사회복지사는 자신의 개인적인 관심이나 이익보다는 클라이언트의 이익을 얻기 위한 목적, 그리고 클라이언트를 돕기 위한 과업에 초점을 맞추고 전문가로서의 가치를 통해 실천해야 한다. 사회복지실천의 가치는 시대적인 상황과 사회적인 변화에 따라서 때로는 개인의 종교적인 배경과 성장환경, 문화적인 다양성 등에 따라서 그 인식이 달라질 수 있다. 사회복지사 개인의 가치와 사회적인 가치, 종교적인 가치와 문화적인 가치, 그리고 전문가 가치와 클라이언트의 가치 등이 상호 상충되어 보일 때가 많다. 이때 사회복지사는 어떤 가치기준에 따라서 실천에 임할 것인가 고민하게 되며, 동시에 실천에 기준이 되는 핵심 가치를 찾을 것이다.

1. 사회복지실천 가치

사회복지실천에 있어서 가치란 무엇인가? 그동안 사회복지실천에 영향을 미쳐 온 사회복지실천 전문가의 가치는 어떻게 형성되어 왔는가? 이와 같은 질문에 답하기 위해 사회복지실천 가치에 대한 개념을 구체화시키는 일은 매우 중요하다. 몇몇의 학자들이 사회복지실천에서 자신이 경험한 내용을 정리하여 사회복지실천 가치로 소개하고 있다.

(1) 고든의 사회복지실천의 가치

고든(Gordon, 1965)은 자신의 저서 『지식과 가치(*Knowledge and Value*)』에서 사회복지실천의 핵심이 되는 가치를 소개하고 있다.

- 최우선적으로 관심을 두어야 할 대상은 개인이다.
- 모든 개인은 상호 의존적인 존재이기 때문에 상호 도움을 주고받으며 살도록 되어 있다.
- 모든 개인은 상호 간에 사회적인 책임을 지고 있다.
- 모든 개인은 인간이 공통적으로 원하는 기본적인 욕구를 가지고 있다. 그러나 모든 개인은 서로 다르며 개개인의 독특한 특성을 가지고 있다.
- 개인들 모두는 잠재력을 가지고 있다. 이는 민주사회의 기본적인 속성이다. 동시에 각 개인을 사회에 적극적으로 참여하게 함으로써 개인 모두가 사회적인 책임을 수행하고 있다는 점을 가정할 수 있어야 한다.
- 사회는 개인의 자기실현에 저해가 되는 장벽을 제거해야 할 책임이 있다. 또한 사회는 개인 각자가 자신이 속한 환경 내에 존재하고 있는 장애 요소들을 극복할 수 있는 방법을 제공해야 할 책임이 있고, 동시에 사회는 개인이 경험하는 불평등을 예방할 책임이 있다.

(2) 비즐렌티의 인본주의 가치

비즐렌티(Vigilante, 1974)는 인본주의를 기초로 한 사회복지실천에 관해 소개하고 있다.

"사회복지실천은 광의의 인본주의를 기본으로 하고 있다. 인본주의의 중심에는 개인에 대한 인간 존엄성, 인간의 가치가 자리 잡고 있으며, 사회복지실천은 사회적인 목표 추구를 위한 맥락에서 사회적인 책임을 다하는 것으로 개인 그리고 집단들 간에 상호관계를 맺는 것이다. 또한 인본주의는 철학적인 정의이며, 인본주의는 사회복지사인 전문가의 개입을 통해서 사회적인 가치관으로 만들어 나가게 되는 것이다."

(3) 미국사회사업가협회(NASW)의 사회복지사 가치

미국사회복지사협회가 주장하는 사회복지사의 핵심 가치는 다음과 같다(NASW, 1996).

- 우리 사회에서 가장 먼저 관심을 두어야 할 대상은 개인이다.
- 사회복지사와 클라이언트와의 관계에서 클라이언트의 사생활과 비밀은 존중되어야 한다.
- 사회적인 측면에서 확인된 욕구에 대해 사회적인 변화를 위해 헌신한다.
- 전문가 자신의 개인적인 욕구를 클라이언트와의 관계로부터 분리함으로써 전문적인 실천에서 개인적인 감정이 개입되는 일이 없어야 한다.
- 사회복지사는 클라이언트를 포함하여 욕구가 있는 사람에게 자신의 전문지식과 기술을 적극적으로 전달한다.
- 클라이언트 개인과 각기 다른 클라이언트 집단에 대해 존경하고 존중한다.
- 클라이언트 자신이 스스로 돕고 자립적인 능력을 계발할 수 있도록 헌신한다.
- 계획한 목표 달성에 어려움이 있을지라도, 클라이언트의 이익을 위해 지속적인 노력을 수행한다.
- 사회정의 구현과 모든 사람의 경제적·신체적·정신적인 행복을 위해 헌신한다.
- 전문가로서 개인적인 면에서나 전문적인 실천을 위해 행동하는 데 있어 그 행동의 표준이 되는 서비스의 수준을 높이기 위해 헌신한다.

위와 같이 사회복지사의 가치는 클라이언트 개인의 행복을 위해 노력하는 것뿐만 아니라 개인이 속한 집단의 행복 증진과 사회의 변화를 통한 문제를 해결하는 데 노력해야 할 것을 강조하고 있다. 이와 더불어 전문가로서의 역할과 행동의 기준을 명확히 하는 것 등이다.

사회복지실천에서의 가치를 요약하면 다음과 같다.

- 개인의 존엄성과 개인의 가치에 대한 존중
- 개인의 변화 가능한 능력과 그 가능성의 가치에 대한 인정
- 클라이언트의 자기결정
- 각 개인의 잠재성을 인식할 수 있도록 기회의 제공
- 개인의 기본적인 욕구 충족을 위해 인간적인 욕구의 사정과 발견
- 개인의 기본욕구 충족과 서비스를 제공하기 위해 필요로 하는 자원의 발굴
- 클라이언트의 능력 향상과 역량 강화
- 동등한 기회의 보장
- 모든 차별의 금지
- 사회변화를 위한 헌신
- 사회정의의 구현
- 사생활 보장에 대한 약속과 비밀보장
- 동료·후배에게 전문적인 지식과 기술을 기꺼이 전수하고 전달

(4) 펌프리의 사회복지사의 관계 맺음에 있어서의 가치

펌프리(Pumphrey, 1959)는 사회복지실천 가치는 실천 전문가의 다양한 문화적 민감성과 가치에 대한 이해와 수용의 중요성, 타 전공 전문가들 간의 관계, 그리고 전문가와 클라이언트와의 관계 등 실천가의 관계에 초점을 맞춰 소개하고 있다.

첫 번째, 문화적으로 다양한 사회에서 사회복지사는 전문가의 가치로서 다양한

문화와 사회적 가치를 이해하고 수용하는 것이다. 예컨대, 사회복지사가 '사회정의', '사회변화', '인간 공통의 욕구 충족', 그리고 '폭넓은 사회적인 가치를 수용하고 이해하는 것'은 사회복지사의 다양한 책임들 가운데 전문적인 능력을 키우는 것으로서 중요하게 인식되고 있다. 시대적인 상황과 사회적인 변화와 함께 우리 사회의 다양한 문화와 사회적인 가치를 이해하는 일은 사회복지실천의 가치가 시대적인 상황에 따라서 실천 가능성을 포함하고 있는 것이다. 사회복지실천 가치의 기본과 책임은 넓은 범위의 사회적인 가치와 함께하는 시대적인 변천에 따라 갈등을 겪게 되는 것이다. 예를 들면 과거에는 개인의 건강을 유지하는 문제나 삶의 질 문제는 전적으로 개인의 가치관 문제로 인식되었던 것들이 현재는 모든 사람을 위한 공공의 건강보호서비스나 사회복지제도가 사회적인 가치로서 인정받고 존중받는 것과 같다.

두 번째, 사회복지실천은 다양한 전문가들에 의해 이루어지는데, 이때 사회복지실천 전문가 구성원들 간에 맺어진 상호관계와 함께 전문가 구성원들의 내부적인 관계에 초점을 맞추고 있다. 예컨대, 사회복지사는 동료인 타 전공 전문가에게 상호 윤리적인 행동을 격려하고, 윤리적인 가치를 예측하고, 윤리적인 방법에 의해 실행하는 것에 초점을 맞추어 실천하고 있다. 따라서 사회복지사는 전문가들 간의 의사소통과 정책을 만들어 나가는 과정을 통해 기본 가치와 윤리적인 원칙을 위해 노력해야 한다.

세 번째, 실천가와 특정한 집단이나 개인, 즉 클라이언트와의 관계를 맺는 것이다. 실천가와 클라이언트와의 관계는 사회복지실천의 핵심 가치를 가지고 이에 따라 클라이언트의 욕구를 이해하고 반응하는 것이다. 이는 클라이언트와 실천가의 관계를 안내하는 가치를 분석하는 것, 즉 개인의 가치와 존엄성을 존중하는 것, 변화 가능한 개인의 능력과 자기결정권에 대해 가치를 두는 것, 그리고 클라이언트의 세력을 향상시키기 위한 것에 가치를 두는 것 등이 있다.

(5) 레비의 사회복지실천 전문가 가치

레비(Levy, 1976)는 "사회복지사는 확실하고 지속적이고 포괄적인 가치에 기초하여 자신의 전문성을 발휘하고 있다."라고 사회복지사의 전문성과 전문가 가치와의 밀접한 관계를 강조하였다. 레비(1973a, 1976, 1983)는 사회복지실천의 사회복지사가 반드시 다루어야 할 가치를 몇 가지로 분류하였다.

첫 번째, 클라이언트에 대한 개념 정의에서, 클라이언트 개인의 존엄성과 소중한 가치를 가지고 있는 개인, 변화를 향해 움직이는 힘과 가능성, 상호존중의 책임감, 소속에 대한 욕구, 독특성, 그리고 인간의 공통된 기본 욕구 등의 특성을 들어 설명하고 있다.

두 번째, 클라이언트와 함께한 사회복지실천의 결과에 대한 정의는 개인의 성장과 발전을 위하여 개인에게 동등한 기회를 제공해야 하는데, 이를 위해 사회적인 책임이 함께 따라야 한다. 빈곤으로 인해 굶주린 사람들, 적절한 교육을 받지 못한 사람, 무주택, 질병, 차별 등으로 인해 도움이 필요한 사람들에게 제공하기 위해 자원을 찾고 서비스를 개발하는 책임, 그리고 사회를 형성하는 데 참여할 수 있도록 동일한 기회를 제공하는 것 등으로 정의하고 있다.

레비(1973a, 1976)는 사회복지실천에서 사회복지사 개인뿐만 아니라 사회복지사가 속한 기관, 그리고 전문가 단체 등을 운영하는 데 있어서도 가치의 틀이 요구되기 때문에 사회복지실천 가치를 구성하는 틀의 필요성을 강조하고 있다. 또한 사회복지실천에서 사회복지사 자신들의 행동을 선택하는 데 가치에 기초하여 이루어지게 되는 점을 고려할 때, 가치를 형성하는 틀의 구성은 반드시 중요하게 다루어져야 한다.

세 번째, 사람들, 즉 클라이언트를 다루기 위한 수단과 방법에 관해서 설명하고 있는데, 그 방법으로서는 클라이언트를 한 인간으로서 존엄과 존경으로 대하는 것, 또한 모든 인간이 자기결정권을 가지고 있음을 인정하는 것, 사회변화에 참여하도록 격려하는 것, 그리고 독특한 개인으로 인정받는 것 등이 있다. 예를 들면, 클라이언트가 사회복지사를 찾아왔을 때, 클라이언트는 사회복지사에 의해 자신의 개별적인 독특성을 인정받고, 개별적인 차원에서 서비스가 제공되는 것을 기대할 수 있어야 한다. 이때 모든 클라이언트는 각자 자신이 독특한 가치를 가지고 있는 사람으로서, 타인에 의해서 비판받거나 심판받지 않는 등 '클라이언트에 대한 비심판적인 태도'의 가치가 적용될 수 있어야 한다.

레비(1973a, 1976)는 사회복지실천에서 다루어야 할 핵심적인 가치로서 4가지 포괄적인 가치(예컨대, '사회적인 가치', '조직적이며 제도적인 가치', '전문적인 가치', '인간서비스 실천가치')와 각 항목에 따른 세부적인 내용을 제시하고 있다.

첫째, 사회적인 가치에 해당되는 내용은 다음과 같다.

- 개인의 신체적, 정서적, 정신적으로 건강을 누릴 권리
- 개인의 시민권과 법률적 권리
- 개인을 위한 사회복지 혜택을 받을 권리
- 이타주의 가치, 즉 사람들이 한 가지 욕구로부터 다른 욕구에 대한 경험을 하는 경우에, 타인의 행복에 있어 불이익이 되는 일이 무엇인지를 고려하고 이에 대한 인식과 함께 타인에 대한 관심과 배려와 측은히 여기는 마음을 나누는 일
- 개인의 공통적 특성과 특질뿐 아니라 타인과 독특한 집단의 유일함과 차이 인정
- 인간의 존엄성
- 건강하고 안정된 생활상태에 대한 접근과 기회 보장
- 개인의 능력과 잠재력을 확대하고 이를 활용하기 위해 최대한의 기회 보장
- 개인적인 능력과 관심, 그리고 각자 개인의 열망을 확대할 수 있도록 하기 위해 동등한 교육의 보장
- 개인의 능력과 가능성의 조화로운 일치 안에서, 성장할 수 있는 가능성과 만족

스러운 고용을 위해 동등한 기회 제공

- 개인의 사생활 보장
- 개인의 본질적인 욕구와 우선적으로 필요한 욕구와의 조화로운 일치 안에서, 가족 구성원들이나 타인들과의 만족스럽고, 건설적이며 유익한 관계를 위해 최대한의 기회 제공
- 신체적·문화적·예술적 풍요로움과 발전을 위해 개인에게 기회 제공
- 사회 정책이나 공적인 서비스, 그리고 이 두 가지의 조화로운 관계를 위해서 기술을 발전시키며 공적인 실천을 통해 참여의 책임을 강조하며 개인의 참여와 기회 제공

둘째, 조직적 가치와 제도적 가치에 해당되는 내용은 다음과 같다.

- 개인에 대해서는 시간적으로 적절히 배려되어야 하며, 편견을 배제하고, 차별적이어서는 안 된다. 이 밖에도 각각의 책임을 담당하고 있는 조직이나 제도들, 법률 혹은 어떤 형태로든 재가 받는 기능에 의한 민주주의 실현 등
- 개인, 특정한 집단의 사람이 가능한 조직과 제도적인 서비스, 프로그램, 그리고 기회와 관련된 정보를 얻기 위한 동일한 접근
- 개인, 특정한 집단의 사람들이 모든 가능한 서비스, 프로그램, 그리고 기회를 얻기 위한 동일한 접근
- 개인의 열망과 변화하는 욕구를 위해 조직적이며 제도적인 수용 요구(모든 개인은 지금까지 계획을 수립하는 과정에서 자신의 서비스, 프로그램, 기회의 욕구에 대한 재가를 받은 책임자, 담당자 또는 타인에 의해 서비스를 받아 왔다)
- 정당성 고려, 최대한 조직 활용의 창조성, 그리고 제도적인 권력, 자원들, 기회
- 사람들의 관심과 존경을 받을 수 있는 처우
- 조직과 제도에서 최대한의 적절한 참여와 자기결정
- 이웃과 함께 생산적인 참여와 만족을 위해 그리고 공동체에서 일어나는 일들,

그리고 발전을 위한 기회

- 재가를 받은 기능의 윤리적인 수행과 능력을 위해 조직적, 제도적인 책무

셋째, 사회복지실천에서는 전문가 가치가 중요하다.

- 사회복지실천은 경제적인 보상이나 부를 얻기 위해 실천해서는 안 되며 인간서비스에 기초하여 삶의 질 향상 목적
- 정당성 고려, 전문가 힘의 창조적인 활용, 권위, 클라이언트나 다른 사람과의 관계에서 기회 제공
- 능력에 대해서 책임을 질 수 있어야 하며, 사려 깊은 배려, 그리고 전문가의 기능 수행에 있어 윤리적인 실행
- 공공정책과 사회정책과의 관계에 있어 클라이언트와 다른 기능들에 영향을 미치거나 혹은 고려되는 옹호

넷째, 사회복지실천에서는 인간서비스 실천 가치가 중요하다.

- 전문가 기능의 충분함, 정당함, 능력 고려, 그리고 윤리적인 실행
- 개인적인 학대, 그리고 클라이언트와 타인의 이기적인 이용의 회피
- 클라이언트와 타인의 개인적인 존엄성에 대한 존중
- 클라이언트와 타인의 개인적인 사생활에 대한 존중
- 정직과 진실성
- 클라이언트 자신의 욕구, 자신의 문제, 그리고 관심, 열망과 관련한 클라이언트 자기결정과 최대한의 적절한 참여
- 자신의 욕구와 열망을 나누는 클라이언트와 타인의 욕구와 열망과 관련된 공공의 사회적·조직적·제도적 정책의 옹호

2. 사회복지실천 가치에 영향을 미치는 요인

사회복지사는 '가치'에 기반을 둔 전문가로서 개인의 행복 증진과 삶의 질 향상, 그리고 사회의 변화에 대한 대처와 문제의 해결, 사회복지제도의 개선 등의 여러 활동에 동시에 헌신하고 있다. 사회복지사는 때로는 미시적 차원에서 클라이언트 개인의 문제를 해결하는 것에 관심을 두고 해결해야 하는 역할, 때로는 중간적 혹은 거시적 차원의 사회복지실천으로서 지역사회의 문제를 해결하고 사회변화와 개선을 위한 실천, 그리고 지역공동체의 관심에 초점을 맞춰 지역공동체 구성원을 옹호·대변해야 하는 역할 사이에서 어려운 선택을 해야 하는 문제에 직면하게 된다.

이 외에도 사회복지사는 정신보건과 의료현장에서 개인이나 가족의 정신건강과 의료문제를 위해 헌신해야 하면서 동시에 사회적인 측면에서 인간의 불평등, 차별, 빈곤, 그리고 사회정의나 분배의 공정성 등과 관련된 문제해결과 사회변화를 위해 헌신해야 한다.

사회복지실천 가치에 영향을 미치는 요인들은 무엇인지, 사회복지실천 가치가 사회복지사의 전문적인 책무와 사회복지실천 개입에 어떠한 영향을 미치는지 등에 관해 알아보고자 한다.

(1) 사회복지사 개인의 가치

사회복지실천에 영향을 미치는 요소들 가운데 사회복지사의 개인적 가치(personal values)는 가장 중요한 요소로 인식된다. 사회복지사의 개인적 가치는 성장배경이나 종교적인 신념, 그리고 삶의 활동에 있어 중요하게 지켜 온 개인적인 가치관, 그리고 개인에 속한 사회의 문화적인 가치 등에 의해 강하게 영향을 받고 있다. 사회복지사의 개인적 가치는 사회복지사가 클라이언트와 함께하는 실천에 있어서 개입방법을 선택하고, 개입의 틀이나 개입전략을 선택하는 데 중요하게 영향을 미치게 되며, 그 결과는 클라이언트에 대한 개입결과의 성공 여부를 결정지을 수 있게 될 것이다. 때때로 사회복지사의 개인적인 가치가 사회복지실천에서 문제가 될 경우도 있다. 특히 사회복지사의 개인적인 가치와 현재의 제도나 법률, 그리고 자신이 속한 사회복지실천 기관의 이념이나 정책 등과 차이가 있는 경우에는 갈등을 겪게 된다.

고든(Gorden, 1965)은 사회복지사의 가치와 관련하여 다음과 같이 소개하고 있다.

> "가치는 좋은 것이다. 혹은 가치는 좋은 것보다는 좀 더 광의의 포괄적인 의미를 뜻하는 것으로서 비용이 얼마나 들고, 그 효과가 무엇인지 혹은 이를 행할 때 어느 정도 신성한 것인지를 측정하는 데 문제를 제기하기도 한다. 그리고 '좋은 것'으로 인식되는 가치는 때로는 '조약'이나 '규약'으로 제시되기도 하며, 그 결과로서 나타나는 일들의 행동이나 정의에 대한 측정을 통해서 그 가치를 설명할 수도 있다. 이처럼 '가치'를 규정하는 일은 개인 혹은 사회에 의해 이뤄지는데, 좋은 것 또는 좋은 것보다 더 포괄적인 의미에 대한 측정으로 기술할 수 있는 것을 요구한다. (생략)"

로키치(Rokeach, 1973)는 자신의 저서 『인간 가치의 본질(*The Nature of Human Values*)』에서 사회복지사의 가치를 규정하기 위한 사회복지사 개인의 가치에 관해 소개하고 있다.

> "개인의 가치는 특정한 형태나 존재의 마지막 명제로서 영원한 신념이다. 개인의 가치는 다른 변화된 형태 혹은 존재의 마지막 명제에 대해 개인적으로나 사회적으로 좋은 것으로 받아들여진다."

이와 같은 관점에서 볼 때, 사회복지사의 개인적 가치는 궁극적이면서 가장 근접하고 활용 가능성이 높은 가치다. 사회복지사 개인의 궁극적인 가치는 전문가 개인의 사적인 목적뿐만 아니라 사회복지사를 둘러싸고 있는 포괄적인 목적을 고려하게 만들고, 자신이 속한 사회복지기관이나 사회복지사협회와 같은 단체의 목적을 위해 일반적인 지침을 제공하고 있다. 사회복지실천에서 개인의 가치는 개인에 대한 존경, 공평함, 차별금지 등이 궁극적인 가치를 구성하고 있다.

(2) 사회복지사 전문가의 가치

사회복지사 전문가의 가치는 개인의 가치와 차이가 있다. 예컨대, 전문가 교육의 가치를 전달하는 일에 있어서 오랫동안 어려움이 존재하고 있음에도 불구하고, 사회복지사는 전문 교육을 통해 사회복지실천의 전문가 가치를 배우고 있다.

펌프리(Pumphrey, 1959: 43-44)는 사회복지사 전문가의 가치를 다음과 같이 설명하고 있다.

- 인간은 무한한 가치를 지니고 있다. 인간은 천부적인 존엄성이 있는 사람으로 인정받아야 하며, 모든 어려움으로부터 보호되어야 한다.
- 인간은 앞으로도 지속적으로 존중받아야 할 대상으로 인식되어야 한다.
- 인간은 아직 확인되지는 않았으나 발전 가능성이 있음을 존중해야 한다.
- 인간의 능력은 인간이 내면적으로 조화롭고 만족스럽게 발전하고 있으며, 동시에 외부적으로는 타인의 발전을 위해 기여하는 능력을 의미한다.
- 인간의 잠재적인 능력을 이해하기 위해서는 반드시 타인들과 상호교류를 통해 인간관계가 이루어져야 하며, 그러기 위해서는 모든 인간에게 참여할 수 있는 동등한 권리가 주어져야 한다.
- 인간은 발전과 향상이 가능하다. 인간의 변화, 성장, 움직임, 과정, 향상의 개념은 사회복지실천 가치를 규정하는 데 중요하며, 사회복지실천의 안정감을 추론하는 것으로서 관심의 대상이다.
- 인간의 향상은 개인적인 것이며 동시에 집단적인 것으로 인식할 수 있고, 인간은 변화를 위한 능력을 가지고 있다. 따라서 개인을 변화시키기 위한 활동은 찾아지는 것이 아니라 전문가에 의해 형성된 사고, 즉 사람과 사회의 생각에

무언가 좀 더 나은 것을 향해 변화를 하는 것이다.

- 긍정적인 방향에서 개인을 변화시키는 일은 개인, 집단, 조직, 사회가 다른 사람들로부터 목적을 위해 지원받거나 혹은 격려 받는 것과 활동적인 것에 의해, 빠르고 긍정적으로 방향을 잡는 것이다. 개인을 '돕는다'는 것은 타당함을 나타내 보이는 과정이고, '돕는 가치'는 개인 자신의 권리 안에서 존중받아야 하는 것이다.
- 개인에 대한 가장 효과적인 변화는 강제적으로 이루어질 수 없는 것이다. 사람들의 잠재적인 능력은 자신의 존엄을 발견하고 스스로 결정을 지시할 수 있는 능력을 포함하고 있다.
- 인간 개개인의 능력은 부족하고, 심각하게 상처받기 쉽고, 나약한 경우가 있다. 그럼에도 불구하고 개인의 능력은 반드시 존중받아야 한다.
- 인간은 지적인 능력이 있음을 반드시 인식해야 한다. 또한 인간은 반드시 자신의 욕구와 잠재력에 대한 이해를 충분히 하기 위하여, 지속적으로 개인의 욕구를 충족시키기 위해 필요한 자원을 찾을 수 있도록 안내가 필요하다. 이미 발견된 능력은 반드시 개인과 사회의 자기만족을 강화시키기 위해 의미가 다양해야 하며, 유용하게 쓰일 수 있어야 한다.
- 사회복지실천 전문가는 사회복지 전문가 가치와 타 전공 전문가의 가치를 이해하고 실천방법과 서비스 제공의 차이를 인정하고 각각의 전문가 가치를 유지하기 위해 헌신해야 한다.

사회복지실천에서는 전문가 가치와 근접한 유사가치(proximate value)를 택하고 있다. 다른 말로 하면, 사회복지실천에 있어 특별한 정책, 예컨대, 사회복지실천에서는 정신분석모델에 기반을 둔 치료를 받는 환자의 경우에는 '환자의 권리'로서 '특정한 치료를 거부할 수 있는 권리', 복지서비스 이용자인 클라이언트의 경우에는 '서비스 이용자의 권리'로서 특정한 수준의 서비스와 혜택을 요구하거나 건강보호서비스의 질을 요구할 수 있는 권리, 그 외에도 인종적으로 소수자의 권리를 요구하는 등 특별한 형태의 정책을 택한다.

사회복지실천에서 제도적인 가치(instrumental value)는 가치의 목적을 위해 이상적인 방법을 구체화하는 것이다. 사회복지실천에서는 비밀보장, 자기결정권, 동의한 사항에 대해 클라이언트의 알 권리 등의 클라이언트의 권리를 존중하고 있고, 이러한 권리들이 사회복지실천의 제도적인 가치를 구성하고 있다.

고든은 사회복지사의 전문가 가치를 다음과 같이 소개하고 있다(Gordon, 1965).

> 첫째, 전문가가 믿고 있는 사회복지실천을 위한 권리는 무엇인가, 그리고 특별한 보류나 재검토 없이 실천가들이 지배적으로 선호하는 가치가 될 수 있는 것은 무엇인가 등에 대해 폭넓은 이해와 인식이 필요하다.
>
> 둘째, 사회복지실천의 가치의 틀이 반드시 기본적인 수준이며, 실제로 일정한 기간 동안 궁극적으로 유용한 것으로 유지될 수 있는가, 그리고 책무의 의미는 무엇이며, 사회복지실천 가치의 궁극적인 목적을 유지하기 위한 우선적인 목적과 실행 목표는 무엇인가 등에 관한 인식이 필요하다.
>
> 셋째, 가치의 틀을 구성하고 있는 가치를 가지고 서비스를 제공하는 것은 지금까지의 지식을 성장하게 만드는 데 원동력이 되고 격려되었다. 그리고 클라이언트의 비밀보장에 관한 가치를 수용한 상태에서 실천에 임하는 것은 클라이언트의 확인되지 않은 비밀을 보장하기 위한 것뿐만 아니라 클라이언트로 하여금 준비된 치료를 받도록 격려하는 것이다.

레비(Levy, 1973a: 14-15)는 사회복지전문가 가치 통합의 필요성에 관해 다음과 같이 설명하고 있다.

> "사회복지실천에 있어 가치 추구의 목적이 달성되어야 하는 단계에서, 기본적으로 기대 혹은 가정되는 것은 주어진 상황 하에서 사회복지사가 무엇을 할 것인지, 또한 어떠한 탈선이나 방어가 일어날 수 있을 것인지를 결정하는 것

> 이다. 이와 같은 자세로 모든 사회복지사는 자신들이 개인을 상대로 하는 실천이든지, 집단 혹은 사회의 제도를 다루는 실천이든지 모두가 비슷한 가치 기준 위에 서 있는 것을 목적으로 하고 있다. (중략) 모든 사회복지사가 일치해서 추구하는 일은 사회복지실천 가치체계 안에서 궁극적으로 협력하는 것이다. 사회복지사는 가치를 충분하게 확인하고 명확하게 할 때, 가치는 사회복지실천 전문가의 통합된 대상으로 반드시 지속될 것이다."

미국사회사업가협회의 윤리강령(NASW, 1996)에서 사회복지실천의 전문가 가치를 다음과 같이 제시하고 있다.

- 서비스
- 사회정의
- 인간의 존엄성
- 인간관계
- 완전성
- 전문가의 권한과 능력

로웬버그와 돌고프(Loewenberg & Dolgoff, 1996: 12-14)가 제시한 사회복지실천 전문가의 중심 가치는 다음과 같다.

- 사회복지사의 전문적 관계는 개인존중과 인간 존엄성을 바탕으로 구축되며 클라이언트의 참여, 클라이언트의 자기존중과 수용, 비밀보장, 정직성, 갈등을 다루는 책임성 등의 가치에 의해 전문적 관계가 증진된다.
- 사회복지사는 클라이언트의 선택, 서비스 계약, 원조과정에 참여할 권리를 존중한다.
- 사회복지사는 사회제도를 마련하여 인본주의적이며 인간의 요구에 반응할 수 있도록 기여한다.
- 사회복지사는 다양한 집단들이 가진 고유한 특성을 존중하고 수용하는 데 앞

장선다.

- 사회복지사는 질적으로 높은 수준의 실천을 위해서 전문적 지식과 기술을 끊임없이 습득하고 유지하기 위해서 자신의 윤리적 실천행동에 책임을 진다.

(3) 사회복지사 개인의 가치와 전문가 가치, 그리고 클라이언트 가치의 차이에 대한 이해와 조정

사회복지실천의 가치에는 몇 가지 쟁점이 관련되어 있다.

첫째, 사회복지사는 자신의 개인적인 가치와 자신과 함께하는 클라이언트, 현장에서 함께하는 실무자 혹은 사회복지실천과 관련된 다른 학문 전공의 전문가들 사이에서 긴장감을 느끼고, 이러한 갈등은 필연적으로 나타나는 것으로서 피할 수 없는 것이다. 사회복지사는 클라이언트와 관련하여 때때로 클라이언트의 가치와 행동이 도덕적이지 못하거나 사회복지사 자신의 개인적인 가치와 매우 상반되는 경우가 있음을 경험한다. 예컨대, 클라이언트가 자녀를 양육하는 문제, 스스로 자신을 해치는 행동을 시도하는 경우, 법률위반 행동 혹은 자신의 배우자나 상대방에 대한 처신 행동 등 여러 면에서 강하게 부정적인 반응을 나타내는 경우가 있다. 이때 사회복지사는 이와 같은 상황에 대해 어떠한 반응을 나타내는지, 사회복지사는 자신의 의견을 클라이언트와 나누거나 그렇지 않거나 혹은 특정한 형태의 판단을 내리는지, 이러한 사회복지사의 행동들은 사회복지사 자신의 개인적인 가치와 자신의 의사에 따라서 자신의 역할을 규정하는 실천가의 견해에 달려 있다.

레비(Levy, 1973a, 1973b, 1976, 1983)는 사회복지사 개인의 가치관과 전문가의 가치 그리고 클라이언트의 가치 등을 구분하고 이해하고 조정해야 할 필요성에 대해 강조하고 있다.

"사회복지사가 클라이언트의 변화를 위해 실천 계획을 세우는 것은 존중하는 것과 함께 사회복지사 자신의 가치관을 사회복지실천에서 경계를 명료하게 하기 위한 의무로서 지워지는 것이다. 사회복지사가 전문가로서 실천을 통해 겪는 윤리적 딜레마는 자신의 가치관과 클라이언트의 가치관 사이에 존재하고 있는 일치하는 부분 혹은 일치하지 않는 부분 등과 관련을 맺고 있다. 이에 대한 문제해결은 사회복지사의 실천에 지침을 제공하는 가치를 측정하는 것에 크게 의존하고 있고, 또한 사회복지사의 실천이 원동력이 되어 사회변화나 혹은 개인의 변화를 위하여 자신의 클라이언트가 나타내는 반응에 대한 가치를 모으는 일이다."

다음은 사회복지사 개인의 가치, 전문가의 가치, 클라이언트 가치, 그리고 기관의 가치 사이에 존재하고 있는 가치 딜레마를 경험하고 있는 사례이다.

사 례 가치갈등

김 선생은 한마음정신건강센터에서 근무하는 사회복지사이다. 한마음센터는 지역의 한 제조업체와 협약을 맺고 그 업체의 직원들을 대상으로 심리상담을 실시하고 있다. 영희 씨(40세, 남, 가명)는 직원이고, 음주 문제와 관련한 여러 문제가 있어 상담이 필요한 상태이다. 사회복지사는 음주문제와 관련한 특별한 교육과 훈련을 받은 해당 분야의 알코올 치료전문가이다. 사회복지사는 자신의 클라이언트 영희 씨와 함께 음주문제를 해결하기 위해 실천 계획을 수립하기 시작하였다. 초기 상담에서 사회복지사는 영희 씨가 기혼자이고 세 명의 자녀가 있다는 사실을 알게 되었다. 그럼에도 영희 씨가 같은 직장의 동료 여성과 부적절한 관계에 빠져 있다는 사실도 알게 되었다. 그러나 영희 씨는 동료 여성과의 부적절한 관계로 인해 어떠한 불상사도 발생하지 않을 것이라고 했으며, 이 문제에 대해서 어떠한 도움도 청하지 않았다. 그러나 김 선생은 자신의 클라이언트가 직장 내 동료여성과의 부적절한 관계로 인해 심각한 문제를 일으킬 것을 예감할 수 있었다.

- 사회복지사는 자신의 본래 역할인 클라이언트 음주문제에만 초점을 맞춰 개입을 해야 하는가?
- 사회복지사가 상담 중 알게 된 클라이언트의 부적절한 여성관계에 관해서도 개입을 해야 하는가?
- 사회복지사의 개인의 가치는 무엇인가?
- 사회복지사의 전문가로서의 가치는 무엇인가?
- 클라이언트의 가치는 무엇인가?
- 클라이언트의 가치와 사회복지사의 가치가 충돌하고 있다. 이때 윤리적인 실천은 무엇인가?

사회복지사는 자신이 도덕적인 면에서 중요하게 여기는 특정 내용과 클라이언트가 중요하게 여기는 특정 내용들과의 차이를 반드시 알고 있어야 한다. 클라이언트는 자신의 생활에서 도덕적인 면의 문제를 소홀히 다루거나 아예 무시해 버리는 경우가 있다. 그에 대해 학자들의 설명한 예는 다음과 같다.

골드스타인(Goldstein, 1987: 181-182)은 다음과 같이 설명하고 있다.

> "클라이언트가 중대한 도덕·윤리적인 딜레마에 빠지게 된 결과 혹은 해결을 위한 방법을 찾을 수 없는 경우의 결과로 인해 종종 갈등과 분노를 경험하게 된다. 이러한 딜레마는 결정적인 선택과 관련되어 있다. 즉, 다른 사람에 대한 책임과 역할을 포함하는 생활 가운데 있는 특별한 문제를 해결하기 위한 욕구와 관련을 맺고 있다. 이 경우, 실천가의 도움 없이는 클라이언트는 문제해결에 필요한 풍부하고 폭넓은 조건을 갖추고 있지 못하고, 동시에 자신의 도덕에 대한 갈등을 해결할 수 있는 방법이 미흡함으로 인해 어려움을 겪고, 의사결정의 부담으로 아픔을 겪게 된다."

사회복지사는 클라이언트를 돕기 위해서는 반드시 사회복지사 자신이 소중하게 여기는 윤리적인 가치가 무엇인지를 확인해야 한다. 동시에 클라이언트가 중요하게 여기는 윤리적으로 중요하게 생각하고 있는 가치가 무엇인지를 확인하는 것이 필요하다. 이때, 클라이언트를 대함에 있어 반드시 클라이언트의 인간적인 가치를 존중하는 윤리적인 언어를 사용해야 한다.

(4) 사회복지사 개인의 문화적 가치와 종교적인 신념

개인의 '문화적인 가치'와 '종교적인 신념'이 그 개인이 어떤 행동을 할 것인지를 결정하는 데 중요하게 작용한다. 사회복지사의 경우에도 사회복지사 자신의 문화적 가치나 종교적인 신념으로 인해 클라이언트에게 서비스를 제공하는 일에서 클라이언트와의 가치갈등을 경험할 수 있다. 예컨대, 건강보호서비스 혹은 아동을 치료하는 일에서, 클라이언트의 문화적 가치나 종교적인 신념이 실천을 담당하는 사회복지사의 개인적인 신념이나 전문가 집단의 신념과 차이를 보일 때 사회복지사와 클라이언트 간에 겪게 되는 가치갈등은 더욱 심각해질 수 있다. 따라서 사회복지사는 자신의 개인적인 신념이 무엇인지를 이해하는 동시에 자신의 클라이언트의 종교적인 가치관이나 전통적 신념을 이해하는 것이 필요하다.

예를 들면, 클라이언트가 사회복지실천상담을 통해 자신의 결혼생활의 어려움을 해결하기 바라는 경우에는 종교적인 신념이 크게 영향을 미치는 경우가 많다. 사회복지사는 몇 회기 동안의 상담을 통해 부부의 지속적인 결혼생활은 이들 부부에게 더욱 큰 갈등과 어려움이 될 것으로 판단되어 결론을 내리는 경우가 있다. 사회복지사는 이들 부부에게 이혼이나 별거 등을 고려해 볼 것을 제안하게 될 것이다. 이때 부부는 종교적인 측면에서 이혼은 받아들일 수 없는 상황이기 때문에 앞으로 더욱 심각해질 수 있는 상황에 대한 가능성을 부인하고 사회복지사의 제안을 거부하게 된다.

종교적인 가치관에 의한 견해는 클라이언트나 사회복지사의 행동에 구체적으로 좀 더 심각하게 영향을 미치게 된다. 동남아시아에서 이주해 온 가족의 예이다. 사회복지사가 외국인 이주자 밀집지역에서 지역사회조직 업무를 담당하고 있는데, 외국인을 상대로 한 이웃에 관한 인종적인 견해를 설명하는 경우 신중해야 할 것이다. 사회복지사는 인종적인 언급이 어떻게 직면하고, 어떠한 도전적인 결정을 해야 하는지를 반드시 결정해야 한다. 왜냐하면, 클라이언트는 사회복지사의 가치에 반감을 보이거나 혹은 불법적인 행동을 저지를 수 있기 때문이다.

다음의 사례는 사회복지사의 가치와 클라이언트의 가치체계 사이에서 나타나는 가치갈등의 예이다.

사 례 **클라이언트와의 문화, 종교, 신념과 가치갈등**

심 선생은 샘물병원 응급실에서 근무하는 사회복지사이다. 어느 날 동남아시아계 9세 여아가 응급실 오게 되었다. 이 아동의 부모는 최근에 이주해 온 이민자이다. 응급실 의료진에 의하면, 아동은 학교에서 쓰러졌다고 하였다. 아동을 검사하는 동안, 아동의 오른쪽 귀 뒤에 커다란 혹을 발견하였다. 담당의사는 조직검사 등 정밀검사를 지시하였다. 사회복지사는 아동의 부모를 만나 현재의 상황에 대해 설명하였다. 의사는 의료적 조치 과정에서 발생할 수 있는 일을 아동의 부모에게 설명하고 검사에 대한 사전동의를 받으려 하였다. 의사는 생체조직검사가 필요하다는 것을 알리고, 이에 대한 의사결정과정에 참여할 것을 요구하였다. 그러나 아동의 부모는 이 검사를 거부하였다. 통역사를 통해서 의사와 사회복지사에게 그 이유를 설명하였는데, 부모는 자신의 전통적인 가치와 종교·문화적인 신념에 의하면, 아동의 머리에 칼을 대는 행위는 가족 모두에게 불길한 일이 따르게 될 것이라는 전통적인 신념을 갖고 있었다. 아동의 부모는 자녀의 건강을 걱정하고 있음에도 불구하고, 오래된 종교적이고 전통적인 문화를 지키는 것이 자신의 의무라는 생각을 깊이 하고 있었다.

- 클라이언트의 전통적 가치와 종교적 신념을 존중하며, 동시에 어떻게 의료적 조치를 할 수 있을까?
- 사회복지사는 윤리적인 실천을 위해 어떤 조치가 필요한가?

사회복지사는 자신의 생각과 의견, 그리고 가치를 자신의 클라이언트와 함께 나누어야 한다면, 위의 사례에서 사회복지사는 아동 부모의 종교적 가치를 이해하지 못하고 클라이언트의 결정에 반대할지도 모른다. 일부 사회복지사의 주장에 따르면 클라이언트가 도덕적으로 갈등을 겪고 있을 때, 클라이언트를 위해 자연의 소리를 들려줄 수 있는 것이 사회복지사의 역할이다. 이러한 관점에서, 사회복지사의 가치는 클라이언트가 일상생활 속에 가지고 있는 문제에 대한 해결 노력에 편견을 가지고 있어서는 안 될 것이다.

홀리스(Hollis, 1964: 85, 208)의 제안은 다음과 같다.

> "수용(acceptance)의 개념은 사회복지실천에서 오랫동안 강조되어 왔다. 그러나 아직도 수용에 대한 이해를 잘못하고 있는 경우가 많다. 수용은 사회복지사의 태도와 함께 행해지는 것이다. 수용은 사회복지사와 클라이언트 간의 상

> 호의사교환을 통해 강조된다. 즉, 클라이언트가 죄의식을 크게 느끼는 경우, 혹은 어떤 이유에서 사회복지사가 좋아하는 것, 존경하는 것 등의 기준에서 가치 없다고 느끼는 내용에 관해 의사교환이 이루어질 때 사회복지사의 태도와 함께 수용의 실천행위가 이루어지는 것이다. 사회복지사의 태도에 대해 잘못된 가정을 하는 경우가 있는데, 그 예로서 사회복지사는 무엇이 옳고, 무엇이 그른지에 대한 확실한 의견이 없는 사람으로 가정하는 경우가 있다. 또는 사회복지사는 클라이언트에 대해 조언할 가치가 있는 것과 조언할 가치가 없는 것에 대한 명확한 의견을 보이지 못하는 사람들로 가정하고 있는 경우가 그 예이다. 만약에 사회복지사의 태도가 무엇이 옳고 그른지에 대한 명확한 의견이 없는 것처럼 보이는 것이 바람직한 것이라 할지라도 이러한 가정은 잘못된 일이다. 결국, 사회복지사의 개인적인 가치는 자신의 클라이언트를 위한 목적 달성을 위해 일단 접어놓아야 할 수밖에 없다는 것이다. 그럼에도 불구하고 사회복지사의 전문가로서의 규범과 가치는 필연적으로 나타나게 될 것이며, 전문가로서의 가치는 사회복지실천의 중요한 한 요소로서 사회복지실천 전 과정에서 실천 대상에게 확실하고 적절하게 나타나게 된다."

가치갈등은 사회복지사의 '개인적인 가치'와 '전문가로서의 가치'사이에서도 나타나게 된다. 동성애자들처럼 일반인들과는 성적인 선호가 다른 경우의 실천에서도 클라이언트의 성적인 경향이 사회복지사 자신의 성적 경향과 다르다는 이유로 차별하는 것을 금지하고 있다. 이 밖에도 사회복지사 윤리강령에서도 사회복지사는 자신의 개인적인 가치인 성적인 선호, 성별, 종교 등 차별적인 성향을 가지고 실천할 수 없음을 명시하고 있다.

따라서 실천가들은 자신의 역할의 본질에 관해서 또 다른 어려운 결정해야 한다. 사회복지사의 클라이언트에 대한 책임, 자신들의 고용자, 사회복지실천 전문가 집단, 사회복지사 자신에 관한 책임의 본질에 대해 어려운 결정을 하여야 한다. 사회복지사는 전문가의 가치를 가지고 명확하게 기대하는 것을 자신의 마음에 새기고, 성적인 성향에 기초한 사람들에 대한 무차별적인 가치를 가지고, 자신의 책임의 본질에 대해 어려운 결정을 해야 한다.

다음은 사회복지사의 가치관과 클라이언트의 가치관의 차이로 인한 가치갈등 사례이다.

사 례 **가치관의 충돌로 인한 갈등**

김 선생은 가족·사회복지실천기관에서 일하고 있는 사회복지사이다. 김 선생은 자신이 속한 기관이 대학의 구성원들에게 정신건강서비스를 제공하는 협약을 맺어 대학에 재학 중인 학생을 담당하고 있다. 김 선생은 클라이언트 가운데 성우(가명, 19세)라는 남학생이 있다. 성우는 자신이 경험한 분노의 증상으로 인해 상담을 하게 되었다. 이들이 관계를 맺게 된 지 정확히 석 달이 지난 시점에 김 선생은 성우가 동성애자라는 사실을 알게 되었고, 성우는 자신에 관한 모든 것을 김 선생에게 털어놓게 되었다. 성우는 김 선생에게 자신이 왜 동성애자가 되었는지, 동성애자인 자신의 주변에서 무슨 일들이 일어나고 있는지, 자신의 성적 정체성이 무엇인지 등에 대해 혼란스러운 심정을 털어놓고 이에 대한 도움을 청했다.
김 선생은 신앙심이 깊은 종교인이며, 자신의 개인적인 생활에서는 동성애자에 대해 부정적인 감정을 가지고 있었다. 그러나 김 선생은 가족서비스기관에서 일하는 사회복지사로서 사회복지사협회가 제정한 사회복지사 윤리강령을 지켜야 하며 자신의 클라이언트의 이익을 위해 노력해야 하는 것을 알고 있다.
사회복지사 윤리강령에 의하여, 사회적인 소수자로서 성적 성향이나 선호가 다른 사람에 대해 차별하지 않아야 함을 잘 알고 있으며, 또한 자신은 사회복지사로서 동성애자를 위해 적극적인 옹호와 활동을 반드시 해야 함을 알고 있었다. 김 선생은 성우를 돕기 위해 최선을 다하였다. 그러나 자신의 개인적인 가치와 종교적인 신념과 기관의 정책 간에 존재하고 있는 차이점을 극복하는 것에 어려움을 느꼈다. 어찌 되었던 김 선생은 사회복지사로서 클라이언트를 돕는 것이 자신의 책무이며 역할인 것을 정확하게 인식하고, 클라이언트의 문제를 다루는 데 있어서 자신의 개인적인 가치나 신념을 완전히 배제해야 할 것에 대해 단호한 결심을 하게 되었다. 그러나 이러한 단호한 결심에도 불구하고, 김 선생은 자신의 개인적인 가치와 신념이 클라이언트와 함께하는 실천에서 어떠한 형태로 영향을 미칠 것이라는 우려를 피할 수가 없었다. 김 선생 자신도 자신의 신념이 클라이언트에게 영향을 미치는 것이 바람직하지 않다는 것을 인식하고 있었다.
– 이 상황에서 사회복지사의 윤리적인 실천은 무엇인가?

(5) 사회복지실천 가치와 클라이언트 개인의 가치

사회복지실천에서 사회복지사의 가치나 신념은 클라이언트의 문제를 결정하는 것과 관련되어 있다는 사실은 또 하나의 쟁점으로서 당연히 고려해야 할 사항이다. 사회복지사는 클라이언트의 기능적인 면에서의 능력부족과 그 원인에 관해 가정하고 있으며, 이 가정에 기초하여 클라이언트에 대한 개입계획을 수립하는 일을 반복하고 있다.

예컨대, '빈곤'은 사회적인 편견과 차별, 노동시장의 착취, 그리고 사회적인 지원의 불평등한 분배 등 사회적인 분배의 불공정성에서 비롯되었다는 가정 혹은 '빈곤'은 개인의 게으름 혹은 개인의 태만 등의 결과에서 비롯된 것이라는 가정 등 문제의 원인이 사회적인 원인 혹은 개인적인 원인에서 비롯되었다는 가정을 지속하고 있다. 대부분의 사회복지사는 이러한 견해를 기반으로 하여 클라이언트에 대한 개입 계획을 세우고 있다. 또 다른 의견을 예로 들면, 클라이언트가 받고 있는 정서적인 압박요인, 클라이언트의 범죄행위, 소년비행, 실업상태, 그리고 약물중독 등과 같은 문제들에 대해서는 클라이언트의 개인적인 요인에서 비롯되었다는 가정과는 다른 견해를 보이는 경우가 있다. 일부 사회복지사의 의견으로서, 클라이언트 개인이 자신의 일탈상태를 조절할 수 있는 능력이 매우 부족한 경우, 문제가 발생되는 원인을 개인의 선택에 의해 만들어지는 문제로 인식하기보다는 이러한 문제의 발생은 사회구조적인 차별의 결과라고 가정한다.

사회복지사의 개인적인 가치는 자신의 실천반응이나 개입에 매우 중요하게 관여되어지고 있다. 사회복지사의 개인적인 가치는 실천가들의 신념에 영향을 미치게 되는데, 즉 어떠한 변화가 가능한지, 어떻게 변화를 가져올 것인지, 그리고 개인이 가지고 있는 지원의 종류는 어떠한 것들이 있는지 등을 들 수 있다.

예를 들면, 한 사람의 사회복지사는 '범죄'를 '법률을 위반하는 행위'라고 믿고 있다. 다른 사회복지사는 '범죄행위'는 그를 둘러싸고 있는 사회적인 환경으로 인해 사람이 범죄행위를 할 수밖에 없는 강제적인 상황으로 몰고 갔기 때문에 나타난 행동의 결과로 믿고 있다. 이와 같이 이 두 사람의 사회복지사가 취하는 행동은 전혀 다른 면을 보일 것이다. 이때 사회복지사는 클라이언트에게 도움을 제공하는 일을 지속해야 하는지, 혹은 중단해야 하는지 등의 문제로 인해 윤리적인 의사결정을 해야 하는데, 감정적으로 매우 어려운 갈등상황에 놓이게 된다. 사회복지 실천 교육가의 견해에서 나타난 차이점은 '인간 자유의지'의 견해와 '전문가의 실천'은 종종 논쟁의 쟁점으로 나타나곤 하는 결정론적인 입장이다.

엡로스와 레쉬(Ephross & Reisch, 1982: 280)는 '이상'과 '가치'를 설명하는 스펙트럼의 극단적인 양쪽 끝에 대한 개념으로써 사회복지실천의 '이상주의'와 '가치주의'의 차이에 관해 설명하고 있다.

> "(전략) 예를 들어 사회복지실천을 이해하는 데 하나의 선으로 이루어진 스펙트럼상에서 오른쪽 끝과 왼쪽 끝의 개념을 나타내는 것으로 이해하고 있다. 스펙트럼을 이용한 사회복지실천의 이해는 사회복지사의 경우 사회적인 영향을 얼마나 받는지 혹은 사회복지사가 개인이나 가족의 가치관과 신념으로부터 영향을 어느 정도 받는지를 표현하게 된다. 예를 들어, 스펙트럼상 오른쪽 끝의 경우에는 사회복지사의 입장에서 매우 개인적인 신념이나 가치관 혹은 가족의 가치와 자신의 개인적인 경험 등에 전적으로 영향을 받는 것에 초점을 맞추는 것이며, 스펙트럼의 왼쪽 끝은 전적으로 사회복지사가 사회적인 상황과 환경, 즉 사회 내의 정치, 경제, 제도적인 유형 등으로부터 강하게 영향을 받는 것을 의미한다. 이때 개인적인 가치와 자신의 경험에 영향을 받은 경우에는 가치주의로 인식하여 스펙트럼의 한쪽 끝에 놓이게 되고, 개인의 신념이나 가치가 전적으로 배제되고, 사회적인 영향만으로 사회복지실천의 가치를 유지하는 경우에는 이상주의로 이해하고 스펙트럼의 반대쪽 끝에 놓이게 된다. 이처럼 사회복지사 자신이 놓인 위치가 어디인가에 따라서 가치주의와 이상주의의 사이에서 자신의 특성을 인식하게 되는 것이다."

(6) 사회복지실천 가치의 위기와 도전

사회복지실천 가치와 관련하여 또 다른 논쟁이 되는 것은 시기적으로 현재 가치의 법제화의 필요성이다. 사회복지실천현장에서는 전통적으로 변호사, 의사, 교사 등 타 전공 전문가들의 실천 가치를 통해 사회복지실천의 가치를 형성해 왔다. 그러나 이는 전문가 가치의 전체적이고 포괄적인 면을 포함하지 못하고, 일부 급진적이고 도전적인 가치만을 받아들여 잘못된 면을 보이고 있다. 이는 전체적인 면을 포함하지 못하고, 도전적이지 못한 측면 등 잘못된 면을 보이고 있다. 예컨대, 개인적으로 사회적인 책임을 회피하는 것에 대한 자유주의적인 견해, 비규범적인 인내를 감내해야 하는 것 등을 들 수 있다.

사포린(Siporin, 1989)은 사회복지실천이 기본적으로 도덕의 의욕을 불러일으키는 것으로 보았다. 그러나 실제 지금까지의 사회복지실천은 도덕에 대한 의욕을 불러일으키지 못했다고 지적하였다. 오히려 최근에는 도덕적인 나약함을 보일 뿐만 아니라 도덕적인 면에서 더욱 나태해지는 결과를 낳고 있음을 지적하고 있다.

예를 들면, 사회복지실천의 향상 혹은 클라이언트의 기능증진모델의 적용 결과 의료적인 개입에서 도덕적인 관여를 할 수 있도록 하는 데 영향을 미치게 되었음에도 불구하고, 사회복지사의 가치체계인 도덕성, 윤리적인 헌신 등과는 거리가 있는 결과를 낳게 되었다. 이러한 결과, 가치갈등의 균형을 잃게 되었고, 온정주의적인 가치체계가 그러한 결과를 만들어 냈다는 비판의 소리가 사회복지사들 사이에서는 쟁점화되어 왔다.

사회복지사의 기본적으로 취하는 정치적인 측면에서 자신의 정체성 측면과 사회복지실천의 핵심 가치를 인정하는 것 등에 대해 강조하는 것은 매우 중요하다. 사회복지실천은 서구의 자본주의 맥락에서 시작되었다. 그리고 사회복지 전문가의 가치는 특히 클라이언트 개인의 가치와 인간의 존엄성에 초점을 맞추고 있고, 동시에 사회정의 구현을 강조하고 있는데, 이처럼 전문가 가치에 사회변화를 추구하는 가치를 포함한 것은 사회복지실천이 서구의 정치적인 견해에 의해 영향을 받아 왔기 때문이다.

사회복지실천 가치는 중요한 측면에서 특정 정치적인 이념에서 비롯되었는데, 이는 궁극적으로는 실천의 본질에 영향을 미치고 있다. 예를 들면, 자본주의 사회에서의 사회복지사는 클라이언트의 자기결정권을 향상시키기 위해 개입을 시도하고 도움을 주고 있는데, 자기결정권은 서구의 개인주의적인 가치 형태로서 받아들여지고 있으며, 동시에 자기결정권은 정책적인 맥락에서 발견되는 가치로 이해된다. 반면 사회주의 형태의 사회에서는 개인의 자기결정권을 중시하기보다는 전체주의적인 가치를 더욱 강조하는 측면이 있다.

한편 서구 사회에서는 개인 사생활에 대한 권리를 존중하는 것과 함께 클라이언트의 알 권리를 존중하기 때문에 클라이언트와 관련된 사실을 클라이언트에게 알리는 일, 즉 '사전동의'를 구하는 일이 매우 활성화되어 있다. 이러한 특징은 각기 다른 문화를 가지고 있는 나라에서는 또 다른 차이를 보이는 경우가 많다. 예컨대, 클라이언트 자신이 질병으로 인해 죽음을 맞이하게 될 것이라는 사실에 대해 서구의 경우에는 클라이언트에게 모든 사실을 즉각적으로 알리는 일이 보편화되고 있으나, 다른 문화권의 나라에서는 아직까지도 클라이언트가 죽음에 이를 때까지 그 사실을 본인에게 알리지 않는 경우가 종종 있다.

(7) 사회복지실천의 가치와 실천적 행위

사회복지실천의 가치는 단계별 실천에 점진적으로 영향을 미친다. 사회복지실천은 행동적인 실천을 위해 개념적인 것에 기초하고 윤리적인 소리에 귀 기울이고, 이를 바탕으로 서비스를 제공하는 것이다. 만약 실천원칙이 전문가의 가치를 표현하게 되면, 사회복지사는 반드시 실천가의 매일 매일의 실천에 영향을 미치는 실천원칙에 기초하여 만들어진 전문가 가치 사이에서 적절한 연결을 확인해야 한다.

펄만(Perlman, 1976)은 사회복지실천 가치를 다음과 같이 소개하고 있다.

> "가치는 인간이 행동을 실행하는 단계로 들어가는 것에 영향을 미친다. 즉, 개인의 가치를 기초로 하여 개인의 언어적인 선언에서부터 실제 행동으로 움직이도록 하는 것을 가능하게 만든다. 특정한 가치를 통해서 앞으로 어떤 움직임이 일어날 가능성이 있을 것이라고 기대되는 경우도 있다. 가치는 신념을 소중히 여기는 것, 정서적으로 더 좋아하는 것, 혹은 절실한 것에 투자하는 것 등으로 정의하고 있다. 그러나 만약 확신이 드는 생각에서부터 어떤 형태의 행동이나 질적인 것 혹은 행동의 방향으로 들어갈 수 없다면 가치가 낮은 것으로 규정하고 있다. (중략) 사회복지사의 특수성은 특정한 지식, 기술, 자료 등에 놓여 있는데, 이는 넓게 포괄적인 가치로 끌어당기고, 접하고, 실현시킨 것에 의해 사회복지사가 발전시켜 왔거나 혹은 조직하여 온 것이다."

루이스(Lewis, 1972)도 사회복지실천 가치의 실행에 관하여 제안하면서, 사회복지실천의 가치와 실천의 방법은 직접적으로 연관을 맺고 있고 사회복지실천 가치에 따라서 실천 방법이 각기 다르게 나타나게 된다고 하였다. 루이스에 의하면 사회복지실천의 기본 가치인 진실성과 정의의 구현으로부터 사회복지실천의 원리를 낳게 된다고 하였으며, 사회복지실천의 가치는 진실성, 클라이언트와 실천가 사이의 관계에 있어서는 상호존중, 클라이언트에 대한 신뢰 등과 함께 사회복지실천의 기본적인 요소라고 소개하고 있다.

> "원조관계, 즉 돕는 관계에 있어 '진실함'은 클라이언트가 자신의 소멸에 대한 두려움 없이 독립적으로 지원할 수 있도록 기능한다. 또한 참여의 종류, 빈도, 강도 등이 다름에도 상관없이, 진실함은 함께하는 데 대한 기대를 마음에 심어 줄 수 있고, 상호이익을 얻는 효과가 있다. 진실은 신념을 강화시켜 주는데, 이러한 신념은 주어진 책임을 충족하게 만들고, 협력의 효과를 한결같이 유지하고, 자신의 비밀이 알려지는 것에 대한 우려가 있는 사람들의 다양한 참여를 통해 확실한 안정감을 주게 된다. 진실은 나누어진 것을 조직하는 역할을 수

행하게 되며 또한 진실은 돕는 관계에서 도덕적인 형태의 의사소통을 하는 것을 더욱 활성화하게 만든다. 전문 사회복지실천은 서비스와 관련된 조력관계에서 진실을 담은 실천원칙을 개발하고 지원하는 것이 매우 중요한 일이다."

사회복지실천의 핵심적인 실천원칙은 서비스의 동일한 접근과 공정성에 대해 고려해야 하는데, 이는 진실 가치의 핵심 역할임을 강조하는 것이다.

핵심이 되는 가치와 실천원칙 사이에 관련성을 설명하는 예는 다음과 같다(Lewis, 1972: 406-407).

- 서비스가 제공 가능한 조건의 경우에는 클라이언트가 서비스 신청하는 일에 참여하고 확인하는 것이 필요하다. 이 조건에서부터 일탈하는 것은 모든 사람의 이익이 되도록 하기 위해 보여 줄 수 있을 때 정당화될 수 있다.
- 서비스와 관련되어 있는 수혜자에게 더 이상 질문을 하지 않는다. 서비스 대상자라는 조건이 의도된 서비스로 전환하기 위해서 필요·충분조건을 충족한다. 서비스 제공에 있어서 자신의 방어를 위해 수혜자의 비자발적인 개입이나 혹은 다른 것들은 사람들에 의해 수혜자의 권리에 대한 방어를 위해서 반드시 제공하는 것이 필요하다.
- 서비스를 요구하기 위해서 혹은 서비스를 제공하기 위한 조건에서 맹목적으로 제한을 가하는 일을 행해서는 안 된다. 클라이언트에게 조그만 일이라도 제한을 가하는 일은 위협을 가하는 것으로 여겨진다. 서비스 관계에서 위험이나 책임은 연관되어 있게 마련인데, 서비스 관계에 참여한 누군가에게 공정하지 못하게 부담을 주어서는 안 된다.
- 핵심적인 확고한 서비스의 제공은 이득을 얻을 가능성을 위한 것과 같은 다른 대안들을 포함할 수 있어야 한다. 다른 대안의 부족으로 인해, 가능한 권리의 문제로서, 그리고 가능한 조건을 시험하는 자유로서 제안을 받아들일 수 있어야 한다.
- 서비스의 수혜를 받는 사람은 자신의 역할을 경험하기 위한 기회를 반드시 갖도록 해야 한다. 이처럼 자신의 역할 경험의 기회를 제공받는 것은 서비스의

정당성에 대한 기대를 갖지 않도록 하기 위해 시험하는 것으로서 사전에 준비하는 과정 중의 일부이다.

- 사회복지사는 수혜자에게 가능한 한 선택을 확대할 수 있도록 자원을 발굴하는 일이 중요하다. 발굴된 자원들은 서비스 수혜자의 필요에 의해 요구된 것이기도 하며, 서비스 제공 과정에서 새롭게 발굴되는 것도 포함되어야 한다.
- 잠재적인 수혜자에게는 자신이 이용 가능한 프로그램에 관한 사항에 대해서 공개해야 한다. 서비스 수혜자는 자신이 이용하고자 하는 자원에 대해 언제 찾을 수 있는지, 언제까지 이용 가능한지 등에 대해서 알 수 있어야 한다. 이때, 서비스 제공 담당자는 서비스 제공을 성공적으로 수행하지 못하게 되거나 혹은 클라이언트를 프로그램에 지속적으로 참여하는 것에 실패한 것이 사회복지사가 활용 가능한 자원을 개발하고 발굴하는 업무를 소홀히 하고 포기했기 때문이라고 가정해서는 안 된다.

루이스(Lewis, 1972)의 두 번째 핵심 가치에 대해서는, 롤스(Rawls, 1971)의 『정의이론(*A Theory of Justice*)』의 영향을 받고 있다. 루이스는 '신뢰'와 함께, '분배의 정의'를 윤리적인 가치의 핵심적인 요소가 되고 있다고 주장하면서, 이는 생활의 조건을 향상하기 위해 전면적으로 시도하는 것이기 때문에 '분배정의'의 중요함을 강조하고 있다(Lewis, 1972: 410).

> "사회복지실천 프로그램의 대상이 되고 있는 클라이언트는 우리의 사회에서 가장 혜택을 받지 못한 사람들이다. 사회복지사는 사회적으로 불이익을 당하고 있는 클라이언트에게 프로그램을 정상적으로 제공하기 위해서 혹은 클라이언트에게 서비스를 제공함으로써 클라이언트의 이익을 높이기 위해서 고용되어 있는 사람들이다. 전문 사회복지실천을 위해서 도덕적인 정의와 원칙은 실천가들의 '헌신'을 통해 확인될 수 있어야 하며, 자신들의 클라이언트의 기대와 상황의 향상을 위해서 확인될 수 있어야 한다. 전문 사회복지실

천은 우리 사회에서 부당하게 처우받는 사람의 '삶의 질'을 향상시키기 위한 실천이 될 수 있도록 격려받는 것으로, 이는 단지 도덕적인 영감만을 가지고 실천에 임하는 위험에 바탕을 두지 않는다. 클라이언트에 대한 서비스 제공을 위해서 사회복지실천은 '사회정의' 구현을 위한 '분배의 정의'를 강조하고 있는데, 이때 사회정의의 구현은 전체 사회의 즉각적인 변화와 모든 측면에서의 정의를 필수적으로 요구하는 것을 뜻하는 것은 아니다. 다만 우리 사회에서 불이익을 당하고 있는 사람들에게 전문적으로 도울 수 있는 특정한 고려를 하는 차원에서 분배의 정의에 관한 문제를 제기하는 것이다."

루이스는 사회복지실천의 특별한 실천원리로서 '분배정의'에 관한 가치를 소개하고 있다(Lewis, 1972: 411-412).

- 전문가와 관련되어 있는 기관들은 사회복지실천과 그들의 법률로 규정된 내용, 차별적인 실천의 부당성에 대항한 투쟁의 역할이나 혹은 부당한 처우를 당하고 있는 사람들에게 부당함을 가한 사람에 대해 평가하고 판단하는 역할을 해야 한다.
- 프로그램의 목표와 목적을 선택하는 데 있어서, 불이익을 당한 사람들에게 좀 더 기회가 제공될 수 있도록 그 가능성과 동기를 가정할 수 있어야 한다.
- 제도적인 제한을 가하는 것은 기회를 제한하는 것이고, 개인적으로 클라이언트의 개인적인 약점이 자신의 선택을 줄일 수 있으며, 이는 변화를 위한 제한적인 표적에 합법적이야 한다.
- 정책의 형성이나 과정에서 프로그램을 개발하는 데 참여할 수 있는 기회와 그들이 살아가는 데 직접적으로 영향을 미치는 실천적인 결정 등은 반드시 불이익을 받도록 하고 있는데, 조직과 실천의 최소한의 기대는 그들을 돕기 위해 의도된 것이다.

사회복지사는 전문가 가치에 대해 명확한 인식이 이루어져야 한다. 전문가 가치는 실천가로서 판단을 내리는 일에 있어서 최종적인 분석에 영향을 미치게 되는데, 이와 관련된 다른 가치들의 중요성이 사회복지사가 자신의 역할과 임무에 갈등하고 있을 때 혹은 윤리적인 딜레마와 윤리원칙에 혼란을 느끼고 있을 때, 사회복지사들의 윤리적인 의사결정에 영향을 미치게 된다.

윤리적인 의사결정에 관해 레비(Levy, 1976: 14)는 다음과 같이 소개하고 있다.

> "'윤리'는 사회복지실천에 있어서 '가치'에 영향을 미친다. (중략) 이와 같은 '가치'에 기초하여, 사회복지사는 자신의 전문적인 움직임의 방향과 계획을 결정하고, 그 다음 사회복지실천의 결과에 대한 평가를 결정한다. 사회복지실천의 가치는 규범적으로나 불만의 과정에 기초하여 제공할 수 있다. 윤리적인 사회복지실천은 격려받기 위해 계획되었으며 일탈의 변화를 판결 내리기 위해 계획되었다."

3. 사회복지실천의 윤리적인 의사결정모델에 의한 적용 사례

사 례 **청소년의 임신과 가치갈등**

황 선생은 가족상담센터에 근무하는 전문 사회복지사이다. 최근 클라이언트로 소라(17세)와 그의 어머니 안 씨를 담당하게 되었다. 황 선생은 안 씨와 소라와 소라의 남자친구에 대한 의견 차이로 상호 갈등을 겪은 사실을 알고 있다. 소라의 남자친구는 고등학교를 중퇴하고 주유소에서 일하고 있는 상황이었다. 소라는 임신을 하게 되었고, 이러한 위기 상황에서 가족치료가 필요하게 되었다. 소라는 학교를 중퇴한 후, 남자친구의 거처로 옮겨 아이를 출산하기를 원하였다. 그리고 18세가 되는 내년에 결혼할 계획이라고 했다. 소라 어머니는 한국의 전통·보수적인 정서를 가지고 있으며 아주 독실한 가톨릭 교인이다. 혼전임신이나 낙태가 바람직한 일이 아니라는 사실을 알고 있으면서도, 소라가 학교에 계속 다닐 방법, 남자친구와의 관계를 끊게 할 방법으로 '낙태'에 대해 생각하고 있었다.

황 선생은 인공유산에 대한 강한 반대 의사를 가지고 있다.

- 이 상황에서 클라이언트의 가치는 무엇인가?
- 클라이언트의 다중성으로 소라와 그의 어머니의 가치는 무엇인가?
- 사회복지사의 가치는 무엇인가?
- 각각의 가치충돌로 인한 상황에서 윤리적인 실천은 무엇인가?

사회복지실천의 가치와 관련하여 가장 핵심이 되는 것은 사회복지사와 클라이언트 관계에 어떤 가치를 적용할 것인가이다. 또한 사회복지사의 개인적인 가치와 전문가의 가치 체계 간에 차이가 있어 갈등을 일으키는 경우에 어떤 방식으로 풀어나갈 것인지, 가치는 무엇이 옳고 그른지에 대한 우리의 신념으로 규정할 수 있다(Lowenberg & Dolgoff, 1996).

(1) 개인적인 가치

소라 어머니 안 씨와 사회복지사 황 선생의 가치가 서로 다른 것처럼 소라와 안 씨의 개인적인 가치 또한 다르다. 소라는 자신의 가족에 대한 관계보다는 자신과 가장 밀접한 관계를 맺고 있다고 믿는 남자친구와 아이를 낳는 일을 가장 중요한 가치로 여기고 있다. 안 씨의 가치는 청소년기는 결혼을 하기에는 너무 어린 나이이고, 이 시기에는 학업을 지속하는 것이 가장 바람직한 일이라 믿고 있다. 황 선생은 낙태는 죄를 짓는 행위라는 신념을 가지고 있기 때문에 입양이라는 또 다른 가능성이 10대의 청소년기 임산부를 위한 좋은 선택이 될 수 있다고 생각하고 있다.

개인적인 가치는 대체로 가족 특성, 문화, 그리고 사회적인 가치에 기초하여 만들어진다. 가족은 교육, 노동 혹은 다른 삶의 활동에 대해 매우 강한 신념을 가지고 있으며, 이러한 가족의 가치가 가족 구성원에게도 영향을 미친다. 사회복지사 황 선생은 가족 구성원의 교육에 대한 가치를 변함없이 중요한 가치로 여기고 있고, 종교적인 가치나 문화적인 가치에도 강한 영향을 받아 왔다. 안 씨의 낙태와 관련된 가치는 가족의 가치에서 비롯되었다. 사회복지사는 생명은 존엄한 것이기 때문에 계속 보존하여야 한다는 안 씨 가족의 종교적 배경인 가톨릭 종교 외에도 안 씨 가족이 중요시하는 문화적 가치를 가지고 있다. 또한 사회복지사의 개인적 가치는 임신이 어려운 자신의 개인적인 상황에 영향을 받은 경우라고 하겠다.

(2) 사회적인 가치

사회적인 가치는 우리의 개인적인 가치에 영향을 미친다. 대체로 과거에는 젊은 여성이 자신의 남자친구와 함께 살기로 결정하고, 미혼의 상태에서 자녀를 양육하는 일은 가족에게 수치감을 주는 일이었으나, 현재는 수많은 미혼 부부들이 함께 살며 자녀를 양육하고 있다. 한국의 경우 현재 낙태는 불법이다. 보편적이며 지배적으로 유행하는 사회적 가치는 가족 계획을 세워 임신을 제한하는 방법이며 인공유산은 부적절한 선택이라는 가치가 보편적이었다. 청소년기의 권리와 특성은 사회적 가치의 주제가 된다. 소라는 아직 미성년이기 때문에 청소년기에는 그녀의 어머니가 자녀를 대신하여 의사결정을 할 수 있는 권리가 있다. 또한 법적으로도 청소년기에는 16세 이상인 경우에만 중요한 자신의 의사결정을 스스로 할 수 있는 권리가 주어진다.

(3) 사회복지실천 기관의 가치

사회복지실천을 담당하는 기관 역시 가치를 중요하게 여긴다. 가족복지기관의 경우, 가족을 보호하려는 가치를 중시하고 있다. 다른 기관의 가치, 예를 들어, 아동의 이익을 최대한 증진시키는 것을 기관의 가치로 여기는 기관의 경우, 갈등을 겪는 경우도 있다. 가톨릭이나 기독교 혹은 불교 등 종교를 기반으로 하는 기관의 경우에는 낙태를 절대 반대하는 입장이다. 사회복지기관의 책무는 역시 기관의 가치 중심에 영향을 받아 실천 내용에 적용하는 것이다. 만약 아동을 입양시킬 가정을 찾는 것이 목표인 기관의 경우에는 기관의 가치가 임신을 예방하는 피임보다는 입양을 가장 최선의 선택이라고 믿을 것이다. 기관의 가치는 사회복지사 개인을 통해 클라이언트에게 전달된다. 그리고 사회복지사의 고용 상태에 따라 기관의 가치기준이 사회복지사 자신에게 받아들여지면서 기관의 가치를 수용하는 것에 대한 무언의 동의가 이루어진다. 사회복지사가 각각 다른 가치체계에 관해 논의하면서도 때때로 자신의 클라이언트의 가치에 대해 논의하지 않는 경우가 있다. 반면 클라이언트의 자기결정권이나 자율권을 중요하게 강조하는 것에 비해 클라이언트의 가치를 소홀히 다루는 경우가 종종 있다.

(4) 클라이언트의 가치

클라이언트의 가치(client values)는 가족의 가치, 종교적인 가치, 문화적·사회적인 가치에서부터 비롯되고 있다. 위의 사례에서 소개하고 있듯이 소라는 남자친구와 함께 생활을 하는 것을 가장 중요한 가치로 삼고 있다. 반면 소라의 어머니 안 씨는 현재 소라가 교육받는 일을 지속하는 것이 가장 중요한 가치라고 믿고 있다. 예를 들면 만약 클라이언트가 사회복지사의 딸과 성적인 목적의 교제를 하고 있을 경우, 이러한 상황을 사회복지사가 확인하기까지 사회복지사는 클라이언트의 자기결정을 존중하고 자기결정을 강화하기 위해 노력할 것이다. 그러나 자신의 딸의 성적인 문제에 직면하였을 때에는 자신의 개인의 가치가 강화될 것이다.

결론적으로 사회복지사는 클라이언트의 문제를 효과적으로 해결하기 위해 클라이언트가 다양한 가치에 동의하지 않더라도 어떠한 가치가 클라이언트에게 긍정적인 면에서 동기를 줄 수 있는 것인지를 이해하기 위해 노력해야 한다.

(5) 전문가의 가치

전문가의 가치(professional values)는 개인의 가치(personal values)와 다르다. 사회복지사는 물론 교육의 가치가 오랫동안 지식 전달에 어려움이 있어 왔음에도 불구하고 학교교육을 통해 전문가의 가치를 배우고 있다.

전문가의 가치가 무엇인지는 중요하고 근본적인 질문이다. 사회복지사 윤리강령에 의하면 사회복지실천의 핵심이라 할 수 있는 가치는 확실한 가치에 대한 기본적인 틀을 잡게 되어 있고, 이러한 가치에 기초한 윤리원칙을 설명하게 되어 있다.

〈표 2-1〉 전문가의 가치와 윤리원칙

사회복지사 윤리강령의 가치	윤리원칙
클라이언트에 대한 서비스 제공	사회복지사의 일차적인 목표는 사회문제에 대항하고 욕구의 범위 내에서 사람들을 돕는 것이다.
사회정의 구현	사회복지사는 사회정의를 위해 도전하는 것이다.
인간 존엄성과 가치존재	사회복지사는 인간의 고유한 존엄성과 가치존재를 존중한다.
인간관계의 중요성	사회복지사는 인간관계의 중요성을 인식한다.
인간관계의 완전성과 신뢰관계	사회복지사는 신뢰할 수 있는 태도로 행동한다.
사회복지사의 능력, 권한, 전문성	사회복지사는 자신의 능력의 범위 안에서 실천하고 역량 있는 사회복지사가 되기 위해서 자신의 전문적 지식을 계발한다.

4. 사회복지 전문가 가치와 윤리원칙의 적용

(1) 서비스의 제공

사회복지실천에서 가장 기본이 되는 가치는 클라이언트의 욕구를 충족시키기 위하여 서비스를 제공하는 것이다. 사회복지사는 자신의 관심이나 자신이 추구하는 이익과 무관하게 서비스를 제공해야 하는 과업을 수행한다. 사회복지사는 자신의 행복을 증진시키기 위하는 일에 초점을 맞추기보다는 클라이언트에게 서비스 제공과 클라이언트를 돕는 데 초점을 맞추어야 한다.

사회복지사는 서비스 제공과 관련하여, 종종 무료로 봉사할 수 있다. 무료 서비스 제공과 관련하여 다음과 같은 질문이 필요하다.

- 클라이언트의 서비스 비용을 감면하게 될 때 어느 정도의 감면이 적정한지, 클라이언트에게 어느 정도의 감면 혹은 무료서비스가 가능한가?
- 제한된 회기에 클라이언트에게 보호·관리 계획이 허용될 때, 특별히 문제가 되는 것은 아닌가?
- 클라이언트가 요구하는 추가적인 서비스에 대해 어떻게 대처해야 하는가?

- 사회복지사가 무료 혹은 거의 무료에 가까운 상담을 제공해야 하는가?
- 만약 무료 서비스를 허용하지 못할 때, 사회복지사 자신의 관심이 늘 부정적인 것으로 해석되어야 하는가?
- 만약 클라이언트에 대한 서비스가 무료로 제공된다면, 사회복지사 자신의 생활은 어떻게 꾸려나갈 수 있는가?
- 사회복지사가 클라이언트의 생존에 필요한 욕구를 제공하기 위한 가치기준의 균형을 맞추기 위해 불확실한 척도에 기초하여 서비스 비용을 산정하고 있는 것은 아닌가?

(2) 사회정의

사회복지실천의 주요한 가치는 사회정의를 위한 것이다. 전문가에 관한 개념이 처음 제기된 이후, 사회복지사는 사회적인 불의와 억압에 대항하여 활동하여 왔다. 초기 사회복지사는 어려운 처지의 취약계층과 이주민을 상대로 활동해 왔으며, 몇몇의 전문가들은 사회적 차별을 당하는 약자와 억압을 받는 소외계층의 사람들의 옹호·상담 활동을 지원해 왔다. 사회복지실천 교육위원회에서는 학생들을 위한 사회복지실천 교육프로그램의 다양성과 억압, 그리고 인권 등에 관한 내용을 정규과목에 포함시키고 있다.

앞에서 소개한 청소년 임신과 소라 양 사례에서, 사회복지사 황 선생은 클라이언트가 자신과 다른 문화를 경험하고 있다는 사실을 알고, 다른 문화의 차이에 대해 민감하게 대처하고 있다. 그러나 아직 갈등의 소지는 있다. 클라이언트인 소라 양과 그의 어머니는 같은 문화적 배경을 가지고 있다. 그러나 이들 모녀는 서로 상충된 가치를 가지고 있다. 대체로 자녀는 부모에 비해 좀 더 문화적인 변화로 인해 가치관의 차이를 나타내 보이는 예가 많다. 사회복지실천에서 문화적으로 민감하고 경쟁력을 갖춘 능력 있는 서비스를 제공하는 것은 높아지는 사회정의의 가치와 함께 유지해야 하는 것이다. 현재 우리 사회처럼 문화적으로 다양성이 증가하고 있는 상황에서 사회적인 가치는 특별히 다양한 것이어야 한다. 문화적인 민감성은 학교사회복지사, 의료사회복지사, 사회복지실천 교육·문화 실천가에게 더욱 기본이 되고 핵심적인 사안이다. 따라서 사회복지사 윤리강령에서는 문화적인 민감성과 유능한 실천에 대한 내용을 제시하고 있다.

사회복지실천에서 문화적인 민감성은 다른 문화의 신념과 행동에 대한 재가를 포함하고 있는가? 예를 들면, 아동학대와 관련하여, 아동에 대한 신체적인 학대는 특정한 법적인 대응에 앞서, 아동학대의 혐의를 동일한 결과로 다루지 않고, 다양한 국가별 문화적인 특성을 고려하여 처리되는 경우가 있다. 이와 같은 문화적인 차이로 인해 경험하게 되는 윤리적인 딜레마는 전문 사회복지사에 의해 쉽게 해결되지 않는다.

(3) 인간 존엄성과 인간의 가치

인간의 가치와 고유한 존엄성은 존경할 만한 가치로서 사회복지실천 교육에 있어 모든 사회복지실천 전공 학생들에게 교육되어 왔다. 가치는 실천에 있어 다르게 나타날 수 있으며, 특별히 클라이언트와 사회복지사는 가치와 신념체계가 매우 다를 수 있다. 젊은 여성 사회복지사의 경우, 12세의 여아를 성폭행한 혐의자인 클라이언트에 대한 개입의 방식이 다른 남성 사회복지사의 개입방법과 매우 다른 형태로 나타날 수 있다. 또 다른 경우, 실천 경험이 많지 않은 초보 사회복지사는 위생상태가 불량하고 정신장애인 노숙자를 상담하는 일을 꺼리는 경우가 많다. 이처럼 사회복지사의 각기 다른 가치관에 따라 실천 결과는 클라이언트의 자기결정권을 증진시키는 일만큼이나 높은 수준의 어려운 일인 동시에 도전적인 일이다.

앞의 소라 양 사례의 경우, 클라이언트의 어머니와 사회복지사에게 10대 딸이 아이를 낳아 기르는 일이 그 딸에게 좋지 않은 방향으로 영향을 계속 미치게 될 것이라는 믿음이 있어도 10대 딸의 '자기결정권'을 존중해야 하는 것일까? 사회복지사는 매우 자주 갈등을 겪는 일이다. 다시 말해, 클라이언트의 행동이 클라이언트에게 좋지 않은 결과를 유발하게 되고 클라이언트에게 해악이 되는 방향으로 진행되어 가고 있는데도 사회복지사는 클라이언트의 자기결정을 증진시키는 일만을 고수해야 할 것인가?

또 다른 사례로서, 가정폭력 피해여성이 폭력 남편으로부터 폭행을 당하는 자신의 집으로 돌아가 다시 남편과 생활하려고 하는 경우가 이와 같은 예이다. 피해여성이 집으로 돌아갈 경우, 남편의 폭력에 다시 시달려야 함에도 불구하고, 이러한 상황에서도 폭력 피해여성의 자기결정을 반드시 허용되어야 하는가? 아니면 어느 정도까지 허용해야 윤리적인 실천이라 하겠는가?

이러한 문제를 고려하여, 만약 클라이언트가 자신 혹은 다른 사람에게 위협적으로 해를 가할 때, 클라이언트의 자기결정에 제한을 두는 것이 필요하다. 따라서 클라이언트가 자신의 아내를 죽이기 위해 해를 가하는 경우 혹은 기차에 뛰어들어 죽을 가능성이 있는 경우 등 클라이언트 자신에게 해악이 나타나게 될 가능성이 있는 상황에서는 클라이언트의 자기결정을 허용할 수 없도록 해야 한다.

강하고 밀접한 인간관계의 가치는 모든 사회복지실천에 적용된다. 개인, 가족, 집단 혹은 지역사회 등 어떠한 종류의 사회복지실천을 막론하고, 사회복지사는 그들의 관계와 다른 사람들과의 연계를 향상시키기 위해 노력해야 한다. 따라서 앞의 소라 양 사례의 경우, 사회복지사 황 선생은 안 씨와 소라 사이의 관계를 향상시키기 위한 노력을 해야 한다.

(4) 인간관계의 중요성

사회복지사의 또 다른 중요한 가치는 신뢰할 수 있는 믿음을 유지하는 일이다. 사실상 사회복지사의 클라이언트에 대한 신뢰의 책임은 법률적으로 규정되어 있으며, 이는 다른 전문가와 유사하다. 클라이언트가 약하고, 흔들리기 쉽기 때문에 신뢰의 관계를 형성하고 유지해 나가는 것은 더욱 중요한 일이다.

앞의 소라 양 사례에서, 사회복지사는 안 씨와 소라, 이들 두 사람에게 신뢰할 수 있는 태도로 행동해야 한다. 사회복지사는 클라이언트에게 어떤 종류의 정보에 대해 말해 주고, 앞으로 어떤 정보는 공유할 것이지만 상황에 따라서는 공유할 수 없는 정보도 있을 것이라는 사실에 대해 알려 주어야 한다. 아마도 클라이언트인 소라 양이 사회복지사 황 선생에게 자신의 임신 사실을 엄마에게 알리는 것을 원치 않을 수도 있다. 이때 사회복지사가 안 씨 부인에게 그 사실을 알리지 않아야 하는가? 사회복지사가 취해야 할 전문가로서의 책임은 무엇인가?

(5) 사회복지사의 전문가로서의 능력과 권한

사회복지실천의 가치는 사회복지사의 능력 혹은 전문가로서의 경쟁력과 관련이 있다. 사회복지사는 자신의 전문적인 실천기술을 향상시키기 위해 노력을 하고, 자신이 경쟁력을 갖춘 전공 분야를 벗어나지 않는 범위 내에서 실천을 해야 한다.

모든 사회복지실천 프로그램은 클라이언트와의 사회복지실천의 일반적인 능력을 갖추도록 하기 위해 교과목으로 짜여 있다. 이와 더불어 사회복지사는 청소년과 함께 활동하면서 얻어지는 작은 경험도 청소년 집단을 상대하는 데 필요한 기술에 영향을 미칠 수 있는 추가적인 과목을 택하는 일들에 모두 도움이 되고 있다.

사회복지실천 윤리기준과 윤리강령

CHAPTER 3

사회복지실천에 있어 윤리기준을 마련하고 실천지침을 제공하는 일은 전문가의 가장 핵심적인 역할 가운데 하나이다. 사회복지실천에 있어서 윤리적인 실천기준을 마련하는 일은 전문가가 실천에 있어 전문가로서의 정체성을 확보하는 데 도움이 되고, 전문가의 행동과 관련하여 윤리적으로 받아들일 수 있는 행동과 그렇지 못한 행동은 무엇인지에 대한 명확한 기준을 제공한다는 점에서 매우 의의가 크다.

1. 사회복지실천의 기본 가치와 윤리강령의 기초

다른 분야의 전문가들과 같이 사회복지실천 분야에서도 기본 가치와 기준을 제시하는 강령을 제정하게 되었다.

로웬버그와 돌고프(Lowenberg & Dolgoff, 1996)는 사회복지실천 전문가 윤리강령의 필요성을 다음과 같이 소개하고 있다.

첫째, 실천 현장에서 윤리적인 딜레마가 발생하게 될 때 이를 해결하기 위해 실천가를 안내하기 위한 목적이다.

둘째, 불완전한 실천가로부터 공공을 보호하기 위한 목적이다.

셋째, 정부의 조정보다는 자율에 의한 규정을 강조하기 위한 목적이다.

넷째, 동료 전문가와의 상호작용을 위한 기준을 제시하고 바른 동료관계를 가능하게 하기 위한 목적이다.

다섯째, 소송으로부터 전문가를 보호하기 위한 목적이다.

사회복지사 윤리강령에서는 다음의 세 가지 주요 문제를 다루고 있다(Jamal & Bowie, 1995).

첫째, 윤리강령은 전문가의 도덕적 나태함의 문제가 제기되었을 때 혹은 전문가의 자기 관심과 공공의 관심 간의 갈등이 생기는 경우에 중요하게 인식된다. 이러한 전문가의 도덕적인 해이와 관련한 갈등은 다양한 형태로 생겨나곤 한다. 예를 들면, 사회복지사가 자신의 클라이언트와 이중관계를 맺거나 사회복지실천의 대가로 물품을 수령하는 예가 있다.

둘째, 윤리강령은 '전문가의 선호', 즉 전문가가 선호하는 것이 문제로 제기되었을 경우에 인식된다. 이때 규칙이 정해지는데 전문가가 전문가의 성실과 완전성을 유지하고 강화하기 위해 해야 할 행동에 관한 규칙이다. 예를 들면, 성적인 성향이나 종교적인 배경이 다른 클라이언트에게 사회복지사의 개인적인 가치를 강요하고 설득하는 예가 있다.

셋째, 윤리강령은 공공이익을 위한 서비스 실천자로서 전문가의 역할에 관심을 가질 때 인식된다. 예를 들어, 사회복지사는 클라이언트의 사적인 비밀을 유지하고 보장해야 할 책임이 있음에도 불구하는 공공의 이익에 위험이 가해지는 경우에는 클라이언트의 사적인 비밀보장보다 공공의 이익이 우선된다.

사회복지실천의 책무, 방법, 우선순위, 사회복지실천 대상의 문화적인 배경의 변화, 그리고 사회복지실천의 시기 등에 따라서 윤리기준도 함께 지속적으로 변화하였다. 사회복지실천 윤리기준은 사회복지사가 다루는 정보에 대한 비밀보장의 문제, 사회복지사와 클라이언트 간의 이성관계의 문제, 사회복지사와 클라이언트 간의 상호 관심사가 달라 갈등을 겪는 문제, 감독자로부터의 자문, 교육과 훈련, 그리고 사회·정치적인 활동 등의 문제를 포함하는 포괄적인 사안에 적용된다.

참고 **사회복지실천 윤리기준의 변천(미국사회사업가협회 윤리강령(NASW)의 경우)**

- 1915년 플렉스너(Flexner) 보고서에서 사회복지실천의 전문성에 대한 관심과 함께 강령 제정의 필요성을 제기하였다.
- 1920년 리치몬드(Richmond)에 의해 개별 사회복지실천 분야에서 사회복지사들에게 윤리강령 경험의 기회를 제공하였다. 이때 미국사회사업가협회(NASW)에 의해 최초의 전문가 윤리강령이 제정되었다.
- 1955년도 NASW는 미국집단사회사업가협회, 미국의료사회사업가협회, 미국정신의학사회사업가협회, 지역사회조직연구를 위한 연합회, 미국학교사회사업가협회, 그리고 사회복지실천조사연구회 등과 연합하였다. 5년 후 미국사회사업가협회에 의해 사회복지사의 윤리강령이 제정되었는데, 이 강령은 초기의 윤리강령과 전혀 다른 특징을 가지고 있다.
- 1960년 미국사회사업가협회의 윤리강령은 14개의 요약과 이상적인 명제들로 구성되어 있다. 이 강령에서는 '사회복지사의 책임이 무엇인가?' 하는 문제에서부터 '전문적인 실천이란 무엇인가?' 하는 질문까지 실천에 관한 사항들이 기술되어 있다.
- 1967년 윤리강령은 당시의 미국 내의 관심과 논쟁의 주제인 시민의 인권문제에 대한 관심과 일치하는 차별금지에 관한 내용을 포함하고 있다.
- 1996년에 제정된 미국사회사업가협회 윤리강령(The NASW Code of Ethics)은 사회복지실천의 역사적으로 전 과정을 통해 혹은 사회복지실천 전문가의 윤리적인 문제를 다루는 내용에서뿐만 아니라 사회복지실천의 윤리적인 문제를 다루는 내용까지도 포함하여 획기적인 성장과 변화를 가져왔다.

참고 **1960년 미국사회사업가협회의 윤리강령**

윤리강령은 다음과 같은 내용을 포함하고 있다.

- 첫째, 사회복지사 개개인의 의무는 개인의 관심을 넘어 전문가로서의 책임을 다 해야 한다.
- 둘째, 클라이언트의 사생활을 존중해야 한다.
- 셋째, 공공의 위기 상황에서 적절하고 전문적인 서비스를 제공해야 한다.

- 넷째, 인간의 복지를 위한 프로그램 개발을 위해 지식과 기술, 그리고 협력에 기여해야 한다.

이상의 내용을 분석하면 우선적으로 사람에 대한 진술을 강조하고 있는데, 그 내용은 "사회복지사 자신의 개인적인 관심을 넘어 전문가로서의 책임을 우선 수행하여야 하며, 사회복지사는 자신이 서비스를 제공하는 사람들의 사생활을 존중해야 한다." 이와 더불어 사회복지사가 실천에 있어서 가장 우선적으로 수행해야 할 책임도 역시 인간적인 관념이나 생각을 유지하고, 사회복지실천 서비스를 향상시키고 전문가의 가치 철학과 기술을 개발·발전시키는 것에 초점을 맞추고 있다.

참고

1979년, 미국사회사업가협회 윤리강령(NASW)

- 1979년 제정된 윤리강령은 4개의 원칙으로 구성되어 있다.
  - 사회복지사 실천을 위한 방법이나 행동 원칙
  - 클라이언트, 동료, 고용인들과의 관계와 행동 원칙
  - 고용된 조직들과의 관계
  - 사회복지실천 전문가와 사회에 대한 윤리적 책임
- 윤리강령에서는 다음과 같은 원칙을 규정하고 있다.
  - 사회복지사는 클라이언트의 자기결정을 최대화할 수 있도록 모든 노력을 한다.
  - 사회복지사는 클라이언트가 자신과 관련한 공식적인 사회복지실천 기록에 관심을 가지고 있는 경우 이에 대한 적절한 접근이 제공될 수 있도록 한다.
- 윤리강령에서 금지하고 있는 사항
  - 사회복지사는 개인적인 이득을 위하여 클라이언트의 관계를 부당하게 이용해서는 안 된다.
  - 사회복지사는 다른 기관이나 동료와의 적절한 의사교환 없이 다른 기관이나 동료의 클라이언트에 대한 전문가의 책임을 맡아서는 안 된다.
  - 사회복지사는 클라이언트와의 관계에서 성적인 행위로 연결되는 어떠한 상황도 존재해서는 안 된다.
  - 사회복지사는 클라이언트와 함께한 자신의 활동을 녹음하는 일, 사회복지사와 클라이언트 이외의 제3의 담당자가 관찰할 수 있도록 허용하는 일 등을 행하기 전에 클라이언트로부터 동의를 얻고 그 동의한 내용을 클라이언트에게 알리는 일을 반드시 수행한다.
- 윤리강령에서 추상적인 생각이나 윤리적인 이상에 대한 강요와 관련된 규정
  - 사회복지사는 사회복지사로서의 정체성이나 수행능력을 가지고 개인의 실천의 높은 기준을 유지하여야 한다.
  - 사회복지사는 사회정책들을 수립하는 공적인 기관이나 다른 사회복지실천 기관들에 의해 참여할 것을 알리는 일을 격려하여야 한다.

이 밖에도 윤리강령에 포함된 내용으로는 사회정의나 일반적인 사회복지는 중요한 열정을 가지고 있는 사회복지사에게 제공하는 것을 계획하고 있는 데 반해서 다른 원칙들은 앞으로 수립될 특별하고 시행 가능한 실천의 기준을 제시하고 있으며, 공식적인 윤리에 불만을 나열하기 위한 기반을 제공하는 불법의 내용을 규정하고 있다.

- 1979년까지 윤리강령은 주로 사회복지사의 실천 방법, 실천 내용, 그들의 클라이언트에 대한 책임, 동료 간의 책임, 전문가로서의 책임, 또한 사회적인 책임 등에 관한 내용이 포함되어 있었으며 이는 본격적인 실천 전의 준비기간에 불과하였다.
  물론 최초로 윤리강령은 사회복지사들에게 실천과 실행에 있어 구속력을 갖기 시작하였는데, "어떠한 다른 전문 집단과의 협력으로 이루어지는 실천이나 훈련에 관한 규정들도 이 강령에 기초하여 반드시 이루어져야 한다."고 기술되어 있다.
- 다음 단계로 1990년대에 동료의 클라이언트를 상대로 실천하는 일을 금지하는 사항이 삭제되었고, 사회복지사들이 개인의 이득을 위해 클라이언트와의 관계를 이용해서는 안 된다는 사항과 클라이언트의 의뢰의 대가로 어떠한 것도 받아서는 안 된다는 사항들이 포함되었다.
- 1993년 윤리강령의 내용에는 두 가지 중요한 조항들이 추가되었는데, 첫 번째는 상처를 받았거나 문제가 있는 동료에 대한 책임을 다해야 하는 내용, 두 번째는 사회복지사의 이중관계를 금지하는 내용 등이다. 이 조항들이 추가됨에 따라, 사회복지사는 전문가의 행동을 점검하는 일에 대해 중요성에 관한 관심이 커지는 것에 대응하게 되었다.

참고 **미국사회사업가협회 윤리강령(NASW, 1996) 6개의 주요 목적에 따른 4개의 틀**

① 기초적인 핵심 가치인 사회복지실천의 책무에 대한 확인
② 전문가의 핵심 가치와 전문적인 윤리기준의 틀을 형성하는 데 영향을 미치는 폭넓은 윤리원리에 대한 요약
③ 고려사항과 관련하여 전문가의 역할에 갈등이 생기는 경우 혹은 윤리적인 불확실성이 생겨날 때 사회복지사를 도와 명확히 함
④ 일반 대중에게 윤리적인 기준을 제공하여 사회복지사의 전문적인 중요성을 유지시킴
⑤ 사회복지실천의 임무와 가치, 윤리적인 원리와 윤리의 기준을 위함. 새로운 현장에 실천가들의 사회화를 위함
⑥ 사회복지실천의 전문성이 사회복지사가 비윤리적인 실천에 관여되어 있을지라도 기준을 마련하기 위함. 또한 기준이 침해되는 경우, 공식적으로 NASW의 재판 과정을 주도할 수 있도록 하기 위함(NASW, 1996: 2)

윤리강령은 사회복지사의 모든 상황에서 어떻게 행동하도록 규정하고 있지도 않으며, 이를 위한

규정의 틀이 마련되어 있는 것도 아니다. 그리고 강령은 사회복지사가 실천 현장에서 발생할 수 있는 상황의 맥락에서 강령을 어떻게 적용할 수 있을지에 관한 것을 제안하고 있다.

사회복지사 윤리강령의 윤리기준에서 제시한 사회복지사의 책임

사회복지사 강령에서 사회복지사의 책임에 관해 제안하고 있다.

- 사회복지사의 전문가로서 클라이언트에 대한 책임
- 실천 현장에서의 동료에 대한 책임
- 사회 속에서 사회에 대한 책임
- 전문가로서의 실천에 중요한 영향력으로 작용하는 타 학문 전공 전문가에 대한 협력과 협조책임
- 클라이언트, 현장의 동료, 사회, 타 전공자 등에 대한 책임

1996년도 미국의 사회복지사 윤리강령의 내용을 살펴보면 다음과 같다.

(1) 비밀보장과 비밀보장의 제한

① 비밀보장의 제한

비밀보장의 원칙으로부터 예외적인 경우는 클라이언트나 다른 사람들에게 피해·위험이 유발되는 데 심각한 원인이 될 때, 폭력적으로 또한 절박하게 피해·위험이 유발될 경우이다. 이 경우 법률이나 규정에 따른 클라이언트의 동의 없이 클라이언트의 비밀이 공개되고 사적인 보호가 제한을 받는다. 사회복지사는 비밀보장을 유지하기 위하여 필요한 경우 슈퍼바이저의 조언을 받아야 한다.

② 과학기술의 발전과 비밀보장

사회복지사는 클라이언트의 비밀과 사생활을 보호하기 위해 컴퓨터 사용 시 혹은 전자메일을 보내는 경우, 팩스 전송, 전화로 응답을 하는 경우에 비밀보장과 관련한 조언을 받도록 되어 있다. 확인된 정보에 대한 공개는 반드시 피해야 한다.

③ 가족, 집단활동에서의 비밀보장

사회복지사는 모든 부분에 있어 비밀보장의 중요성에 동의해야 한다. 그러나

불가피하게 비밀을 유지할 수 없는 상황이 발생할 경우에는 비밀보장이 이루어지지 못할 수도 있다는 것, 즉 비밀보장의 제한에 관해 클라이언트에게 알려야 한다.

④ 보호관리에서의 비밀보장

사회복지사 윤리강령에서는 보호관리에 관한 내용이 포함되어 있지 않은데, 치료 및 개입과 관련하여 동의한 내용을 클라이언트에게 알리는 일과 비밀보장에 관한 내용을 클라이언트에게 알리는 사항과 관련한 부분에서 다루고 있다. 동시에 사회복지사는 클라이언트에게 서비스의 제한에 대해 알려야 할 상황(예컨대 기금을 지원하는 제3자의 요구가 응해야 되는 상황)이 발생하면, 클라이언트에 대한 서비스 제한이 불가피하게 이루어진다.

(2) 문화의 다양성 이해 능력

사회복지사는 다양한 문화적인 배경을 가지고 있는 클라이언트들에게 서비스를 제공하는 데 있어, 자신의 문화적인 능력을 발휘하기 위해 문화가 다른 클라이언트를 이해할 수 있어야 한다. 또한 사회복지사는 인종, 문화, 민족, 국가, 피부색, 성별, 성적 선호도, 연령, 결혼 상태, 정치적 신념, 종교, 신체·정신적인 장애, 압제 혹은 억압 등의 다양성과 관련을 맺는 교육을 필수적으로 받아야 한다.

(3) 이중관계 금지와 동료에 대한 지원

① 이중관계 금지

사회복지사는 클라이언트를 개인적으로 착취하거나 혹은 이용할 위험성, 그리고 잠재적인 위험성을 고려해 이중적인 관계를 피해야 한다. 사회복지사는 클라이언트와 관계를 맺을 때, 사회·경제적인 이득 혹은 교육적인 관계 등 이중관계를 피해야 한다. 이중관계를 피할 수 없는 경우에는 사회복지사가 적절한 제한을 두는 것이 전문가로서의 책임이다.

이중관계는 클라이언트와의 관계뿐만 아니라, 동료, 슈퍼바이저, 자원봉사자, 후원자 등 업무와 관련한 모든 사람들과의 관계까지 포함된다. 사회복지사와 연관을 맺는 관계에서 일차적 관계를 벗어난 모든 관계는 이중관계에 해당된다.

② 성적인 관계, 신체접촉, 성희롱 등

사회복지사 윤리강령에서는 현재의 클라이언트 혹은 앞으로의 클라이언트, 그리고 클라이언트와 관련 있는 가족, 친족, 클라이언트의 친구 등과의 성적인 관계를 금지하고 있다. 사회복지사는 클라이언트가 정신적으로 피해를 입을 가능성이 있을 때, 클라이언트와의 육체적인 접촉에 관련되는 것을 금지하고 있다. 이러한 책임은 사회복지사가 클라이언트와의 경계를 정하고 안심하는 것이다. 윤리강령은 클라이언트나 동료와의 성적인 희롱 역시 금지하고 있다.

③ 상처받은 동료와 능력이 부족한 동료에 대한 지원

사회복지사 윤리강령에서는 해를 끼치는 동료에 대한 사회복지사의 책임의 범위를 더욱 확대하고 있다. 만약 전문가의 조언 후에도 동료가 자신의 문제를 해결하기 위한 노력을 거절하거나 회피하는 경우에, 사회복지사는 자신이 일하는 기관의 대표인 고용주, 자신이 속한 기관, 그리고 자격증과 각종 규정 등을 담당하는 위원회를 통한 필요한 행동을 취할 수 있다.

(4) 전문가로서 자격과 역량 강화

① 교육과 훈련

사회복지실천 교육은 적격한 분야에 대한 교육내용으로 구성되어야 하며, 교육내용은 가장 최근의 지식과 정보에 기초하여 구성되어야 한다. 교육과 관련해서 사회복지사는 학생들과의 이중관계를 피해야 한다고 규정하고 있다. 또한 학생들이 서비스를 제공할 때, 새롭게 고려해야 할 중요한 과업들이 늘어남에 따라서 이들에게 교육하고 알려야 할 정보의 양도 늘어나게 되는데 이를 조절하는 것이 중요하다.

② 행정·관리자 윤리

사회복지실천 행정가들의 경우, 클라이언트의 욕구를 기관 내외에서 자원을 확보하기 위한 옹호활동을 해야 한다. 사회복지실천 행정가들은 자원의 소재에 대해 공정하고 투명하게 찾아야 한다. 클라이언트의 욕구에 맞지 않는 경우에 행정가는 분배하는 과정에 어떠한 차별도 개입되어서는 안 된다. 사회복지실천현장에서 사회복지 행정가는 직원에 대한 슈퍼비전이 적절하게 제공되는 것이 필요하고, 적절한 작업환경을 유지하는 일이 필요하다.

(5) 윤리강령상의 핵심 가치와 윤리원칙

미국사회사업가협회 윤리강령(NASW)의 전문에서 강조한 6개의 핵심 가치와 관련한 윤리원칙을 소개하고 있다.

① 서비스

- 사회복지사의 우선적인 목표는 도움이 필요한 사람, 즉 욕구가 있는 사람들을 돕는 것이며, 동시에 사회문제에 초점을 맞추고 이를 해결하기 위한 노력을 강조해야 한다.
- 사회복지사는 자신의 개인적인 관심을 뛰어넘어 사회복지실천 서비스를 향상시켜야 한다.
- 사회복지사는 기본적으로 욕구를 가진 사람들을 돕기 위해서, 그리고 사회문제를 강조하기 위해서 전문적인 지식, 가치, 기술들을 가지고 실천해야 한다.
- 사회복지사는 다른 전문 기술의 일정 부분을 경제적인 보상이나 중요한 기대 없이 자원봉사를 해야 한다.

② 사회정의

- 사회복지사는 사회적으로 정의롭지 못한 것에 도전적으로 대항해야 한다.
- 사회복지사는 사회 변화를 위해 노력해야 하는데, 특히 상처받기 쉽고 억압받는 개인이나 집단의 사람들의 행복을 위해서 노력해야 한다.
- 사회복지사의 사회변화 노력은 우선적으로 빈곤, 실업, 차별, 그리고 다른 사회적으로 정의롭지 못한 형태를 띤 사항들에 초점을 맞춰야 한다. 이러한 활동들은 문화적이며 윤리적인 다양성과 억압 등에 관한 지식과 민감성을 증진시키기 위해 찾는 것이다.
- 사회복지사는 욕구가 있는 대상자들에게 정보, 서비스, 그리고 자원 등에 접근하도록 지원해 줘야 한다. 또한 모든 사람들에게 평등한 기회를 보장하고, 의사결정과정에 모든 사람들이 의미 있는 참여를 위해 확실한 접근이 이루어질 수 있도록 지원해야 한다.

③ 인간의 존엄성과 가치

- 사회복지사는 인간의 존엄성과 가치를 존중해야 한다.
- 사회복지사는 각각의 사람들과 함께하는 데 있어서 이들을 보호하고 존경할 수 있는 대상으로 인식하며, 이들 각 개인의 차이에 대해 의미를 인식해야 한다. 또한 이들이 가지고 있는 문화와 인종의 다양성을 인식해야 한다.
- 사회복지사는 클라이언트의 사회적인 책임을 다하도록 자기결정의 향상을 도와야 한다.
- 사회복지사는 클라이언트 각자의 욕구를 강조하고 변화하기 위해, 클라이언트의 능력과 기회를 강화하기 위해 노력해야 한다.
- 사회복지사는 클라이언트와 넓은 사회에 대해 자신들의 이중의 책임을 인식해야 한다.
- 사회복지사는 전문가의 가치, 윤리적인 원리, 그리고 윤리적인 기준이 담긴

사회적인 책임을 다하는 방법을 가지고, 클라이언트의 관심과 넓은 사회적인 관심 사이에서 나타난 갈등을 해결하기 위해 노력해야 한다.

④ 인간관계의 중요성

- 사회복지사는 인간관계의 중요성을 인식해야 한다.
- 사회복지사는 변화를 위한 중요한 수단과 방법으로서는 사람들 가운데 혹은 사람과 사람 사이에서의 관계를 이해해야 한다.
- 사회복지사는 돕는 과정에서 상대방 사람들과 관련이 있다.
- 사회복지사는 개인, 가족, 사회 집단, 조직과 공동체의 행복을 증진·유지·재건·향상시키기는 목적을 가지고 노력하는 사람들과 긴밀한 관계를 만들기 위해 노력해야 한다.

⑤ 통합

- 사회복지사는 진실하게 행동해야 한다.
- 사회복지사는 그들이 일관된 방법을 사용하는 데 있어 지속적으로 전문가의 임무, 가치, 윤리적인 원칙, 그리고 윤리적인 기준과 실천을 인식해야 한다.
- 사회복지사는 자신이 속해 있는 조직의 일부로서, 정직하고 책임 있는 행동을 하며 윤리적인 실천을 향상시켜야 한다.

⑥ 전문가로서의 권한과 능력

- 사회복지사는 자신들의 전문 영역을 강화·발전시켜, 자신의 능력의 영역 안에서 실천해야 한다.
- 사회복지사는 지속적으로 자신의 전문 지식과 기술을 향상시켜, 자신의 실천에 적용시키기 위해 노력해야 한다.
- 사회복지사는 전문성에 기초한 지식을 위해 기여하는 것에 열의를 다해야 한다.

(6) 사회복지사 실천에 있어서의 윤리기준

미국사회사업가협회의 윤리강령에서 제시하고 있는 윤리기준은 6개의 항목으로 구성되어 있다. 각 항목에 대해 사회복지사의 윤리적인 책임을 살펴보면 다음과 같다.

① 클라이언트에 대한 윤리적인 책임

클라이언트에 대한 윤리적인 책임은 넓은 범위의 쟁점을 포함하는데, 개인, 가족, 부부 혹은 배우자, 그리고 소규모 클라이언트 집단에 대한 서비스를 제공하는 것 등을 포함한다.

사회복지사는 클라이언트에 대한 헌신을 고려한다. 클라이언트에 대한 헌신의 내용으로는 클라이언트, 클라이언트의 자기결정권, 동의한 내용에 대해 알리는 사전고지 행위, 전문적인 권한, 문화적인 능력, 사회적인 전달, 관심의 갈등, 사생활이나 비밀보장, 기록에 대해 클라이언트의 접근, 클라이언트와의 성적인 관계나 신체적인 접촉, 성희롱, 품격을 손상시킬 수 있는 언어, 서비스의 비용, 클라이언트의 의사결정능력의 부족, 서비스의 중단, 그리고 서비스의 종결 등의 내용을 포함한다.

② 동료에 대한 윤리적인 책임

사회복지사의 전문가인 동료들과의 관계에서는 쟁점이 되는 사항에 대해 강조하고 있다. 동료들에 대해 존경을 포함해서 비밀보장에 필요한 정보를 공유하는데 있어 적절한 관리, 다양한 전문가 팀의 상호협조와 논쟁, 자문, 서비스의 의뢰, 성적인 관계 및 성적인 희롱, 그리고 손상을 입은 동료, 능력이 부족한 동료, 비윤리적인 동료에 관해서 윤리적인 책임을 다해야 한다.

③ 실천 현장에서 윤리적인 책임

윤리강령에서는 사회복지실천 서비스 기관, 인간서비스 조직, 민간의 사설 실천, 그리고 사회복지실천 교육프로그램 등 윤리적인 쟁점에 관해 강조하고 있다.

윤리기준은 사회복지실천 자문과 감독, 교육·훈련·실행에 대한 평가, 클라이언트 기록, 클라이언트에 대한 서비스, 클라이언트를 타 기관으로 의뢰하는 일, 기관의 행정, 평생교육과 직원의 개발, 종업원에 대한 헌신, 그리고 노동 관리에 대한 논쟁 등과 관계를 맺고 있다.

④ 전문가로서의 윤리적인 책임

윤리강령은 사회복지사의 전문가로서의 성실성과 관련된 쟁점에 초점을 맞추고 있다. 윤리기준은 사회복지사의 권한, 다른 사람에 대해 차별적인 어떠한 행동에 대해서도 회피할 수 있는 책임, 민간의 사설 실천, 솔직함, 개인적인 손상, 그리고 클라이언트를 유도하는 일 등의 내용을 포함하고 있다.

이 밖에도 사회복지사의 책임이 향상될 수 있도록 하는 것을 강조하고 있으며, 윤리강령은 실천가들이 정기적으로 전문적인 문헌에 대해 검토하고 비평할 수 있도록 권고하고 있다. 또한 지속적으로 교육에 참여할 것에 대해서도 권고하고 있으며, 그들의 승인된 지식, 예를 들어 임상적인 지식, 사회복지실천과 윤리와 관련된 지식 등에 기초하여 실천하도록 하고 있다.

⑤ 사회복지실천 전문가에 대한 윤리적인 책임

사회복지사의 윤리적인 책임은 클라이언트, 동료, 그리고 공공에 대해 무한의 책임이다. 사회복지사는 다른 사회복지실천 전문가들에게도 마찬가지로 윤리적인 책임을 지고 있다.

윤리강령의 이 부분의 기준은 전문가의 성실성과 완전성, 그리고 사회복지실천의 평가와 조사 등에 초점을 맞추고 있다. 원칙의 주체는 전문가의 성실성과 완전성이 사회복지사의 책임을 포함하고 있는 것을 고려하고 있다. 이때 전문가의 성실성과 완전성이라 함은 사회복지사의 적절한 연구와 관련을 맺음으로써 실천의 높은 기준을 향상시키고 유지할 수 있도록 하는 책임, 조사, 교육, 출판, 전문가 회의에서 발표, 자문 지역사회나 전문가 조직에 대한 서비스, 그리고 법률적인 증언

등을 포함하고 있다.

⑥ 사회에 대한 윤리적인 책임

사회복지실천 전문가는 사회정의에 대해 항상 헌신하여야 한다. 사회복지실천 전문가의 헌신에 관해서는 미국사회사업가협회(NASW)의 사회사업가 윤리강령의 서문과 강령의 마지막 부분에서 명확하게 보여주고 있다.

윤리기준은 사회정의 향상, 그리고 국제적인 수준으로부터 국내의 지역 수준까지의 일반적인 사회복지 등에 관해서 사회복지사의 활동에 관련된 책임에 대해 구체적으로 강조하고 있다. 이러한 활동들로서는 사회정책의 쟁점이 되는 공공의 논의를 활성화시키는 것, 공공의 긴급 상황에서 전문 서비스의 제공에 관한 것, 사회·정치적인 행동에 관련된 것, 예를 들어 인간의 기본적인 욕구를 강조하기 위해 정치적 로비, 입법 활동, 그리고 다양한 문화와 사회적인 다원성에 대한 존중을 격려하는 조건을 향상시키기 위한 것 등이 포함된다. 이외의 활동으로서 지배적인 통치, 이기적인 목적으로 착취하는 일, 특정 사람, 집단 혹은 계층에 대한 차별을 예방하기 위한 행동 등이 포함되어 있다.

사회복지실천에서의 윤리기준이 사회복지사의 윤리적인 행동을 담보하는 것은 아니다. 그러나 이와 같은 기준은 실천가들에게는 윤리적인 활동을 하도록 독려하고, 윤리적인 활동 규범을 결정하도록 안내하는 역할을 할 수 있다. 일반적으로 윤리기준은 윤리강령으로 구체화되었다. 이 밖에도 특별한 윤리기준을 구체화시키기 위해서는 사회복지사는 윤리이론이나 의사결정 안내지침, 혹은 사회복지실천 이론과 실천의 원리, 관련 법률, 제도, 규정, 그리고 기관의 정책 등에 대한 이해가 필요하다.

대체로 사회복지사는 개인적인 가치, 윤리기준과 함께 사회복지실천의 윤리기준을 고려해야 할 필요가 있다. 미국사회사업가협회의 윤리강령에서도 다음과 같이 제언하고 있다. 윤리적인 실천이나 기준은 개인의 좋은 특성에 의해 나타나게 되는데, 개인의 좋은 특성은 도덕적인 질문에 문제가 없어야 하며, 좋은 신념을 가지고, 신뢰할 수 있는 윤리적인 판단을 할 수 있는 특성을 가진 사람을 뜻한다.

이상 살펴본 바와 같이 사회복지실천의 가치와 윤리는 사회복지실천에 있어 핵심적인 사항이며 본질적인 실천의 기본으로 여겨져 왔다(Gordon, 1965: 20). 그러나 지난 세월 동안 사회복지실천의 가치와 관련하여 영원한 가치는 존재하지 않으며, 변하지 않는 가치는 없다는 인식과 함께 사회복지실천의 윤리적인 쟁점도 역시 변화되어 왔다.

2. 한국 사회복지사 윤리강령

(1) 1992년 사회복지사 윤리강령

한국 사회복지사협회에서 제정한 사회복지사의 윤리강령은 내용상 3개의 항목으로 분류할 수 있다. ① 전문가로서의 사회복지사, ② 클라이언트에 대한 의무, ③ 동료 및 기관과의 관계 등을 포함하고 있다(1992년 제정·윤리강령).

한국 사회복지사 윤리강령

한국 사회복지사협회(1992.10.22)

사회복지 이념은 사회의 안정과 번영을 위하여 정의, 평등, 자유, 민주적 가치를 바탕으로 모든 사회구성원들이 인간의 존엄성을 유지하면서 자기실현을 할 수 있도록 사회전체가 공동으로 책임진다는 철학을 기본으로 한다. 위의 이념을 구현하기 위하여 사회복지사는 개인, 가족, 집단, 조직, 지역과 같은 복지대상과 직접 일하거나 사회제도적 개선과 관련된 제반활동에 적극 개입한다. 위의 사명을 다하기 위하여 사회복지사는 다음의 윤리강령을 준수한다.

1. 사회복지사는 전문가로서 품위와 자질을 유지하고 관장하는 업무에 대하여 책임진다.
2. 사회복지사는 전문직의 가치를 견지하면서 관련 지식과 기술을 습득, 개발, 전달하는 데 최선의 노력을 기울인다.
3. 사회복지사는 업무수행과정에서 어떠한 압력에도 타협하지 않으며, 전문적 관계를 이용하여 부당한 영리를 취하지 않는다.
4. 사회복지사는 복지대상자의 권익을 최우선으로 삼는다.

5. 사회복지사는 복지대상자의 자기결정권을 최대한 행사할 수 있도록 돕는다.
6. 사회복지사는 복지대상자의 사상, 종교, 인종, 성별, 연령, 지위, 계층에 따른 차별을 하지 않는다.
7. 사회복지사는 복지대상자의 사생활을 존중하고 직무상 취득한 정보를 전문적 업무 이외에는 공개하지 않는다.
8. 사회복지사는 동료를 존중하고 신뢰로서 대하며, 동료 간의 전문적 지위의 인격을 훼손하는 언행을 하지 않는다.
9. 사회복지사는 동료나 사회복지기관 또는 단체의 비윤리적 행위에 대하여 공식적인 절차를 통해서 대처한다.
10. 사회복지사는 소속기관과 전문단체활동에 적극 참여하여 성장발전과 권익옹호에 힘쓰며 기타 유관기관과의 협조적 관계를 유지한다.

(2) 2001년 사회복지사 윤리강령(개정)

한국 사회복지사 윤리강령은 제정된 당시의 시대적·사회문화적 상황을 반영할 수밖에 없었다. 따라서 한국의 사회문화적 환경의 변화는 한국 사회복지사 윤리강령의 변화에 대한 필요성이 제기되어 개정하게 되었다. 2001년 개정된 한국 사회복지사 윤리강령의 변화된 내용으로서, 기존의 10개 항목에서 46개 항목으로 확대·구체화되었다.

전 문

사회복지사는 인본주의·평등사상에 기초하여 모든 인간의 존엄성과 가치를 존중하고 천부의 자유권과 생존권의 보장활동에 헌신한다. 특히 사회적·경제적 약자들의 편에 서서 사회정의와 평등, 자유와 민주주의 가치를 실현하는 데 앞장선다. 또한 도움을 필요로 하는 사람들의 사회적 지위와 기능을 향상시키기 위해 저들과 함께 일하며 사회제도 개선과 관련된 활동에 주도적으로 참여한다. 사회복지사는 개인의 주체성과 자기결정권을 보장하는 데 최선을 다하고 어떠한 여건에서도 개인이 부당하게 희생되는 일이 없도록 한다. 이러한 사명을 실천하기 위하여 전문적 지식과 기술을 개발하고 사회적 가치를 실현하는 전문가로서의 능력과 품위를 유지하기 위해 노력한다. 이에 우리는 클라이언트, 동료, 기관, 그리고 지역사회 및 전체 사회와 관련된 사회복지사의 행위와 활동을 판단, 평가하며 인도하는 윤리기준을 다음과 같이 선언하고 이를 준수할 것을 다짐한다.

윤리기준

Ⅰ. 사회복지사의 기본적 윤리기준

1. 전문가로서의 자세

- 사회복지사는 전문가로서의 품위와 자질을 유지하고, 자신이 맡고 있는 업무에 대해 책임을 진다.
- 사회복지사는 클라이언트의 종교, 인종, 성, 연령, 국적, 결혼상태, 성 취향, 경제적 지위, 정치적 신념, 정신·신체적 장애, 기타 개인적 선호, 특징, 조건, 지위를 이유로 차별대우하지 않는다.
- 사회복지사는 전문가로서 성실하고 공정하게 업무를 수행하며, 이 과정에서 어떠한 부당한 압력에도 타협하지 않는다.
- 사회복지사는 사회정의 실현과 클라이언트의 복지 증진에 헌신하며 이를 위한 환경 조성을 국가와 사회에 요구한다.
- 사회복지사는 전문적 가치와 판단에 따라 업무를 수행함에 있어, 기관 내외로부터 부당한 간섭이나 압력을 받지 않는다.
- 사회복지사는 사회정의 실현과 클라이언트의 복지 증진에 헌신하며, 이를 위한 환경조성을 국가와 사회에 요구해야 한다.
- 사회복지사는 자신의 이익을 위해 사회복지 전문직의 가치와 권위를 훼손해서는 안 된다.
- 사회복지사는 한국사회복지사협회 등 전문가 단체 활동에 적극 참여하여, 사회정의 실현과 사회복지사의 권익옹호를 위해 노력해야 한다.

2. 전문성 개발을 위한 노력

- 사회복지사는 클라이언트에게 최상의 서비스를 제공하기 위해 지식과 기술을 개발하는 데 최선을 다하며 이를 활용하고 전파할 책임이 있다.
- 클라이언트를 대상으로 연구하는 사회복지사는 그들의 권리를 보장하기 위해 자발적이고 고지된 동의를 얻어야 한다.
- 연구과정에서 얻은 정보는 비밀보장의 원칙에서 다루어져야 하고, 이 과정에서 클라이언트는 신체적, 정신적 불편이나 위험, 위해 등으로 보호되어야 한다.
- 사회복지사는 전문성을 개발하기 위해 노력하되, 이를 이유로 서비스의 제공을 소홀히 해서는 안 된다.
- 사회복지사는 한국사회복지사협회 등이 실시하는 제반교육에 적극 참여하여야 한다.

3. 경제적 이득에 대한 태도

- 사회복지사는 클라이언트의 지불능력에 상관없이 서비스를 제공해야 하며, 이를 이유로 차별대우를 해서는 안 된다.

- 사회복지사는 필요한 경우에 제공된 서비스에 대해, 공정하고 합리적으로 이용료를 책정해야 한다.
- 사회복지사는 업무와 관련하여 정당하지 않은 방법으로 경제적 이득을 취하여서는 안 된다.

II. 사회복지사의 클라이언트에 대한 윤리기준

1. 클라이언트와의 관계

- 사회복지사는 클라이언트의 권익옹호를 최우선의 가치로 삼고 행동한다.
- 사회복지사는 클라이언트에 대한 인간으로서의 존엄성을 존중해야 하며, 전문적 기술과 능력을 최대한 발휘한다.
- 사회복지사는 클라이언트가 자기결정권을 최대한 행사할 수 있도록 도와야 하며, 그들의 이익을 최대한 대변해야 한다.
- 사회복지사는 클라이언트의 사생활을 존중하고 보호하며, 직무 수행과정에서 얻은 정보에 대해 철저하게 비밀을 유지해야 한다.
- 사회복지사는 클라이언트가 받은 서비스의 범위와 내용에 대해 정확하고 충분한 정보를 제공함으로써 알 권리를 인정하고 존중해야 한다.
- 사회복지사는 문서, 사진, 컴퓨터 파일 등의 형태로 된 클라이언트의 정보에 대해 비밀보장의 한계, 정보를 얻어야 하는 목적 및 활용에 대해 구체적으로 알려야 하며, 정보공개 시에는 동의를 얻어야 한다.
- 사회복지사는 개인적 이익을 위해 클라이언트와의 전문적 관계를 이용하여서는 안 된다.
- 사회복지사는 어떠한 상황에서도 클라이언트와 부적절한 성적 관계를 가져서는 안 된다.
- 사회복지사는 사회복지 증진을 위한 환경조성에 클라이언트를 동반자로 인정하고 함께 일해야 한다.

2. 동료의 클라이언트와의 관계

- 사회복지사는 적법하고 적절한 논의 없이 혹은 다른 기관의 클라이언트와 전문적 관계를 맺어서는 안 된다.
- 사회복지사는 긴급한 사정으로 인해 동료의 클라이언트를 맡게 된 경우, 자신의 의뢰인처럼 관심을 갖고 서비스를 제공한다.

III. 사회복지사의 동료에 대한 윤리기준

1. 동 료

- 사회복지사는 존중과 신뢰로서 동료를 대하며, 전문가로서의 지위와 인격을 훼손하는 언행을 하지 않는다.

- 사회복지사는 사회복지 전문직의 이익과 권익을 증진시키기 위해 동료와 협력해야 한다.
- 사회복지사는 동료의 윤리적이고 전문적인 행위를 촉진시켜야 하며, 이에 반하는 경우에는 제반 법률규정이나 윤리기준에 따라 대처해야 한다.
- 사회복지사는 전문적인 판단과 실천이 미흡하여 문제를 야기시켰을 때에는 적절한 조치를 취하여 클라이언트의 이익을 보호해야 한다.
- 사회복지사는 전문직 내 다른 구성원이 행한 비윤리적 행위에 대해, 제반 법률 규정이나 윤리기준에 따라 조치를 취해야 한다.
- 사회복지사는 동료 및 타 전문직 동료의 직무가치와 내용을 인정·이해해야 하며, 상호간에 민주적인 직무관계를 이루도록 노력해야 한다.

2. 슈퍼바이저

- 슈퍼바이저는 개인적인 이익의 추구를 위해 자신의 지위를 이용해서는 안 된다.
- 슈퍼바이저는 전문적 기준에 의해 공정하게 책임을 수행하며, 사회복지사, 수련생 및 실습생에 대한 평가는 그들과 공유해야 한다.
- 사회복지사는 슈퍼바이저의 전문적 지도와 조언을 존중해야 하며, 슈퍼바이저는 사회복지사의 전문적 업무 수행을 도와야 한다.
- 슈퍼바이저는 사회복지사, 수련생 및 실습생에 대해 인격적, 성적으로 수치심을 주는 행위를 해서는 안 된다.

IV. 사회복지사의 사회에 대한 윤리기준

- 사회복지사는 인권존중과 인간평등을 위해 헌신해야 하며, 사회적 약자를 옹호하고 대변하는 일을 주도해야 한다.
- 사회복지사는 필요한 사회서비스를 개발하기 위한 사회정책의 수립, 발전, 입법, 집행에 적극적으로 참여하고 지원해야 한다.
- 사회복지사는 사회 환경을 개선하고 사회정의를 증진시키기 위한 사회정책의 수립, 발전, 입법 집행을 요구하고 옹호해야 한다.
- 사회복지사는 자신이 일하는 지역사회의 문제를 이해하고 그것을 해결하는 일에 적극적으로 참여해야 한다.

V. 사회복지사의 기관에 대한 윤리기준

- 사회복지사는 기관의 정책과 사업목표의 달성, 서비스의 효율성과 효과성의 증진을 위해 노력함으로써 클라이언트에게 이익이 되도록 해야 한다.
- 사회복지사는 기관의 부당한 정책이나 요구에 대하여 전문직의 가치와 지식을 근거로 이에 대응하고 즉시 사회복지윤리위원회에 보고해야 한다.

• 사회복지사는 소속기관 활동에 적극 참여함으로써 기관의 성장발전을 위해 노력해야 한다.

Ⅵ. 사회복지윤리위원회의 구성과 운영

• 한국사회복지사협회는 사회복지윤리위원회를 구성하여, 사회복지윤리실천의 질적인 향상을 도모하여야 한다.
• 사회복지윤리위원회는 윤리강령을 위배하거나 침해하는 행위를 접수받아, 공식적인 절차를 통해 대처하여야 한다.
• 사회복지사는 한국사회복지사협회의 윤리적 권고와 결정을 존중하여야 한다.

(3) 2001년 사회복지사 윤리강령의 이해

한국 사회복지사 윤리강령(2001)의 내용을 살펴보면 다음과 같다.

① 사회복지사의 기본 윤리

◉ 사회복지사

사회복지 전문직은 인간의 존엄성, 가치존중, 사회정의, 봉사, 인간관계의 중요성, 통합, 능력이라는 몇 가지 핵심적인 가치에 기초하고 있다.

사회복지사 윤리강령에는 정의, 평등, 인권의 존중 등이 기본적 가치 바탕을 이루고 있으나 더 구체적으로 그 가치를 운용할 수 있는 지침들이 포함되어 있다. 사회복지사의 전문적 책임, 정직성, 비밀보장, 서비스 기회 균등, 시민의 사회참여 등이 바로 그것이며, 이러한 구체적 윤리강령은 곧 사회복지사업의 윤리적 원칙이 된다는 것이다.

사회복지사는 사회적으로 취약한 위치에 있는 사람들을 위하여 그들과 함께 활동하고 사회적 변화를 추구한다. 사회복지사의 사회변화 노력은 빈곤, 실업, 차별, 기타 사회적 불의의 문제에 초점을 둔다. 사회복지사는 모든 사람들에 대하여 의사결정 과정에서의 의미 있는 참여, 필요한 정보, 서비스 또는 자원에의 접근, 기회균등을 보장하기 위하여 노력한다. 또한 사회복지사는 전문직의 사명, 가치와 윤리적 기준을 인식하고 이에 부합하는 실천을 수행한다. 사회복지사는 정직하고 책임 있게 행동하며, 자신이 속한 조직의 입장에서 윤리적 실천을 증진시킨다.

사회복지사는 전문가로서 전문직과 동일한 의미 혹은 동일한 요소로 사용하고 있다. 전문가란 직무를 수행하는 데 있어 사회적으로나 제도적으로 인정될 때 이를 전문직이라 할 수 있다. 직업으로서 전문직을 판단하는 기준으로는, 첫째, 전문직이 되기 위해서는 전문직이 수행하는 기술의 바탕이 되는 체계적인 이론을 갖추어야 한다. 둘째, 전문적 권위가 있어야 한다. 셋째, 전문직은 사회로부터 일정한 권한과 특권을 인정받는다. 넷째, 전문직은 전문직 자체의 윤리강령을 갖고 있다. 다섯째, 전문직은 전문직 고유의 문화가 존재한다.

참고 플렉스너(Flexner, 1915: 576-590)는 전문직의 준거틀을 다음과 같이 소개하고 있다.

- 전문직은 지적인 과정에 관계하는 것으로서 강한 개인적 책임을 수반한다.
- 소재를 과학과 학문으로부터 도출한 것으로 전통이나 일상 경험에 의거하지 않는다.
- 이러한 과학적 자료는 실질적 목적달성을 위해 적용되어야 한다.
- 공식적 교육, 훈련체계를 통해 타인에게 이 내용과 기술을 전달할 수 있어야 한다.
- 과학적 자료의 체계와 이것에 대한 비판적이고 분석적인 문헌을 발달시킨다.
- 상호단결을 이룩하여 전문적 이익을 향상시키기 위해 구체화된 전문적인 결사체를 갖는다.
- 전문단체는 공공의 이해에 관한 문제에 의해 영향을 받는다는 것을 자각한다.

◉ 사회복지사의 전문적 행동의 특성

전문적 행동에는 다음과 같은 기준이 있어야 한다.

- 주로 공식적 교육과 훈련과정을 통해 학습된 지식체계에 기반을 두어 결정하고 행동한다.
- 어떤 압력에도 관계없이 바른 실천의 원칙을 지킨다.
- 객관성을 채택하고 상황의 사실에 근거하여 결정을 내린다.
- 윤리적인 쟁점을 확인하고 해결하는 데 전문적 가치, 원칙, 그리고 윤리강령을 사용한다.

- 클라이언트에 대한 서비스를 향상시키기 위해 지속적으로 지식과 기술을 개발한다.
- 클라이언트와의 관계에 목적이 있고 목적 지향적이며 시간 제한적이다.
- 클라이언트의 안녕과 욕구가 우선 관심사이다.
- 동료들이 업무수행에 대해 비평을 해 주기를 기대하고 요청한다.
- 자기규율에 따라 의사결정하고 행동한다. 클라이언트를 대할 때 감정적 반응을 통제한다.
- 클라이언트의 부정적 감정표현을 개인적인 것으로 간주하지 않는다. 클라이언트의 좌절과 분노의 이면을 이해하고자 한다.
- 결정과 행동에 대해 정확하고 완전한 기록을 유지한다.
- 새로운 지식과 정보를 찾고 동료와 공유할 책임을 갖는다.
- 제공된 서비스의 질을 검토하고 클라이언트에 대한 서비스를 향상시키기 위한 기관, 프로그램, 혹은 정책의 변화를 위해 노력하는 것을 개인적 책임으로 간주한다.
- 사회복지를 평생 동안 헌신할 직업으로 간주한다. 직업과 업무를 소명으로 생각한다.

◉ 전문가로서의 품위와 자질

전문가의 품위란 직품과 직위 또는 도덕적 가치의 소유자인 인격을 가지는 무조건적 가치의 특질을 말하며 사람이나 물건이 지닌 좋은 인상을 지니는 것을 의미한다. 자질이란 타고난 성품이나 소질 또는 자기가 맡아 하는 일에 관한 실력의 정도를 의미한다. 따라서 사회복지사가 전문가의 품위와 자질을 유지한다는 것은 외적으로 전문가로서의 지위에 합당한 바른 행동과 좋은 이미지를 갖추고 내적으로는 전문가가 지니는 특수한 성품과 소질을 가지고 자신이 맡은 일을 수행하는 것을 의미한다.

사회복지사는 다음과 같은 면에서 전문 직업인으로서의 자질이 훈련과 교육을 통하여 확립되어야 한다.

첫째, 지식과 객관성을 갖춘 과학성

둘째, 지식과 수련 및 감수성을 포괄하는 기술성

셋째, 자아 성숙을 이룬 성숙성

넷째, 전문직의 실천 행동에 있어서 가장 중요한 가치 인식

◉ 사회복지사의 역할

사회복지사는 사회정의에 합당한 수준에서 클라이언트가 그가 속한 사회에 적응하는 것을 강화하는 것이다. 개인의 문제와 공공의 과제는 모두 적응상의 어려움을 반영한다. 다른 분야의 전문가들도 같은 문제에 관심을 보이기는 하지만, 그들 전문직의 목적은 사회복지의 목적과는 다르다. 사회복지사는 그 핵심에 있어서 상황 내 개인에 관심을 둔다. 그리고 개인과 환경 간의 상호관련성에 관해 이해할 수 있어야 한다. 클라이언트의 감정상태, 가족의 영향, 인종적·문화적 요소의 영향 등을 결코 분리하여 취급할 수 없는 요소이다.

◉ 사회복지사의 업무에 대한 책임

사회복지사뿐만 아니라 모든 사람들은 사회 내에서 자신이 처한 위치에 상응하는 책임을 다하며 살아간다. 일반적으로 책임에는 역할의 책임, 법적인 책임, 그리고 인과적 책임 등이 있다.

역할의 책임이란 자신의 지위가 요구하는 다양한 역할을 수행하는 책임이다. 법적인 책임이란 사회생활의 다양한 국면을 규제하고 있는 관련 법을 숙지하고 위반하지 않아야 하고, 만약 위반하였을 경우에는 그에 상응하는 처벌을 받아야 한다. 그리고 인과적 책임이란 자신이 과거에 한 행동으로 인한 결과에 대하여 책임을 지는 것을 의미한다.

사회복지사는 사회복지라는 전문직에 기대되는 역할책임이 있다. 예를 들면, 클라이언트를 발굴하고 클라이언트의 문제를 사정하고, 적절한 개입전략을 수립하고, 개입과 적절한 서비스를 제공하는 일과 후임 사회복지사에게 동료자문이나 슈퍼비전을 제공하는 일, 그리고 자신의 업무에 관한 기록을 남기는 일 등 사회복지실천현장에서 이루어지는 매일매일의 업무 수행에 따르는 책임이다.

또한 사회복지사는 법률적인 규정을 지키고, 법률이나 강령에서 명시하고 있는 규정을 반드시 지켜야 할 책임이 있다. 예를 들어, 사회복지업무를 수행하는 데 있어 '아동복지법', '국민연금법', '국민기초생활보장법', '의료보험법' 등의 관련 법을 잘 숙지하고 이 법을 충분히 활용하고 법률의 한계를 벗어나지 않는 등의 법적 책임이 요구된다. 뿐만 아니라 과거에 행한 활동으로 인하여 초래된 결과에 대하여 책임을 지는 것 또한 기대된다.

◉ 사회복지사의 전문직으로서의 윤리적 가치

이 밖에도 사회복지사는 윤리적인 면에서도 책임이 있다. 윤리는 사람들에게 자신들이 추구하는 가치를 일관되게 행동하도록 지시하는 행동규범을 뜻한다. 이는 외적으로 드러나는 객관적 행동에 대한 책임뿐만 아니라 사회복지사로서 행한 행동의 잘못이나 옳고 그름의 차원을 포함하는 책임을 의미한다. 즉, 자신의 결정이나 행동이 클라이언트에게 미칠 영향을 가장 중요한 요인으로 고려해야 하며, 클라이언트를 자신이나 자신이 속한 조직의 목적을 달성하기 위한 수단으로 보아서는 안 되고, 클라이언트의 삶을 존중하고 그들의 요구와 이해관계를 우선시하여야 할 책임을 의미한다.

사회복지사에게는 지적·경험적 요건 외에도 또 다른 차원에서 전문가적 실천을 위해 요구되는 행동지침이 바로 윤리와 가치의 준거틀이다. 가치관은 태도와 함께 개인의 사회적 행동을 중개하는 매개변수로서, 개인의 사회적 행동을 규정한다는 점에서 매우 중시되어 온 개념이다. 특히 사회복지는 그 대상인 클라이언트와 밀접한 관련을 맺고 있기 때문에 전문직으로서의 사회복지는 역할 수행에 필요한 가치의 기초가 확립되어야 하며, 그것과 관련해서 종사자들의 행위를 평가할 수 있는 합리적이고도 목적적인 기준이 필요하다. 이때 사회복지 가치는 사회복지사가 주어진 환경 아래서 앞으로의 행위를 예측하는 기초가 되며 예측된 행위의 찬반이나 이탈여부를 평가하는 기준이 된다.

◉ 사회복지사의 지식, 기술의 습득, 개발 전달 노력

사회복지실천을 전문직으로 하는 사회복지사가 갖추어야 할 기본적인 지식 및 방법론에 대한 공통의 요소는 다음과 같다.

- 사회에서 받아들여지는 규범적 행동으로부터 벗어난 행동에 관한 지식
- 인간관계의 규범의 활용도
- 클라이언트의 사회력의 중요성
- 클라이언트의 치료를 위한 방법론
- 사회치료에 지역사회자원 활용
- 개별 사회복지사가 요구하는 과학적 지식과 경험 적용
- 개별 사회복지사의 목적, 윤리, 의무를 결정하는 철학적 배경 이해
- 우리의 모든 것을 사회복지실천에 적용함

사회복지사는 각 사례별 특성과 욕구 혹은 특별한 요청에 따라서 사회복지사로서의 역할을 유연하게 담당할 수 있는 능력과 그 역할들을 통합할 수 있는 능력을 타고나는 것은 아니다.

따라서 사회복지사는 일상에 있어서 다음의 내용(활동)에 노력해야 한다.

- 실천과 관련된 자료들을 수집하고 조직화하고 분석한다.
- 새로운 기법과 실천 영역을 개발하기 위해 관찰, 경험, 공식적 연구를 한다.
- 사회복지서비스 개발을 위한 계획과 개념적 준거틀을 세우기 위해 기초 자료를 활용한다.

- 서비스의 개입이 사람들의 사회적 기능 수행에 미치는 영향을 객관적으로 검토한다.
- 다른 사람들이 설명하는 아이디어, 연구, 실천을 교환하고 비평적으로 평가한다.

◉ 클라이언트

일반적으로 클라이언트는 사회복지의 대상으로서, 주로 아동, 장애인, 빈곤층 주민과 같은 사회적으로 소외되고 취약한 사람들로 생각하고 있다. 그러나 광의의 사회복지 측면에서는 요보호대상자뿐만 아니라 모든 국민이 복지 대상자가 될 수 있다. 일반적으로 사회복지 대상은 그 접근방법에 따라 규정하는 범위도 다르다. 대체로 클라이언트의 욕구(need)는 추상화하기 위해 개별적인 욕구에 공통된 사회적 요보호성이란 관점에서 사회적 욕구라고 하는 것으로 어떤 상태가 일정한 목표나 기준에서 괴리의 상태에 있고 그러므로 그 상태의 회복, 개선 등을 행할 필요가 있다고 사회적으로 인정된 것이다.

욕구에는 사회적 욕구의 기초가 되는 요보호성 또는 의존성으로서 개인, 집단, 지역사회의 사회복지 대상의 양태와 그것이 놓여 있는 사회의 사회적·경제적 상태 그리고 질병구조나 지리적·물리적 환경에 의해 크게 영향을 받는다는 것이고, 다른 하나는 요보호성이나 의존적인 상태는 어떤 종류의 목표나 일정한 기준으로 측정되는 것이기 때문에 사회적 가치체계에 좌우되는 것이라는 점이다. 따라서 사회적 욕구라는 것은 의존적 상태가 회복·개선되어야 할 필요가 있다는 사회적 판단이 없게 되면 그 의존적 상태는 사회적 욕구로서 전환되지 않는다는 관점이 내재되어 있다고 볼 수 있다.

② 사회복지사의 클라이언트에 대한 윤리기준

◉ 클라이언트의 권리

권리란 사람이 어떤 환경에서 어떠한 방식으로 행동할 수 있는 기회가 부여되어 있다는 것이고, 이것은 권리를 가진 사람에 대해 다른 사람의 행동과 관계된 기대감을 정의하는 것이다. 권리는 개인에게 어떤 일을 하도록 부여하거나 그 권리를 침해하는 다른 사람들을 비난하는 근거로 작용한다고 주장한다. 어떤 사람이 권리를 가졌다는 것은 다른 사람이 개인의 권리 실행을 방해하지 않을 의무가 있다는 것이다.

클라이언트도 모든 인간과 마찬가지로 자기 자신의 선택과 권리로서 자기의 생활을 영위할 권리와 자유를 가지고 있다. 즉, 자유 주체성의 요구이다. 그러나 어떤 사회적·심리적 상황으로 이 주체의 통합력이 저하될 수 있으며, 이러한 통합력의 회복을 인력 발전의 목적으로 삼기 때문에 사회복지사에게 원조를 바라게 된다. 따라서 클라이언트의 요구는 주체성 회복의 원조이며, 주체성 그 자체의 양도는 아니다. 인격의 발전은 사람이 그 선택과 결정의 자유를 주체적으로 행사할 때 가능한 것이다.

◉ 클라이언트의 자기결정권

클라이언트의 자기결정권은 인간 존엄성에 대한 신념으로부터 비롯된다. 천부적 존엄성을 지닌 인간은 개별적 존재로 존중받으며, 자신의 생활과 관련된 결정을 스스로 할 권리를 가진다. 클라이언트의 자기결정권은 스스로 서비스를 선택하고 결정을 내릴 수 있는 자유로운 권리와 욕구를 가지고 있다는 것을 말한다. 사회복지사의 임무는 클라이언트가 지역사회와 자신의 성격에서 활용할 수 있는 적절한 자원을 발견하고 활용할 수 있도록 원조하는 것으로, 클라이언트의 결정을 존중하고 그 요구를 결정하는 잠재적 힘을 자극하여 활동할 수 있도록 도와주는 것이다. 그러나 클라이언트의 자기결정의 권리는 적극적, 건설적으로 결정을 내릴 수 있는 클라이언트의 수용능력에 의해, 그리고 법률이나 윤리의 범위 또는 사회복지기관의 기능에 의해 제한받게 된다.

◉ 클라이언트의 사생활과 비밀보장

사생활 보호는 개인의 생각, 지식, 행위, 재산 등이 침해받지 않을 권리라는 뜻으로, 타인의 방해를 받지 않고 개인의 사적 영역을 유지하는 것이다. 비밀보장은 클라이언트의 기본적인 권리에 기초하는 것으로서 전문적인 관계를 통해 밝혀지는 클라이언트에 관한 정보를 누출시키지 않는 것이다. 이는 사회복지사의 윤리적인 의무이고, 성공적인 사회복지실천 관계유지를 위해 반드시 필요한 것이다. 따라서 비밀보장은 전문적 관계에 기초하고 있다. 비밀보장에 대한 신뢰가 없다면 전문적 관계가 이루어질 수 없다. 효과적인 원조관계에서 가장 중요한 것은 사회복지사와 클라이언트 간의 신뢰로서, 이것은 사회복지사가 클라이언트의 사생활 혹은 비밀을 보장하는가에 달려 있다. 즉, 원조과정에서 클라이언트가 자신의 생활에서 개인적인 부분을 얘기하는 것은 사회복지사와 나누는 정보들의 비밀보장이 이루어질 것이라는 믿음에 달려 있다.

③ 사회복지사의 동료에 대한 윤리기준

◉ 사회복지사와 동료와의 관계

동료집단은 사회복지사가 자신의 업무에 관련된 관심사에 대하여 의논하는 일차적인 자원이다. 대부분의 사회복지사는 비슷한 문제를 경험한다. 자신의 업무에 관해 대화가 필요하다고 느끼는 사회복지사와 공통의 경험, 그리고 공통의 준거틀을 공유하는 능력을 갖춘 동료 집단 사이에는 감정이입적 이해의 가능성이 증가한다. 동료집단은 사회적 거리감이 가장 적고 심리적으로 접근 가능할 뿐 아니라 물리적으로도 가용성이 높은 장점이 있다. 하지만 동료를 존중한다는 것은 무조건적으로 그의 편이 되는 것이 아니다. 전문가로서 동료를 존중한다는 것은 존경, 비밀보장, 다학문적 협력, 자문, 서비스의 의뢰 등의 윤리적인 책임을 진다는 것을 의미한다.

◉ 사회복지사와 슈퍼바이저와의 관계

슈퍼바이저는 사회복지사가 속한 기관의 선임 사회복지사로서, 후배 사회복지사에게 자문을 제공하는 역할을 수행한다. 슈퍼바이저는 개인적인 이익의 추구를 금해야 하며, 슈퍼바이저와 실습생 및 수련생과의 관계와 의무에 관한 윤리규정을 지켜야 한다.

④ 사회복지사의 기관에 대한 윤리기준

◉ 사회복지사와 기관과의 관계

사회복지사는 공공기관이나 민간기관에 고용되어 있기 때문에 그 조직의 프로그램과 절차를 수행할 책임을 지고 있다. 더욱이 기관은 대중에게 책임을 지고 사회복지사는 조직에서 제공되는 서비스의 질에 따라 성공 여부가 달려 있으므로 그 조직에 대한 책임을 지는 것이 중요하다. 때로 사회복지사는 자신이 일하는 기관에 대한 의무와 클라이언트에 대한 의무 사이에서 갈등하는 상황에 놓일 수 있다. 따라서 사회복지 정책을 집행하는 기관과의 의사교류는 기준과 목표에 대한 명백한 의사를 바탕으로 협조체계를 조직할 수 있어야 한다. 의사교류를 잘못하면 왜곡되는 경향이 있기 때문에 정책결정자의 진의가 정확히 전달되어야 한다.

◉ 사회복지사의 기관의 비윤리적 행위에 대한 대처

사회복지실천에서 양질의 서비스를 제공하기 위해 기관과 사회복지사, 모두가 균형을 이루어야 한다. 그러나 기관의 구조가 클라이언트에 대한 서비스 제공에 저해가 된다고 판단되면 사회복지사는 구조적 변화를 주장해야 한다.

동료나 기관의 비윤리적 행위에 대해서는 공식적 절차를 통하여 다음과 같은 요인을 고려하여 대처해야 한다.

- 필요한 변화와 그 이유를 가능한 정확하게 확보하고 검토한다. 법과 규칙, 행정, 인사 지침서, 다른 기관과의 합의와 규약 등의 정보에서 가능한 변화는 무엇인지, 변화과정을 어떻게 진행할 것인지, 변화를 지지하는 사람과 승인하지

않는 사람이 누구인지를 어느 정도 알 수 있다.

- 변화에 대한 조직의 수용 정도를 사정한다. 즉, 변화를 수용하는 이전의 경험을 검토한다. 만약 이전의 변화 노력이 잘못되었거나 비효율적이거나 좌절되었다면 그 조직의 사람들은 변화에 저항할 것이다. 이와 달리 변화 노력을 인도하는 사람을 신뢰한다면 제안된 변화가 필요하고 가능하다고 믿거나 제안이 당면한 문제, 관심사, 변화에 대한 두려움을 다루고 있을 때 사람들은 변화를 수용한다.
- 변화를 위한 욕구가 다양한 수준, 부서, 조직 단위에 걸쳐 공유되고 있는지를 결정한다. 제안된 변화의 영향을 가장 직접적으로 받을 사람들에게 특별한 관심을 가진다.
- 변화가 기관의 임무, 전통, 현재 목적과 양립할 수 있는 정도인지 사정한다. 상급관리자와 슈퍼바이저가 변화를 지지하는 정도를 결정한다.
- 변화를 선호하는 혹은 이를 반대하는 조직의 하부체계와 사람들의 상대적인 힘을 사정하고 규명한다.
- 현존 관계와 유형의 파괴를 최소화하기 위하여 가능하면 현재의 구조와 절차에 변화를 통합시킨다.

◉ 사회복지사 전문 단체의 발전과 권익옹호

사회복지사는 전문직의 가치를 견지하면서 관련 지식과 기술을 습득·개발·전달하는 데 최선의 노력을 기울여야 한다. 이를 위한 가장 기본적인 현장은 사회복지사 자신이 소속된 기관이다. 현장은 사회복지사 자신이 습득한 지식과 기술을 펼치는 곳이며 동시에 새로운 기술을 개발하여 자신을 성장하고 발전시킬 수 있는 가장 좋은 장소이다. 또한 사회복지사협회 등 전문 단체뿐만 아니라 비공식적으로 필요에 의해서 만들어진 학술단체나 학교 연구그룹 등도 자신을 성장시키고 발전시키는 중요한 현장이다.

◉ 사회복지사의 유관기관과의 관계

사회복지사는 클라이언트를 적절한 인간서비스와 자원에 연결하기 위해서 기타 유관기관과의 관계를 유지해야 한다. 사회복지사 혼자서 클라이언트에게 모든 서비스를 제공할 수는 없다. 클라이언트에게 가장 적절한 서비스를 제공해 주기 위해서는 유관기관과의 관계를 유지하는 것이 중요하다. 중개자로서 사회복지사는 기관, 프로그램, 동료, 다른 전문가들과의 지속적인 상호작용을 촉진하는 것이 필요하다. 이를 위해 사회복지사는 의사소통 통로를 만드는 자원연결망에 참여하고 자원을 공유하도록 협상하며, 기관 상호 간에 계획과 정보를 교환하고, 조정활동에 참여하여야 한다.

이처럼 사회복지사 윤리강령은 윤리적 쟁점이 빚어질 때 의사결정과 행위를 이끌어 줄 일련의 가치, 원칙, 기준을 제공하고 있다. 그러나 모든 환경에서 사회복지사의 행위에 관한 일련의 규정이 제공되는 것은 아니다. 강령을 적용할 때에는 강령이 고려되는 환경과 강령의 가치, 원칙, 기준 사이에 상충될 가능성을 함께 고려하여야 한다. 상충되는 가치, 원칙, 기준의 우선순위에 대해서는 사회복지사들 간에 상당한 의견의 차이가 발생한다. 어떤 상황에서 윤리적 의사결정을 하는 데에는 사회복지사 각자의 타당한 결정이 반영되어야 하며, 전문직 윤리기준을 적용하는 동료의 검토 과정에서 이러한 쟁점이 어떻게 결정될 것인지도 고려되어야 한다.

윤리적 의사결정은 하나의 과정이다. 단순한 해결책만으로는 복잡한 윤리적 쟁점을 해결할 수 없는 수많은 사회복지 사례가 존재한다. 사회복지사는 윤리적 판단이 보장되도록 모든 상황에 적합한 이 강령의 가치, 원칙, 기준을 고려하여야 한다.

3. 사회복지실천의 윤리적인 딜레마 사례 적용

지금부터 제시하는 세 가지 사례는 현재 사회복지실천현장에서 사회복지사가 직면하게 되는 윤리적인 문제와 이에 따라 어떻게 행동을 해야 할 것인가 고민하게 되는 대표적인 사례이다.

사 례 1 **윤리갈등: 비밀보장, 클라이언트와의 이중, 다중관계 등**

노 선생은 집단상담 전문 자격증을 갖춘 사회복지사이다. 노 선생은 지난 몇 달간 부부상담을 해 왔다. 이들 부부는 지난 20년간 네 자녀를 낳고 자녀를 키우는 일에 전념해 왔다. 현재 김 씨 부부는 일상사의 모든 일, 예를 들어, 무엇을 먹을까 하는 일조차도 이들에게는 부부싸움의 내용이 되어 가고 있는 상황이었다. 상담전문가 노 선생은 '인지행동모델'을 이용한 치료방법을 이들에게 적용하였고, 김 씨 부부는 전문가의 개입을 통해 변화와 진전을 보였다.

그 후 노 선생의 아들이 결혼을 승낙받기 위해 여자친구를 노 선생에게 소개하였는데, 며느릿감이 될 아들의 여자친구가 자신이 상담을 맡은 김 씨의 딸인 사실을 알게 되었다.

- 이때 노 선생은 자신의 아들에게 아들의 여자친구의 부모와 자신과의 관계 등 모든 사실을 알려야 할 것인가? 혹은 알리지 않아야 할 것인가?
- 김 씨의 딸과 자신의 아들 사이의 관계에 대해 김 씨 부부에게 이 사실을 알려야 할 것인가?
- 이 밖에도 사회복지사 노 선생이 김 씨 부부의 상담을 지속해야 할 것인가?

사 례 2 **윤리갈등: 동료의 중독, 태만과 무능 등**

아동가족서비스기관에서 일하는 모든 직원들은 사회복지사 진 선생이 술을 너무 자주 마시는 사실을 알고 있다. 그의 동료들에 의하면 진 선생은 가끔씩 월요일에 출근을 못 하는 경우가 있었고, 점심식사 이후에도 술 냄새를 풍기는 경우도 있는 것으로 드러났다. 지난 연말 모임에서는 정신을 잃을 정도로 술을 마신 적도 있다.

진 선생의 사무실 바로 옆방에 근무하는 최 선생은 진 선생의 음주 문제를 좀 더 구체적으로 인식하고 있다. 최 선생은 진 선생이 가끔씩 음주 문제로 클라이언트와의 약속을 펑크 내는 경우가 있다는 사실을 알고 있다. 그럼에도 불구하고 아무도 그녀의 음주 문제에 개입하는 것을 원치 않고 있다. 그 이유는 두 아이를 혼자 키우고 있는 진 선생에 대해 어떠한 행동도 취하는 것을 원치 않기 때문이다. 진 선생은 사회복지사로서 현재의 직업을 계속 유지해야 할 처지에 놓여 있음을 모든 직원은 알고 있다. 만약 진 선생의 음주 문제가 노출된다면 진 선생의 아이들은 위탁가정에 보내야 할지도 모르고, 그로 인해 난감한 일들이 벌어질 수 있다.

- 사회복지사는 동료 진 선생의 음주 문제에 어떠한 행동을 취해야 할 것인가?
- 진 선생의 음주 문제 때문에 클라이언트와의 접촉에 피해를 주는 것은 아닌가?
- 만약 진 선생이 점심 이후에 술을 마신다면, 그녀의 클라이언트가 위험에 처할 것인가?

위의 사례 1과 사례 2에서 나타난 문제는 '사회복지사 윤리강령'에서도 다루고 있는 '사회복지사의 이중·다중관계'에 관한 문제이다. 사회복지사는 전문 실천가이면서 동시에 인간이며, 동료의 친구이고, 클라이언트의 이웃 혹은 친구가 될 수 있다는 사실을 인식하고 있다. 그리고 전문가로서의 사회복지사와 한 인간인 개인 사이의 경계를 명확히 해야 할 필요성이 제기되었다. 특히 사회복지사 윤리강령에서는 전문가로서 '이중관계의 금지'를 강조하고 있다.

사례 3 윤리갈등: 비밀보장, 개인정보 보호, 사전동의 등

전문 사회복지사 오 선생은 정신건강센터에서 근무하고 있다. 최근 오 선생은 성폭력 및 강간사건 피해자인 유나 씨에 대한 위기개입에 참여하였는데, 유나 씨는 앞으로 계속 치료적인 개입이 필요하다. 지속적인 치료와 개입에 필요한 지원금 마련을 위해 보호관리기관에 유나 씨에 대한 개입계획에 관한 보고서를 제출하였다. 그러나 보호관리기관에서 유나 씨에 관한 지원서를 받지 못했고, 서류가 접수되지 않은 상태이기 때문에 클라이언트에게 치료비를 지원을 할 수 없다는 통보를 받았다. 오 선생은 즉각적으로 보고서를 다시 팩스로 제출하였으며, 다행히 마감시간 내에 서류가 접수되었다. 그 후 유나 씨는 보호관리기관으로부터 치료비를 지원받게 되었다.

- 클라이언트에 대한 비밀보장의 관점을 고려할 때, 오 선생은 클라이언트의 개인적인 사적 정보가 기록된 문서를 팩스로 보낼 수 있는가?
- 만약 그렇다면, 어느 정도까지 상세하게 보고서를 기록할 것인가?
- 어느 정도까지 구체화시킬 수 있는가?
- 보고서의 팩스 전달이 나타내고 있는 문제점은 무엇이고, 그 중대성은 어느 정도인가?

앞에서 소개한 사례 3의 경우, 클라이언트의 비밀보장의 문제, 그리고 클라이언트의 비밀보호와 공공과 타인의 알 권리 등의 가치가 충돌하는 윤리적 딜레마를 소개하고 있다. 사회복지실천에 있어 클라이언트의 비밀보장은 지속적으로 변함없이 중요한 가치로 다뤄져 왔다. 최근 팩스, 컴퓨터, 인터넷, 문자, 각종 소셜미디어(SNS) 등의 등장으로 비밀보장을 유지하는 일에 도전을 받게 되었다. 이러한 클라이언트 개인정보에 관한 기록들이 컴퓨터에 수록되고, 팩스 혹은 이메일, 때론 다

양한 통신기기의 문자 서비스를 통해 문서가 전달되기도 하는데, 이때 클라이언트에 관한 정보가 담긴 기록 내용이 클라이언트 관련 사회복지사 등 담당자만이 아닌 다른 사람의 손에 전달되는 경우도 종종 있게 된다. 따라서 클라이언트 개인의 사적인 정보보호 등 '비밀보장의 원칙'을 유지하는 일의 중요성은 사회복지실천에서 다뤄야 할 또 다른 사회복지실천현장에서 행정과 관리의 문제로 제기되었다.

CHAPTER
4

사회복지실천의 윤리적 딜레마 해결을 위한 의사결정모델

사회복지현장에서 사회복지사가 직면한 윤리적 딜레마 사례를 어떻게 해결할 것인가? 사회복지사 개인에 따라서 서로 다른 해결 방법을 활용할 것이다. 모든 사회복지사는 개인의 가치와 존엄성을 중요하게 다루어야 하며 모든 개인은 존중받아야 할 가치가 있다는 사실에 대해서 동의하고 있다. 그러나 때론 누구의 존엄성과 가치를 우선 고려하고 누구의 권익을 우선 보호해야 하는지에 대한 질문을 하게 된다. 예컨대, 아동과 함께하는 사회복지실천에서, 아동의 삶의 질과 행복을 우선 추구하여 아동의 이익을 먼저 생각해야 하는가? 혹은 부모의 결정과 가치, 부모의 존엄성을 먼저 고려하고 부모의 이익 향상을 위해 노력해야 하는가? 이러한 윤리적인 딜레마 사례를 놓고 전문 사회복지실천가는 갈등하게 된다.

사회복지사는 윤리적인 실천을 위하여 사회복지실천 과정에서 전문가로서 반드시 지켜야 할 윤리강령상의 실천 규정과 실천 기준을 이해하고 사회복지실천현장에서 실제 적용하는 데 익숙해져야 한다. 그뿐만 아니라 사회복지사는 자신이 한 사람의 개인으로서 자신에 대한 인식, 자신의 정체성 등을 명료하게 할 필요가 있다. 더불어 자신이 사회복지사로서 어떤 영역에서 더욱 열정적인 실천이 가능한지, 그리고 어떤 분야에서 자신의 역량을 발휘할 수 있는지, 혹은 어떤 실천 분야에서 전문가로서의 역량이 부족한지 혹은 나의 강점과 취약점 무엇인지를 정확히 인식할 필요가 있다.

사회복지사는 실천과정에서 윤리적인 딜레마를 경험하게 되는 데, 전문적인 교육과 훈련을 받은 사회복지사의 전문지식은 윤리적 딜레마에 직면하고 있다는 위험을 알리는 조기 경보체계의 역할을 하게 된다. 예컨대, 같은 사안이라 하더라도 윤리적 쟁점에 민감하게 반응하여, 비윤리적인 실천으로 빠지기 전에 문제를 해결하기 위한 윤리적 의사결정을 위해 노력하게 된다.

사회복지사들 가운데 사회복지사협회의 윤리강령에 대한 지식이 부족하거나 자신의 개인적인 특성을 인식하고 있지 못한 사회복지사가 종종 있다. 이러한 전문적인 윤리기준이나 자신의 개인적인 특성을 정확하게 이해하지 못하고 있는 전문가는 윤리기준에 옳은 것으로 판단되거나 혹은 옳지 못하다고 판단되는 것, 윤리적인 딜레마가 표면으로 나타나는 것이나 잠재되어 있는 것 등을 판단하는데 있어 개인의 직관에 의존하게 된다. 그러나 윤리적인 딜레마를 이해하는 것에 있어, 표면에 나타나는 상징을 이해하거나, 개인적인 직관에 의한 것은 정확한 판단이 될 수 없는 경우가 많다.

따라서 실천과정에서 경험하게 되는 모든 윤리적인 딜레마를 개인의 경험이나 가치 혹은 개인의 신념을 통해서 해결하려고 하는 전문가들 그리고 자신의 개인욕구를 우선적으로 충족하려는 사람들 모두는 윤리함정에 이미 빠져들었거나 혹은 잠재적인 윤리함정에 현재 빠져들어 가고 있음을 알아야 한다. 그러나 윤리적 딜레마가 앉고 있는 어려움의 정도에 상관없이, 윤리적 딜레마를 만족스럽게 해결하는 방법을 찾아가야 한다. 그 방법은 체계적인 과정을 통해서 관련된 모든 요소들을 고려하는 일이 필수적이며, 또한 윤리적 딜레마를 해결하는 일은 각각의 단계별 과정을 거쳐서 순차적으로 진행되어야 한다.

1. 사회복지실천에서 윤리적인 딜레마 사례에 대한 사회복지사의 대응

사 례 **보호자의 양육책임과 아동방임, 아동의 자기결정권**

클라이언트 김 씨는 마약을 판매하다가 적발되어 연행되었으나 증거가 충분하지 않아 구속되는 상황까지는 가지 않았다. 사회복지사는 아동복지기관에서 근무하고 있는 전문 사회복지사이다. 사회복지사는 김 씨의 자녀가 다니는 학교를 찾았다. 사회복지사는 아동이 자주 아침식사도 거른 채 위생이 불량한 모습으로 학교에 나타난다는 사실을 알았다. 사회복지사는 아동의 행복을 위해서 아동을 보호할 수 있는 위탁가정에 보내는 방법을 생각하고 있었다.
만약 아동을 위탁가정으로 보내도록 결정이 내려지게 된다면, 아동의 어머니의 가치와 존엄성에는 어떠한 손상이 예상되는가? 지금까지 사회복지실천에서 클라이언트의 가치와 존엄성을 보호한 결과 클라이언트의 자기결정과 자율권이 향상되었다.
만약 김 씨 부인의 자녀들이 위탁가정으로 보내지는 것이 결정될 때, 다음과 같은 질문에 대한 논의가 필요하다.
- 보호자인 김 씨 자신의 결정에 어떠한 문제가 발생하게 되는가?
- 만약 아동들에게는 어떤 일들이 일어나게 될 것인가?
- 이 밖에도 김 씨와 그의 자녀 외에도 이들과 관련된 다른 사람들(예컨대, 다른 가족이나 주변의 이웃, 그리고 사회복지기관의 담당자 등)에게는 무슨 일이 일어나게 되는가?
- 김 씨의 자녀들이 자신의 어머니와 함께 살기를 원하고, 만약 아동의 요구대로 어머니와 함께 사는 것으로 결정될 경우, 이러한 결정을 아동의 자기결정으로 받아들일 수 있는가?

사회복지사 윤리강령에서는 사회복지사들의 모든 행동에 있어 어떤 행동이 윤리적인 행동인가에 대한 일반적인 원칙을 제시하고는 있으나, 사회복지실천의 모든 현장에서 발생하고 있는 각각의 상황에 대처하기 위한 행동지침들에 대해서는 구체적으로 제시하지 못하고 있다.

현재 사회복지사 윤리강령에서는 클라이언트의 자기결정을 활성화하고 향상시키기 위한 사회복지사의 책임을 제안하고 있으며, 동시에 클라이언트의 자기결정을 제한할 수 있는 경우에 관해 언급하고 있다. 예를 들어, 클라이언트의 행동이나 클라이언트의 잠재적인 행동이 클라이언트 자신이나 다른 사람에게 즉각적으로 위협을 가할 수 있거나 혹은 앞으로 심각하게 위험한 상황이 일어날 것으로 예견할 수 있다는 전문적인 판단이 이루어질 때에는 사회복지사는 클라이언트의 자기결정을 유보시킬 책임이 있음을 뜻한다.

(1) 사회복지사의 긍정적 의무와 부정적 의무

앞의 사례에서 가족과 함께 일하는 아동복지 전문 사회복지사의 경우, 윤리적 딜레마에 직면하게 된다. 아동이 자신의 친모와 지속적으로 함께 생활하게 되는 경우 아동이 위기에 처하게 되는가? 아동의 어머니가 마약을 팔고 있는가? 혹은 마약을 복용하고 있는 것은 아닌가? 아동이 아침을 거르고, 청결을 제대로 유지하지 않은 이유가 단지 하룻밤 이웃이나 친척집에서 잠을 잤기 때문인지, 혹은 아동방임과 같은 중대한 문제로 인한 것인지 나타난 징후는 있는가?

사회복지사는 전문가로서 직면한 문제에 대한 윤리적인 딜레마를 어떻게 해결할 것인가?

사회복지사를 안내하는 핵심적인 두 가지 방법이 있다.

첫 번째 방법은 긍정적 의무로서, 클라이언트에게 이익이 되는 실천을 하는 것, 즉 서비스(자선 혹은 은혜를 베푸는 방식의 선을 행함)를 제공함으로써 클라이언트의 삶의 질 향상을 가져올 수 있다고 믿는 원칙을 적용하는 것이다.

두 번째 방법은 부정적 의무로서, 클라이언트에게 해로운 결과를 도출하게 되는 모든 행동, 즉 무해한 행동을 하지 않는 것이다. 다시 말해 사회복지사가 클라이언트에게 불리한 실천을 행하지 않음으로써 결국 클라이언트에게 해롭지 않은 결과를 가져올 수 있게 되는 원리를 적용하는 것이다.

이러한 두 가지 방법, 사회복지사의 긍정적 의무를 수행할 것인지, 부정적 의무를 수행할 것인지를 선택하는 것은 사회복지사의 윤리적인 의사결정에 영향을 미치게 된다. 긍정적 의무인 은혜로운 것으로부터 나타나게 되는 행동은 대체로 사회복지실천에서 사전행동의 측면을 택하는 것이 바람직한데, 이 방법은 아동이 좀 더 나은 삶을 살아갈 수 있도록 하기 위하여 취하는 방법으로 이해할 수 있다. 부정적 의무인 클라이언트에게 나쁜 결과를 나타낼 가능성이 있는 행동을 하지 않는 것은 사회복지사의 소극적 실천방식 혹은 부정적 실천방법이며, 더 나아가 비윤리적 실천이 될 가능성이 있음을 이해해야 한다.

(2) 사회복지실천의 원칙주의의 의무론적 접근과 결과주의의 목적론적 접근

사회복지사가 이에 대한 인식을 하고 있지 못할지라도, 이들 사회복지사는 보통 두 가지 윤리모델에 의존하고 있다. 하나는 원칙주의라고도 하는 의무론적 실천원칙이고, 다른 하나는 결과주의라고도 하는 목적론적 실천원칙이다.

원칙주의에 입각한 의무론적인 원칙에 따른 사회복지실천은 실천의 모든 과정을 원칙에 따라서 철저히 법과 규정, 실천지침을 지키는 것이 가장 바람직하며, 결국 원칙에 따른 사회복지실천은 결과에 있어서도 바람직한 결과를 기대할 수 있다고 믿는다. 원칙주의에 기초한 의무론을 주장하는 학자는 '클라이언트의 자기결정'이나 '비밀보장'과 같은 사회복지실천 가치는 절대적이고 무조건적이고 전문가가 반드시 지켜야 할 실천 원칙이기 때문에 반드시 클라이언트의 자기결정을 존중하고 지킬 때에 그 결과는 반드시 실천적인 면에서 긍정적인 효과가 나타날 것이라고 믿고 있다. 그뿐만 아니라 원칙주의에 입각한 의무론에 기초한 실천은 어떠한 다른 종류의 실천원칙보다 월등히 우세한 실천 결과를 기대할 수 있다고 믿는다.

앞에서 소개한 사례에서, 의무론적인 실천가는 아동의 보호자인 김 씨가 자신의 자녀를 보호하고, 함께할 것을 허용하는 조건으로 이루어진 자기결정과 아동이 무엇을 할 것인지를 스스로 선택한 자기결정, 아동 어머니의 결정을 받아들이는 것을 지지할 것이다. 더불어 의무론을 주장하는 실천가들의 견해에 의하면, 사회복지사가 만약 아동 어머니의 자기결정인 자녀를 계속 양육하겠다는 결정을 무시하고 아동을 어머니와 분리시켜 위탁가정으로 보내는 경우, 이는 사회복지사가 윤리강령에서 규정하고 있는 클라이언트의 자기결정에 관한 원칙을 위반한 행위가 되므로 사회복지사는 전문가로서의 권위를 잃고, 사회복지사와 클라이언트 간의 신뢰가 무너지는 결과가 발생될 것이라 생각할 것이다.

대부분의 사회복지사는 상황과 조건을 고려하여 목적론적인 접근 방법을 사용하고 있다. 결과주의에 기초하고 목적론적인 원리에 입각한 사회복지실천은 실천 과정에서 정해진 규정과 원칙을 지키기보다는 오히려 실천의 결과를 중시하는 것이다. 다시 말해, 실천과정에서 법과 제도, 규범 혹은 사회적 가치나 윤리원칙을 절대적으로 준수하지 못하고 어느 정도 실천의 원칙에서 일부 벗어나는 경우에도, 그 실천 결과가 클라이언트의 삶의 질을 향상시킬 수 있거나 클라이언트에게 이득이 된다고 판단되고, 궁극적으로 클라이언트에게 도움이 될 수 있는 방법을 선택하는 것이다.

따라서 목적론적인 접근을 시도하는 사회복지사의 경우에는 앞으로 나타나게 될 실천의 결과와 그 결과로 인해 발생하게 될 상황까지도 정확히 예측할 수 있어야 한다. 때로는 필요한 경우에는 실천의 결과로서 발생 가능한 상황에 대한 가설을 설정하고 각각의 가설에서 나타날 결과를 예측하는 것, 즉 예측 가능한 결과를 도출해 내기 위한 실험 방식을 통해서 실천 결과를 예측하도록 하는 내용까지도 실천의 방법에 포함하고 있다.

예컨대, 앞의 사례에서 가설을 제시하면, 보호자인 김 씨의 자녀들이 자신의 친모와 함께 집에 머물게 된다면 무슨 일이 일어날 것인가? 아동이 위탁가정에 보내질 경우 어떤 도움이 기대되는가? 아동이 친모와 함께 살게 될 경우, 아동을 위탁가정에 보낼 경우, 각각의 경우에 아동의 입장에서 그리고 아동의 친모의 입장에서 각각 어떤 실천 결과를 예측할 수 있는가?

의무론적인 접근방법을 시도하는 사회복지사나 목적론적인 접근을 시도하는 사회복지사는 서로 다른 실천의 결과로 각기 다른 반대 입장을 발견하게 되는 것은 아니다. 앞의 사례에서 소개하고 있는 바와 같이, 의무론적인 접근을 시도하는 실천가의 경우, 우선 지켜져야 할 실천원칙은 '클라이언트의 자기결정'이라고 주장할 것이다. 반면 목적론적인 접근을 시도하는 사회복지사는 클라이언트의 자기결정의 원리를 지키지 못하고 사회복지실천의 중요한 가치를 위반한 사실이 인정되지만, 아동의 입장에서 '아동의 삶의 질'을 향상시키고 안정적인 생활을 유지하는 일이 더욱 가치 있는 일이기 때문에 아동의 삶의 질을 고려한 실천이 어떠한 윤리적인 가치를 지키는 일보다 우선하여 다뤄야 할 중요한 과업이라고 주장할 것이다.

앞의 사례에서 목적론자의 입장에서는 클라이언트인 아동의 친모나 아동의 자기결정 권리를 존중하여, 아동이 자신의 친모와 함께 지낼 수 있도록 돕는 일은 아동의 삶을 지속적으로 황폐화시킬 가능성이 있는 일이기 때문에, 아동의 삶의 질을 향상시키기 위해 아동을 위탁가정에 보내게 되지만, 아동의 부모 입장에서는 자신의 의사결정이 존중되지 않은 점으로 인해 담당 사회복지사를 더 이상 신뢰하지 않게 되는 결과가 나타날 수 있다.

대부분의 사회복지사는 목적론적인 접근과 의무론적인 접근을 혼합한 방법을 활용하고 있다. 사람들은 전문가의 가치는 자연적으로 목적론적이라고 주장한다. 그러나 종종 사회복지사는 복잡한 윤리적인 딜레마를 극복하기 위해 목적론적인 주장, 즉 실천의 결과가 유익하면 실천의 과정에서 어느 정도 원칙을 벗어난 실천을 허용할 것을 요구하는 방법을 활용하고 있다. 대부분의 사회복지실천가는 대체로 난해하고 복잡한 철학적인 사고나 철학적인 접근 방법에 대해서는 그다지 큰 관심을 보이지 않고 있다. 그러나 모든 사회복지사는 철학적인 방법과 전문가 실천윤리를 다루고 있는 윤리강령에 기초하여 전문가로서의 사회복지실천 방법의 내용을 선택·결정하고 있다.

2. 사회복지실천에서 윤리적 딜레마 대응 전략

윤리적 의사결정(ethical decision making)이란 사회복지실천 과정에서 발생하는 다양한 윤리적 교착상태를 해결하고자 하는 목적에서 사회복지사가 선택할 수 있는 다양한 개입행위의 대안들 가운데 가장 윤리적인 것과 관련하여 내리는 윤리적 선택행위를 의미한다.

사회복지사가 겪게 되는 가치갈등과 윤리적 딜레마를 해결하기 위한 방법들을 살펴보면 다음과 같다.

(1) 가치관의 갈등문제를 해결하기 위한 지침

제1단계: 가치갈등의 존재를 인식한다.

가치갈등 문제에 대응하는 첫 단계는 그 존재를 인식하는 것이다. 그러나 가치갈등에 관한 자아인식을 갖는 것은 쉬운 일이 아니다. 사회복지사의 개인적 가치관은 때로 본인이 그 존재를 지각하지 못할 만큼 깊숙이 내면화되어 있어서 사회복지사는 자신의 편견이 무엇인지를 깨닫기 힘들 수 있다. 따라서 사회복지사는 자신의 편견이 무엇인지를 의식하는 데 최선을 다해야만 하며, 자기 자신과 스스로의 가치관을 객관적이고 현실적으로 평가하도록 노력해야 한다(Brill, 1985). 이를 위해 자신의 가치관이 형성된 배경을 인식하고 그것이 어떤 행동과 결정에 기여하고 있는가를 검토하고, 그 가치관이 다른 사람에게 어떤 영향을 주는지를 고려해야 할 것이다.

제2단계: 사회복지사의 가치관(편견)을 인식한다.

사회복지사가 클라이언트를 위하여 자신의 가치를 밝혀야만 하고, 클라이언트가 사회복지사와 평등한 입장에서 자신의 가치를 밝힐 수 있어야 한다. 이러한 접근은 마약과 같은 약물중독, 혼외정사의 문제, 절도, 동성애 등의 문제를 지닌 클라이언트의 문제를 다루는 데 유용할 수 있다. 그러나 이러한 접근에는 위험이 도사리고 있다. 사회복지사의 가치는 클라이언트에게 중요한 관심사가 아닐 수 있다. 사회복지사의 가치를 클라이언트에게 이야기하는 것은 클라이언트에게 영향을 줄 수 있다. 예를 들어 '낙태'에 반대하는 가치를 지닌 사회복지사는 자신이 의식하지 못하는 가운데 클라이언트에게 낙태에 대해 죄의식을 가지게 할 수 있다.

제3단계: 클라이언트의 가치관을 공감하고 존중한다.

사회복지사는 클라이언트의 가치관을 이해하고 존중해야 한다. 사회복지실천의 핵심 가치 가운데 '수용의 원칙'있다. 수용이라 함은 클라이언트의 가치관을 이해하는 것뿐만 아니라 존중하고 완전히 받아들임을 의미한다. 사회복지실천 원칙 중에 '공감의 원칙'이 있다. 이는 클라이언트가 느끼는 정서와 감정을 느낀다는 것을 뜻한다. 타인을 공감하고 존중하는 것은 사회를 묶어 줄 뿐만 아니라 우리의 도덕적 삶을 가능하게 한다. 실제로 다른 사람의 고통을 공감할 능력이 없는 것은 반사회적 성격이상자에게 나타나는 특징적인 병리현상이다. 공감은 우리에게 다른 사람에 대한 진정한 존중을 느끼게 해 주기에 궁극적으로 도덕은 이성에 의해 인도되는 공감적 느낌에 근거를 두는 셈이다.

제4단계: 도덕적 지침을 검토한다.

보다 발전된 사회복지사의 도덕적 지침은 클라이언트가 타인의 요구를 침해하지 않는 한 자신의 요구를 충족시키고 그들이 원하는 것을 하도록 허용하는 것이다. 이러한 방법이 낙태, 동성연애자, 혼전관계를 갖는 사람 등의 문제를 해결하는 데 있어서 매우 유용하다는 것으로 발견되었다. 또한 아동학대, 혼외관계, 근친강간 등의 문제를 해결하는 데도 유용한데, 그것은 자신의 행동이 타인에게 미치는 영향을 다루기 때문이다. 모든 사람에게 유용하게 적용되는 단일한 도덕적 지침은 존재하지 않는다. 그것은 사람마다 생활방식과 목표, 개인적인 가치들이 다르기 때문이다(Glasser, 1965).

(2) 로웬버그와 돌고프의 사회복지실천에서의 윤리적인 의사결정

로웬버그와 돌고프(Lowenberg & Dologoff, 1996)는 사회복지사들이 최선의 윤리적 결정을 하기 위해서 적용 가능한 일반결정모델(General Decision-Making Model)을 제시하였다. 이 모델은 사회복지사들이 현재 직면해 있는 다양한 상황에 개입할 때 무엇이 필요한지를 합리적으로 계획할 수 있으며, 또한 의도된 행동의 비합리성과 충동성, 무계획적 결과를 최소화하고자 한다는 가정에 기초하고 있다.

단계 1: 문제가 무엇이며, 또한 문제를 지속시키는 요인들이 무엇인지를 확인한다.

단계 2: 클라이언트, 희생자, 지지체계, 전문가 및 그 밖의 사람들을 포함해서 당면 문제에 관련되어 있는 사람들과 제도들은 확인한다.

단계 3: 확인된 여러 관계자들이 당면 문제와 관련해서 갖고 있는 가치인 사회의 가치, 전문적 가치, 그리고 클라이언트와 사회복지사의 개인적 가치를 확인한다.

단계 4: 당면 문제를 해결하거나 혹은 적어도 감소시킬 수 있는 목적과 목표들을 확인한다.

단계 5: 대안적인 개입전략과 개입표적을 확인한다.

단계 6: 확인된 목표들에 비추어 각 대안들의 효과성과 효율성을 사정한다.

단계 7: 의사결정에 관여해야 할 사람들 결정한다.

단계 8: 가장 적절한 전략을 선택한다.

단계 9: 선택된 전략을 실행한다.

단계 10: 실행을 검토하고 예기치 않은 결과들에 특별한 주의를 기울인다.

단계 11: 결과들을 평가하고 부가적인 문제들을 확인한다.

(3) 콩그레스의 윤리결정모델(ETHIC모델)

콩그레스(Congress, 1999)는 사회복지사들이 가능한 효과적이면서 빠르게 윤리적 결정을 할 수 있도록 윤리결정모델(ETHIC Decision-Making Model)을 개발했다. 이 모델은 가치, 윤리강령, 관련 법 및 실천적 맥락을 고려해 상이한 결정들의 잠재적 결과들에 대한 가설을 설정하고 분석함으로써 특정 경우에 선호되는 대안을 결정한다.

1단계(Examine): 관련되는 개인적 가치, 사회적 가치, 기관의 가치 및 전문적 가치를 살펴본다.

2단계(Think): 상황에 적용되는 윤리강령의 윤리기준, 관련 법과 판례들을 고려한다.

3단계(Hypothesize): 상이한 결정들의 잠재적 결과들에 대한 가설을 설정한다.

4단계(Identify): 가장 취약한 대상에 대한 사회복지의 헌신에 비추어 이익을 얻을 사람과 해가 될 사람을 확인하다.

5단계(Consult): 윤리적 선택에 대해 슈퍼바이저와 동료들의 자문을 받는다.

(4) 상담과정의 윤리적인 의사결정(A–B–C–D–E 전략)

상담자가 윤리적 딜레마에 부딪쳤을 때 그것을 순차적으로 고려해 보는 A–B–C–D–E 전략을 제시하였다(Hill & O'Brien, 2001: 104-107).

① 평가(Assessment)

② 도움 되기(Benefit)

③ 결과와 자문(Consequences and Consultation)

④ 의무(Duty)

⑤ 교육(Education)

(5) 윤리적 원칙의 서열화와 윤리적 사정 심사표(Ethical Assessment Screen)

윤리적 원칙의 서열화는 사회복지사들 사이에서 이루어져 있는 합의에 기초하고 있다. 한 가지 이상의 원칙이 관련되어 있고, 또한 각 원칙들이 상이한 결과를 가져올 상황에서 원칙들의 서열을 적용해 선택 가능한 윤리적 대안을 분석한다. 즉, 윤리적 원칙 1에 기초한 사정은 윤리적 원칙 2나 3에 기초한 사정보다 우선되며, 윤리적 원칙 6과 7이 모두 적용되는 경우에는 윤리적 원칙 6이 우선권을 가진다.

윤리적인 사정 심사표는 사회복지실천에서의 의사결정의 윤리적 측면을 더욱 명료화하고 통합하기 위한 것이다.

원칙 1. 생명보호의 원칙
원칙 2. 평등과 불평등 원칙
원칙 3. 자율성과 자유의 원칙
원칙 4. 최소한 손실의 원칙
원칙 5. 삶의 질의 원칙
원칙 6. 사생활 보호와 비밀보장의 원칙
원칙 7. 진실성과 정보개방의 원칙

(6) 리머의 윤리적인 의사결정의 과정

리머(Reamer, 2005)는 윤리적 딜레마를 해결하기 위한 정확한 공식은 존재하지 않지만 일반적으로 윤리학자들은 윤리적 결정을 내릴 때 윤리적 딜레마의 모든 측면을 빠짐없이 다루기 위하여 일련의 단계를 밟아서 체계적으로 접근하는 것이 중요하다고 주장한다.

윤리적 딜레마 해결을 위한 의사결정과정은 다음과 같다.

1단계: 갈등을 일으키는 사회복지실천 가치와 의무를 포함하여 윤리적 문제를 규명한다.

2단계: 윤리적 결정에 의하여 영향을 받을 가능성이 있는 개인이나 집단, 조직을 규명한다.

3단계: 실행 가능한 모든 행동 방침과 각각의 경우에 포함되는 참여자들, 그리고 각 경우의 잠재적 이익과 위험을 잠정적으로 규명한다.

4단계: 관련 상황을 고려하여 각각의 행동방침을 찬성, 또는 반대하는 이유와 근거를 철저하게 검토한다(윤리, 이론, 원칙 지침들(예를 들어, 의무론이나 목적론–공리주의 관점 그리고 이에 근거한 윤리적 지침들), 윤리강령과 법적 원칙들, 사회복지실천 이론과 원칙들, 개인적 가치들(종교적, 문화적, 인종적 가치와 정치적 이념 포함), 특히 자신의 가치와 갈등을 일으키는 가치 등).

5단계: 동료나 적당한 전문가와 상담한다(기관의 직원, 슈퍼바이저, 기관의 행정가, 변호사, 윤리학자 등).

6단계: 결정을 내리고 의사결정과정의 증거 서류를 첨부한다.

7단계: 결정을 감시·평가하고 결정에 관한 서류를 첨부한다.

(7) 윤리적 함정을 고려한 윤리적 의사결정

윤리적인 문제 확인 단계에서부터 현재 나타난 윤리문제뿐만 아니라 잠재적인 윤리문제를 확인하고 무엇이 문제인지를 결정해야 한다. 확실한 윤리문제를 확인하지 못한 상황에서 윤리적인 의사결정을 위한 첫 번째 단계를 시작할 수 없다(오혜경, 2005).

제1단계: 윤리적인 원칙과 기준을 확인한다.

① 윤리적인 원칙을 확인하고 원칙에서 제시하고 있는 내용이 무엇인지 알아본다. 만약 윤리강령에서 특정한 상황을 고려하고 있다면, 그 내용이 무엇인지,

혹은 그 특정한 상황에서 법률적인 요구가 있는지를 확인한다. 이때 사회복지사는 순간적으로 생각나는 사람 가운데 도움을 얻을 수 있다고 생각이 드는 주변의 전문가를 즉각적으로 찾아가 자문을 구하는 일은 반드시 피해야 한다. 그 이유는 간단하게 생각되는 윤리적 사안에서도 복잡한 윤리적인 딜레마가 존재하고 있으며, 이를 이해하고 해석하는 일에도 각기 다른 전문 분야에 따라서 너무도 많은 이해관계가 존재하고 있기 때문이다.

② 만약 윤리적인 원칙의 실험이 윤리적 규정 위반인지 아닌지에 대해 아직 명확한 결과를 알 수 없다면, 사회복지사 자신의 동료나 슈퍼바이저의 자문을 구하거나 혹은 자신이 속한 전문가 단체의 윤리위원회를 통해 확인하는 방법이 있다. 그리고 사회복지사 자신이 이 문제에 대해 그 내용을 정확히 이해하지 못하고 그 문제를 설명하기 어려운 이유가 무엇인가를 생각한다.

③ 만약 사회복지사가 '사회복지사 윤리강령'에서 규정한 내용과 어떠한 법률적인 규정이 나타날지 등이 명확하게 확인되는 경우, 사회복지사는 그 행동이나 활동을 수행하는 것이 바람직하지만 주저하게 되고 피하게 되는 경우, 이러한 일들에 관해서 왜 그런지 그 원인을 확인하고 이해하는 일은 매우 중요하다. 만약 사회복지사는 자신의 개인적인 문제나 혹은 심리적인 문제 혹은 임상적인 전문 영역과 관련하여 해결하지 못한 문제를 가지고 있다면, 자신에 관한 좀 더 많은 정보를 스스로에게 요구하게 된다.

제2단계: 윤리적 함정에 대한 고려가 필요하다.

① 윤리적인 의사결정 시 윤리적인 함정에 빠질 수 있는가?

② 상황적 함정의 가능성은 없는가? 상황에 집착하면 상황적 함정에 빠지게 된다.

③ 윤리적인 함정이 존재하고 있는가? 윤리적인 원칙과 전문가 의무만을 생각한다면 원칙주의적 함정에 빠지게 된다.

④ 여러 가지 윤리적인 함정들 가운데 현재 직면하고 있는 윤리적 딜레마의 해결과정에서 해당되는 함정은 없는가?

제3단계: 사전 대응이 필요한가, 어떻게 사전 대응을 할 수 있는가?

다음은 사전 대응 시 반드시 고려해야 할 사항이다.

① 윤리강령에서 규정하고 있는 내용은 무엇인가?

② 법률, 규정, 제도, 규범, 지침, 매뉴얼 등에서 규정하고 있는 내용은 무엇인가?

③ 만약 사전 대응에 대한 요구가 있을 때 사전 대응 시 영향을 미치는 상황은 무엇인가?

④ 사전 대응을 어떻게 할 것인가?

제4단계: 나타날 결과를 예측한다.

위에서 제시한 사전 대응을 행하게 될 경우, 어떠한 결과가 발생할 것인가?

① 단기적으로 어떤 결과가 가능할까?

만약 전문가가 사전 대응을 한 경우 "누가 이득을 얻게 될 것인가?" 또는 "누가 피해를 입게 될 것인가?"를 확인하는데, 이때 한 가지 중요한 고려사항은 이득을 얻는 과정에서 갈등이 존재하게 되는데, 이때 나타날 가능성이 높은 갈등을 확인하는 것이다. 이득을 얻는 사람과 피해를 입는 사람들 사이에 어떠한 갈등이 존재하는가? 다른 전문가들이 당신의 대응에 강력하게 영향을 미치는 경우(아마도 윤리적으로 적절하지 못할 방법)에는 특히 전문가로부터 가능한 결과를 확인하기 위해 자문을 요청하여 의견을 듣는 일이 매우 중요하다.

② 장기적인 관점에서 어떤 결과를 기대할 수 있는가?

"장기적인 관점에서의 결과는 단기적인 결과와 다른 점이 있는가?" 만약 "'장기적인 관점에서의 윤리적인 행동이 일어나거나 혹은 격려될 수 있는 조건은 무엇인가'의 관점에서 사전 대응(단기적인 결과의 가벼움으로 변화가 일어날 수 있는 가능성이 있을 때)은 아직도 유지될 수 있는가?" 사회복지사 자신이 속한 기관이나 다른 동료들의 관점에서 자신의 사전 대응의 결과를 고려하는 일은 특히 중요하다.

제5단계: 윤리적인 해결방안을 준비한다.

① 현재의 상황이나 조건 혹은 처한 현실은 무엇인가? 이때 가능한 관련된 모든 상황들을 포함하여 고려한다.

② 어떤 윤리강령 혹은 어떤 법률이 적용 가능한가?

③ 해당 윤리강령이나 법률을 통해 전문가 혹은 사회복지사에게 행동하도록 제안하고 있는 것이 무엇인가?

④ 만약 사회복지사 자신의 동료나 슈퍼바이저에게 자문을 구하게 될 때나 혹은 자신이 속한 전문가 단체의 사회복지사 윤리위원회에 자문을 구할 때, 사회복지사에게 어떤 행동을 제안할 것인가? 제안 내용은 무엇인가?

⑤ 사회복지사 단체 등에서 구성원들에게 제안하고 있는 실천지침은 무엇인가?

⑥ 제안한 실천지침에 따라서 실천을 행할 때 나타날 수 있는 결과는 무엇인가?

⑦ 신중하지 못해서 나타날 결과에 대한 사회복지사의 대처는 무엇인가?

제6단계: 슈퍼바이저와 동료 등으로부터 피드백을 얻는다.

사회복지사는 자신의 슈퍼바이저와 동료로부터 자문을 구하고 필요한 경우에는 법률가에게 법률적인 자문을 구한다. 만약 이와 같은 피드백을 받을 만한 적절한 자원이 없는 경우나 혹은 모든 해결과정이 적절하지 않는 경우에는 윤리위원회나 자신의 속한 전문가 집단의 다른 검토위원회의 의견을 듣는다.

제7단계 : 윤리적인 실천을 위해 행동을 취한다.

① 사회복지사가 취합한 피드백을 조심스럽게 고려한다.

② 적절하게 생각되는 시점에서 해결을 제안하는 피드백을 사용한다.

③ 피드백에 대한 생각이 확실해질 때 적절한 행동을 취한다.

3. 사회복지실천의 딜레마 해결을 위한 윤리적인 의사결정모델의 적용

사 례 **부부상담, 자기결정권, 상담비의 물물교환, 사회복지사의 금품수수**

가족상담센터에서 근무하고 있는 사회복지사 김 선생은 사회복지 석사학력, 3년 경력의 가족상담 전문 사회복지사이다. 현재 담당하고 있는 클라이언트는 윤희 씨(27세)와 그녀의 남편 상수 씨(28세)이다. 이들 부부는 고등학교 재학 중 임신을 하게 되면서 어린 나이에 결혼을 하게 되었다. 이들은 두 딸(9세, 7세)과 함께 살고 있다. 이들의 부부 갈등은 경제적인 문제와 관련이 있다. 남편은 현재 조경회사에서 최저 임금을 받고 조경사 보조로 일하고 있다. 남편은 현재 하고 있는 조경을 전문적으로 배우기 위해서 조경전문학교에 입학을 원하고 있다. 이 학교의 학비와 기숙사비는 전액 국비로 지원되고 있어, 학업과 관련한 경제적 비용 문제는 크지 않으나, 학교를 다니기 위해 최소한 6~12개월간 휴직해야 하는 것이 당면한 문제이다.

이 부부는 가족상담 프로그램에 참여하여 어느 정도 자신들의 심리·정신적인 스트레스를 해소하고 부부 간의 문제를 이해하려고 노력하고 있는 상황이다. 그러나 이 부부가 상담비에 대한 경제적인 부담을 느껴 진행 중인 상담을 중단하고자 하는 의견을 보여 왔다. 동시에 가능하다면 조경회사에서 분양받은 나무를 상담비 대신 물품으로 지급하는 것이 가능한지에 대해서도 의논해 왔다.

- 사회복지사는 클라이언트인 남편의 제안을 받아들여야 하는가(남편의 제안은, 첫째, 상담비 대신 물품(나무)과 노동으로 지급하고자 하는 것, 둘째, 그동안 배려해 준 사회복지사에게 감사의 뜻으로 자신의 재능을 제공하겠다는 것이다)?

① 윤리적인 의사결정의 첫 단계에서는 사례와 관련된 사람들의 가치관을 확인하는 것이 필요하다.

첫째, 클라이언트의 가치와 관련하여, 사회복지사는 도움이 필요한 사람들이 처한 상황과 자신의 개인적인 가치가 어떻게 연결되어 있는지를 살펴봐야 한다. 김 선생은 어린 시절부터 어려움에 처해 있는 주변 사람들의 문제에 관심이 많았으며, 도움이 필요한 사람들과 함께 일하며 이들을 돕는 일에 앞장서 왔다. 사회복지사 김 선생은 자신의 클라이언트인 상수 씨 부부의 갈등을 해소하고 이들의 가정생활을 긍정적인 방향으로 유지하도록 돕는 일에 헌신하여 왔다는 것을 스스로 인정하고 있다.

자신의 경험 사실이 타인에게 전이되어 나타나게 되는 역전이(counter transference)는 사회복지사 자신의 경험들이 클라이언트에게 영향을 미치는 것이다. 김 선생의 경우, 자신이 겪은 아동기의 경험과 자신이 결혼을 한 후에 경험한 결혼의 어려움이 혹시라도 자신의 클라이언트인 상수 씨 부부 문제를 상담하는 데 영향을 미칠지도 모른다는 것에 대해 우려하고 있었다. 김 선생은 부모님의 별거와 이혼으로 겪은 아동기의 경험을 통해 가족해체의 어려움을 알고 있다. 또한 김 선생은 수년 동안의 경제적인 궁핍함으로 인한 결혼 초기의 어려움에 대해서도 기억하고 있다.

둘째, 사회복지사의 전문가 가치와 관련하여, 사회복지사는 훈련을 통해 전문가 가치를 인식하게 되었으며, 이와 같은 사례에 전문가 가치를 적용하는 일은 적절하다. 상수 씨 부부는 모두 종교적인 가정의 배경을 가지고 있고 이혼을 받아들일 수 없는 문제로 여기며 두 사람 모두 이혼을 원치 않고 있다. 특히 자녀가 아직 어린 상황에서는 더욱 더 이혼을 원치 않고 있다.

셋째, 사회복지사가 속해 있는 사회복지실천 기관의 가치와 관련하여, 이 상담기관에서는 상담치료의 새로운 형태인 단기치료모델을 받아들이고 있는 상태이다. 이 단기치료모델은 치료횟수가 6~8회 상담을 초과해서는 안 될 정도의 단기프로그램이다.

김 선생이 속한 가족상담기관의 가치는 단기치료를 바람직한 선택이라 생각하고 있다. 다만 모든 클라이언트에 대해 이 기관의 가치를 적용하는 것은 문제가 있음에 대해서 알고 있다. 한편 상수 씨 부부는 그동안 6회의 상담에 참석하였고, 이들의 상담비 지급능력은 6회 수준이 적당하고, 이후의 상담은 상담비의 경제적 부담을 느낄 수밖에 없는 상황이다.

넷째, 클라이언트의 가치와 관련하여, 본 사례의 클라이언트는 다중적이다. 부부 두 사람뿐만 아니라 이들의 자녀까지도 클라이언트에 해당된다. 사회복지사는 클라이언트인 상수 씨 부부는 서로 간에 가치갈등이 있음을 잘 알고 있다. 이 가치갈등이 현재의 부부 문제를 유발하는 원인이 되었고, 이후 이들 부부의 가치갈등은 부부의 문제를 차츰 더 복잡한 상황으로 몰고 가고 있다는 것도 알고 있다.

남편인 상수 씨의 가치에 의하면, 현재 상태에서 벗어나 나은 미래를 위해서는 단기간에 기술습득이 가능한 조경학교에 진학하여 교육을 받는 것이 필요하다고 믿고 있다. 그리고 정식 조경교육을 받고 난 후에는 현재 자신이 하고 있는 분야의 직업 능력을 향상시킬 수 있을 것으로 믿으며, 오직 교육만이 자신의 미래에 도움이 될 것이라고 믿고 있다. 반면, 아내인 윤희 씨의 가치관은 남편은 한 가정의 가장으로서 남편의 일차적인 책임은 가족을 부양하는 일이며, 가족을 위해 생활비를 벌어야 한다고 믿고 있다. 따라서 현재 남편이 중요하게 생각하고 있는 직업학교에 입학하기 위해 휴직하는 일은 가장의 일차적인 책임인 가족을 부양하는 일을 다한 후에 고려해야 할 문제라고 믿고 있다.

클라이언트는 아직까지 상담자의 전문적인 역할에 대한 인식이 명확하지 못한 상태였고, 사회복지사 김 선생은 이들 클라이언트와의 관계를 전문적인 관계로 만들어 이들과의 경계를 명료하게 하려고 노력하며, 클라이언트와의 이중관계에 빠지지 않기 위해 노력하고 있다. 이 부부는 자신의 집으로 김 선생을 초대하였고, 이 자리에서 남편은 김 선생에게 나무를 선물로 받아줄 것을 제안하고 김 선생 집 정원 가꾸는 일에 도움을 주겠다는 제안을 하였다.

사회복지사의 전문적인 가치와 관련하여, 김 선생은 전문적인 서비스 제공의 중요성을 인식하고 있었다. 또한 김 선생은 서비스나 도움이 필요한 사람, 특별한 욕구가 있는 사람들에게 도움을 제공하는 역할을 수행하는 데 전문가로서의 책임이 있다는 것에 대해서도 알고 있었다. 또한 김 선생은 자신의 전문적인 서비스를 제공하는 시간의 일부를 자원봉사로서 경제적인 급부를 기대하지 않고 제공해야 한다는 생각도 하고 있었다. 김 선생은 사회복지실천 가치인 클라이언트와의 인간관계를 중시하고, 클라이언트 개인이나 가족의 행복을 향상, 유지, 재건, 그리고 지속적으로 증진시키기 위해 노력하여야 할 책임에 대해 정확히 이해하고 이를 위해 사회복지실천에서 지속적으로 노력하고 있다.

그뿐만 아니라 김 선생은 전문가로서의 지식과 경쟁력, 그리고 실천 능력을 갖추는 것이 사회복지실천의 중요한 가치로 인식하고 있다. 김 선생은 자신의 클라이언트인 상수 씨 부부와 함께하는 실천과정에서 자신의 전문적인 실천 능력을 향상시키기 위해, 전문대학원을 졸업한 이후에 가족과 부부치료 과목을 수강하는 등 전문가족상담가로서 필요한 교육과 훈련 프로그램에 지속적으로 참여하고 있다. 이 밖에도 김 선생은 가족과 부부 문제의 전문가인 자신의 슈퍼바이저로부터 정기적인 자문을 받아 오고 있다.

② 의사결정의 두 번째 과정은 관련 윤리강령, 법률 및 제도, 관습, 판례 등을 확인하고 적용 가능한 윤리강령의 내용은 무엇인지 확인하는 일이 필요하다.

김 선생은 윤리적인 딜레마를 해결하는 데 도움이 되는 사회복지사의 윤리강령을 살펴보았다. 김 선생은 클라이언트의 책임에 대해 특별한 관심을 가지고 있었다. 김 선생은 사회복지사 윤리강령에서 강조하는 규정(사회복지사는 클라이언트의 자기결정권을 존중하고 증진시켜야 하며, 그 목적을 확인하고 구체화하기 위한 클라이언트의 노력을 지원해 주어야 한다)을 잘 알고 있다. 김 선생은 클라이언트와 함께 일을 할 때에는 자신의 '개인적인 가치'를 잠시 접어두고, 클라이언트를 위해 계획한 목표를 확인하고 구체화시키면서 클라이언트를 돕는 전문가로서의 책임을 점검하는 일이 필요하다고 믿고 있다. 또한 김 선생은 클라이언트의 가치를 이해하기 위해서는 클라이언트의 가족의 가치를 정확히 이해해야 한다는 것에 대해서도 잘 알고 있다. '클라이언트의 자기결정권'이 클라이언트 자신이나 다른 사람들에게 결정적으로 위험이 될 가능성이 있는 경우 혹은 클라이언트 자기결정의 결과가 중대하고 즉각적으로 위험이 될 가능성을 예견할 수 있는 경우에는 '클라이언트의 자기결정권'이 제한될 수 있다는 것에 대해서도 잘 이해하고 있다.

김 선생은 자신의 관심과 클라이언트의 관심(부부 각자의 관심), 그리고 사회복지기관의 관심 등 관련된 사람 등 각각의 관심들 사이에서 갈등을 경험하게 되었다. 사회복지사는 전문적인 선택이나 균형을 잃지 않고 관심을 가질 수 있도록 하는 훈련을 통해 상호대립되는 관심들 간의 갈등과 마주했을 때 이를 경계할 수 있어야 하며, 가능한 이러한 갈등을 조정해 나갈 수 있어야 한다.

김 선생은 자신이 생각하고 있는 교육에 대한 인식과 클라이언트 윤희 씨(아내)가 인식하고 있는 교육에 대한 생각이 본질적으로 견해 차를 보이고 있기 때문에 이 문제에 대해 매우 민감하게 대처해야 한다. 김 선생의 신념에 의하면 교육은 가장 중요한 것이라고 믿고 있으며, 어린 자녀를 돌보는 여성도 가정 살림 이외의 취업 활동을 하는 것이 바람직한 일이라고 믿고 있다. 김 선생은 남편인 상수 씨가 교육을 목적으로 한 학교 진학에 관해 이들 부부와 함께 이야기할 때에 남편의 편에 서서 남편의 의견에 동조하는 일은 반드시 피해야 하는 것임을 알고 있을 뿐만 아니라 이 경우 자신이 어느 편에도 치우침 없이 매우 조심스럽게 행동해야만 한다는 것을 알고 있다.

김 선생은 클라이언트와의 '이중관계'에 대한 책임에 관해 매우 중요시하고 있다. 김 선생은 '사회복지사 윤리강령'에서 사회복지사는 이중관계를 반드시 피해야 한다고 명시되어 있는 사실을 알고 있다. 사회복지사와 클라이언트 사이에 또 다른 관계가 성립되는 이중관계는 종종 사회복지사가 자신의 개인적 목적을 위해 클라이언트를 이기적으로 이용하거나 혹은 착취할 위험성이 있기 때문에 사회복지사와 클라이언트 간의 이중관계는 반드시 금해야 한다.

김 선생은 클라이언트와 사회적으로 이중관계를 맺게 되는 경우에 클라이언트를 자신의 개인적인 목적으로 이용할 가능성 등 이중관계의 위험에 대해 잘 알고 있으며, 자신도 클라이언트와 이중관계에 빠지면 아마도 클라이언트를 이용할지도 모른다는 위험한 상황을 인식하고 있다.

③ 선택 가능한 가설을 제시하고, 적용 시 나타날 결과를 고려한다.

다음은 사회복지사가 취할 수 있는 행동들, 즉 세 가지 방향으로 행동을 취할 때 나타날 수 있는 시나리오이다.

첫째, 상담치료비를 대신하여 조경 서비스를 제공하고자 하는 제안을 거절할 방법을 생각해 본다. 만약 사회복지사가 클라이언트가 제안한 물물교환을 거절한다면, 그들은 치료를 포기할지도 모른다. 클라이언트의 부부갈등은 증폭되고, 아마도 이 부부의 결혼생활은 파경을 맞게 될지도 모른다. 그러나 다른 한편으로는 이들 부부가 지금까지 사회복지실천을 통해 받아 온 도움은 이들 부부가 자신들의 문제를 스스로 해결할 수 있을 정도로 충분했기 때문에 어려움을 스스로 극복해 나갈 수도 있다.

둘째, 상담치료비 대신 조경 서비스에 대한 제안을 받아들일 방법을 생각해 본다. 만약 김 선생의 상담치료에 대한 보상으로 클라이언트 상수 씨가 김 선생 집 정원 일을 대신해 주겠다는 제안을 받아들였을 때, 윤희 씨가 이러한 행위를 전적으로 인정하지 않을 수도 있다. 결혼생활 갈등의 원인인 남편의 임금은 낮아질 것이며, 만약 남편이 김 선생의 정원 일을 해 줄 경우 남편의 수입이 더욱 낮아질 수도 있다. 남편의 수입을 높일 수 있는 가능성은 더욱 제한되는 것이다.

또한 김 선생이 우려하는 일은 상수 씨와 새롭게 맺게 되는 또 다른 이중관계(고용인과 고용자의 관계)이다. 이는 김 선생이 사회복지사로서 실천하는 데 있어 객관성을 유지하는 데 위협이 될 수도 있기 때문이다. 클라이언트인 상수 씨가 사회복지사의 집에서 정원 일을 하는 동안, 상수 씨는 전날에 일어났던 아내와의 갈등에 관해 이야기하게 될 것이다. 이처럼 사회복지사가 클라이언트 가운데 상수 씨 한 사람과 좀 더 많은 접촉을 하게 된다면, 김 선생은 클라이언트와의 적절한 경계와 제한을 유지할 수 없을 것이다.

이 밖에도 사회복지사가 우려하는 사안은 만약 상수 씨의 조경 작업이 제대로 이루어지지 않을 경우이다. 자신의 정원에 심은 나무들 가운데 몇 그루가 제대로

자라지 않는 경우, 이에 대해 마음 놓고 불평할 수 있을 것인가? 혹은 상담이 종결된 이후에도 클라이언트인 상수 씨가 사회복지사의 정원 가꾸는 일을 다시 할 수 있을 것인가?

김 선생은 앞에서 가정한 두 가지 방법 모두 바람직하지 않음을 알고 있다. 김 선생은 사회복지사 윤리강령에서 클라이언트로부터 금품수수나 서비스의 대가로 물물교환을 금지하고 있음을 잘 알고 있다. 그러나 김 선생은 자신의 클라이언트의 문제해결이 이루어지지 않은 상태에서 이들 부부의 상담치료를 중단하는 것은 더욱더 원하지 않는 상황이다.

셋째, 물물교환 대신에 다른 방법을 통해 상담을 지속할 수 있는 방법을 생각해 본다. 즉, 클라이언트의 상담치료비를 할인해 주는 방법이나 상담의 횟수를 줄이는 방법이다.

김 선생은 클라이언트 부부가 상담에 참여하면서 이들 부부의 관계가 조금씩 호전되어 가고 있음을 알 수 있으며, 머지않아 부부관계가 향상되는 등의 좋은 결과를 얻고 상담이 종결될 수 있을 것으로 생각한다. 김 선생은 격주마다 상담을 실시하는 것에 대한 가능성을 설명한다. 클라이언트가 격주마다 상담을 받는 경우, 이들 부부는 치료를 지속적으로 받을 수 있으며, 매주 상담을 받는 것보다 치료비는 적게 낼 수 있기 때문이다. 이와 같은 계약은 쉽게 치료를 포기하려는 사람들에게 치료를 포기하지 않도록 하는 좋은 방법이 될 수 있다.

④ 다음 단계에서는 김 선생은 위에서 소개한 세 가지 각기 다른 시나리오를 사용했을 때 누가 피해를 입고, 누가 도움을 얻게 되는지를 살펴본다. 더불어 장기적 관점에서 혹은 단기적 관점에서 누가 해를 입고 누가 이익이 되는지를 생각해 본다.

사회복지사는 만약 물물교환 협정을 맺고 이에 따라서 행동을 취했다면, 그 행동은 비윤리적인 행동으로 연결되었을 것이다. 또한 만약 클라이언트의 치료가 충분히 이루어지지 않은 상태에서 치료가 종결되었다면 전문가로서의 책임을 다하지 못한 것에 대해 양심의 가책을 느꼈을 것이다. 이 경우에는 클라이언트가 가장 상처받기 쉬운 사람이므로 사회복지사와 물물교환의 관계에서 피해를 입게 될 수 있다.

⑤ 다음 과정에서는 사회복지사가 전문가로부터 슈퍼비전이나 자문을 받는다.

본 사례에서 사회복지사는 자신의 슈퍼바이저에게 자문을 얻기로 결정하고, 매주 열리는 사례발표에 참석하였다. 슈퍼바이저는 상수 씨 부부의 치료를 지속하려는 노력에 대해 매우 지지적인 입장이다. 김 선생은 자신이 속한 상담기관이 상수 씨 부부의 치료비를 삭감해 주는 것에 대해 유연한 태도를 보이고 있으며 상담 횟수도 2주일에 한 번씩 실시하는 것에 대해서도 매우 허용적이라는 사실을 알게 되었다. 슈퍼바이저도 역시 상담비를 현금 이외에 물품을 받는 일, 즉 물물교환은 사회복지사 윤리강령에 위반하는 행위임을 알고 있다. 사회복지사가 사회복지사 윤리강령을 위반하고 잘못된 실천을 하게 되는 경우, 사회복지실천 기관도 불법적인 실천에 대한 책임을 피할 수 없게 될 것이다.

김 선생은 자신이 겪고 있는 윤리적인 딜레마 사례를 기관 내 사례관리회의를 통해 동료들로부터 자문과 피드백을 받았다. 동료인 다른 사회복지사들은 김 선생이 클라이언트에게 감정이입하며 적극적으로 도우려는 것을 이해하고 있었다. 동료들은 서비스의 대가로 받는 물물교환 협정은 사회복지실천에서 비윤리적인 행위이기 때문에 반드시 피해야 할 것이라는 점, 그리고 물물교환의 협정을 맺게 되면 이로 인해 클라이언트와는 새로운 관계, 즉 이중관계(상업적인 관계)를 맺게 되기 때문에 이 또한 윤리강령에서 금하고 있는 사항이므로 이와 같은 일들이 반드시 일어나지 않도록 구체적인 조언과 명확한 자문을 제공하였다.

이상의 내용을 정리하여 사회복지사 김 선생은 자신의 클라이언트와 물물교환 관계를 맺지 않는 것으로 결정하였다. 김 선생은 상수 씨 부부가 상담치료의 과정을 거치면서 부부 상호관계가 향상되는 것을 느낄 수 있었기 때문에 이들 부부가 스스로 독립되었다고 느껴질 때까지 2주에 한 번씩 상담을 진행하는 것을 제안하였고, 이 제안을 클라이언트가 선택·결정하도록 하였다. 상수 씨의 부부는 관계를 유지하는 것에 자신감이 생겼고, 사회복지사는 이들 부부 스스로 자신들의 부부갈등을 해결할 수 있을 것이라는 확신이 들었다.

사회복지사는 자신이 윤리적인 결정을 내려야 하는 상황에서 나타나는 갈등의 문제를 해결할 수 있는 것은 이전에 자신이 겪었던 경험들의 도움임을 인식하게 되었다. 이 밖에도 김 선생은 상담활동을 통해 클라이언트의 강점을 확인하는 계기가 되었고, 그들의 역량 강화를 위해 자신이 여러모로 기여한 것을 알게 되었다.

2 P/A/R/T

사회복지현장에서의 윤리적 실천

CHAPTER 5

정신보건현장에서의 윤리적 실천

정신보건서비스 분야에서는 사회복지실천과 관련한 윤리적인 쟁점이나 윤리적인 딜레마의 중요성에 대해 오랫동안 논의해 왔다. 현재 클라이언트에 대한 정신건강서비스는 지역사회보호·관리(community care management)를 통한 서비스로 확대되고 있다. 이와 함께 정보화사회가 급격하게 이루어지면서 정신장애를 가지고 있는 클라이언트의 개인정보를 보관하는 방식에 있어서도 변화의 필요성이 강조된 동시에 클라이언트의 보호 환경에 여러 문제가 나타나고 있다.

이와 같은 상황에서 사회복지사는 특히 정신보건 분야에서 클라이언트의 비밀유지를 위한 방안, 그리고 실천현장에서 클라이언트의 의사와 결정 존중을 위한 방안들에 관한 쟁점들이 중요하게 떠오르면서 정신보건 분야의 실천가들에게는 윤리적인 도전이 되고 있다.

사 례 **정신건강센터 윤리적 쟁점 사례**

정신건강센터에서 근무하고 있는 황 선생은 자격을 갖춘 사회복지사이다. 황 선생은 현재 클라이언트 하늘 씨를 담당하고 있다. 하늘 씨는 결혼생활의 불화를 경험한 이후 심각한 우울증을 앓고 있는 30세 여성으로, 지금까지 총 3회에 걸쳐 상담치료를 받고 있다. 하늘 씨는 황 선생이 담당하는 사례관리 프로그램에 참여하고 있다. 하늘 씨는 치료비가 부담이 된다고 하였고 사회복지사는 서비스 중단을 고려하게 되었다.

사회복지사가 속해 있는 센터의 관리와 운영이 현대화되어 가면서, 클라이언트에 대한 치료 방법도 현대적인 모습으로 변화되고 있다. 클라이언트가 처음 정신건강센터를 찾았을 때 클라이언트의 증상은 정신건강센터에서 자체 제작되어 활용되고 있는 '정신건강 진단프로그램'에 의해 진단되었다. 진단방법은 클라이언트가 기관에서 자체 개발한 질문에 자신의 증상과 관련한 사항을 컴퓨터에 입력하면 자체 개발한 진단 프로그램에 의해 진단이 내려지는 방법이다. 이러한 진단은 클라이언트의 증상을 진단하는 과정에서 중대한 오류를 발견할 수 있는 단점이 있으나, 클라이언트의 인지행동에 대한 진단과 이를 기초하여 구성된 치료 계획을 세울 수 있어 시간을 절약하거나 클라이언트가 자신의 증상을 쉽게 인지할 수 있도록 돕는 장점도 있다.

이 프로그램에 의하면 모든 클라이언트에 관한 모든 정보들이 컴퓨터에 의해 기록되고 있다. 그뿐만 아니라 정신건강센터에 속한 모든 사회복지사는 자신의 컴퓨터로 이 메일 문서를 직접 받고 때론 팩스로 서류를 보낼 수도 있다. 그 문서의 내용이 대부분 클라이언트의 정신건강치료에 관한 정보에 해당된다. 이 밖에도 정신건강센터는 첨단의 음성메일 시스템을 운영하고 있다. 만약 클라이언트가 사람과 직접 통화하기를 원한다면, 음성메일에서 지시하는 지시사항에 따라 메시지를 남겨야 하고 치료자는 이를 확인한 후 전화로 클라이언트 질문에 응답해 주는 방식을 활용하고 있다.

– 본 사례의 윤리적 쟁점은 무엇인가?

위에서 소개한 사례를 통해 정신보건 분야에서 사회복지사가 직면한 윤리적인 문제를 알 수 있다. 사회복지사 황 선생은 클라이언트가 치료를 계속 받아야 할 필요성을 알고 있었다. 그러나 사회복지사는 정신건강센터에서 어느새 클라이언트의 치료비 문제를 확인시켜야 할 것을 알고, 윤리적인 책임에 대해 인식하게 되었다. 또한 상담기관의 입장에서는 만약 클라이언트의 치료비를 받지 못하면, 자신과 같은 사회복지사가 더 이상 그 기관에서 계속 일을 할 수 없는 상황이 발생하게 되거나 혹은 치료비를 납부하지 못하는 클라이언트의 치료 서비스를 중단하는 일이 발생하게 될 것이라는 사실을 잘 알고 있다. 사회복지사에게는 클라이언트에게 필요한 서비스를 제공하기 위해서 우선 고려해야 할 윤리적인 책임이 있다. 그러나 사례관리 및 보호·관리 프로그램 대상자의 경우에는 상담 횟수가 제한되어 있는 경우가 많은데, 이를 어떻게 해야 할 것인가?

대부분의 사례관리가 민간에서 이루어지고 있으나 종종 공공기관에서 사례관리를 실시하는 예가 있다. 이때 사회복지사는 클라이언트에게 제공되는 사례(보호)관리서비스의 효과에 관해 관심이 높아지고 있는 추세이다. 최근에는 개인정보를 보호하기 위한 법률이 제정되어 개인정보 수집이 불법임에도 불구하고 인터넷상에서 특정 개인의 인적 사항을 검색하는 일이 가능하다는 것을 알 수 있다. 특별히 중증장애인으로서 심리·정서·신체적 장애가 있는 사람들을 검색하고 이들이 어떤 서비스를 제공받고 있는지를 확인하고자 하는 마음을 먹었다면 이들의 정보를 검색하고 원하는 자료를 수집하는 일은 어려운 일이 아니다. 특히 앞으로 지역사회 내에서의 사례관리가 활성화되면서 클라이언트의 개인정보가 모두 전산관리 되는 사례는 더욱 늘어날 것이며, 이들의 개인정보를 검색하고 확인하는 과정에서 클라이언트의 비밀이 공개될 가능성이 매우 커지고 있는 상황이다. 따라서 최근 사회복지실천에서 클라이언트의 행복과 관련하여 개인의 사생활이 노출되는 것을 어떻게 막을 수 있을 것인지 도전을 받고 있다.

이와 같은 문제를 보완하기 위해 개선된 사례관리의 경우, 사회복지사의 역할은 옹호자로서의 역할이 차츰 더 중요해지고 있다. 사회복지사 윤리강령에서는 "미시적인 수준에서 사회복지사는 모든 사람에 대해 선택과 기회를 확대하기 위해 행동해야 하며, 또한 거시적인 수준에서는 사회복지사는 클라이언트가 자원과 고용 그리고 서비스, 즉 사람들이 그들의 기본 인간의 욕구를 채우고, 이를 최대한 개발하기 위한 모든 것들에 동일하게 접근할 수 있도록 사회적인 행동과 정치적인 행동에 관여해야 한다."고 규정하고 있다.

사회복지사는 옹호자로서 자신의 클라이언트의 상담 횟수를 몇 번 늘려 줄 것인가에 대해 그리고 이에 대한 책임을 다 하기 위해 사례관리기관과 협상할 수 있다. 황 선생은 사례관리 체계 안에서 클라이언트를 방어하기 위해 노력하는 일에 점차 참여하게 되었다. 사회복지사는 사례관리의 향상된 결과에 대항하여 소비자 보호에 대한 법률이 제시하고 있는 내용으로 옹호하고 있다. 따라서 사회복지사협회에서는 사례관리 프로그램 하에서의 클라이언트 서비스를 옹호하는 데 있어 발생하기 쉬운 대표적인 문제들에 관한 교육을 실시해야 한다.

본 사례에서 소개한 정신건강센터와 같은 상담기관의 문서보관 기술이 점진적으로 개선된 결과, 사회복지사는 자신의 컴퓨터를 이용해 클라이언트에 관한 기록을 쉽게 저장하고 있다. 그러나 센터에 속한 모든 전문직 직원뿐만 아니라 일반 행정직 사무원들까지도 모두 정신건강센터의 중앙 컴퓨터를 사용하고 있으며, 이들이 마음만 먹으면 얼마든지 센터에 등록되어 있는 클라이언트의 파일을 검토할 수 있는 상황이다. 팩스도 일반 사무원들이 사용하고 있는 사무실에 설치되어 있다. 따라서 많은 사람들이 수신되는 팩스의 내용을 볼 수 있는 상황이다.

향상된 과학 기술이 클라이언트의 비밀보장의 원칙을 해치는 경우가 있다. 사회복지사 윤리강령에서도 사회복지사는 다른 부서로 컴퓨터, 전자메일, 팩스, 전화, 그리고 자동응답기 이외 다른 종류의 전산, 컴퓨터 기술, 특히 SNS상에서의 사생활 노출 등에 의해 전달되는 정보의 노출을 방지하고, 클라이언트 개인의 비밀보장을 유지하기 위해 경계해야 할 것을 강조하고 있다. 사회복지사는 개인의 비밀을 철저하게 보장하는 일이 점점 더 어려워지고 있는 상황에서도 클라이언트의 비밀을 보장하고 유지하기 위해 노력하여야 할 것이다. 이와 더불어 사회복지사는 클라이언트의 정보를 보호하고 안전하게 관리하기 위해서는 기관에서 관리하고 있는 모든 클라이언트 자료에 대한 이해와 민감성을 향상시키기 위한 노력이 필요하다.

1. 정신건강서비스의 진단과 윤리문제

정보화 기술의 향상, 클라이언트에 대한 사례관리서비스의 확대 등으로 인해 나타나게 되는 문제들로 인해서 많은 사회복지사들이 윤리적인 딜레마에 빠지곤 한다. 대부분의 클라이언트들은 정신건강서비스를 받고 있으며 동시에 또 다른 종류의 사회복지서비스를 받고 있다. 현재 진행되고 있는 정신건강보호 서비스에서 제기되는 문제들 외에도 앞으로도 정신건강보호 서비스와 관련한 윤리적인 갈등이 지속적으로 나타날 수 있다.

예를 들어, 정신장애진단 및 통계편람-5(DSM-V: Diagnostic and Statistical manual of Mental disorders)를 이용해 진단을 내리는 문제, 클라이언트의 자발적인 동의 없이 병원에 입원시키는 일, 환자의 치료를 받을 권리, 환자의 치료를 받지 않을 권리, 클라이언트와 치료자 사이에 동의한 내용을 클라이언트에게 고지해야 하는 의무, 클라이언트와 치료자 사이에 이루어진 대화 내용에 대해서 비밀로 보장되는 대화의 특권, 그리고 앞으로 환자의 치료와 관련하여 발생될 일들에 대해 사전에 알리고 경고하는 일에 대한 의무 등을 들 수 있다. 이러한 문제들은 사회복지사의 두 가지 윤리적인 책임, 클라이언트 자기결정권의 향상과 클라이언트의 비밀보장의 유지에 초점이 맞춰지고 있다.

클라이언트의 자기결정권이 사회복지실천에 있어 중요한 목표로 인식되고 있는 동안, 어떻게 그 목표를 달성할 수 있을지에 대한 중요한 질문이 끊임없이 이어져 왔다. 정신건강 분야의 클라이언트의 경우, 인지기능이나 정서기능에 어느 정도의 손상을 받게 될 것이고, 이 손상으로 인해 클라이언트가 정신건강 분야의 치료를 받게 될 것이다. 치료자는 반드시 이 정신건강 분야의 전문가인 동시에 클라이언트에 대한 전문가이어야 한다. 그뿐만 아니라 클라이언트는 자기감정을 가장 잘 소개할 수 있는 자기인식을 할 수 있어야 한다. 클라이언트는 자신에게 무슨 일이 일어나고 있는지, 자신의 개인적인 관심사는 무엇인지, 자신의 관심에 대한 가치와 목표는 무엇인지 등에 대해 클라이언트 스스로 정확히 이해할 수 있어야 한다. 반면, 상담 전문가는 클라이언트의 행동을 예상하는 일, 클라이언트의 행동과 변화를 관찰하는 일, 클라이언트의 현재의 생각과 행동들이 앞으로 어떠한 역기능적인 형태로 변화할 것인지, 그리고 이러한 정신적인 문제들을 극복하는 데 어떤 어려움들이 예상되는지 등에 대해서 정확히 파악하고 대처할 수 있는 수준의 전문적인 기술을 갖추고 있어야 한다.

참고 **정신건강사회복지실천현장에서 정신장애진단매뉴얼(DSM)에 의한 진단의 한계와 사회복지실천(PIE)에 의한 사정**

정신건강 분야의 전문가는 정신과적 치료자인 동시에 진단 분야의 전문가여야 하는데, 진단활동 역시 치료자 역할의 일부에 해당된다. 초기의 정신건강 분야의 많은 사회복지사들이 정신질환의 진단과 치료를 촉진하고, 속히 진단을 내려 치료과정에 들어가기 위하여 정신과 전문의의 자문을 받아 DSM(Diagnostic and Statistical Manual of Mental Disorder)을 사용하여 왔다.

일부 사회복지사들이 환경 속의 개인(PIE: Person in Environment)이라고 하는 다른 종류의 사정도구의 사용을 제안함에도 불구하고, 신속한 진단을 위해 DSM을 사용하는 경우가 많았다. DSM은 매우 광범위하게 활용되어 왔다. 따라서 사회복지사들이 DSM이 클라이언트를 낙인찍고 있다는 것을 문제로 인식하고 표현하고, 전문 사회복지사들 사이에서는 개인의 문제가 정형화된 진단틀에 의해 진단되는 문제에 대해 중요하게 인식해야 한다는 논의가 이루어지고 있다. 예를 들면, 사회복지사는 클라이언트가 DSM에 의해 조현병으로 진단되는 경우에도 반드시 클라이언트로 지칭해야 하고, 클라이언트가 조현병으로 불리는 것을 반드시 피해야만 한다. 조사에 의하면, 사회복지사의 DSM의 사용과 관련하여 사회복지사는 DSM의 매뉴얼 사용이 충분하지 못한데, 진단을 너무 신중히 내리는 경우, 너무 성급히 진단을 내리는 경우, 낙인을 피하기 위해 약한 증상으로 진단을 내리는 경우 등 클라이언트의 증상을 정확히 이해할 수 있는 적절한 진단을 내리지 못하는 경우가 많다.

사회복지사가 클라이언트의 자기결정권을 향상시키는 일은 개인주의 혹은 자유주의 신념과 함께 지속되고 있는데, 사람들은 극단적인 상황에서 오직 개인의 자유가 가장 절실한 것으로 믿어 왔기 때문이다. 지난 50여 년 동안 정신건강서비스의 변화의 특성을 살펴보면, 클라이언트에 대한 사례관리를 실시할 때, 탈시설

화나 최소 제한적인 환경의 방향으로 변화하고 있다. 이와 같은 변화는 클라이언트의 자율성을 향상시키기 위한 사회복지사의 지속적인 노력의 결과로서 사회복지실천의 약속과 헌신에서 비롯되었다.

클라이언트의 자유를 보장하는 환경을 만들어 나가기 위해 다음과 같은 질문을 하게 된다. 예를 들어 "자살이나 살인과 같은 자신에 대해 해를 가하거나, 타인에게 해를 당할지도 모르는 상황에서도 클라이언트의 자율권이 보장되어야 하는가?" 하는 질문에 대해 찬성과 반대 의견 등 다른 의견이 있을 수 있기 때문에 지속적인 논의가 필요하다. 그러므로 클라이언트 본인의 자발적인 동의 없이 실시되는 입원 치료에 대해서는 정신보건법의 항목을 통해 예외적으로 적용하고 있다. 예컨대, 클라이언트의 위험 수준에 따라서 때로는 강제입원을 인정하고 있다. 클라이언트가 자신의 보호에 대한 능력이 있는가를 확인하는 것은 정신건강기관이 클라이언트에 대한 책임을 다하기 위한 것이며, 기관 스스로 법적인 보호를 받기 위한 것은 매우 드문 경우이다.

입원환자의 경우에도 클라이언트는 치료를 거부할 권리가 있다. 클라이언트가 치료 약물에 대한 거부를 할 수 있는 권리 혹은 다른 유형의 치료를 받을 수 있는 권리 등에 대해 부정적인 영향을 미친다는 입장이나 긍정적인 효과가 있다는 입장에서 클라이언트의 권리를 지지하고 있다. 만약 자기결정을 할 수 있는 클라이언트에게 자기결정을 하지 못하도록 한다면, 그들이 자기결정을 다룰 수 있겠는가?

2. 클라이언트의 자기결정권

클라이언트의 자기결정권을 위해 필요한 일은 클라이언트와 기관 사이에 동의한 내용들에 대해서 통보를 받는 일이다. 그 내용은 다음과 같다.

첫째, 클라이언트가 자기결정을 위해 필요로 하는 정보를 확보하는 일이다. 만약 클라이언트가 치료의 성격에 대해 알지 못한다면 어떻게 클라이언트가 특정한 유형의 치료를 거부하거나 요구할 수 있겠는가? 클라이언트는 다음과 같은 정보를 확보하는 것이 필요하다. 예컨대, 클라이언트는 제안한 상담과 치료의 특성에 대한 내용, 즉 어떠한 해가 있을 수 있고, 어떠한 효과가 있을 수 있는지, 상담과 치료 후의 예후, 상담과 치료가 필요한 기간, 상담과 치료를 통해 어떤 효과의 가능성을 기대할 수 있는지 등에 대해 정보를 들을 수 있는 권리가 있다. 그러나 만약 클라이언트에게 앞에서 제기된 일들이 모두 발생될 수 있다면, 얼마나 자주 이러한 일들이 일어날 수 있을까?

사례관리의 환경에서, 클라이언트가 자신의 치료를 위해 소요될 기간에 대한 정보를 알고 있는가? 치료의 내용과 방법, 그리고 각각의 치료 방법의 장점과 단점 혹은 치료에서 위험한 상황이 벌어질 수 있는 내용에 대해 논의한 적이 있는가? 법원은 치료자가 클라이언트에게 정확히 알려 주었는지를 확인하고 표준적인 사람, 즉 정상 범위 내에 속한 사람으로 받아들일 수 있는지에 초점을 맞추고 있다. 이때 표준적인 사람을 의미하는 것은 무엇인가? 표준적인 사람이 제안한 치료 계획에 대한 이해 혹은 전문가의 치료 기준에 대해 아는 것이 중요하다고 생각하는가? 이러한 것을 결정하여 전문가들이 동의한 내용을 알리는 문제는 전문가들이 결정할 사항이라는 것이다.

둘째, 클라이언트가 의사결정을 하는 데 있어 요구되는 지적 능력과 정신적 능력이 있는가? 만약 능력이 부족하다고 생각될 경우, 예컨대 법적인 후견인과 같은 자격이 있는 사람이 클라이언트와 동의한 내용을 확인하고 필요한 도움을 줄 수 있도록 해야 한다. 충분한 자격을 갖추었다는 것은 인지적으로 손상을 입은 클라이언트와 매시간, 혹은 매일매일 함께하는 사람을 의미한다. 사회복지사의 책임은 클라이언트가 법률 대리인 혹은 후견인으로 지정한 사람에게 동의한 내용을 알리는 일을 포함하여 경쟁력 있고 이해가 가능한 사회복지사가 될 수 있도록 노력해야 한다.

셋째, 클라이언트와 사회복지사 간에 사전동의한 사항에 관해 클라이언트에게 고지하는 일이 부정적이거나 강압적으로 작용하게 되는 경우가 있다. 예를 들면, 사회복지사가 사전에 클라이언트에게 동의한 내용 고지에 충분한 훈련을 받지 못해 제대로 알려 주지 못한 상황에서 클라이언트가 갑자기 자신이 복용해야 할 치료약이나 프로그램을 거부하는 일은 클라이언트에게 매우 위협적인 일이다.

사 례 건강이 염려되는 장기음주자의 강제입원

클라이언트 정 씨(58세, 남)는 지난 10여 년 혼자 거주하며 최근 1년 동안 기초생활수급자로서 생계비를 보조받고 있다. 1년 전부터 클라이언트는 식사를 거의 하지 않으며, 술로 끼니를 대신하고 있다. 이웃 주민들은 그가 죽을까 염려되어 주민센터에 신고하였다. 담당 사회복지사는 알코올 상담센터에 정 씨를 의뢰하여 사례개입이 시작되었다. 클라이언트에 대한 초기 사정결과, 정 씨는 입원치료가 불가피한 상황이며, 현재와 같은 상황에 그대로 방치될 경우 클라이언트는 목숨을 잃을 가능성이 높다는 판단이 내려졌다. 그러나 클라이언트 정 씨는 병원입원을 강하게 부정하고 있다. 알코올 전문가, 정신보건담당자들의 의견은 강제입원이 불가피한 상황이라고 입원을 강력하게 권하고 있다.

- 이 상황에서 담당 사회복지사는 어떻게 해야 하는가?
- 사회복지사의 윤리적인 의사결정의 방향은 무엇인가?

참고 정신보건법의 강제입원

정신보건법상 입원 중 우리는 보호의무자에 의한 의무(정신보건법 제24조)와 시도지사에 의한 입원(정신보건법 제25조), 응급입원(정신보건법 제26조) 등에 대해서만 강제입원으로 생각하는데, 법리적으로는 정신질환자의 의사를 확인할 수 없거나 그 의사에 반하는 입원은 강제입원에 해당된다. 제24조의 보호의무자에 의한 입원은 보호자에 의한 입원조치의사와 자신과 타인의 안전을 위하여 입원이 필요한 경우(제24조 2항) 정신과 전문의의 진단에 의해 입원의 필요성이 인정되면 입원이 허가되며, 그 경우 정신질환자의 퇴원은 보호의무자의 퇴원요청과 의사의 허락에 의해서 이루어진다. 이 경우 6개월 이상 입원이 필요하다면 정신과 전문의는 심판위원회의 입원연장에 대한 심사를 요구하는데 대부분의 경우 입원은 연장된다.

제25조의 시도지사에 의한 입원은 보호의무자가 아닌 (보호의무자가 없는 경우에 해당) 시도지사에 의해 입원조치가 필요하다고 여겨지면 강제입원 조치가 이루어지는데, 정신과 전문의에 입원이 필요하다고 진단되면 입원이 허가되고 3개월이 넘어가는 시점에서 입원연장이 신청될 수 있다. 이와 관련한 법 규정은 '자신과 타인을 해할 위험이 있어 정확한 진단이 필요하다고 인정되는

때'라는 단서가 붙는다.

가. 정신병으로 인하여 의식장애가 심한 상태, 의식의 혼탁과 지남력, 기억력, 충동조절능력 상실 등의 증상이 심하여 자신 또는 타인을 해할 위험이 높은 상태

나. 정신병으로 인한 망상에 의해 행동이 지배당하는 상태

다. 정신병으로 인한 환각에 의해 행동이 지배당하는 상태

라. 정신병으로 현실 판단능력이 심하게 손상되어 예측 불가능한 행동을 할 가능성이 높은 상태

마. 심한 우울증으로 삶의 의욕을 상실하여 자해의 가능성이 높은 상태

바. 정신병의 증상으로 극도로 흥분하여 난폭한 행동을 하는 상태

정신질환자의 강제입원 중 제26조 응급입원은 정신질환자라고 추정되는 자로서 자신 또는 타인을 해할 위험이 큰 자(제26조 1항)로서 경찰의 동행에 의한 입원으로 응급상황에서 72시간의 강제 구금에 해당하는 항목이다.

정신보건법의 강제입원 조항들의 법리적 문제

강제입원과 관련된 규정은 정신질환자 당사자의 입원의사가 없는 경우 외에도 입원의사를 확인할 수 없는 경우에도 인신을 구금하는 것은 원칙적으로 허용될 수 없으므로 자의입원이 아니라면 곧 강제입원이라 할 수 있다.

강제입원은 그 자체 헌법상 보장된 신체의 자유, 거주자유를 직접적으로 제약하고, 강제입원이 의도하는 강제치료는 신체를 훼손당하지 않을 권리를 제약하고 부수적으로 행복추구권을 제약한다. 따라서 강제입원에 대하여는 신체를 훼손당하지 않을 권리, 신체의 자유, 거주이전의 자유, 행복추구권 등 개별 기본권의 요구조건이 충족되어야 하며 동시에 헌법 제37조 제2항의 기본권 제한의 일반원칙, 과잉입법금지와 과소입법금지원칙 등을 준수해야만 한다.

현행 정신보건법은 이러한 법치주의적 요청에 전혀 미치지 못하고 있으므로 이 조항은 헌법 제12조에 정하여진 적법절차 및 영장주의의 적용을 받을 수 있도록 개선되어야 한다는 것이 법조계의 의견이다.

3. 정신장애인의 인권보호

우리나라 헌법 제10조에서는 "모든 국민은 인간으로서의 존엄과 가치를 가지고 행복을 추구할 권리를 가진다. 국가는 개인이 가지는 침범할 수 없는 기본 인권을 확인하고 이를 보장할 의무를 진다."고 규정하고 있다. 이처럼 인권은 국가가 보

장하는 인간이 인간답게 살기 위해 절대 침범할 수 없는 권리이다. 이와 같은 인권 보호와 국가적 의무를 수행하기 위해 2001년 5월 '모든 개인이 가지는 불가침의 기본적 인권을 보호하고 그 수준을 향상시킴으로써 인간으로서의 존엄과 가치를 구현'함을 목적으로 하는 「국가인권위원회법」이 제정되었다. 특히 이 법에서는 '구금, 보호시설'에서의 인권과 평등권 침해의 차별행위를 조사·규제하도록 되어 있는데, 그 대표적 시설 중 하나가 정신장애인이 보호·수용되어 있는 시설이다.

정신장애는 그 장애의 특성상 일반인으로서는 이해하기 어려운 사고와 행동장애를 보이며, 질병경과가 만성적, 퇴행적이어서 현실판단과 사회적응에 심각한 장해를 보이게 된다. 특히 대부분의 정신장애인은 병식(insight)이 결여되어 있어 권리주체로 인정받지 못해 입·퇴원을 비롯한 전반적 치료과정을 스스로 결정하고 판단하기 어려운 경우가 많다. 따라서 적절히 치료하고 보호한다는 이유로 혹은 그들이 보이는 폭력과 위험으로부터 시민의 안전을 보호한다는 이유로 정신장애인의 인권이 쉽게 침해되고 있다.

정신보건법에서는 정신장애인의 기본적 권리선언으로서 기본 이념을 다음과 같이 규정하고 있다.

① 인간으로서의 존엄과 가치
② 최적의 치료를 받을 권리
③ 차별대우를 받지 않을 권리
④ 미성년 정신장애인의 치료, 보호 및 교육받을 권리
⑤ 자발적으로 입원할 수 있는 권리
⑥ 자유로운 환경 및 통신의 권리

또한 정신보건법에서는 입원·입소된 정신장애인의 인권을 보호하기 위해 중앙과 지방에 '정신보건심의위원회'를 두어 퇴원심사와 정신보건시설에 대한 감독과 처우개선의 심사를 담당하게 하고 있다.

4. 사회복지실천의 딜레마 해결을 위한 윤리적 의사결정

사회복지사 윤리강령에서는 비밀보장의 제한에 대해 언급하고 있다. “사회복지사는 클라이언트의 비밀보장을 높이기 위한 노력을 하여야 한다. 그러나 클라이언트에 관한 정보가 공개되고 비밀보장이 유지될 수 없는 경우는 클라이언트 개인뿐만 아니라 다른 확인되지 않는 사람들에게까지 중대한 일 혹은 예견할 수 있는 일, 그리고 즉각적으로 해가 될 수 있는 일로서 반드시 예방하지 않으면 안 되는 경우이다.”

클라이언트의 비밀보장 제한의 조건은 클라이언트를 비롯한 타인에게 위험한 상황이 발생되거나 해악이 되는 것을 예방하기 위함이다. 따라서 클라이언트의 비밀보장의 예외 조건에 관한 토론이 폭넓게 이루어져야 할 것이다. 아래에 소개하는 사례의 경우, 비밀보장 해야 할 정보가 노출되는 것에 위험을 느끼는 정신보건 분야의 전문가들이 반드시 인식해야 할 중요한 과제를 다루고 있다.

사 례 비밀보장과 비밀보장의 제한, 잠재적 피해자의 알 권리, 치료자의 의무

미국 캘리포니아 대학에 재학 중인 한 남학생의 예이다. 이 학생은 자신의 전 여자친구를 살해할 계획이 있다는 것을 대학 내 상담실 사회복지사에게 알렸다. 대학의 사회복지사는 캠퍼스 경찰에게 이런 사실을 알렸고, 캠퍼스 경찰은 남학생을 대상으로 단순한 심문을 하고 남학생을 풀어 주었다. 몇 달 후 남학생은 자신의 여자친구를 살해하였고, 여자친구의 부모는 캘리포니아 대학이 자신의 딸에게 위협에 대해 주의를 요한다는 사실을 알리지 않은 책임을 물어, 대학을 상대로 법적인 소송을 제기하였다. 일반 법정은 대학의 편에서 대학의 손을 들어줬으나, 캘리포니아 상위 법정에서는 이 결정을 뒤집는 결과를 보여 주었다. 대다수의 의견은 ‘클라이언트의 비밀보장이 존중받고 보장받을 수 있는 특권은 공공의 위험이 시작될 때에 끝나게 되는 것’이라는 판결에 초점을 맞춰 이를 따르게 되었다. 다시 말해, 클라이언트 개인의 비밀보장은 클라이언트 자신이나 타인, 공공에게 피해가 나타날 가능성이 있는 경우에는 더 이상 보호될 수도 유지될 수도 없음을 뜻한다.

- 클라이언트의 비밀보장원칙과 비밀보장의 제한에 대해 생각해 보자.
- 이 상황에서 학교 사회복지사의 대처는 적절했는가?
- 담당 사회복지사의 윤리적인 실천은?
- 클라이언트의 비밀보장과 잠재적 피해자의 알 권리에 관해 논의해 보자.

다음은 윤리적 딜레마 해결을 위해 의사결정모델을 적용해 보았다.

① 첫 단계에서는 윤리적인 쟁점과 관련된 사람들과 사회복지실천 기관의 가치를 알아본다.

사회복지사의 가치와 관련하여, 우선 사회복지사의 개인적인 가치를 파악해야 한다. 클라이언트의 비밀보장을 지키지 못한 내용으로 결정을 내리는 것에 영향을 미치는 사회복지사의 개인적인 가치는 어떻게 사정해야 할 것인가? 예컨대, 대부분의 사회복지사는 정신건강 문제가 있는 환자가 한 달 동안 몸을 씻지 않는다고 해서 타인에게 피해를 가할 가능성이 있는 사람으로 생각하지 않는다. 그러나 대부분의 사람들은 클라이언트의 청결하지 못한 외모와 복장을 보고 클라이언트에 대해 괴팍한 생각이나 방어적인 느낌이 들 수는 있다.

사회복지사가 속한 기관의 가치는 클라이언트에게 제공되는 서비스에 대한 책임의 문제를 고려하는 것으로 영향을 줄 수 있다. 이는 정책적으로 명백히 할 수 있는 것이고, 특히 의료진에게 피를 끼칠 수 있는 행동을 할 우려가 있는 클라이언트를 상대함에 있어서는 명백하게 하는 정책이 마련되어 있다.

사회복지사 등 관련 전문가의 가치는 클라이언트의 삶의 질을 향상시키고 클라이언트를 옹호하기 위한 역할과 클라이언트의 선택과 결정을 지지하고, 클라이언트의 사생활과 비밀을 보장·유지하기 위해 노력하는 것이다. 이는 윤리적인 의사결정의 첫 번째 단계에서 고려해야 할 중요한 요소가 될 것이다.

② 두 번째 과정에서는 적용 가능한 윤리강령, 법률, 제도 규범, 그리고 지침과 기준 등을 확인하는 것이 필요하다.

본 사례에서는 한국 사회복지사협회가 마련한 사회복지사 윤리강령의 내용에 따라서 어떻게 적용할 수 있는가? 사회복지사 윤리강령은 '클라이언트의 비밀보장'을 원칙으로 하고 있다. 단, 클라이언트 자신을 비롯하여 다른 확인되지 않은 잠재적인 피해자들에게 중대하거나, 예견되는 혹은 절박한 위험이 있는 경우에는 이러한 위험을 사전에 예방하고 피해로부터 보호하기 위해 필요한 조치를 취해야 한다. 클라이언트의 비밀을 공개하는 일이 불가피하다고 판단될 때 잠재적인 피해자의 알 권리 차원에서 클라이언트의 비밀보장의 원칙은 예외가 된다. 때때로 임상사회복지사들은 주변의 타인에게 위험한 상황이 언제인지, 위험의 정도가 어느 수준인지를 정확히 사정하는 일이 어려운 일이라고 여긴다.

참고

클라이언트 위험상태 사정

다음과 같은 질문을 통해 클라이언트의 위험상태를 사정할 수 있다.

- 클라이언트가 자신이 위협적인 것을 나타내 보이는 정도의 의미를 깨닫고 있는가?
  - 예를 들어, 총알을 장전한 총을 가진 클라이언트가 자신의 아내를 갑자기 살해할 것이라는 위협의 정도는 자신의 아내가 절망적인 교통사고를 당하기를 막연히 바라는 클라이언트의 위협의 정도보다 높다.
- 클라이언트가 과거에 폭력을 행사한 경험이 있는가?
  - 특히 피해자에 대해 폭력을 가한 적이 있는가?
  - 간혹 처음으로 폭력을 가하는 사람의 경우 갑자기 살인자가 되기도 한다.
  - 이전에 폭력을 저지른 경험이 있는 사람은 이러한 폭력적인 행동이 점차 증가하기도 한다.
- 클라이언트가 환상이나 환각을 경험한 적인 있는가?
  - 환상 혹은 환각에 빠지는 클라이언트의 경우, 환상과 환각인 상태에서 살인을 행할 위험이 높다.

③ 세 번째 과정에서는 의사결정이 가능한 가설을 생각해 봐야 한다.

이때 사회복지사가 각기 다른 행동들을 취하는 경우, 사회복지사가 취한 행동의 방향에 따른 결과를 예측할 수 있어야 한다. 예를 들면, 만약 클라이언트의 비밀보장이 유지되는 경우, 클라이언트가 자신의 위협으로 발생한 다른 폐해는 무엇인가? 비밀보장의 원칙을 지키면서 예상 피해자를 보호하는 방법은 없는가(예컨대, 클라이언트가 치료자와 함께 대화하는 것을 허용하기 전에 폭력적인 행동을 하게 되면 입원을 시킬 수도 있다는 것을 주지시키고, 약속을 받아내는 것이 필요하다)? 클라이언트가 전체적으로 자신의 위협적인 것을 따른다면 무엇이 치료자의 개인적인 가치에 따른 결과이며, 전문가적인 가치의 결과인가? 만약 치료자가 클라이언트의 비밀보장을 지속하지 않기로 결정한다면, 이 결정이 클라이언트가 치료자를 신뢰하는 데 어떻게 영향을 미칠 것인가? 결국에 클라이언트를 병원에 입원시킨다면, 폭력에 대한 약속으로부터 방어적이 되면서 클라이언트 자신이 원하는 행동을 그대로 하기를 원할지도 모른다. 예상되는 피해자에게 피해 가능성에 대해 알려 주는 경우, 잠재적인 피해자는 자신에게 알려 준 것에 대해 감사하거나 혹은 불필요한 걱정의 원인을 제공한 것에 대해 분개할 수도 있다.

④ 다음 단계에서는 앞에서 제시된 가설을 선택한 결과로 나타날 득과 실을 고려한다.

어떤 문제가 발생할 때 예상되는 피해자는 대체로 가장 취약하고 상처를 입기 쉬운 사람이다. 대표적인 예로서 폭력 피해자의 대부분은 여성이다. 또한 아동이나 장애인들 역시 매우 약한 존재이며 상처받기 쉽기 때문에, 아동학대와 방임에 대해 반드시 담당기관에 보고하도록 하는 법률을 제정해서 실천하고 있다. 이 밖에도 장애인에 대한 차별이나 폭력은 가중처벌을 받을 수 있도록 법률로 규정하고 있다. 사회복지사 윤리강령에서는 클라이언트의 비밀보장은 반드시 지켜지는 것이 아니며, 예외적인 경우에는 지켜지지 않을 수 있음에 대해 명시하고 있다. 클라이언트의 비밀보장이 지켜지지 않을 경우, 법률적으로 혹은 다른 규정에 의해 클라이언트의 동의 없이 알려지는 것이 반드시 확인되어야 한다.

예상되는 피해자가 아동인 경우, 사회복지사는 즉각 클라이언트의 비밀보장을 중단하고, 클라이언트의 정보를 공개해야만 하는 책임이 있다. 만약 피해의 예상 대상이 성인인 경우에는 사회복지사는 반드시 잠재적인 피해자의 상처받을 가능성이나 정도에 대해 사정해야 한다. 이 경우 주의해야 할 내용으로는 때때로 억압을 받고 있는 사람들 가운데, 여성이나 노인의 경우 자신이 받고 있거나 받게 될 피해 사실에 대해 공개하는 것을 원치 않기 때문에 사회복지사는 반드시 이들이 겪을 수 있는 잠재적인 위험에 관해 특별히 고려해야 한다(예를 들어, 자식으로부터 폭력이나 학대를 당한 노인의 경우, 자식이 폭력 가해자로 낙인찍히고 이로 인해 처벌받게 될 것을 원하지 않는 경우가 있는데, 이때 이 노인의 선택을 어떻게 받아들여야 할 것인가?).

⑤ 윤리적인 의사결정의 마지막 과정에서는 전문가에게 필요한 자문을 받는다.

본 사례에서 사회복지사가 클라이언트의 비밀보장을 유지하는 일, 동시에 클라이언트에 관한 정보를 다른 사람들과 교환하는 일이 가능한가? 사회복지사는 클라이언트와 100% 확실한 비밀보장을 약속할 수 없으며, 이와 같은 제한점을 가해야 할 사례에 대해서는 슈퍼바이저와의 토론을 통해 정할 수 있다.

슈퍼바이저는 사회복지사가 위협적인 중대성을 사정할 수 있도록 다른 행동의 방향이나 다른 방법들에 대해 제안할 수 있어야 하며, 위험에 대한 책임을 다하는 또 다른 측면에서 도움이 된다. 그러므로 슈퍼바이저는 기관의 향후 전망이나 운영 방향에 대해 좀 더 잘 이해하고 있어야 한다.

5. 비밀보장, 대화의 특권

(1) 윤리강령 검토, 슈퍼바이저 자문 및 법률자문

사회복지사는 전문가의 윤리강령에 대해 정확히 알고 있어야 할 뿐만 아니라 각 지역의 정신건강에 관한 제도 등 사회복지실천에 영향을 미치는 법률규정들에 관해서도 잘 알고 있어야 한다(예를 들어, 비밀보장에 관한 내용, 특별히 위험한 상황을 클라이언트 당사자에게 알려야 하는 경우 등의 내용을 포함하고 있다). 그 이유는 의료진의 오진 등 실천현장에서 잘못 실천된 사례의 숫자가 점차 증가하고 있기 때문이다.

사회복지실천에서 사회복지사가 가장 두려워하는 것은 사회복지사협회의 윤리위원회 등으로부터 소환장을 받게 되는 것이다. 소환장을 받게 되면 사회복지사는 지금까지 클라이언트에 대한 개입과정 등의 모든 기록을 제출해야 한다. 따라서 소환장을 받게 되면, 사회복지사는 슈퍼바이저의 자문을 받아 정확히 어떤 정보를 소개해야 할 것인지를 확인하고 자료 제출에 필요한 서류를 결정하게 된다. 이와 함께 사회복지사는 자신이 소환되는 사실을 클라이언트에게 알리고 소환과정에서 겪게 될 문제를 논의해야 한다. 가장 최선의 방법은 소환에 응하기 전에 자신이 속한 기관의 법률전문가의 법률적 자문을 얻는 것이다.

클라이언트와 전문가 사이에서 이루어진 대화에 대해 법률적인 면책을 부여받는 특권이 있는데, 이는 클라이언트의 비밀보장을 유지해야 하는 책임이 있는 사회복지사와 같은 전문가들에 대한 보호차원에서 이루어지는 것이다. 이외에도 상대방의 대화내용이나 비밀을 유지하기 위한 특권을 부여받는 관계는 남편과 아내의 관계, 변호사와 클라이언트, 그리고 성직자와 교인 사이의 관계이다.

(2) 전문가와 대화의 특권과 예외조건, 제3자 대화특권

① 전문가와 클라이언트 사이에 이루어진 대화의 내용들 가운데, 다음의 사항은 어떤 대화의 내용이 특권인지 아닌지를 결정하는 데 기준이 된다.

- 대화는 신뢰를 바탕으로 이뤄져야 하며, 대화의 내용도 공개되지 않을 것이다.
- 클라이언트와 사회복지사 간의 관계의 목적을 성취하기 위해서 반드시 비밀보장과 비폭력성은 기본이 되어야 한다.
- 클라이언트와 사회복지사와의 관계는 반드시 사회가 약속으로 지켜 주는 것이어야 한다.
- 만약 사회복지사가 법정 증인으로서 강제 증언을 해야 할 경우, 클라이언트의 비밀을 유지함으로써 기대되는 이익에 비해 얻게 될 해악이 더 클 경우에는 클

라이언트에 대한 비밀보장원칙을 중단하고 클라이언트에 관한 정보를 공개해야 한다.

- 만약 클라이언트가 특권을 가진 대화에 대한 권리를 철회하는 경우 혹은 증언이 클라이언트에게 피해가 될 경우, 사회복지사가 법정에서 어떻게 증언을 하게 될 것인가에 대한 논의가 필요하다.

② 클라이언트와 사회복지사 사이에서 이루어진 대화의 내용을 비밀로 보장하는 특권을 더 이상 유지할 수 없게 되는 특정한 상황들은 다음과 같다.

- 클라이언트가 자신 혹은 다른 사람들에게 해를 가하려는 위협적인 상황
- 아동학대나 아동에 대한 방임이 의심되는 상황
- 재판에서 사회복지사의 증언이 해당 사례에 핵심적으로 관련되어 있으며 정보 공개와 확인이 재판의 판결에 반드시 필요하다는 재판관의 판단이 내려진 경우
- 클라이언트가 범죄를 시도하려는 상황
- 클라이언트가 사회복지실천 과정에서 잘못된 실천이라는 이유로 사회복지사를 상대로 법적인 소송을 취하는 상황
- 클라이언트가 사회복지사에게 해를 가하려는 위협적인 상황

③ 제3자의 대화의 특권에 해당되는 예는 다음과 같다.

- 클라이언트와 사회복지사 외에 제3의 담당자 혹은 제3자가 존재하고 있는 경우에, 이들 제3자도 대화의 특권에 해당된다(예를 들어, 집단치료, 부부치료나 가족치료를 진행하는 동안에 다른 대상들이 대화를 듣는데, 이때 이들에게도 상담 중에 이루어진 대화의 내용에 대해 비밀유지의 특권을 확대해 오고 있다).
- 사회복지실천에 있어서 클라이언트와의 특권적인 대화는 법률적이고 윤리적인 개념은 아니지만, 종종 윤리적인 사회복지실천이 특권적인 대화에 의해 영

향을 받고 있다.

- 클라이언트와 사회복지사 사이의 대화를 특권으로서 인정하고 있다. 따라서 사회복지사는 법률이 지정한 특권적인 대화의 예외가 되는 특정한 상황을 인지하고 그 내용에 익숙해져야 한다.

6. 슈퍼바이저나 동료의 자문

대부분의 사회복지사는 지역사회복지기관을 비롯하여 병원, 상담센터, 요양센터, 재활센터, 그리고 주민센터 등 민간기관이나 공공기관에서 활동하고 있다. 사적인 실천 분야에서 활동하고 있는 사회복지사가 늘어나고 있는 것과 관련하여 전문 영역에서는 논쟁이 일어나고 있다. 특히 민간이 운영하는 사적인 실천에서는 윤리적인 문제가 제기될 수 있는데, 그 이유는 클라이언트들 가운데 욕구가 많은 클라이언트들은 필요한 상담이나 치료를 제대로 받지 못하는 위험에 처하게 될 경우가 많기 때문에, 민간기관에 의한 사적인 실천이나 지역사회 내에서 이루어지고 있는 사적인 실천들에 대해서는 윤리적인 실천에 관한 내용을 심도 있게 고려해야 한다.

이처럼 사회복지실천의 윤리적인 문제를 풀어나가기 위한 윤리적인 의사결정 모델의 마지막 단계는 사회복지사가 자신의 슈퍼바이저나 동료들의 자문을 구하는 것인데, 민간기관에서 사적인 실천을 하는 사회복지사에게는 자신의 슈퍼바이저나 동료들로부터 자문을 받는 일이 쉽지 않다.

주로 사적인 실천을 행하는 사회복지사의 경우에는 전문 사회복지사의 중요한 역할 가운데 하나인 전문 슈퍼바이저로부터 공적인 자문을 철저히 받지 못해 사회복지사 윤리강령에서 명시하고 있는 전문가 슈퍼비전과 교육, 훈련을 받아야 할 책임을 다하지 못하는 경우도 있다. 사적인 실천을 행하는 사회복지사의 경우에는 이러한 문제를 보완하기 위하여 자신들이 실천과정에서 윤리적인 딜레마에 직면하게 될 때 비공식적인 슈퍼비전이나 전문 사회복지사 협회나 학회 혹은 전문가 단체 등으로부터 공식적인 슈퍼비전을 찾기도 한다. 민간기관에 속한 전문가들이 다양한 윤리적인 딜레마의 위험에 직면하게 되는 경우가 많은데, 그 가운데에서도 사적인 실천가들이 겪는 특정한 윤리적 딜레마들이 있다.

7. 사회복지서비스 이용료 산출

국가예산을 지원받는 공적인 사회복지실천 기관에 종사하는 사회복지사는 클라이언트에 대한 서비스 비용으로 공적인 부문에서 어느 정도 예산 지원을 받는 경우가 많다. 그러므로 공적인 기관을 이용하는 클라이언트들이 부담하는 비용은 최소이거나 클라이언트의 경제력에 따라 차등으로 적용하는 방법이 가능하고, 클라이언트가 부담해야 할 비용이 최소 수준인 경우가 대부분이다. 그러나 사적인 실천가들의 경우에는 공적인 지원이 없기 때문에 클라이언트 개인에게 많은 비용을 요구하는 경우가 대부분이다.

사회복지기관에서 상담비 등 이용자에게 비용을 부가할 때에는 일정한 기준이 있어야 한다. 예컨대, 시설투자에 소요된 비용, 사회복지사나 치료자 등의 인건비가 공정한지, 제공되는 서비스 질과 양 등 전반적인 서비스 수준과 비교하여 이용료가 적절한지, 기타 서비스 수행에 소요되는 비용이 어느 정도인지, 서비스 비용으로 어느 정도가 정확하고 공정한, 그리고 적절한 수준인지, 사회복지사의 인건비의 적정 수준의 어느 정도인지 등을 구체적으로 계산해 낼 수 있어야 한다. 즉, 사회복지기관의 관리행정 담당자들은 서비스 비용의 원가계산에 대한 지식과 민감성을 갖춰야 한다.

이와 더불어 사회복지실천에서 클라이언트의 비용 지불 능력을 반드시 고려해야 한다. 클라이언트의 사회복지기관 서비스 이용료를 할인해 주기 위해서는 클라이언트의 경제력을 측정해야 한다. 이러한 측정은 일직선상에 높다 혹은 낮다 등이 표시되어 있는 측정척도를 사용하는데, 이때 사용되는 척도가 과연 적절한지, 클라이언트의 재정적인 상황이 변화하게 되면 클라이언트는 더 이상 비용을 지불하지 않을 수 있는지, 이러한 질문에 대한 논의가 필요하다. 현재 우리의 경우에는 국가기초생활수급자, 차상위계층, 기타 취약계층 등으로 구분하여 사회복지기관 이용료를 무료로 하거나 일정 부분 할인해 주는 등의 방식을 택하고 있는데, 이 또한 윤리적으로 문제가 없는지 고려해 봐야 한다.

사 례 사회복지서비스와 이용료, 물물교환

클라이언트 영철(가명) 씨는 컴퓨터 매장의 관리인이다. 사회복지사 김 선생은 정신보건 사회복지사 자격을 획득하고 수년간 정신병원에서 환자를 대상으로 상담 프로그램을 진행해 왔다. 현재 클라이언트인 영철 씨를 담당하고 있다. 영철 씨는 자신의 여자친구와 헤어진 후 우울한 감정을 느껴왔고 이로 인해 정신상담치료를 받기 시작했다. 치료를 통해 영철 씨는 절친한 친구와 헤어진 원인 외에 다른 문제를 표출하게 되었다. 예컨대, 클라이언트 자신의 직업, 가정, 타인과의 불안전한 관계로 인한 불안감 등에 대한 문제들을 호소하고 있었다. 이 밖에도 클라이언트의 진술을 통해 자신이 일하고 있는 컴퓨터 매장이 경영에 어려움을 겪으면서 머지않아 폐업하고 문을 닫게 될지도 모른다는 사실을 알게 되었다. 클라이언트 영철 씨는 상담치료를 지속적으로 받는 것을 원하고 있으나, 향후 치료비를 지속적으로 지불할 수 없는 상황이다. 어느 날 영철 씨는 상담치료비 대신에 병원의 모든 컴퓨터의 관리와 수리를 맡아서 해 주겠다는 조건을 제시해 왔다.
– 클라이언트의 제안을 받아들일 수 있는가? 어떻게 하는 것이 바람직할까?

클라이언트는 물물교환의 관계를 맺는 것을 제안하였는데, 사회복지 서비스 제공의 대가로 물물교환은 사회복지사 윤리강령에서 금지하고 있다. 사회복지사는 전문적인 서비스에 대한 비용지불의 방법으로서 클라이언트에게 물품이나 다른 서비스를 대신 제공받는 것을 피해야 한다. 물물교환의 협약은 사회복지실천 서비스를 포함한 클라이언트에게 제공되는 모든 실천 서비스에 잠재적인 갈등을 만들어 낼 수 있음을 예견할 수 있어야 한다. 또한 사회복지실천에서 물물교환은 사회복지사와 클라이언트 모두 자신의 이기적인 측면에서 이용 가능성이 높기 때문에 사회복지실천에서 적절하지 못하며, 물질적인 이중관계의 경계가 무너질 수 있는 위험이 될 수 있기 때문에 반드시 피해야 한다.

현재 클라이언트의 증상에 비추어 볼 때, 상담치료가 좀 더 필요한 것으로 판단된다. 이 시점에서는 클라이언트의 제안은 매우 위험한 일이 될 수 있으므로 그의 제안을 거절할 필요가 있다.

일반적이지 않은 상황에서 사회복지 서비스를 성급하게 그만두는 것이 바람직한가? 이 상황에서 사회복지사는 모든 관련 사항들에 대해 조심스럽게 고려하고, 가능한 불리한 영향을 최소화하기 위해 취할 수 있는 책임 있는 행동은 어떤 것인가? 사회복지사는 필요한 경우에 클라이언트에 대한 지속적인 서비스를 위해 적절한 조절이 가능한 사정을 할 수 있어야 한다.

사회복지사는 클라이언트의 치료비를 감면해 주거나 혹은 무상치료 등 실비 수준의 비용으로 상담을 지속하게 되었다. 이러한 조치를 하게 된 이유는 사회복지사도 다른 자원봉사자들과 마찬가지로 자원봉사가 가능하기 때문이다. 사회복지사도 전문가로서 재능의 일정 부분을 경제적인 대가 없이 자원봉사로 활용할 필요가 있음을 알고 있다. 따라서 상담자는 클라이언트에 대한 무료상담 혹은 자원봉사 차원에서 상담을 실시하게 되었다.

이 밖의 대안은 클라이언트가 다른 직업장에 취업이 될 때 비용을 지급하기로 약속하고 클라이언트의 치료를 중단하는 것에 대해 상호의견을 일치시키는 것이다. 또 다른 대안은 클라이언트에게 현재 지불하고 있는 치료비보다 상대적으로 치료비가 낮은 수준의 다른 치료자에게 의뢰하는 방법이다. 이는 종종 클라이언트의 만족도가 낮아질 수 있는 약점이 있으나, 치료비와 관련하여 어느 정도 적용 가능한 대안이 될 수 있다.

첫 번째 기관의 상담비가 전문가들의 평균 수준인 경우, 클라이언트가 다른 시설에 대한 비용의 균형을 유지하는 수준으로 지불할 것을 기대할 수 있으므로 이

것은 이루어지기 어려울 수도 있다. 이때 클라이언트가 아무런 사전 준비 없이 치료를 중단하는 일이 발생할 수 있기 때문에, 사회복지사는 클라이언트의 비용 문제로 의뢰를 하는 것에 대해 반드시 조심스럽게 계획을 세워야 할 것이다. 사회복지사는 반드시 종결과 타 기관으로 의뢰하는 일에 관해 지속적으로 의식하고 있어야 한다. 이처럼 상담비 등 서비스 비용 문제와 관련한 딜레마는 클라이언트에게 어려움이 되고, 상담과정에 저해가 될 수 있다.

8. 사회복지사의 역량과 전문가 자격

사회복지실천에 종사하는 모든 전문가는 자신이 받아 온 전문 교육과 훈련 내용을 기초로 하여 자신이 취득한 권한이나 능력의 범위 내에서 전문가로서의 자격을 소개하고, 전문가로서의 역량을 갖춘 서비스만을 제공해야 한다. 특별히 정신보건사회복지사는 사회복지사 자격증 외에도 정신보건사회복지사 자격을 획득하기 위해 현장실습과 인턴십, 그리고 국가자격시험 등을 거쳐 전문가 자격증을 획득하고 있다.

그럼에도 불구하고, 종종 사회복지현장의 사회복지사들 가운데에는 사회복지실천의 특정한 분야에 관한 최소한의 교육이나 기본적인 훈련만을 받고 자신을 전문가로 소개하고 전문적인 사회복지실천을 하는 경우가 있다. 예컨대, 사회복지사가 단기가족치료워크숍에 참여한 후 가족치료서비스 제공에 참여하는 일, 혹은 사회복지사가 정규교육이 아닌 유사 교육기관의 단기교육을 받은 후 전문가로서의 역할을 수행하는 일 등은 사회복지현장에서 반드시 피해야 할 비윤리적인 실천에 해당된다.

사 례 **사회복지사의 전문가 자격**

강 선생은 2년 전 사회복지 석사과정 졸업 후 정신보건사회복지사 자격을 갖춘 사회복지사로서, 우울 증상이 있는 영희 씨를 담당하고 있다. 강 선생은 자신의 클라이언트의 우울 증상이 영희 씨의 가족 문제와 관련되어 있다는 사실을 확인할 수 있었다. 사회복지사는 가족치료에 대한 전문성을 강화할 필요를 느꼈다. 현재로서는 가족치료에 관한 이해가 부족하고, 더군다나 클라이언트를 상대로 가족치료서비스를 제공하는 일은 매우 위험한 일이다. 강 선생은 대학과 대학원에서, 그리고 졸업 이후에도 이 분야에 대한 과목을 전혀 수강한 적이 없었다. 강 선생은 자신이 가족치료사가 되기 위해서는 자신의 능력을 계발하는 것이 최선이라고 결정하였다. 전문 사회복지실천가로서의 권한과 능력을 계발하기 위해서는 가족치료 분야에 대한 교육과 훈련을 지속적으로 받는 방법을 생각하게 되었다. 사회복지사 강 선생은 가족치료 전문가 양성을 위한 전문교육기관에 입학하고 자신의 전문성을 개발하는 일에 도움이 되는 가족치료 교육프로그램 과목을 수강하게 되었다.

– 사회복지사 강 선생이 전문 교육기관이 아닌 단기 유사교육기관의 워크숍 형태의 강의에 참여해서 민간이 발급하는 수료증을 받을 수도 있는데, 이는 전문가로서 윤리적인 실천이라 할 수 있겠는가?

9. 클라이언트의 개인기록과 문서관리

사회복지실천의 모든 분야에서 일하고 있는 사회복지사들은 공통적으로 문서관리와 서류를 정리하는 일에 대한 어려움을 호소하고 있다. 특히 정신건강 분야에서 일하는 사회복지사의 경우에는 클라이언트에 관한 기록을 어느 정도 상세히 기록해야 할 것인지와 기록된 내용을 어떻게 안전하게 보관할 수 있는지 등의 방법에 대해 도전을 받고 있다. 이러한 도전을 잘 극복하는 일 또한 사회복지사의 특별한 책무가 되고 있다.

사회복지사의 책임을 수행하는 내용 가운데 중요한 것은 클라이언트에 관한 기록과 서류들을 어떻게 정확히 기술해야 하는지, 사회복지서비스를 제공하는 일에 클라이언트의 기록문서들이 어떤 영향을 미치는지 확인하는 일이다.

(1) 클라이언트의 정보와 기록 항목

클라이언트의 기록에 어떤 정보들이 포함되어야 하는가? 사회복지사가 전체 기록 혹은 정확한 기록을 유지하기 위해 어느 정도 상세한 내용까지 포함시켜야 하는가?

대체로 정확한 기록이 되기 위해서는 클라이언트에 대한 매우 개인적인 내용들이 포함되어야 하고, 때론 클라이언트 개인에게 상처를 줄 수 있는 정보들까지도 포함되어야 하는 경우가 있다. 또한 클라이언트의 비밀에 대해서는 완벽한 보장이 이루어지지 않는 경우도 종종 있다. 만약 클라이언트 자신이 기분이 좋고 자신의 직업에 대한 열망상태에 놓여 있다고 표현하고 있을 때, 사회복지사는 기록 내용에 클라이언트에 대해 특수한 상징을 부여하거나 표시하는 것을 금해야 할 것인지 생각해야 한다. 이처럼 사회복지사는 클라이언트에 대해 긍정적이어야 될 필요성과 동시에 클라이언트에 관한 모든 것을 포괄해야 하는 책임, 그리고 클라이언트에 관한 정보가 정확해야 할 필요성 사이에서 심리적인 어려움을 경험할 수도 있다.

참고 사회복지실천에서 기록에 포함되어야 할 사항

〈클라이언트의 기록에 대한 지침〉

- 기관이 모든 기록에 대해 일반적인 구성(틀) 형태를 사용하는 경우에는 이 형태(틀)를 받아들여 기관의 기록 방식-SOAP의 형태
  - 대상(subject)에 대한 논평
  - 목표(object)에 대한 논평
  - 사정(assessment)
  - 계획(plan)
- 만약 기관이 특별한 개요(틀)를 가지고 있지 않다면 사회복지사는 자신의 기록 형태(틀)를 개발한다.
- 사회복지사는 자신의 전반적인 내용을 포괄하는 기록틀(모형)을 개별화시킨다.
- 치료 목표에 자신의 기록틀을 연관시킨다.
- 이질적인 것을 생략하고, 개인적인 주관에 따른 기록틀도 생략한다(예컨대, 클라이언트가

매우 어울리지 않는 오래된 복장을 하고 있다).
- 클라이언트의 강점을 강조한다.
- 기록과 진행노트가 명확히 구분될 수 있는 것은 아니지만 개인에 대한 기록과 진행노트를 분리하도록 한다. 진행노트는 대화 형식 혹은 이야기 형식, 즉 대화 그대로를 기록하며, 개인의 기록은 요약적으로 기록한다.

(2) 클라이언트 기록의 공개

사회복지실천에서 클라이언트는 자신의 개인기록을 열람할 수 있는 권리가 있다. 사회복지사는 클라이언트에 대한 배려와 함께 클라이언트가 자신의 기록에 적절한 접근이 가능하도록 해야 한다. 이와 더불어 사회복지사는 클라이언트가 자신의 기록을 열람할 권리가 있다는 '클라이언트 기록열람권'에 관해 알려주고 클라이언트가 자신의 권리를 행사하는 일에 익숙해지도록 클라이언트에게 필요한 훈련을 실시하여야 한다. 그러나 사회복지사는 클라이언트의 기록 열람 요청 시기에 대해서 우려하는 경우가 있다. 클라이언트에 대한 기록에서 사회복지사는 클라이언트의 강점이 아닌 문제나 병리적인 것에 초점을 맞추는 것이 실천에서 유용하다고 생각하는 경우가 많기 때문에 주로 클라이언트의 강점에 대한 기록들보다는 클라이언트의 약점들에 대해 더 많이 기록되어 있는 경우가 많기 때문이다.

사회복지사는 클라이언트로부터 "나에 대해 무슨 내용을 기록하고 있습니까?" 하는 질문을 받는 경우가 있다. 이때 사회복지사는 자신의 기록과정에 클라이언트를 동참시켜, 기록내용을 클라이언트가 확인하도록 한 후 그 사실을 기록하는 경우도 있다. 이때 사회복지사는 자신의 시작 사례의 초기 사정을 매우 정확히 마칠 수 있고, 클라이언트와 함께 작성한 기록에 많은 내용들이 기록될 수 있어 오히려 진행이 빠르게 이루어지도록 하는 특징이 있다.

클라이언트가 기록을 확인함으로써 오히려 클라이언트에게 위험의 원인이 될 수 있는 상황이 나타날 수 있기 때문에, 사회복지사는 클라이언트가 자신의 기록을 확인하는 일에 긴장하고 두려워하는 경우가 종종 있다. 사회복지사 윤리강령에서도 사회복지사는 클라이언트가 자신들의 기록을 해석하는 데 필요한 도움과 지원을 제공해야 할 것이며, 또한 클라이언트가 자신의 기록에 관심을 갖도록 필요한 조언과 자문을 제공해야 한다고 제안하고 있다. 사회복지사는 클라이언트가 자신의 기록에 접근하는 것을 제안하고 안내할 수 있어야 한다. 때로는 클라이언트에 대한 기록 가운데 일부분만 접근할 수 있도록 제한을 가할 수 있어야 한다. 클라이언트에게 자신의 기록 열람을 제한할 수 있는 예외적인 경우는 클라이언트의 기록에 대한 접근이 클라이언트에게 중대한 해악의 원인이 될 수 있을 것이라는 확실한 증거가 있는 경우에 한한다.

2인 이상의 클라이언트에 관한 내용을 함께 기록하고 함께 보관하는 경우 무슨 일이 일어날 것인가? 아래의 예를 통해 문제를 설명하고 있다.

사 례 **클라이언트 기록 열람(집단 기록의 예)**

김 선생은 클라이언트 명화 씨를 개별적으로 치료하고 있는 사회복지사이다. 얼마 전까지 명화 씨는 집단상담 프로그램에 참여했었다. 명화 씨는 자신의 상담기록을 열람하는 것에 관심을 보였다. 사회복지사는 클라이언트의 상담기록 내용에 이전 기관에서 받았던 집단치료에서 함께 참여한 다른 집단 구성원들에 대한 정보가 포함되어 있기 때문에 클라이언트의 기록을 명화 씨에게 공개하는 일을 조심스럽게 생각하고 있다.
– 사회복지사의 윤리적 실천은 무엇인가?

클라이언트의 정보를 공유하는 문제에 있어, 다른 클라이언트에 대한 정보가 포함되어 있는 경우, 법률적인 문제를 고려해야 하는 동시에 윤리적인 쟁점을 생각해 보아야 한다. 사회복지설천에서는 사회복지사는 클라이언트가 자신들의 기록에 접근하는 것을 보장해야 한다. 또한 집단 상담과 같이 특정 개인 이외에 다른 사람의 기록이 포함되어 있는 기록물인 경우에는 다른 구성원들의 사전동의를 확인하는 등 개인의 사생활과 비밀보장을 유지하기 위해 필요한 조치를 취해야 한다.

(3) 클라이언트에 대한 정보의 공유

때때로 사회복지사는 다른 개인이나 기관들로부터 클라이언트에 대한 정보 공개를 요청받는다. 대부분의 사회복지사는 자신의 클라이언트와 관련된 가족이나 친척들에 대한 정보를 공개하지 않는 것이라고 인식하고 있다. 사회복지사는 무엇이 비밀보장을 유지하는 것인지 혹은 특정한 개인이 그 기관의 클라이언트인 것이 사실인지 등에 관한 질문을 받아 왔다. 클라이언트의 가족들이 자주 해당기관에 전화하여, 클라이언트에 관한 정보를 문의해 오고 이를 알려달라는 요청을 하고 있다. 클라이언트 가족들이 요청한 클라이언트에 대한 정보는 행정 지원을 담당하는 직원들에 의해 종종 전달되고 있다. 이와 같은 현실에 비추어 기관에 속한 모든 직원들도 클라이언트의 정보를 다루는 일에 있어서 '비밀보장의 원칙'을 실천하기 위한 훈련이 필요하다.

대부분의 사회복지사는 클라이언트에 대한 정보를 다른 기관에 보내기 전에 공식적으로 클라이언트로부터 정보공개에 대한 승낙을 받는 일을 중요하게 인식하고 있다. 그럼에도 불구하고 대부분의 실천현장에서는 아직도 클라이언트에게 공개되는 정보 사항이나 정보의 내용 등이 구체적으로 명시되어 있지 않은 상태에서 개인정보공개를 허용한다는 내용에 서명을 요구하고 있다. 사회복지사는 공개될 개인정보에 다음과 같은 내용이 포함된다는 것을 클라이언트에게 알리고 클라이언트의 서명과 동의를 구해야 한다.

참고 **개인정보 공개 항목**

- 날짜: 정보공개 일시
- 담당기관명
- 정보를 요구한 기관명
- 정보를 공유하기 위한 목적
- 정보공개에 제시된 치료 기간
- 정보공개에 제시된 서비스의 효과
- 정보가 제3의 담당자나 제3의 해당기관 등으로 전달되지 않는 것에 대한 준비
- 기타 공개될 정보의 내용들
- 증인의 서명

사회복지실천에서 정보를 공개하는 데 있어서 사회복지사는 모든 사례의 진행노트(progress note)를 공개하는 일은 반드시 피해야 한다. 클라이언트에 대한 진행노트에는 클라이언트에 대한 모든 정보가 포함되어 있기 때문에 제3의 담당자가 정보를 요청한 경우, 그 원하는 내용을 요약해서 필요한 정보를 전송하는 것이 바람직하다. 때때로 사회복지사는 클라이언트의 기본 언어가 사회복지사의 모국어가 아닌 경우, 이를 이해하는 데에 제한을 받게 된다. 이 경우 사회복지사는 클라이언트에게 자신의 정보가 공개되는 것에 대해 이해할 수 있도록 명확히 전달하고 클라이언트의 동의를 얻는 데에 전적인 책임이 있다.

참고 **정보공개 시 언어적인 장벽, 통역관 배치**

사회복지사는 클라이언트에 대한 완전한 이해를 위해서 필요한 노력을 할 것과 클라이언트의 언어적인 설명과 이해를 돕기 위해 자격을 갖춘 통역관과 함께하거나 통역관이 필요한 경우 언제라도 통역이 가능하도록 통역관 배치가 이루어질 것을 제안하고 있다.
대표적인 대상으로는 외국인, 다문화 가족, 장애인, 수화통역이 필요한 청각장애인 등 일반적인 언어로 의사소통에 제약이 있는 클라이언트에게 개인정보를 공개할 시 언어적 장벽을 극복할 수 있는 방안 마련이 요구된다.

사회복지사는 개인의 기록이나 정보를 안전하게 공개하는 것에 책임이 있다. 그러나 사회복지사는 다른 전문 분야, 예컨대 언어적인 대화에 있어 의사 혹은 법률가들에 비해서 정보를 안전하게 공개하는 일에 대한 관심이 부족하다. 사회복지사들에게 있어 언어적인 대화는 기록된 정보를 공개하는 문제와는 별개의 사항이라고 여기기 때문일 것이다. 사회복지사는 클라이언트에 대한 정보를 언어적으로 전달하는 것에도 주의하여야 한다. 때때로 클라이언트는 기록에 의한 의사소통보다 언어적인 것에 좀 더 부정적인 생각을 하곤 한다. 사회복지사의 윤리적인 실천을 위해 가장 기본이 되는 사안은 클라이언트의 언어적 의사소통 혹은 기록에 의한 의사소통 모두를 보호하는 것이다.

CHAPTER 6

아동복지현장에서의 윤리적 실천

사회복지실천 분야 가운데 아동을 대상으로 하는 사회복지사는 아동의 권익과 복지향상에 실천목표를 두고 있다. 특히 아동을 신체적·정신적인 학대와 방임으로부터 보호하기 위한 예방적·치료적인 노력을 하는 동시에 특별한 욕구를 가지고 있는 취약계층의 아동이나 장애아동의 정상적인 성장과 발달을 위해 필요한 서비스를 개발·지원하고 있다. 아동은 다양한 사회복지실천 대상자 가운데 유일한 미성년자이기 때문에, 스스로 자신의 의사결정권을 발휘할 수 없는 특징이 있으며, 누군가에 의해 전적인 보호, 특별한 관심과 배려가 요구되는 대상자들이다. 그러므로 사회복지사는 아동과 함께하는 사회복지실천에서 다양한 윤리적인 딜레마가 제기될 가능성이 매우 높음을 인식해야 한다.

1. 아동의 보호와 양육

아동복지 전문 사회복지사는 아동의 권익을 보호하고, 아동의 복지향상을 위하여 실천하며, 동시에 아동의 방임이나 신체적 학대를 막기 위한 예방적인 서비스를 실천 내용으로 하고 있다. 아동복지 전문 사회복지사의 경우에도 다른 분야의 사회복지사와 마찬가지로 사회복지사의 개인적인 가치와 일반 사회적 가치가 사회복지실천에 강하게 영향을 미치고 있다. 이에 대한 예로 아동복지 분야의 사회복지사는 클라이언트의 가족 구성원들 속에서 가족구조를 재창조하려는 노력을 하고 있음을 볼 수 있다. 사회복지사가 자신의 어린 시절에 학대나 방임의 경험이 있는 경우에는 자신의 경험이 사회복지실천에 강하게 영향을 미쳐 자신의 클라이언트인 아동이나 아동의 부모에게도 사회복지사 자신의 개인적인 신념을 받아들이도록 하는 일이 있다. 특히 도시의 저소득층 가정의 경우에는 아동의 학대 혹은 방임에 대해 더욱 더 강한 신념이 생기는 경우가 있는데, 이는 사회복지사가 반드시 피해야 할 편견 혹은 선입관임을 알아야 한다.

그럼에도 불구하고 취약한 아동을 아동거주시설에 수용하는 방식에 대해 심각하게 재고해야 한다. 지난 세월 동안 아동은 자신의 친부모 혹은 양부모라도 부모 두 사람과 함께 가정 내에서 성장하는 것이 가장 바람직한 모습이라는 신념이 아동양육에 대한 인식을 지배해 왔다. 가정이란 아동이 태어나고 자란 생물학적인 부모와 형제, 즉 가족과 함께하는 생활하는 곳(입양가정까지 포함해서)이며, 또한 아동의 정서적인 행복에 도움을 기여할 수 있는 곳을 의미한다. 아동복지현장에서는 아동을 영구적인 가족과 함께 보호받고 양육되어야 하는 것이 가장 이상적이라고 믿고 있다. 따라서 아동이 위탁보호, 특히 장기간의 위탁보호는 아동의 삶의 질에 부정적인 영향을 끼친다고 생각하고 있다.

아동의 양육을 위해 영구적인 계획을 세우는 정책은 아동을 자신의 원가정에서 성장하게 하거나 입양가정에 보내져서 아동이 자신이 속한 영구적인 가정에서 성장할 수 있도록 돕는 것을 목적으로 하고 있다. 이와 같은 정책은 아동이 속한 가정을 강하게 만들기 위함이며, 또한 가족 구성원의 결속력을 튼튼하게 만들기 위한 예방 목적의 서비스 개발과 아동을 가정 밖에 배치해야 할 필요성을 피하기 위한 정책을 만드는 주도적인 역할을 하는 것에 초점을 맞추고 있다.

참고 **아동양육 관련 법률**

아동을 시설에 보내는 것을 피하고 가정의 환경에서 양육하도록 하는 것이 아동의 심리적인 면에서 안정감을 가질 수 있는 효과가 있으며, 동시에 아동양육에 대한 사회적인 관심을 끌어낼 수 있는 최선의 방법으로 여기고 있다.

이러한 아동양육 관련법은 우리나라의 아동복지법이나 미국의 경우 「아동학대 예방과 치료에 관한 법률(the Child Abuse Prevention and Treatment Act, 1974)」과 관련되어 있으며, 상처를 받기 쉬운 아동의 보호방법으로, 위험한 상황으로부터 아동을 벗어나게 하도록 하는 내용을 규정하고 있다. 최근 아동복지서비스 중 예방을 목적으로 하는 서비스와 보호를 목적으로 하는 서비스 사이에서 상호 긴장 상태를 보이고 있다. 이와 같은 긴장 상태는 사회복지실천의 여러 영역에서 제기되고 있는 여러 형태의 윤리적인 딜레마에 영향을 미치고 있다.

아동복지실천 현장에서, 윤리적인 문제와 딜레마가 존재하고 있음에도 불구하고, 아동복지에서의 윤리적인 의사결정과 실천에 관한 문헌은 매우 드문 실정이다. 지난 날, 아동복지 분야에서 종사하던 사회복지사에게는 아동이 거처할 장소, 즉 아동의 입양이나 위탁가정을 결정하는 과정에서 '아동의 이익'을 최우선 순위로 꼽아 왔다. 그러나 현재 그들 가운데에서는 '가족의 최대 관심사'가 무엇인지에 우선적으로 초점을 맞추어 실천하고 있는 사회복지사가 많다. 이처럼 아동복지와 가족복지실천에 변화가 있음에도 불구하고, 사회복지사는 '아동의 최대 이득'과 그들 '가족의 최대이득' 사이에서 윤리적인 결정을 해야 하는 상황과 마주하게 된다. 현재의 아동복지 관련 법률에 의하면 사회복지사는 아동의 학대와 방임 사실을 아동복지 전문기관에 보고하고, 아동학대 사실을 조사하여 아동에게 피해를 가한 사람에 대해 책임을 묻는 체계로 되어 있다. 따라서 사회복지사는 아동학대와 방임에 관한 모든 사실을 아동복지 담당부서에 반드시 보고해야 하며, 또한 아동학대에 관한 보고서를 작성하여 제출하는 일은 피할 수 없는 중요한 아동복지 실천의 핵심 업무이다.

사회 문제의 증가로 다양한 종류의 약물중독과 가정폭력과 학대 사례가 지속적으로 증가하고 있으며, 실업, 노숙자, HIV/AIDS 등 사회복지실천 사례 또한 지속적으로 증가하고 있다. 동시에 아동학대 문제나 약물중독을 인식하고 대처하려는 공공의 인식도 따라서 높아지고 있다. 이처럼 아동학대에 관한 사회적인 관심의 증가로 인해 사회복지사는 아동학대와 방임에 관한 보고서를 작성하는 일이 지속적으로 더욱 늘어나고 있으며 앞으로도 이 추세는 지속될 것으로 예상된다. 현재 위탁보호 하에 있는 아동의 대다수가 자신의 부모의 학대나 방임으로 인한 위험으로부터 보호하기 위한 서비스를 통해 아동을 보호하고 양육할 거주지가 정해지고 있다.

사회복지사는 아동복지사업의 여러 가지 단계에 따라서 각기 다른 윤리적인 딜레마에 직면해 있다. 예를 들어, 아동의 학대와 방임을 보고해야 하는 과정에서 겪게 되는 윤리적인 딜레마, 그 후 위험에 노출되어 있는 아동을 보호하기 위해 보호기관이나 위탁가정 서비스를 선택하는 과정에서 겪게 되는 딜레마, 그리고 아동이 영구적으로 생활하게 될 입양가정을 결정하고 입양을 시도하는 과정에서 겪는 딜레마 등 사회복지사는 아동 보호·양육과 관련하여 다양한 문제에 직면한다.

2. 아동학대와 방임의 보고

(1) 아동학대와 사회복지사의 역할

사회복지사는 항상 법률에 의한 강제적인 규정에 의해서 아동학대와 방임에 대해 보고해야 하는 사람이라는 것을 인식하고 있다. 사회복지사는 종종 아동학대와 방임의 문제를 다룰 때 자신의 역할에 대해 갈등을 느낀다.

참고 아동보호전문기관

아동보호전문기관은 2000년 아동복지법이 개정되면서 아동학대에 대한 정의와 금지유형을 명확히 규정하고 아동학대에 대한 신고를 의무화함에 따라 아동복지법 제24조 아동보호전문기관 설치에 관한 법률에 의해 2000년에 설립된 기관이다. 처음에는 아동학대예방센터로 명명되었다가 2006년 4월 1일 아동권리에 대한 사회적 관심이 고조되고 있는 시점에서 사업수행을 보다

용이하게 하고 궁극적으로 학대받는 아동뿐만 아니라 모든 아동의 권리를 보호하겠다는 의지의 표명으로 '아동보호전문기관'으로 변경되었다.
현재 전국 16개 시도에 걸쳐 아동보호전문기관과 중앙아동보호전문기관이 있으며, 아동의 신체학대, 정서학대, 성학대, 방임 등의 전반적인 아동학대 문제에 대해서 사회복지적 개입을 수행하고 있다. 1391번 핫라인을 구축하고 운영하고 있다.

지역사회복지를 담당하는 사회복지사는 학교, 지역사회센터, 병원, 정신병원, 보호 프로그램, 그리고 지역아동센터 등에서 아동학대 사례를 발견하고 있다. 사회복지사가 아동학대의 사례를 발견하였을 때, 아동학대에 대한 증거가 명확한 경우에는 아동학대 관련 보고서를 작성하는 데 어려움을 느낄 필요가 없다. 예컨대, 병원 응급실에서 근무하는 사회복지사가 6세 아동이 가정폭력으로 팔에 골절상을 입고 응급실에 실려와 응급수술을 받은 경우, 사회복지사는 아동복지전문기관에 전화를 걸 필요 없이 아동의 학대 사실을 규명하고 확인할 수 있으며, 또한 별다른 어려움 없이 보고서를 작성할 수 있다. 비슷한 다른 예를 들면, 초등학교에 근무하는 학교사회복지사는 8세 아동이 사전 연락 없이 결석한 사실을 알고 아동의 가정을 방문하게 된다. 이때 사회복지사는 아동의 어머니가 지난 일주일간 집에 들어오지 않았고, 그동안 아동 혼자서 집을 지키고 있었던 것을 발견하였다. 사회복지사는 아동복지전문기관에 통보하지 않고도 이 아동방임과 학대 사례에 대해 보고할 수 있다.

그러나 아동방임이나 학대로 의심되는 모든 사례가 다 아동학대라고 볼 수 있을까? 아동학대나 방임 문제와 관련하여 발생될 수 있는 다양한 아동학대 의심 사례들은 많지만 이 문제를 해결하는 일은 쉽지 않다. 예를 살펴보면 다음과 같다.

사 례 **아동방임, 아동학대 혹은 경제적 빈곤, 아동양육방식**

한 선생은 자격을 갖춘 학교사회복지사이고, 방과 후 학교 프로그램에서 취학 전 연령의 소년을 대상으로 집단활동을 운영하고 있다. 사회복지사 한 선생은 아동들에게 간식을 제공하기 위해 준비하고 있었는데, 한 아동이 간식을 모두 움켜잡고 다른 아동과 나누려고 하지 않았다. 사회복지사는 그 아동의 어머니와 면담을 하였고, 그 과정을 통해 가정이 최근 경제적으로 매우 어려움을 알게 되었다. 아동 어머니의 갑작스러운 사고로 지난 2~3개월 동안 소득활동을 할 수 없었음을 알게 되었다. 이 가족이 살고 있는 곳의 위생상태는 아동의 건강에 위협이 될 수 있을 정도로 매우 열악하며, 당분간은 아동의 식생활도 개선될 수 없을 것으로 판단되었다.

- 이 사례를 아동방임이라 할 수 있겠는가?
- 사회복지사의 윤리적인 실천은?
- 만약 사회복지사가 아동학대로 신고할 경우 나타날 윤리적인 문제는?
- 만약 사회복지사가 신고를 하지 않는 등 아무런 조치를 취하지 않을 때, 사회복지사의 실천이 윤리적인가?

- 이와 같은 사례를 아동방임이라 할 수 있는가?
- 이 가정의 문제를 아동복지전문기관에 보고함으로써 이 가정의 복지서비스가 재개될 때까지 아동을 일시보호 거처로 옮기는 방법은 아동을 보호하는 방법이 될 수 있는가?

사회복지사가 이 가정의 문제를 사정한 결과, 아동에 대한 방임의 증거를 발견할 수 없었다. 다만 사회복지사는 이 가정은 사회구조적으로 발생된 빈곤의 문제와 부족한 사회복지서비스와 낮은 아동양육수당을 제공하는 경직된 복지서비스 전달과정의 관료주의 영향으로 피해를 입은 대표적인 가정이라는 사실을 확인할 수 있었다.

빈곤가정은 빈곤하지 않은 가정에 비해 아동학대나 방임 사실의 노출이 더욱 빈번할 수 있기 때문에 빈곤가정의 아동학대와 방임 사실이 자주 확인되고 빈곤가정의 아동학대에 관한 보고서를 자주 제출하게 되는 예가 많다. 이들 빈곤가정의 아동들의 경우에는 국가가 설립한 공공시설, 예를 들어 병원이나 보건소의 응급실, 사회복지기관, 지역아동센터 등을 자주 이용하게 된다. 이때 공공기관의 전문가는 아동의 방임 사실에 대해서 동의하는 사람을 찾아내고 부모의 아동방임을 증명할 수 있는 증거들을 확보하여 아동학대 사실을 아동복지전문기관에 보고하는 일에 적극적으로 관여한다.

그러나 앞의 사례에서 소개하고 있는 바와 같이 때로는 가정의 경제적인 빈곤 상태와 아동의 방임을 구분하지 못하는 경우가 많은데, 이와 같은 잘못된 인식으로 부모가 아동에게 학대를 가하고 있는 것으로 잘못 오해할 수 있다. 사회복지사는 아동의 경제적인 상황이 아동의 학대와 방임에 대한 영향을 미치는 데 결정적인 요인이 되지 않도록 하는 것이 매우 중요하다.

다음의 두 가지 예를 통해 살펴보자.

사 례 **아동방임**

김 선생은 전문 사회복지사이며, 가정보호서비스 기관에서 일하고 있다. 사회복지사의 책임 가운데 하나인 클라이언트의 가정을 방문하여 개인 가정서비스를 지속하는 문제에 대한 욕구를 확인하는 것이다. 어느 날 사회복지사는 노부부가 살고 있는 집을 방문하였다. 노부부의 집은 도시의 저소득 주민들이 많이 모여 사는 곳이었다. 노부부의 집 이웃에 학령기 전 연령의 아동과 아동의 젊은 엄마가 살고 있는데, 이 엄마가 종종 아이들만 집에 남겨둔 채 집을 비운다는 사실을 알게 되었다. 아이들의 위생상태는 불량했으며, 아동의 식생활도 매우 불규칙하게 이뤄지고 있음을 확인하였다. 아이들의 엄마는 20대 초반으로, 종종 술을 마시고 컴퓨터 게임을 위해 아동을 방임하는 경우도 있음이 확인되었다.

- 이 사례가 아동방임 사례인가?
- 아동의 보호자인 부모의 독특한 양육방식으로 생각할 수 있겠는가?
- 이 사례가 전형적인 도시빈민의 경제적인 취약 상태라고 할 수 있겠는가?

사 례 **아동학대**

김 선생은 전문 사회복지사이며, 경제적으로 부유한 지역에 위치한 고급 아파트에 살고 있다. 사회복지사는 지난 4개월 동안 자신과 같은 아파트에 살고 있는 한 젊은 여성이 학령 전 연령의 두 아동과 함께 살고 있음을 알고 있었다. 그 젊은 여성은 항상 깔끔하게 옷을 입고 있었고, 매일 아침 아동돌보미가 그 집을 방문하여 아동을 돌보고 있다. 최근에 사회복지사는 이 여성의 아동들에게 관심을 가지기 시작하였다. 그 이유는 아파트 재활용품을 수집하는 날 그녀의 집에서 나온 재활용품의 대부분이 술병으로 일반가정집에서 배출되는 재활용품으로 보기에는 너무 많은 술병이었다.

이후 사회복지사는 그녀와 그녀의 아동들에게 좀 더 관심을 보이기 시작하였다. 그 결과 아동의

> 엄마는 알코올중독으로 치료를 받은 사실이 있고, 술이 취한 상태에서 아동에게 폭력을 가해, 얼마 전에 아동이 병원치료를 받은 사실을 알게 되었다. 아동학대 사실을 좀 더 정확히 확인하기 위해서 사회복지사는 지역주민을 만나 그 가족에 대한 이야기를 들을 수 있었다. 주민들의 진술에 의하면 자주 아이들이 소리 지르고 심하게 우는 소리를 들을 수 있었다는 것이다. 오늘 아침 사회복지사가 이들을 복도에서 보게 되었는데, 4세 된 아이의 팔에 검은 피멍자국을 보았고, 아이들의 위생상태는 불량하였다. 아이들의 상처는 엄마에 의해 가해진 것이 아닌가 하는 의심이 들었다.
> - 이 사례를 아동학대 사례로 볼 수 있겠는가?
> - 이 사례를 보호자의 아동양육방식의 다양성으로 볼 수 있겠는가?

위에서 소개한 두 가지 사례와 관련하여 다음과 같은 질문을 할 수 있다.

- 각 사례에서 사회복지사는 어떤 방향으로 행동을 취할 수 있는가?
- 사회복지사는 이 두 사례에 대해 아동학대의 의심 사례로 보고할 것인가?
- 만약 사회복지사가 보고하기로 결정한다면, 그 이유는 무엇인가?
- 만약 사회복지사가 보고하지 않기로 결정한다면, 그 이유는 무엇인가?

(2) 아동학대의 의무보고와 윤리적 갈등

아동복지법 등의 법령에서 아동학대 신고를 의무화하고 있을 뿐만 아니라 아동은 보호되어야 할 권리가 있기 때문에 학대 상황에서 구출되어야 하는 것이 사실이지만 아동학대 사실의 폭로는 모든 가족 구성원의 기능을 위험에 빠뜨리는 것이며 폭력의 가능성을 증가시키고 아동보복이라는 위험 상황에 처할 수 있다. 특히 성학대와 관련해서는 아동 성학대에 대해 임상적인 예감이나 직감이 의심되더라도 법적 효력을 지닐 만한 명백함을 입증하기 어렵기 때문에 성학대의 혐의로 이들 단서들이 정당화될 수 있는지 결정상의 어려움을 겪는다. 그리고 아동학대의 의무보고는 아동 성학대가 발생했다고 믿을 만한 충분한 이유가 있을 때 그 아동·청소년과 나누었던 비밀을 깨뜨려야 함을 의미하기 때문에 사회복지사로 하여금 담당 아동과의 신뢰가 깨질 수 있는 상황에 놓일 수 있다.

아동복지법 제26조 2항은 직무상 아동학대를 알게 된 즉시 신고할 것을 의무화하고 있는데, 이러한 강제적인 법조항은 때때로 아동학대 업무를 다루고 있는 사회복지사로 하여금 윤리적 딜레마에 봉착하게 한다. 아동학대 의무보고의 윤리적 쟁점으로서, 아동학대를 보고하는 것이 아동의 안전을 보장하는 것인지 아니면 오히려 상황을 더 악화시켜서 아동을 해롭게 하는 것인지에 대한 판단 사이에서 갈등을 겪는다.

① 피학대 아동이 아동학대 조사과정상 겪게 되는 이차적 피해

피학대 아동을 조사하는 것은 아동학대에 대해 인식·개입하고, 예방한다는 점에서 사회적인 차원에서의 이점이 있고, 정신적 혹은 물질적 서비스를 제공받는다는 점에서 개인적인 차원에서의 이점이 있지만, 반면 윤리적인 차원에서 조사대상자인 피학대 아동이 아동학대 조사를 거치면서 받게 되는 이차적 외상을 고려해야 하는 문제가 있다.

② 피학대 아동의 격리보호

피학대 아동의 격리보호 역시 아동의 학대 업무수행 과정상에서 첨예한 윤리적 쟁점이 제기되고 있다. 아동의 학대가 가정에서 일어난 것이어서 부모에 대한 지속적인 학대 위험이 있을 경우, 피학대 아동의 보호는 담당 사회복지사가 고려해야 할 부분 중 가장 큰 비중을 차지하게 된다. 따라서 아동학대 담당 사회복지사는 아동의 가족을 존중하면서 아동을 원가정 내에서 보호하게 할 것인지, 그렇지 않으면 학대상황에 노출되어 있는 가정으로부터 분리시켜 격리보호를 시킬 것인지 고려해야 한다.

③ 비밀보장

학대받은 아동에 대한 개입에서도 사회복지실천에서 보편적으로 존중되고 있

는 비밀보장의 쟁점은 중요하지만, 피해자와 더불어 가해자도 클라이언트인 점과 '학대'라는 사건이 법적인 처벌과 연결될 수 있다는 점에서 비밀보장에 대한 윤리적 쟁점은 특별하게 고려되어야 한다.

④ 자기결정권

사회복지실천은 인간 존엄성에 목적성을 두고 있으므로, 클라이언트가 스스로 무엇을 원하고 어떻게 하기를 바라는지에 대한 권리인 자기결정권을 존중해야 한다. 그러나 사회복지실천에서 당연시되고 있는 자기결정권에 대한 쟁점은 아동학대 업무에서 윤리적인 이유로 인해 절대적인 원칙으로 존중받을 수 없는 경우가 많다. 왜냐하면 클라이언트인 피해아동은 치료개입 여부를 포함하여 자신의 인생을 선택하고 통제하는 자기결정권을 갖고 있지만 아동보호서비스를 클라이언트의 자기결정권으로 존중할 수 없는 상황이 많다. 미성년자인 아동은 법적으로 발달상의 관점에서 성인과 다르게 고려되기 때문에, 예를 들어, 아동을 실제로 양육하면서 많은 지배력을 가지고 있는 부모가 아동을 학대하거나 방임한 가해자인 경우, 법적인 처벌을 받지 않으려고 아동에게 치료개입을 받지 않을 것을 '아동의 자기결정권'인 것처럼 강요할 수 있다.

⑤ 고지된 동의

비밀보장과 관련해 살펴본 윤리적 쟁점으로는 고지된 동의(informed consent)의 쟁점이 있다. 고지된 동의란 현재의 클라이언트 또는 앞으로 클라이언트가 될 가능성이 있는 자로부터 정보를 수집하거나 서비스를 제공하고자 할 때 클라이언트로부터 반드시 사전동의를 얻어야 한다는 원칙으로, 현재 사회복지실천에서 강조하고 있다. 부모를 피학대 아동의 대리동의자로 삼을 수 있는지, 그렇다면 아동을 학대한 가해자 부모의 동의도 받아야 하는지에 대한 윤리적 쟁점이 제기된다.

사 례 **아동학대인가 혹은 아동양육방식인가?**

8세 아동(남)은 수시로 엄마의 지갑을 뒤져 돈을 훔친다. 그리고 종종 학교에서 다른 학생들의 물건을 훔쳐 집으로 가져오곤 한다. 아동에게는 도벽뿐만 아니라, 지속적인 거짓말로 주변의 사람들을 당황하게 만들고 있다. 아동의 부모는 아동의 도벽과 거짓말을 고치기 위해 아동에게 여러 종류의 체벌을 가하고 있다. 예를 들어, 한 겨울에 아동을 밖에 세워두기, "나는 거짓말쟁이입니다."라고 쓴 피켓을 들고 동네 한 바퀴를 돌게 하는 등의 벌이다.

- 이러한 행동은 부모의 양육방식인가?
- 이러한 행동은 아동학대인가?
- 아동복지 담당 사회복지사는 어떻게 윤리적으로 개입할 수 있을까?

사회복지의 주 대상은 사회적 약자이며, 우리 사회에서 가장 쉽게 생각할 수 있는 사회적 약자는 노인, 아동, 장애인을 들 수 있다. 이 가운에 사회복지에서 윤리적 딜레마에 관한 문제를 다룸에 있어서 '학대 피해자인 아동'을 통해 천부적 권한이라 불리는 '친권'과 사회적 약자로 자기결정권을 행사할 수 없는 '아이의 행복추구권'의 윤리적 딜레마 충돌을 살펴본다.

사 례 **아동부모의 친권과 아동의 행복추구권**

김 씨 부부는 어린 나이에 아이를 낳아 아이의 고모와 함께 살며, 아이의 양육의 대부분을 고모에게 맡겼다. 아빠와 엄마는 아이를 책임지지 않고 방치하며 지내다 결국 이혼하였다. 이후 미혼인 고모가 약 2년간 아동을 양육하였다. 어느 날 아이 부모는 재결합한다고 하면서 아이를 데려가기를 원했다.

고모는 아이를 계속 양육하기를 원하였으나, 친권자인 부모가 양육하고자 하여 어쩔 수 없이 아이를 보낼 수밖에 없었다. 하지만 아이의 부모는 재결합하지 않았고, 따로 살며 아이는 엄마가 양육하였다. 그러나 아이의 엄마는 여전히 아이를 방치하였고, 심지어 아이는 원인을 알 수 없는 뇌출혈로 사망에 이르게 되었다.

- 이 상황에서 사회복지사가 아이의 친권자인 부모가 아이를 양육하고자 할 때, 이를 막을 수 있겠는가?
- 부모가 아동에 대한 양육 능력이 부족하고, 또한 양육에 대한 책임감이 없는 것이 확실한 상황에서 부모(친권자)에게 아동을 보내야 하는가?
- 부모의 친권보다 아동의 생명권 혹은 삶의 질과 행복권을 우선할 수 있는 다른 대안은 없는가?

다음은 또 다른 아동학대 사례인데, 보호자의 '친권'으로 인해 사회복지사의 개입에 어려움을 경험하고 있는 딜레마 사례이다.

사 례 **보호자에 의한 아동의 학대**

아름이(5세, 여아)는 아버지와 오빠와 함께 살고 있으며, 아름이네 가족은 국민기초생활보장 수급자이다. 아름이 아버지는 술에 취해 지내는 날이 많았고, 남매는 옷을 제대로 갖추어 입지 못했으며 끼니를 거르는 일도 잦았다. 아버지는 상담 시, 다니던 봉제공장에 부도가 나서 3년 전 실직했고, 1년 전에 생활고 때문에 이혼하였으며, 집안일과 남매 양육에 대한 어려움을 호소하였다. (중략) 아버지는 여전히 일을 하려는 의욕을 보이지 않았으며 점점 술에 취해 지내는 날이 많았고, 한부모이자 기초생활수급자로서 겪는 자기 자신의 어려움에 대해서 더 많은 이야기를 나누고 싶어 했다. 괴로움을 잊기 위해서 술을 마시며, 술기운에 아이들을 때린 적도 있다고 고백하였다. 하지만 알코올 상담이나 치료는 거부하였다. 사회복지사가 아버지를 단주모임으로 이끌었으나, 몇 번 나가다 말았고 최근에는 혼자서 성경책과 단주교본을 읽고 있다고 하였다.

어느 날 저녁 아름이의 오빠가 응급실에 실려 갔다. 사건은 지난 주 아내의 재혼 소식을 들은 아버지가 상상도 못했던 일에 충격을 받은 상태였고, 아이들이 조용히 하라는 아버지의 말을 듣지 않자 화가 나서 순간적으로 큰 아이에게 손을 댔는데 아이가 쓰러지면서 벽에 머리를 찧은 것이다. 병원 응급실로 갔고 검사결과 다행히 머리에 혹이 생긴 것 외에는 별다른 이상이 없다고 하였다.

사회복지사는 아름이 아버지에게 아이가 심각한 손상을 입을 수도 있는 상황이었음을 상기시켰으며, 술 문제를 포함한 여러 어려움들에 대해서 전문가의 원조가 필요함을 알렸다. 그러나 아름이 아버지는 그 동안 상담을 통해 큰 도움을 받고 있으며 반성도 많이 하고 있으니 앞으로는 그런 일이 절대로 없을 것이라면서 전문가의 원조를 거절하였다.

- 이 상황에서 사회복지사의 윤리적 실천은 무엇인가?
- 아동들의 유일한 보호자이며 친권자인 부친의 양육권과 아동학대에 대한 사회복지실천상의 개입이 충돌하는 상황에서 사회복지사는 어떻게 해야 하는가?

3. 위기아동의 보호서비스

아동보호서비스와 관련하여, 현재 부모의 이혼, 별거, 질병에 따른 보호자 역할

부재, 약물중독, 경제적인 빈곤 문제 등의 다양한 이유로 인해 위기가정이 늘어나면서 가족해체 현상이 심각해져 점진적으로 위탁보호서비스를 제공받고 있는 아동의 수가 증가하고 있다. 아동복지를 담당하는 사회복지사가 위탁보호 상태에 있는 아동들을 위한 영구적인 양육 주거지를 마련하는 것과 관련하여 또 다른 어려운 결정을 해야 하는 일에 직면하고 있다. 1990년 이후에는 아동의 위탁보호를 위해 조부모를 비롯한 친척에게 아동을 보내는 것이 늘어나고 있다.

이 밖에도 현재 각종 질병, 부모의 말기 암이나 HIV/AIDS 감염과 각종 전염병 등으로 인해 또 다른 유형의 아동학대가 많은 아동들에게 발생하고 있다. 특히 아동을 보호하고 있는 조부모에 의한 학대가 늘어나고 있는 상황이다. 이러한 문제의 심각성을 이해하고 예방하기 위해 더 많은 사회복지사들은 아동의 양육을 맡고 있는 조부모를 대상으로 아동양육으로 인한 스트레스 관리를 위한 개별치료나 집단치료 서비스를 개발하고 있으며, 동시에 아동양육에 관한 교육프로그램을 제공하고 있다.

또한 사회복지사는 아동을 위한 옹호활동에 적극 참여하고 있다. 사회복지사는 특별히 친척집 등에 위탁보호 되는 아동의 경우, 또는 다문화 가정의 아동으로서 다른 언어적인 특성과 문화를 가진 아동의 생모가 더 이상 아동을 양육할 수 없는 상황에 처하는 경우, 사회복지사는 이들의 친척이나 가족과 연관을 맺고 아동이 가족 내에서의 생활을 온전히 유지할 수 있도록 다양한 옹호활동을 전개하고 있다. 이 밖에도 고려해 볼 수 있는 상황으로서, 때로는 아동을 아동의 친척집에 맡길 때 이상적인 환경이 아동에게 제공되기보다는 오히려 기대한 바에 못 미치는 결과를 가져오는 경우이다. 아동의 부모가 아동학대의 가해자로 확인되는 경우가 많은데, 아동을 친척집에 위탁하는 경우에는 학대를 가하는 부모가 아동을 다시 만날 수 있는 상황이 지속되기 때문이다.

사회복지사가 아동의 친척에게 아동을 위탁하려는 필연적인 노력은 아동이나 가족 모두 친족관계의 집단체계 안에서 가능한 함께 결속하도록 하는 일이 당연하며, 동시에 아동의 양육환경으로서 친족 양육이 가장 바람직한 결과를 가져올 것이라고 믿는 신념 때문이다. 다시 말해 아동양육에 있어 아동이 가족과 연결되고 지속적으로 가족을 유지하는 것이 아동에게 가장 좋은 환경이 될 것이라는 우리의 믿음이 이와 같은 결정을 내리는 데 영향을 미치는 주된 이유이다.

대체로 아동을 위탁가정에 맡기는 경우에 윤리적인 딜레마를 경험하게 되는데, 간혹 아동을 친척에게 맡기는 경우에도 위탁가정에 보낼 때와 유사한 윤리적 딜레마를 경험하게 된다. 이처럼 아동의 위탁 문제와 관련하여 윤리적으로 결정해야 하는 복잡한 상황이 아동복지 결정 과정에서 증가하고 있기 때문에 이에 대한 관심을 기울여야 한다. 아동복지를 담당하는 사회복지사는 위탁가정에서 아이를 보호하는 문제, 친척집에 아이를 맡길 것인지, 혹은 아동의 생모에게 아이를 돌려보내야 할 것인지 등 여러 가지 측면에서 어려운 의사결정을 해야만 한다.

다음은 김 씨 부인과 4명의 아동의 보호에 관한 사례이다.

사 례 **아동양육**

클라이언트 김 씨(33세)는 마약 복용과 아동학대의 혐의를 받고 네 자녀를 위탁가정에 보내야 했다. 네 아이들은 각기 다른 위탁가정에 보내졌다. 아들 철수(12세)는 학습장애로 진단되었으며, 학교에서 문제행동을 보여 왔다. 다행히 위탁부모는 철수의 특별한 문제와 관련되어 매우 적절한 사람으로 생각되었다. 그러나 철수는 이 위탁가정에서 잘 적응하지 못하고 있는 것을 파악된다. 영희(10세)는 매우 조용하다. 그러나 과거 엄마의 동거남으로부터 성폭행 피해가 의심되는 아동이다. 사회복지사는 위탁부모로부터 영희에 관한 어떠한 불만도 듣지 못했다. 영수(5세)와 하나(2세)는 동일한 위탁가정에 보내졌는데, 두 아동 모두 현재 머물고 있는 위탁가정에 잘 적응하고 있는 것으로 보고되고 있다.

아동들을 위탁가정에 보낸 이후, 김 씨는 약물치료 프로그램에 등록하고, 정기적으로 프로그램에 참여하여 치료를 받고 있는 것으로 보고되었다. 사회복지사가 우려하는 것은 김 씨가 마약을 다시 시작하는 경우이다. 최근에 김 씨는 마약을 판매하는 사람과 가깝게 지낸다는 이유로 경찰에 의해 연행되었는데, 충분한 증거 없이 다만 약물치료 프로그램을 중단했다는 이유만으로 구속할 수 없어 구속은 면했다.

아동복지기관의 정책은 18개월 내에 아동을 영구적으로 함께할 가정을 결정해야 한다. 한 가지 대안은 아동의 생모에게 아이들을 돌려보내는 것이다. 또 다른 대안은 현재 60대인 외할머니와 함께 지내도록 하는 것이다. 다행히 외할머니는 네 명의 아이들 모두를 맡아 양육 책임을 감당하려는 의지를 보였다. 그러나 아동의 외할머니는 얼마 전에 무릎수술을 받고 회복 중에 있기 때문에 아이들을 선뜻 보낼 수 있는 상황은 아니었다. 김 씨는 자신의 친정어머니와 오랫동안 갈등관계에 있었다. 김 씨의 생각은 자신의 어머니가 자녀를 맡아 키우는 일이 적절하지 않다고 생각하고 있다. 현재 아동의 외할머니는 주택개발이 이루어지고 있는 지역의 작은 평수의 아파트에서 24세인 발달장애인 아들을 돌보면서 살고 있다.

- 아동의 외할머니는 아동양육에 관한 강한 의지를 가지고 있으나, 현재의 상황은 매우 열악하다. 그럼에도 가족이라는 이유로 아동을 위탁하는 것이 과연 윤리적인 실천이라 할 수 있겠는가?
- 아니면 네 명의 아동을 각기 다른 위탁가정이나 입양가정으로 보내는 것이 윤리적인 실천이라 할 수 있겠는가?
- 이러한 상황에서 윤리적인 쟁점은 무엇이고, 어떻게 하는 것이 사회복지사의 윤리적인 의사결정을 가능하게 하겠는가?

4. 입양

모든 아동은 건전한 가정에서 양육되고 보호·육성되어야 한다. 이것은 아동의 가장 기본적인 권리이자 국가·사회와 가정의 책임이다. 이러한 기초적인 권리를 보장받지 못하는 아동에 대한 사회복지 차원의 대책 가운데 하나가 바로 입양제도이다.

아동의 양육과 관련해서 아동이 영구적으로 머물고 양육받을 수 있는 가족적인 환경의 주거지를 결정하는 데 '입양'이 대안으로 떠오르고 있다.

참고

입양특례법 개정 취지와 주요 내용

친부모에게서 양육될 권리를 최우선으로 보장하고, 입양절차가 아동의 복리를 중심으로 이루어지도록 패러다임 전환

- 2011.8.4 입양특례법 전면개정(2012.8.5. 시행)
- 주요 법 개정 내용

1. 입양숙려제(친부모의 입양동의는 영아출생 7일 후부터 가능)
2. 출생신고 의무 및 가정법원 허가제(입양을 원하는 친생부모의 영아출생신고 의무화 및 양부모의 가정법원 허가신청 의무화)
3. 양부모 자격기준 강화(범죄 경력조회 및 교육이수 의무화)
4. 국내입양 우선추진제 법제화
5. 입양정보 공개청구권 보장
6. 입양가정 사후관리 강화

〈입양특례법률 관련 쟁점〉

- 법 개정 후 현장변화와 사회적 현안으로서는 이상적인 법 취지가 오히려 합법적인 입양을 저해하고 영아를 유기하는 부작용 초래한다.
- 문제해결을 위해서는 법 시행과정의 과도기적 부작용을 해소하고 공개입양 활성화 및 청소년 한부모의 사회적·심리적 부담완화 대책이 필요하다. 예컨대, 입양특례법 재개정(청소년 한부모의 입양숙려기간 단축허용 및 출생신고의무제외, 장애아동의 국내외 입양동시추진 등), 공개입양 활성화를 위한 국민인식개선, 청소년 성교육 강화를 통한 유기아동 발생예방, 이 밖에도 공개입양 가족에 대한 격려사업(예, 입양축하금 지급, 입양숙려기간 상담사 매칭을 통한 미혼모 직접양육 유도, 입양우수사례집 발간, 언론 홍보 및 캠페인 활동을 통한 인식개선 등)이 필요하다.

입양 서비스를 담당하는 사회복지사는 여러 종류의 윤리적인 딜레마에 접해 있는데, 그 예를 살펴보면 다음과 같다.

사 례 입양아동의 친부모 찾기

한 선생은 전문적인 아동복지기관의 입양 담당부서에서 지난 20여 년 동안 일해 온 사회복지사이다. 22년 전 강 씨 부부에게 아동을 보낼 때의 일이다. 입양 당시 입양기관의 담당 사회복지사는 입양부모에게는 입양자녀에 대한 최소한의 정보만을 주었다. 또한 사회복지사는 입양부모에게 자신들이 입양한 아동에게 입양 사실에 대해 공개적으로 알리는 것이 어떻겠느냐고 의견을 제안하고 이들 부부를 격려하였다. 따라서 강 씨 부부는 입양한 딸 옥희 씨가 어렸을 때부터 입양 사실을 공개하였다. 옥희 씨는 자신의 입양 사실에 대해 처음에는 당황하였으나, 곧 자신의 정체성을 받아들이게 되었다.

현재 옥희 씨는 결혼하여 임신 3개월째인데, 자신의 친부모에 관해 알아보기 위해 사회복지사인 한 선생을 만나고 있다. 옥희 씨는 최근 염색체 이상 판정을 받았고 태어날 아기가 이러한 위험한 증상을 가지고 태어나는 것이 아닌가 하는 것에 대해 알아보려는 상황이다. 어느 정도의 위험이 존재하고 있을지라도, 출생 시 감염을 최소화하기 위해서는 부모에 대한 치료를 시작하는 것이 필요하다고 생각되었기 때문이다. 클라이언트 옥희 씨의 남편은 이 장애와 연관되는 퇴행유전자 검사에서 양성반응을 보였으나, 옥희 씨는 음성반응을 보였다. 이 질환은 종종 한 세대를 건너뛰어 나타나게 된다고 알려져 있다. 따라서 옥희 씨 조부에 대한 건강기록 등을 알아보는 것이 중요하다.

– 옥희 씨가 자신의 친부모에 관해 알아보기를 원한다면, 사회복지사는 옥희 씨에게 친부모에 관한 정보를 알려 주어야 하는가?

위 사례에 윤리적인 의사결정과정을 적용시켜 보면 다음과 같다.

① 첫 번째 단계에서는 사례와 관련된 사람들의 가치를 살펴본다.

사회복지사는 현 시점에서 옥희 씨가 친부모와 접촉해야 할 상황을 인식해야 한다. 현재 옥희 씨는 성인으로서 자신의 개인적인 권리가 있으며, 자신의 친부모를 찾는 일을 스스로 결정할 수 있다.

사회복지사 한 선생이 일하고 있는 기관의 입양가족 정책에 의하면, 사회복지사는 강 씨 가족에게 아동에 관한 좋은 면, 즉 긍정적인 이야기만 들려주어야 한다. 사회복지사도 자신이 담당한 사례에 대해서 입양아동의 긍정적인 사실을 정확하게 알렸으며, 또한 아동의 사적인 정보나 원 가족관계와 관련한 사실에 관해서는 가급적 언급하지 않았으며 언급할 필요가 있다고 생각되는 순간에 아동에 대한 긍정적인 면만을 알려 주었다.

사회복지사는 법률적으로 입양기록을 공개하는 일이 가능하다. 사회복지사는 이 사실을 알고 있음에도 아동의 친모에 대한 접촉을 최소한도 내에서 하는 것이 입양과 관련한 모든 사람들에게 최선의 방법이라고 생각하고 있다. 따라서 사회복지사는 옥희 씨와 그의 입양부모와 함께하는 전문적인 일에 대립이 되는 자신의 개인적인 가치가 반영되어서는 안 된다는 것을 알고 있었다.

사회복지사의 전문적인 가치는 서비스 제공을 중요하게 생각하는 것이다. 사회복지실천은 모든 인간의 가치와 존엄성에 대한 존중을 강조하고, 또한 인간관계의 중요성을 강조하고 있다. 사회복지사는 만약 모든 부분의 서비스가 제공되기 위해서 노력한다면 아마도 갈등이 생겨나는 것이 아닌가 하는 우려를 하고 있다.

본 사례의 클라이언트는 다중적이다. 클라이언트는 옥희 씨를 비롯하여 그녀의 친부모, 입양부모, 그리고 옥희 씨의 태어날 아이 등으로, 이 중 누구의 가치와 누구의 욕구를 최우선으로 고려해야 할 것인지, 사회복지사는 윤리적 가치의 우선순위를 먼저 생각해 봐야 한다.

클라이언트는 자신의 친모를 찾는 일을 매우 원하고 있다. 사실상 클라이언트는 사회복지사를 완전히 신뢰하고 있다. 클라이언트는 청소년기에 가끔 자신의 생모를 찾는 문제에 깊은 관심을 보였는데, 이러한 시도가 자신을 입양한 부모에게 상처를 주는 것이 아닌가 하는 두려움도 함께 가지고 있었다. 옥희 씨의 입양부모는 옥희 씨가 친모를 찾는 일에 대해 염려하고 있는데, 그 이유는 옥희 씨가 자신의 친모와 만난 후 좋은 일이 생길 수도 있겠으나, 혹시라도 좋지 않은 일이 생겨 자신의 양녀가 상처를 받지 않을까 하는 우려를 하고 있기 때문이다.

한편 사회복지사는 클라이언트의 친모가 자신의 출산과 아동입양에 대한 모든 경험을 완전히 잊고 새로운 삶을 살고 있다는 사실을 알고 있다. 반면에 옥희 씨는 자신의 친모에 대한 생각에서 완전히 벗어날 수 없는 것을 알고 있다. 다시 말하면 친모는 과거를 생각하고 싶지 않은 상황이고, 그녀의 딸인 옥희 씨는 지금이라도 친모 만나기를 원하는 상황이다. 이러한 상황에서 사회복지사는 윤리적 딜레마를 경험하게 된다.

참고 아동입양 사업의 변화

지난 30년 동안 아동복지와 관련하여 세 가지 중요한 변화가 있었는데, 이 세 가지 사항에 입양기록의 공개에 관한 내용도 포함되어 있다.

1. 공개입양은 대부분의 유럽 국가들에서 이루어지고 있는 제도이다. 한편 한국에서도 입양기록에 대한 공개가 이루어지고 있다.

2. 법적으로 인공유산이 허용되지는 않고 있으나 낙태시술이 증가하고 가족계획이 향상됨에 따라 입양 가능한 아동의 출산이 줄고 있다. 또한 현재는 한부모가정의 부모들이 자녀들을 입양 보내기보다는 함께 살면서 보호하는 경향이 늘어나고 있는 추세이다. 또한 아동의 영구적인 가정을 마련하는 계획을 세우도록 제도가 마련되고 있고, 가급적 어린 나이의 아동이 영구적인 가정에서 부모의 보호와 양육을 받도록 하는 것을 강조하고 있다. 따라서 후기 아동기에 속한 아동에 대한 입양에 영향을 미치고 있다. 성장한 아동의 경우에는 자신이 성장한 첫 번째 가정에 대해 기억하고 있고, 공개적인 입양제도에 의해 자신들의 입양기록을 볼 수 있어, 입양아동의 심리적·정신건강적 측면에서 오히려 도움이 되는 것으로 평가되고 있다.
3. 유전상담을 통해 아동의 유전적인 특성과 가족의 배경에 관한 지식을 갖도록 하여 아동입양은 더욱 중요하게 인식되고 있다. 만약 사람들이 어떤 특정한 질병에 대해 유전적으로 병에 걸리기 쉬운 소질에 대해 알고 있다면, 예방 목적의 치료를 받을 수 있다. 본 사례에서도 클라이언트 옥희 씨는 임신한 상태이다. 만약 태어날 아이의 태아기 때부터 치료가 필요한 경우에는 가능한 치료를 받을 수 있을 것이다.

② 두 번째 단계는 사례와 관련된 법률 및 강령, 규정들을 살펴보는 것이다.

사회복지사 윤리강령에서는 일반적인 사회복지실천 기준에 초점을 맞추고 있을 뿐, 아동의 입양에 관한 기준을 제시하지 못하고 있다. 다만 클라이언트의 비밀보장 등 아동입양에 적용이 가능한 규정을 제시하고 있을 뿐이다.

클라이언트의 비밀보장에 대한 개념은 상당히 관련되어 있다. 입양기록은 비밀보장이 되어야 하는가? 사회복지사는 옥희 씨가 입양되던 22년 전에 친모에게 비밀보장에 대해 약속하였는가? 역시 입양부모에게 입양아동과 친모가 접촉하지 않을 것이라고 약속하였는가?

사회복지사 윤리강령은 클라이언트의 비밀보장을 강조하며, 동시에 각각의 상황에 따라서 클라이언트의 비밀보장에 제한을 받을 수 있음에 대해서 명시하고 있다. 따라서 법률에 의하면 입양기록에 대한 정보를 공개해야만 한다. 사회복지사 윤리강령 역시 사회복지사가 강 씨 가족, 옥희 씨 그리고 생모 등과 함께 일을 하는데 각기 다른 클라이언트 관심에 대한 잠재적인 갈등이 있을 수 있다. 사회복지사 윤리강령에서는 사회복지사는 클라이언트와 함께 일하면서 각각의 어떠한 갈등이라도 최소화하기 위해 적절한 행동을 취해야 하고 각 부분에 해당하는 역할을 명확하게 할 윤리적인 책임이 있다고 명시되어 있다.

③ 세 번째 단계에서는 가능한 가설들을 제시하고, 가설 각각의 강점과 약점을 고려하여 윤리적인 선택이 가능하도록 돕는다.

이때 본 사례에서 사회복지사는 두 가지 행동의 방향 가운데 한 가지를 선택할 수 있다. 사회복지사는 입양기록이 봉인되어 있기 때문에 클라이언트 옥희 씨에게 어떠한 정보도 공개할 수 없음을 알리는 일이다. 이 경우, 최근 법원의 결정을 따르지 않고 반대 행동을 취하게 되는 것이다. 입양부모인 강 씨 가족에게는 아마도 기쁜 일이 될 것이다. 왜냐하면 강 씨 가족은 친부모와의 접촉을 제한하는 것을 원하고 있기 때문이다. 그러나 클라이언트는 양부모의 의견과 차이가 있어 아마도 친부모와의 접촉을 제한할 때 매우 실망스럽게 생각할 것이다. 이 경우 클라이언트는 자신의 친모에 관한 정보를 확인하는 일이 불가능해질 것이고, 그렇게 되면, 옥희 씨 건강과 태어날 아이의 건강에 도움이 되는 정보를 얻어내지 못하게 될 것이다.

두 번째 가능한 행동은, 사회복지사가 클라이언트 옥희 씨에게 입양기관이 옥희 씨의 친모에 관해 알고 있다는 사실을 알리는 것이다. 옥희 씨는 현재 22세의 성인이지만 옥희 씨가 자신의 친모에 대한 정보를 접하고 자신의 친모를 발견했을 때 심리적으로 어쩌면 어려울 수도 있다. 어떤 친모들은 자신의 임신과 출산 사실, 그리고 아동을 입양하기까지의 모든 사실을 비밀로 해 줄 것을 원하고 있고, 이들은 역시 자신들의 과거 일을 가능한 한 모두 잊으려고 노력하고 있다. 따라서 만약 친모의 지난 일들을 들추어내서 다시 생각하게 하는 일이 생긴다면 친모는 심리적으로 감당하기 매우 어려울 것이다. 그뿐만 아니라 입양아동의 친모가 살고 있는 곳을 알아낼 수 있다고 하더라도 이들로부터 유전적인 희귀질병을 확인하기 위해 관련 검사를 받는 일에 대해 동의를 얻어야 하는데, 이 문제 또한 쉽게 해결되지 않을 가능성도 염두에 두어야 할 것이다. 어찌 되었든 태아의 치료를 위해서는 친모의 유전적인 정보를 확인해야 하며, 그 결과에 따라서 클라이언트 옥희 씨가 임신 중인 아이에 대해서 치료를 시작해야 할 것이다. 현재로서 최우선적으로 고려해야 할 것은 옥희 씨의 태아에 대한 치료이며, 할 수 있는 모든 가능한 방법을 고려하여 앞으로 태아에게 발생될지도 모르는 심각한 선천적 장애를 예방할 수 있도록 해야 할 것이다.

④ 네 번째 단계에서는 앞의 가설들을 선택할 경우, 장기적으로 혹은 단기적으로 누가 이익을 얻고 누가 피해를 얻게 될 것인지를 고려한다.

본 사례에서 만약 클라이언트 옥희 씨가 자신의 친모에 대한 사실을 확인하게 되면, 옥희 씨와 태어날 아기에게 이득이 될 것이다. 중요한 한 가지 사실로서, 옥희 씨는 아마도 필요 없는 위험한 치료를 받지 않아도 될 것이다. 이와 더불어 클라이언트는 선천적 장애와 같은 특별한 문제를 가지고 있는 아이를 살릴 수 있게 될 것이다. 옥희 씨를 입양한 부모의 경우에는 자신의 손자녀가 장애아동이 되는 것을 원하지 않을 것이다. 그러나 양부모는 옥희 씨의 친부모가 옥희 씨에게도 영향을 미칠 것이고 자신들의 손자녀에게도 영향을 미칠 수 있을 것이라는 사실에 대해 우려하고 있다. 옥희 씨의 친모를 확인하는 일에 있어, 만약 옥희 씨의 친모가 자신을 밝히기 원하지 않을 경우에 친모를 확인하는 일은 친모에게 해가 될 것이다. 이 사례에서는 옥희 씨의 친모가 자신의 비밀보장을 조건으로 옥희 씨와 만났다.

⑤ 다섯 번째 마지막 단계에서 사회복지사는 슈퍼바이저나 동료에게 자문을 구하고, 최종적인 의사를 결정한다.

다행히 담당 사회복지사는 전문적인 입양기관에서 일하고 있었다. 사회복지사는 자신의 사례에 관해 주변의 동료와 슈퍼바이저와 함께 의논하였다. 지난해, 기관에서는 '윤리심의위원회'를 구성했는데, 윤리적인 딜레마에 대한 의논을 위해 정기적으로 회의를 개최하고 있다. 여러 분야의 전문가들로 팀을 구성한 위원회에서 사회복지사 한 선생은 옥희 씨 사례를 소개하였다. 전문가 팀에는 입양 분야에서 최근의 결정에 대해 알고 있는 법률가가 포함되어 있다. 사회복지사는 아동복지 및 아동입양과 관련된 법률을 이해하고 있어야 의사결정과정에 자유롭게 참여할 수 있다.

사회복지사는 다음과 같은 행동방침을 선택하였다. 사회복지사는 옥희 씨에게 자신이 알고 있는 옥희 씨의 친모에 관한 사실을 알려 주고, 옥희 씨를 아동입양기관에 의뢰하기로 하였다. 아동입양기관은 입양아동이 자신의 친부모를 확인하는 것에 관한 도움을 줄 것이다. 한 선생 역시 옥희 씨의 입양부모를 만나 이들에게 사회복지사가 결정한 내용을 알릴 계획과 옥희 씨가 친모를 찾는 동안 필요한 지원을 제공해 주기를 원한다는 것을 알릴 계획을 세웠다. 그뿐만 아니라 사회복지사는 옥희 씨와 지속적으로 접촉할 계획이다. 클라이언트 옥희 씨가 친모에 대한 조사를 진행하면서 동시에 친모의 유전자 검사와 필요한 치료를 받게 될 것이다. 치료가 진행되는 동안 사회복지사와 옥희 씨는 만남을 지속해야 할 것이다.

이상의 내용을 요약하면, 아동복지 분야에서 특히 친부모, 아동, 위탁부모, 그리고 입양부모들 간의 관심 내용이 서로 다르기 때문에 윤리적인 갈등이 존재한다. 따라서 아동입양과 관련한 윤리적 딜레마는 존재할 수밖에 없다.

다음에 아동입양 관련한 윤리적 딜레마 사례들을 소개하고 있다.

사 례 **아동입양과 파양**

결혼 후 양부의 불임으로 아이가 없었던 30대 후반의 김 씨 부부는 가족들의 합의 하에 아동입양을 희망하였다. 마침내 32주 조산으로 태어나 전반적으로 발육이 늦어 재활병원에 다니고 있었던 10개월 된 여자아이를 입양하였다. 부부는 입양아동을 정성을 다해 양육하였고, 지속적인 재활치료를 받으며 성장하였다. 3년 후 아동이 외로울 것 같아 두 번째 아동입양을 조심스럽게 생각하고 있었다. 두 번째 입양아동은 건강한 아동으로 원하였다. 2차 입양이 이뤄졌는데, 입양 당시 아동은 건강하였다. 입양 3개월 후 선천성심장판막증이라는 진단과 시신경장애가 있어 향후 시각장애인으로 살아가야 한다는 진단을 받았다. 첫째 입양아동에 이어 둘째 입양아동까지 중증장애아동인 것을 알고 양부모는 크게 충격을 받았다. 경제적으로 장애아동을 양육하고 보호하는 일은 매우 부담이 되는 일이며, 육체적으로도 장애아동을 돌보는 일은 힘겨운 일이다. 양부모의 경제사정도 예전에 비해 매우 어려운 상태이다. 현재 상황으로는 아동의 재활치료도 적절히 받을 수 없을지도 모른다. 부부는 둘째 입양아동의 파양을 조심스럽게 고민하게 되었다.
- 이 경우 사회복지사는 양부모와 입양아동들을 위해 어떻게 해야 할 것인가?

또 다른 아동입양 사례로 해외입양자의 친부모 찾기 사례이다.

사 례 **해외입양과 친부모 찾기, 비밀보장**

해외입양아인 선자 씨(여 30세)는 입양기관에서 개최하는 해외입양인 프로그램에 참가하기 위해 귀국한 후 친부모님을 찾길 희망하고 있다. (중략) 선자 씨의 호적은 일가 창립된 단독 고아 호적이었음에도 불구하고 어머니의 이름과 본적이 명시되어 있었다. 사회복지사는 어머니의 본적지에 어머니의 호적을 신청하였고, 경찰의 도움으로 현주소를 추적할 수 있었다. 그런데 호적상의 어머니는 선자 씨의 호적에 자신의 이름과 본적이 기재되어 있다는 사실조차 몰랐고, 상담결과 친모가 아니었다.

선자 씨의 서류에 기재되어 있는 다른 주소를 추적하였는데, 그곳은 아동보호시설이었다. 그곳의 기록에 의하면 선자 씨는 기아였고, 현재 친모의 추적이 불가능함을 알려 주었다. (중략) 사회복지사는 이런 상황에서 한 시설로부터 선자 씨의 친모를 찾았다는 연락을 받았다. 친모와의 상담결과 친모는 미혼모로, 18세 때 선자 씨를 낳고 바로 입양을 보냈으며, 현재는 결혼해서 잘 살고 있었다. 선자의 존재를 밝히게 되면 자신의 가정이 깨질까 두렵고, 입양 보낸 것이 미안해 선자 씨에게 다시 나타날 용기가 없다며 선자 씨에게 자신을 찾았다는 말을 절대 하지 말아 달라고 요청하였다.
- 이 경우 선자 씨가 입게 될 반복적인 상처를 고려해 볼 때, 사회복지사는 친모를 찾았다는 사실을 알려야 하는가?
- 이때 사회복지사의 윤리적인 실천은 무엇인가?

CHAPTER 7

의료사회복지현장에서의 윤리적 실천

의료사회복지현장의 학자와 실천가들이 윤리문제에 초점을 맞춰 노력하고 있음에도 불구하고 윤리적인 딜레마에 직면하는 등 지속적으로 문제가 제기되고 있다. 예컨대, 환자의 권리, 질병 유전인자를 타고난 신생아의 치료, 치료의 선택과 생명 중단의 결정, 치료에 대한 사전동의와 환자(클라이언트)의 법률적 대리인을 지정하는 것(advanced directives)과 안락사, 환자의 알 권리, 비밀보장, 장기공여, 환자의 욕구와 가족의 욕구 간의 가치충돌, 클라이언트 개인의 건강에 대한 신념과 문화적인 특성, 그리고 장·단기 사례관리에서의 클라이언트 자기결정권 등의 내용이다.

1. 건강·의료서비스에서의 윤리적 쟁점

생명의 존중은 그 어떠한 권리나 윤리적 가치에 앞서 있는 인간의 기본 권리로서, 생명연장을 위한 의료서비스 현장에서 정확한 이해와 인식이 필요하다. 또한 의료서비스의 사각지대에 놓여 있는 클라이언트의 '치료 받을 권리'는 공공 의료서비스 및 공공 지원망을 확대하고 제도적인 뒷받침을 통하여 그 지원 범위를 확충해 나가야 할 것이다. 그러나 환자가 '치료를 선택할 권리' 앞에서 당사자의 의사에 반하는 의료서비스는 인간의 존엄성과 개개인의 자기결정권에 중대한 문제를 야기하는 일로, 이러한 상황에 처해 있는 클라이언트의 윤리적 딜레마를 고찰하는 것은 보다 평등한 의료서비스 더불어 환자 중심의 의료서비스 개선에 도움이 될 것이다.

(1) 환자의 자율성 존중

현대사회는 개인의 자율성을 중요시하는 방향으로 변화되어 왔는데, 이에 부합하여 의사와 환자의 관계에서도 환자의 자율성을 존중하는 추세로 변화되고 있다.

참고 현대의 의사와 환자 관계와 환자의 자율성

현대에 와서는 의사와 환자의 관계가 계약관계로 변화되고 있는데, 이로 인해 의사가 환자의 질병을 치료하기 위한 모든 치료결정을 단독으로 하는 것이 어려워졌다. 그 이유는 현대 사회는 전문직이 과거에 비해 퇴조를 보이고, 개인의 자율성과 독립성을 그 어느 때보다 강조하고 있기 때문이다. 더불어 일반인들이 의료에 대한 전문 지식을 의사를 통해서만이 아니라 도서 및 인터넷 등을 통해서 알 수 있는 방법이 많아졌기 때문에, 환자는 의사에게 치료에 대한 모든 결정을 의존하지 않게 되었다. 또한 환자가 의사에 대해서 절대적인 믿음을 갖고 신뢰하기보다는 환자 자신이 피해를 입었다고 여기게 될 때는 과감하게 법적 소송을 제기하게 되었다. 그래서 의사는 단독으로 모든 치료에 대한 결정을 내리고 책임을 진다는 것에 다소 위험 부담을 안게 된 것이다. 따라서 의사 측에서나 환자 측에서 모두 환자 자율성을 존중해야 한다는 것으로 인식이 변화하게 된 것이다.

현대에 와서 의료기술의 발달로 치료 방법이 다양화되면서 질병을 치료하기 위한 치료방법을 결정하는 환자의 선택을 더욱 중요시하게 되었다. 그뿐만 아니라 가부장적 온정주의 관계에서는 환자와 의사는 관계없이 환자의 생명을 구하기 위해서 어떠한 치료 수단과 방법을 제공하더라도 문제시되지 않았지만, 이제는 환자의 의사에 반하는 치료 수단과 방법을 제공하는 것은 아무리 생명을 구하기 위해서라는 전제가 있더라도 경우에 따라서는 문제시된다. 따라서 환자가 자신의 의사를 밝히지 않은 상태에서 갑작스런 질병과 사고로 의사결정무능력자가 되었을 경우에 있어서도 치료결정에서 환자의 입장을 가장 중요시하여 대리결정을 하게 되는데, 이러한 대처 방안으로서 환자의 의사를 미리 표명해 놓는 사전의사결정제도를 의료에 도입하게 된 것이다.

(2) 말기 상태 환자의 삶의 질

과학의 발달과 함께 의료기술의 발전은 급성질환의 발생을 감소시켜 왔으나, 악성 신생물 등 각종 퇴행성 만성질환의 발생은 감소시키지 못한 것이 사실이다. 인공호흡기 등의 생명유지장치에 의존하여 무의미한 생명을 연장하고 있는 무의식환자가 증가하고 있다. 의식이 있더라도 말기 상태에 있는 환자들은 삶의 질이 저하된 상태에서 고통받고 있는데, 더욱이 말기 암 환자들은 항암치료의 발전으로 투병기간이 연장되어 죽음 직전까지도 항암치료를 계속하다가 죽음을 맞고 있다. 이러한 의료 현장 속에서 가족들과 의료인들은 죄책감에 빠지고 삶의 종료에 대한 딜레마를 겪는다. 가장 주요한 딜레마는 "말기 환자들에게 고통을 가중시키는, 생명 연장만을 위한 '무의미한 치료'를 언제까지 시행해야 하는 것이 옳은 것인가?"이다. 어느 시점에서는 "'무의미한 생명유지기술'을 제공하기보다는 임종을 준비할 수 있는 시간을 마련하여 '품위 있는 죽음'을 맞이하도록 보살펴야 하는 것이 아닌가?"라는 의문을 갖게 된다.

임종에 관한 딜레마는 '완화의료', '의학적 치료의 철회와 보류', '의사조력자살', '안락사'라는 쟁점으로, 유럽을 비롯한 서구 여러 나라에서도 법적 사건으로 사회적 관심을 일으켜 왔다. 각 나라에서는 이러한 법적 사건을 자국의 역사, 사회 가치, 경제 문화, 종교적 정체성, 그리고 최근 유력한 법적 철학을 통해 다루어 오고 있다. 관련 전문가들은 법의 견해를 분석하는 연구를 통해서 사회적 합의를 도출하는 데 기여하고 있으며, 의료진도 윤리적 의식을 갖고 적극적 활동을 하고 있다.

대부분의 나라들은 임종과 관련된 문제를 다루는 데 있어서 인간의 생명을 중시하되 삶의 질을 고려하여 환자의 자율적인 결정을 존중하는 입장으로 해결점에 접근하고 있다. 환자의 자율적인 결정을 존중하는 입장은 치료의 동의와 거절에서 모든 어른 성인이 (생명 구조, 또는 생명연장치료기술을 포함하여) 어떤 의학적 중재를 동의하거나 거절할 의식능력을 갖는다는 일반적인 규칙에 따른 것이다. 각 나라마다 임종에 대한 문제를 해결하기 위해서 이와 같은 일반적인 규칙에 따르는 입장으로 유사한 접근을 하고 있더라도 자국의 관점으로 다양한 반응을 보이고 있음을 알 수 있다.

2. 환자의 권리

개인의 권리를 강화시키려는 노력이 보건·의료 및 정신보건체계와 상호작용하면서 끊임없이 이어져 왔다. 현재 이러한 노력은 보건·의료비를 증가시키고 보건·의료서비스 및 재정 전달체계의 차원에서 발생되고 있다.

'보건의료에 있어 환자의 권리'는 그 범위와 복잡함에 있어 오랫동안 변화에 부딪혔다. 보건 당국은 시민의 한 사람으로서 환자 개인의 기본적인 헌법상의 권리의 보호와 함께, 보건 전달체계에 있어서의 개인의 자율성, 존엄성, 사생활의 권리 등을 포함하는 중요한 인본주의적 요소의 보호에도 관심을 가져야 한다. 보건체계의 소비자로서 개별 환자의 특정권리는 법률, 법원의 판결, 전문적인 기준, 그리고 공공의 입장 등에 의해 규정되어 왔다.

첫째, 환자 개인적 권리와 관련된 구체적인 기준은 다음과 같다.

- 존중되는 개별적 진료
- 진료 및 치료에 필요한 실험 혹은 연구프로젝트를 포함하는 환자 상태에 대한 정보

- 진료와 관련된 의사결정에 참여
- 정보에 대한 사적 자유 및 비밀보장 등

둘째, 환자의 여러 가지 권리 중에는 다음의 내용이 포함된다.

- 비용지불의 출처에 관계없이 입원 및 치료에서의 차별금지
- 불필요한 물리적·화학적 구속으로부터의 자유
- 모든 진료에 대한 정보 제공과 진료계획에 참여 권리
- 욕설, 성적·육체적·정신적 학대, 체형, 비자발적인 격리로부터의 자유
- 개인 소유권, 전화 및 사적 우편 이용의 권리, 그리고 입원하고 있는 배우자와 같은 방을 쓸 권리 등

다음은 환자의 권리의 주요 범주들이다.

(1) 차별금지

차별금지법 등은 의료-보건 시설이 인종 혹은 종족을 이유로 이용이 거부하는 것을 불법으로 간주하였다. 보다 최근의 환자의 권리보장 노력은 성별, 비용지불의 출처, 질병의 유형, 혹은 환자의 장애 정도와 관련하여 차별적인 이용 및 보호가 이루어지는 점에 주목해 왔다.

차별금지법의 요구에도 불구하고 보건 진료를 이용할 보편적인 권리는 현실적으로 존재하지 않는다. 의료계는 비용지불의 출처(예, 의료보험 혹은 의료보호제도)나 지불능력의 결여를 이유로 서비스 제공을 거부할 수도 있다. 제한된 수입 혹은 보험 미가입 환자는 종종 정기적인 의료진료 없이 지내며, 응급진료센터를 찾을 때 어떤 형태로도 차별을 당할 수 있다.

예를 들어, 후천성면역결핍증후군(AIDS) 환자의 경우, 치료에 차별을 가할 수 없음에도 종종 치료기관으로부터 거부당하기도 한다. 이 밖에도 외국인, 불법체

류자, 무국적자로서 질병으로 고통받는 사람들도 모든 의료기관으로부터 자유롭게 치료를 받을 권리에서 많은 제한을 받고 있는 상황이다. 이와 더불어 의료진은 정신적 질병을 가졌거나 가지고 있다는 이유로 환자의 신체치료를 거부할 수는 없다. 더욱이 통역사나 낭독자의 도움 등이 반드시 요구되는 청각 혹은 시각적 손상이 있는 사람들로 하여금 보건서비스에 참여하도록 해야 한다. 또한 법률에서는 모든 취업지원자들에게 그들 담당 부서의 직무와 관련된 기능을 어떻게 수행할 것인가라는 상황을 제외하고는 채용 전 신체검사나 신원조회를 금지하고 있다.

(2) 최소규제환경

최소규제환경 속에서 치료 혹은 진료받을 개인의 권리는 불필요하게 제도화된 진료로부터의 방어에 적용된다. 원래 정신장애인이나 발달장애인을 병원 혹은 훈련학교로부터 지역사회로의 배치하거나 가정 혹은 그들을 자신의 집으로 되돌려 보내는 운동이 이들에게 좀 더 자유로운 생활양식을 허용하고 또 그들의 재활과 재활교육에 기여하도록 구상되었다. 이로부터 발생되는 '탈제도화'로 알려진 부정적인 결과는 종종 개인적 특성에 부합하는 지속적인 계획의 결여와 부적절한 지역자원들로 인해 결국 환자를 방치하게 되고, 이들의 욕구를 충족시키지 못하게 된다.

타의적 입원에 대한 법의 제한(이러한 경우, 개인으로 하여금 정당한 절차를 보장하는 것과 함께)은 개인이 자신의 희망과는 상관없이 입원하게 되는 경우로, 오로지 그들 자신에게나 타인에게 위험하다고 판명되었을 경우에 한한다는 것을 보장한다. 이러한 입원허가는 보통 의사에 의한 검토와 필요한 경우 지방자치단체장 등의 독립적인 판단에 의한다. 그 기준을 충족시키지 못한 사람들과 자발적인 입원에 동의하지 않는 사람들은 제도화된 시설에 억류될 수 없다. 비록 이러한 권리가 종종 치료를 거부할 권리와 혼동되기도 하지만 비자발적인 입원의 경우에는 '최소규제환경'이라는 원리를 충실히 고수하는 것이 가능한 범위 내에서 적절한 대안 치료법을 활발하게 추구하도록 만든다. 이러한 과정은 많은 시간과 의견 교환을 요구한다.

(3) 선택과 자기결정

환자의 일반적인 권리로, 자신의 진료방향(어떤 치료도 받지 않을 선택을 할 수 있는 권리를 포함)을 결정하는 능동적인 역할의 구체적인 적용은 적절한 진료라는 발전된 사회적 개념화를 이끌고 있다. 진료를 선택하고 조절할 수 있는 능력에 근본은 본질적인 정보에 접근할 수 있는가 하는 점이다. 이러한 접근을 강화하는 것은 자세한 정보에 입각한 동의, 자신의 진료기록을 검토할 권리, 자신의 치료계획에 참여할 권리이다.

① 자세한 정보에 입각한 동의

자세한 정보에 입각한 동의라는 개념은 대부분 의학적 연구대상에 인간의 권리가 충분하게 반영되지 않았다는 인식을 통해서 나타났다. 연구실험에 대한 현재의 기준은 모든 개인이 연구 원안에 참여하여 자세한 정보에 입각한 동의 문서에 서명할 것을 요구한다. 또한 병원이나 기타 의료보험 제공자들이 환자가 위험에 처했을 경우, 수술이나 다른 치료절차를 진행하기 이전에 이러한 '치료동의서'가 요구한다. 이것은 비실험적인 치료와 실험적인 치료 두 경우 모두에 적용된다. 자세한 정보에 입각한 동의는 의사, 연구원과 환자 사이에 적절한 의사소통이 이루어짐으로써 환자가 동의하기에 앞서 그 절차와 위험, 그리고 예견되는 결과에 대해 충분히 이해하도록 돕는다. 여러 상황에서 이러한 이해는 또한 가족 구성원에게도 중요하다.

② 진료기록에 대한 접근

환자들은 대개 자신의 진료기록에 대한 정보를 요구할 권리가 있다. 이러한 권리에는 특정한 제한에 따르며 법률에 의해 지정된다. 치료 및 진료에 관한 계획과정에 참여할 권리의 최대 가능 범위는 그 남용에 의해서 가장 상처받기 쉬운 환자 집단, 즉 정신장애인이나 발달장애인, 그리고 요양원에 거주하는 사람 등을 위한 법률규제와 기준에 의해 강화되었다.

③ 치료를 거부할 권리

환자가 갖는 자기결정의 중요한 요소 중 하나는 치료를 거부(혹은 보류)할 권리이다. 몇몇 부분에서 이 권리의 적용은 논쟁이 만만치 않지만, 나머지 대부분은 사회적으로 광범위하게 수용되고 있다. 환자의 권리가 있는 성인은 비록 치료가 나중에 중대한 장애나 죽음을 방지할 수 있는 것일지라도 그 치료를 거부할 수 있는 권리가 있다. 그러나 정신장애가 있는 사람의 경우, 가장 긴급한 경우를 제외하고는 입원을 포함하여 약물치료 혹은 다른 방식의 치료 거부권은 논쟁을 유발한다.

다른 쟁점은 미성년인 아동을 위한 의사결정에 초점이 맞춰진다. 이 경우 대개 부모가 아동을 위해 어떤 보건 진료를 받을 것인지를 결정한다. 그러나 10대 소녀가 낙태를 계획한 경우, 부모의 통지에 관한 법률은 이러한 권리의 행사를 둘러싼 논쟁을 불러일으킨다. 논쟁의 또 다른 예를 보면, 병원 혹은 기타 보건기관이 백신 접종, 수혈 혹은 외과수술과 같은, 심지어 부모의 희망이나 종교적 신앙과 배치되는 경우에도 보건 차원에서의 개입을 요구할 수 있음을 보여 준다.

질병이 말기일 경우, 환자의 권리가 있는 성인의 생명유지치료를 거부할 권리는 현재 의료계에 광범위하게 수용되고 있는 반면, 능동적으로 사망을 유발·보조받을 권리는 수용되고 있지 않다. 이른 바 죽을 권리에 대한 많은 논의는 위의 두 가지 상황을 뚜렷이 구분하는 데 어려움을 겪고 있다.

④ 사전요청

사전요청이란 개인이 어떤 일이 일어날지에 대해서 더 확신할 수 있는, 즉 질병이 말기일 경우, 개인이 이러한 결정을 할 능력이 없을 가능성에 대비해 생의 종말에 대한 기술 혹은 극단적인 조치를 사용할 것을 결정하고 표현하는 방법이다. 분명한 사전요청이 없는 경우 법원의 결정을 요구할 수도 있다. '사망선택유언'과 '대리인의 임명'이라는 사전요청이 환자의 권리로 받아들여지고 있는데, 이에 대한 구체적인 입법화 절차가 요구된다. 모든 의료보험 및 의료보호기관으로 하여금 각각의 환자에게 권리에 대한 서면으로 된 정보를 제공할 것을 요구하는데, 이것은 적용 가능한 관련 법률에 따른 것으로, 질병 말기의 경우에 생명유지치료를 받을 것인가 거부할 것인가, 만일 개인이 그렇게 결정했다면 사전요청을 공식화해야 하는 것인가 등이다. 만일 환자가 사전주문을 했다면 이것은 환자의 영구진료기록부에 기록되어야 한다.

(4) 위해행위와 학대로부터의 보호

'위해행위와 학대로부터 자유로울 수 있는 환자의 권리'라는 일반적 개념은 매우 중요하게 적용된다. 예를 들어, 최근에 제도적인 시설에서 보호를 받고 있는 사람의 경우, 설사 그 보호가 '치료상의' 것이라고 간주될지라도 그에 대한 대가를 치러야 한다. 보호, 치료의 일환으로써 속박을 사용하는 것, 혹은 행위 통제(화학적 억제, 감금격리 혹은 구속실, 전기의자나 손발을 묶는 것과 같이 통상적으로 사용하는 구속을 포함하는) 등에는 명백한 기준이 있다. 전형적으로 이러한 기준은 구속을 필요로 하는 조건의 기록과 제한 시간을 두는 의사의 지시를 요구한다. 기록은 검사관과 공인된 사람들의 평가에 따른다. 병원이나 요양원 등 시설에서 거주하는 경우, 처벌의 목적이나 직원의 편의를 위해서 환자를 구속하는 것을 엄격하게 금지한다.

(5) 비밀보장과 사생활 보호

환자의 의료기록과 그것이 포함된 정보 관련 사생활의 비밀보장이라는 환자의 윤리적 권리 개념은 모든 보건 체계에도 적용된다. 올바른 실천 기준에 의하면 전문가가 진료기록 정보를 공개하거나 요구하려면 환자의 서면동의를 얻어야 한다. 환자의 의료조건에 대한 논의는 개인을 치료하는 데 직접적으로 관련된 사람들에 국한되어야 한다. 이것은 환자의 가족이나 보호인과 이야기하려면 환자의 허락을 받아야 함을 의미한다.

정신병원이나 약물치료 프로그램 등을 마련할 경우의 기준은 서면동의서 작성이다. 에이즈(AIDS)는 사회 및 보건 전문가로 하여금 비밀보장과 사생활 보호라는 개인적 권리와 보건 및 복지에 대한 개인의 이해관계 사이의 균형을 맞춰야 하는 중대한 문제를 야기한다. 보건 전문가에게 다른 무엇보다 우선하는 책임은 비밀보장을 유지하고 환자의 사생활을 보호할 책임이다. 이는 HIV 양성 반응자나 에이즈 환자에게도 똑같이 적용된다. 그러므로 전문가의 '보호의 의무'에 따라 취해진 클라이언트의 비밀보장 가능 한계는 비밀을 유지하거나 백지화하는 것과 관련된 확실한 윤리적 책무에 대한 이해로부터 출발해야 한다.

(6) 환자의 권리와 상충되는 가치와 욕구의 균형

환자의 권리에 대한 완전한 이해는 상충하는 가치와 욕구의 균형이라는 윤리적인 복잡성을 내포한다. 이것은 일정한 사회적 맥락 속에서 가족과 사회의 권리를 포함하는 개인의 권리를 고려하는 데에도 필수적이다. 최근 권리에 대한 논쟁은 종종 이러한 현실을 반영한다.

환자의 권리를 확대해 볼 때, 명백하게 영향을 받고 있는 가족 구성원들의 이해와 욕구에 대한 지식과 균형감각을 잃어버린 채 환자의 권리에만 과다하게 초점을 맞추는 것은 가족의 복지가 지탱하기 어려운 타격을 입히는 결과로 나타날 수도 있다. 그러나 환자의 권리에 대한 개인주의적 접근은 종종 가족의 규범적이며 실용적인 요구를 간과할 수 있다.

한 개인의 권리는 또 다른 개인의 권리와 상충할 수 있다. 보건 전문가들이 인체면역결핍바이러스(HIV) 상태를 공개할 의무가 있는가를 둘러싼 논쟁은 위해행위로부터 보호받아야 할 환자의 권리로 하여금 보건 전문가들의 비밀보장, 사생활보호 및 비차별 권리와 대항하도록 만들었다. 이러한 문제에 대한 적절한 해결책으로서는 권리의 다양한 측면에 대한 주의 깊은 고찰, 경쟁 위험을 단정할 수 있는 올바로 제공된 정보, 그리고 일방적인 감정의 호소에 대응할 용기를 필요로 한다.

3. 의료현장에서 사회복지사의 역할

대체로 의료현장에서 또 다른 유형의 전문가로서 사회복지사는 자신의 정체성과 역할을 정확히 인식하고 의료진과 협력해야 한다.

의료현장에서 사회복지사의 역할은 다음과 같다.

- 사회복지사는 환자의 권리의 정의와 그 이행이 진행되도록 임상의, 조직적·사회적 행동의 역할 등을 수행한다.
- 사회복지사는 자신의 보건서비스에 현재 적용 가능한 구체적인 정책, 기준, 그리고 의료행위와 관련한 법률에 대한 지식이 있어야 한다. 그렇게 되었을 때 그들은 환자와 가족을 교육하고 상담할 수 있으며, 관련 정책, 절차, 분석원안, 의무, 위험 혹은 선택적 대안 등을 이해할 수 있다.
- 전문가 또한 조건의 유형, 그리고 그것들을 규정하는 의료행위 관련 법률에 대해서 인지해야 하며, 그 속에서는 타인의 안전과 방어를 보장할 그들의 법적 의무가 개별 사람들의 권리보다 앞선다.
- 사회복지사는 환자의 희망을 지지하거나 혹은 상충하는 희망과 견해 간의 고통스러운 불일치를 해결하는 데 도움이 되는 의사소통 및 정보의 교환을 독려함으로써 종종 환자와 가족 구성원 및 여타 보건·의료전문가 사이를 중재하

기도 한다.

- 사회복지사는 사회·심리학적 자료와 평가를 고도의 위험을 수반하는 치료, 장기이식 혹은 보호의 종료 등의 많은 의학적 결정에 필수적으로 제공하며 환자가 자신의 희망에 대해 말할 수 없는 상황에 처할 때 진료의 다양한 측면으로 인도하는 핵심적인 정보를 제공한다.
- 사회복지사는 조직화 수준에서의 실천적 수준의 선택, 비밀보장, 그리고 개성과 같은 추상적 권리 개념을 운용할 수 있게 하는 보건시설 정책의 발전 및 변화에 기여해야 한다.
- 사회복지사는 환자와 지역사회 구성원들과 구성한 위원회를 조직·설치하며 (이는 또한 환자의 관심과 요구를 점검하고 대변할 수 있는 것이다), 많은 프로그램에서 생명윤리위원회, 환자보호회 혹은 기타 의사결정 위원회의 구성원으로서 권리와 관련된 자문위원을 맡거나 찾아 나간다.
- 사회복지사는 환자와 그들의 가족이 하나의 시설과 지역사회에서 다른 시설 및 지역사회로 옮기게 되는 경우, 의료적으로 필수적인 진료를 거부받지 않을 것을 보장하기 위해서 사례와 원인을 고취하는 작업을 해야 한다.
- 사회복지사는 모든 권리들이 지지되거나 도전을 받고 있는 보다 넓은 사회적 맥락을 인식해야 하고 그 속에서 영향력을 행사하기 위해 노력해야 한다.

4. 치료 선택 상황에서 가치갈등

의료서비스에서 환자의 치료 선택권은 지속적인 논의가 필요한 딜레마로, 치료를 받을 권리와 치료를 받지 않을 권리로 크게 구분할 수 있다. 상충되는 두 가지 개념은 '자기결정권', '알 권리', '인간의 존엄성', '생명 존중'과 같은 기본적 인권과 맥락을 같이하는 권리로, 과거의 전문가 중심의 선택권에서 환자 중심의 선택권으로 그 권한 자체가 옮겨지고 있다. 따라서 현재, 환자들이 처해 있는 독특한 상황에 따라 그 윤리적 딜레마는 한층 크다고 할 수 있다.

(1) 인간의 존엄과 자기결정권

인간의 존엄이 인간의 자율성에 있고 따라서 인간의 존엄은 인간의 자기결정권을 그 본질로 함을 인정한다는 것을 헌법적 근거로 제시하고 있다. 이같이 인간의 존엄에서 인간의 자기결정권을 보장하고 있다는 것은 부인할 수 없다. 문제는 헌법이 규정한 인간의 존엄이 보호하는 자기결정권의 실현이 인간의 존재를 포기하는 반도덕적인 자기결정권의 행사를 포함할 것인가 하는 것이다. 다시 말하면 인간의 생명을 구하거나 건강의 증진을 위한 자기결정권은 인간의 존엄 보호에 모순되지 않으나 자신의 생명을 포기하는 권한도 인간의 존엄에서 허용 가능한 것인가 하는 점이다.

우리나라에는 헌법적 측면에서 '자기결정권'을 다룬 논의는 많지 않다. 자기결정권의 헌법적 근거를 헌법 제10조의 인간의 존엄과 가치, 행복추구권에서 찾는 견해, 신체의 자유를 규정한 제12조 제1항, 그리고 헌법에 열거되지 아니한 권리까지도 경시되어서는 안 된다는 제37조 제1항 등에서 찾는 견해 등이 보인다. 헌법재판소는 자기결정권의 헌법적 근거를 헌법 제10조의 인간으로서의 존엄과 가치 및 행복추구권에서 구하고 있다. 인간의 존엄은 개인이 지닌 인격체로서의 존엄성을 말하는 인격적 자율권으로, 개인의 인격권에는 개인의 자기결정권이 전제된다고 보는 것이 타당하다고 본다. 이는 헌법 제10조가 인간의 존엄을 보장하고 있고 이것이 바로 개인의 인격체로서의 자율성을 보장하는 것이기 때문이다.

(2) 알 권리와 인권

환자의 권리에는 자신의 진단과 치료에 관한 모든 정보를 제공받고, 법에 의해 허용된 한도 내에서 치료를 거부하며 사생활이 존중될 권리가 있다. 이렇듯 환자의 권리는 '인간 존엄성'과 '평등주의'에 입각한 환자의 권리 장전에도 명시되어 있음에도 불구하고 그것이 존중되기 어려운 이유는 전통적으로 고집해 온 의료계의 고립성과 배타성에 기인한다고 볼 수 있다. 개인의 자율성의 존중과 복지 향상을 위하는 것이 가장 이상적인 것이라고 할 때 의사는 자신의 가치 판단 하에 환자의 자율성의 빠른 회복과 치료가 선행해 근거한다는 이유로 온정적 간섭주의의 행동을 취해 왔다. 그러나 의료에 있어 가장 중요한 역할을 하는 의사와 환자 사이의 관계에 있어 신뢰의 붕괴는 환자의 권리 운동, 환자 중심의 운동을 야기시켰다. 즉, 의사를 선택하고 정보를 제공받고 자기의 인생에 대한 결정하는 권리가 환자에게 있음에도 불구하고 의사의 전문적 지식과 자신의 판단 하에 이루어진 의료행위를 한다. 이러한 행위는 개인의 권리를 침해하고 자유로운 선택을 부당하게 규제하기 때문에 그 행위가 선을 베풀고 이득을 준다고 하여도 도덕적으로 정당화될 수 없다. 환자에게 치료에 관한 정보를 제공하고 필요한 교육을 받도록 하는 것은 환자 스스로 치료를 선택하고 결정할 수 있도록 돕기 위한 것이다. 이는 인간의 존엄성에 근거한 개인의 자율성을 존중하는 윤리적 가치에 따른 것이다.

의료서비스의 치료선택권에서 살펴볼 수 있는 상충되는 딜레마의 개념으로는 앞에서 논의되었던 인간의 존엄성, 생명존중, 자기결정권, 알 권리 등으로 요약된다.

생명존중과 인간의 존엄성 사이의 딜레마에 있어서 생명존중을 위해서는 자율적 치료선택에서 치료받지 않을 권리가 용인될 수 없을 것 같은데, 인간의 존엄성이나 품위 있는 죽음과 관련해서는 치료받지 않을 권리가 용인될 수 있을 것이다. 아직 우리나라에서는 의료계와 사회복지계에서 많은 논쟁이 진행되고 있지 않지만 환자의 인권과 자율권이 점점 더 요구되고, 이로 인해 치료받을 권리와 치료받지 않을 권리와 같은 자율적 치료선택의 문제에 대한 요청이 점점 커져 갈 것이라는 예견에서 의료서비스에서의 이런 개념들은 매우 중요하게 될 것이다.

이때 사회복지사는 어디에 우선권을 두어야 할지 심도 있는 고민이 필요하다.

또한, 의료서비스의 특수성을 고려하여 생각해 보면, 개개인의 의사결정 능력과 처해 있는 환경의 차별성 등을 고려하여 각 클라이언트에 따른 의사결정 접근방법은 달라야 할 것이며, 이를 위해 사례관리의 필요성과 팀 접근을 통하여 문제 해결 방법을 모색하기 위한 전문가 간의 합의와 노력이 필요할 것이다.

5. 유전상담

새로운 유전적인 체세포를 바꿔 놓는 생명복제(cloning) 내용에 대한 보고서에서 사회복지실천에서의 윤리적인 문제의 유형에 대한 관심이 논의되고 있다. 세계 각국에서는 클로닝, 즉 생명복제(미수정란의 핵을 체세포의 핵으로 바꿔 놓아 유전적으로 동일한 생물을 얻는 기술)를 불법으로 인식하거나 윤리적인 쟁점으로 인식한다.

생명복제와 관련하여 다음과 같은 질문을 하게 된다.

- 만약 복제기술이 인간에게 확대된다면 누가 복제될 것인가?
- 누가 누구를 복제하기로 결정하는가?
- 즉, 누가 복제의 대상이며 이 복제를 행할 사람은 누구인가?
- 그 결정은 누가 할 것인가?
- 혹시 누군가 머리가 좋다는 이유로 복제의 이상적인 대상자로 지정된다면 지정된 사람에게 어떤 일들이 발생할 것인가?
- 이러한 윤리적인 딜레마를 어떻게 풀어 나갈 것인가?

현대의 의료사회복지사는 유전질환과 치료목적을 위한 복제 문제 혹은 태아치료 등에 관해 윤리적인 딜레마에 직면하고 있다. 다음의 예를 보자.

사 례 **태아의 유전적 질병과 낙태**

황 선생은 사회복지사로서, 유전학 연구 중심 병원의 유전상담 부서에서 근무하고 있다. 최근에는 한 부부를 상담하고 있다. 최 씨와 그의 아내 수빈 씨는 4세 된 딸을 두고 있다. 이 둘은 헌팅턴 무도병(Huntington's chorea) 유전자를 보유하고 있다. 이 유전자는 대체로 남아에게 전해진다. 수빈 씨는 현재 임신 3개월이다. 태아의 성별염색체의 이상을 판정하는 방법을 통해 수빈 씨의 태아는 남성인 것으로 나타났다. 그러나 이 태아가 병을 유발하는 유전인자를 물려받았는지에 대해서는 명확히 알 수 없는 상황이다. 수빈 씨는 낙태를 원했으나, 남편은 아들을 무척 원하고 있기 때문에 수빈 씨와는 다른 의견을 가지고 있다.

– 임신 중인 부부의 태아의 유전적 질환에 대처하는 방법에 대해 서로 의견이 다를 때 사회복지사의 역할은 무엇인가?
– 이 상황에서 윤리적인 실천은 무엇인가?

사회복지사는 몇 가지 윤리적인 딜레마에 직면해 있다. 첫 번째 딜레마로서는 최 씨 부부에게서 태어날 아이와 관련하여 어떤 결정을 할 것인지, 클라이언트에게 질병에 대한 지식을 어떻게 전달하고, 그 지식을 어떻게 활용할 수 있도록 할 것인지, 그리고 클라이언트가 이 질병에 대한 지식을 이해하고 활용하는 데 어떠한 도움을 줄 수 있는지에 관한 것이다. 두 번째 딜레마는 사회복지사로서 클라이언트들의 각각의 입장, 즉 남편의 입장과 아내의 입장에 대해 어떻게 반응하여야 할 것인지에 관한 것이다.

사회복지사는 클라이언트의 자기결정능력을 존중하고 향상시키는 것이 매우 중요한 사회복지실천 원칙임을 알고 있다. 그러나 클라이언트들은 남편과 아내의 각기 다른 입장에서 서로 다른 견해를 가지고 있기 때문에, 사회복지사는 남편과 아내 가운데 누구의 자기결정을 존중하고 그 결정이 이루어질 수 있도록 지지해야 하는지 알지 못했다.

6. 건강·의료 서비스에서 분배 원칙

사회복지사가 겪는 대표적인 딜레마는 공급할 수 있는 자원이 부족할 때 이를 어떻게 공정하게 분배하는지의 문제이다. 이러한 경우 사회복지사는 새로운 결정을 내려야 하는 문제에 직면하게 된다. 사회복지실천에서 제한적이며 부족한 자원을 분배하는 방법으로서 네 가지 주요 사항(평등(equality), 욕구(need), 보상(compensation), 기여(contribution))에 대해 관심을 갖고 충분히 고려해야 한다.

첫째, 장기이식은 수요에 비해 언제나 공급이 매우 제한적인 특징이 있다. 현재 장기이식을 위해 필요한 심장, 간, 그리고 신장에 대한 이식을 원하는 욕구가 많은데 비해 공급 가능한 장기는 매우 부족하다. 따라서 공정하게 장기를 분배하는 일에 어려움이 있다. 제한된 자원을 어떻게 분배해야만 하는가? 장기이식을 신청하고 기다린 순서대로 장기이식을 해야 하는가? 혹은 복권추첨 방식으로 모든 환자에게 장기를 수혜 받을 수 있는 동등한 기회를 주고 추첨에 의해 선별하는 방식이어야 하는가? 이것은 장기이식의 분배와 관련하여 사회복지사가 직면하게 되는 윤리적인 딜레마이다.

둘째, 건강보호서비스는 클라이언트의 욕구에 기초하여 결정된다. 그러나 클라이언트의 욕구를 측정하는 일은 쉽지 않다. 장기이식의 욕구에 영향을 미치는 요인은 무엇인가? 클라이언트의 연령 혹은 다른 건강 문제, 그리고 기대되는 수명 혹은 이외에 영향을 미치는 또 다른 요인은 무엇인가?

셋째, 사회적으로 소외된 계층에 대한 보상, 사회적으로 차별 혹은 불이익을 받아 온 개인이나 계층에 대한 보상의 차원에서 서비스 제공이 우선 이루어질 수 있다는 원리가 장기이식과 같은 의료서비스에서도 적용이 가능한가? 만약 이러한 원리가 장기이식에 적용된다면, 건강보호서비스를 고려하는 데 있어 차별을 한 번 이상 받은 개인이나 집단의 사람들이 우선적인 고려의 대상이 될 수 있을 것이다.

넷째, 분배정의의 마지막 사항은 기여에 기초하고 있다. 각종 서비스에 대한 비용을 지불하는 것은 기여원리의 예이다. 건강보험료로 우리가 매달 지불하는 납입금이 많든지 적든지 혹은 아주 최소한의 금액만을 납입한다고 하더라도 의료서비스의 혜택을 위해 동일한 가치에 관심이 필요하다. 건강·복지제도 관점에서, 서비스 혜택을 받기 위해서 사람들은 비용을 지불한다. 그러나 때론 비금전적인 방식(예컨대, 장기공여와 같이 금전적으로 계산 불가능한 의료서비스)으로 서비스를 제공받는 경우도 있다. 예컨대, 누군가 지금까지 사회적·경제적으로 우리 사회에 기여한 바가 크다면 일반인보다 우선해서 의료서비스를 받게 된다.

참고

장기이식, 장기분배의 문제

1969년 우리나라 최초의 장기이식수술이 시행된 이후, 장기이식의 규모는 수술희망 인원 및 시행인원에서 매년 지속적으로 증가하고 있다. 전통적·유교적 가치관의 영향으로 이식에 대한 부정적 견해가 지배적이며, 이 때문에 장기공급이 장기이식의 수요증가 폭을 따라가지 못함으로써 생기는 장기의 부족 및 이에 따르는 사회적 요구 또한 지속적으로 발생하고 있다. 장기부족에 의해 파생되는 사회문제, 즉 장기매매 및 장기수입 등의 생명윤리와 직결된 사회적 병리현상이 발생함으로써, 결국 이러한 문제에 대한 사회적 대처가 필요해졌다. 장기분배의 문제는 단순한 재화의 분배차원을 넘어 그 자체가 갖는 생체적 가치에 의해 이식당사자의 생명과 직결되는 문제이며 이 때문에 장기의 효율적 사용과 공정한 분배는 우리가 도덕적으로 풀어야 할 심각한 사회문제라고 할 수 있을 것이다.

사 례 **장기이식과 분배문제**

현재 클라이언트 김 씨는 몇 가지 심각한 건강상의 문제가 있다. 김 씨의 건강문제를 다른 환자에게 적용되었을 경우 간이식 대상자로서 부적격 판정을 받을 수 있음에도 불구하고, 김 씨는 간이식을 위해 오랫동안 순서를 기다릴 필요 없이 즉각적으로 간이식을 받게 되었다. 김 씨는 그동안 병원사업에 많은 기여를 하였고, 이 공로가 인정되어서 이식수술을 우선적으로 시행하게 되었다.

– 이러한 병원의 결정이 과연 윤리적인가?

그러나 이처럼 사회적인 기여가 인정되어 다른 환자들보다 우선적으로 장기이식의 수혜를 받을 수 있는 사람을 결정하는 방법은 사회복지사의 반감을 살 수 있다. 따라서 건강보호서비스 분야에서 건강보호 및 의료서비스를 제공하는 데 윤리적인 결정을 위해서 사회복지사는 어떠한 노력을 해야 하는가?

우리나라는 2000년 2월 9일 「장기등이식에관한법률」을 제정하여 국립장기이식센터(KONOS)에 장기이식 관련 업무를 총괄·담당하도록 하였다.

참고

장기이식과 효율성의 원칙

장기이식의 궁극적인 목표는 '생존'이다. 이러한 궁극적인 목표에 비춰볼 때 가장 예후가 좋은 것으로 기대되는 환자에게 한정된 장기를 우선 배분하는 것은 합리적인 선택이라 할 수 있다는 것이 유용성의 원칙에 따른 분배의 정의이다. 또한 한정된 희귀 의료자원을 절실하게 도움을 필요로 하면서 최대의 효과가 예상되는 사람에게 우선 배분하는 것은 자원의 효율적 분배하는 측면에서도 크게 지지를 받는다.

– 분배의 유용성의 원칙은 분배의 효율성 문제로 공리주의에 따르면 선(good)이란 곧 '유용성(utility)'의 극대화를 의미하며, 유용성의 극대화는 오로지 행위의 결과로서만 판단된다. "장기이식이 삶의 질을 극대화시킬 것으로 예상되는 환자에게 장기를 우선 배분하라."는 것이다. 그리하여 장기분배에 관한 공리주의 논변은 이식 대기자의 삶의 질을 극대화하는 쪽으로 전환된다.

다음은 장기이식 우선순위를 결정하는 주요 기준들이다.

(1) 삶의 질 평가

(2) 의학적 효율성 면

① 환자의 남은 생애　② 이식성공률　③ 면역학적 요소
④ 나이　⑤ 대안적 치료의 가능성

(3) 장기이식과 평등성의 원칙

(4) 현실적 요구

(5) 의학적 긴급성

(6) 이식 후 생존기간에 대한 요구(필요, need)

① 나이　② 처음 이식수술 대 재이식수술
③ 대기시간　④ 거리

(7) 장기이식과 무작위적 방식

7. 생명 중단의 결정

(1) 삶의 마지막 결정

클라이언트가 고령인 경우, 고령자가 자신의 삶의 마지막을 결정하는 일에는 많은 주의를 기울여야 한다. 과거에 사람들은 젊은 나이에도 질병에 전염되어 죽거나 집에서 자연적으로 죽었다. 최근에는 나이가 많아 죽게 되는 만성질환, 장기 요양이 필요한 암, 심장 관련 질환, 그리고 예외적으로 대체로 젊은 사람들이 걸려 죽게 되는 HIV/ AIDS 등이 있다. 치료 기술의 발전과 함께 사람들의 생명을 연장해 주는 기계들이 만들어지고 있다. 예를 들어, 방독 마스크, 수혈액, 그리고 음식을 주입하는 튜브 등이 죽어 가는 사람들의 생명을 상당히 오랜 시간 연장해 주고 있다. 그러나 생명연장에 필요한 기술적인 비용은 매우 높다. 이러한 기술적인 비용으로 한 사람의 클라이언트가 사망하기 직전 한 달 동안 소요된 건강보호서비스 비용과 의료비용이 한 사람이 평생 동안 지출한 전체 의료비보다 훨씬 많은 예들을 얼마든지 볼 수 있다.

참고 안락사

안락사라는 단어는 그리스어 '쉬운 죽음(easy death)'에서 비롯되었다. 안락사(euthanasia)의 실천은 고대로부터 그 뿌리를 두고 있다. 안락사에 의한 의미가 무엇인지 명확하게 규정하는 일과 수동적인 안락사와 피동적인 안락사 간의 차이를 구분하는 일은 매우 중요하다.

	자발적	비자발적
수동적	• 다양한 이유로 인해 죽음을 재촉하는 것(자살을 돕는 것)	• 연령(신생아)으로 인해 사람이 의식을 잃거나 혹은 완전치 못함 • 지적(정신적인 지체) 혹은 정서적(심리적) 조건
피동적	• 삶의 의지가 환자의 서명에 의함 • 건강보호서비스의 위임장 • 생활지지로부터 개인이 옮겨짐 • 인공적인 방법에 의한 생명연장을 거부하는 (Do Not Resuscitate: DNR) 요구가 손상을 당함	• 환자가 삶의 의지에 서명하지 않음 • 가족이 인위적인 방법에 의존해 생명을 연장하는 것을 포기하는 것(DNR)을 결정함

(2) 생명연장 장치의 제거

피동적인 안락사, 특히 인위적인 방법으로 생명연장장치를 제거(Do Not Resuscitate: DNR)하는 것에 대한 요구는 일반적으로 받아들여지고 있는 추세이다. 피동적인 안락사가 가능한 경우, 개인들이 자발적으로 결정하도록 격려받게 되며, 만약 환자가 무의식 상태여서 스스로 결정할 수 없는 상황이 발생되면 가족들이 결정하게 된다. DNR 요구가 공통이며, 음식물을 공급하는 튜브 혹은 인공호흡 장치와 같은 생명유지장치 사용을 중단하는 일에 대해 결정하는 것은 좀 더 토론의 여지가 있다. 특히 사람이 삶의 의지(living will)에 서명하지 않는다거나 혹은 건강보호서비스 위임장을 선택하는 것은 더욱 토론의 여지가 있다.

참고

환자의 자기결정권

미국에서 1990년에 제정된 환자의 자기결정법에서는 개인의 중요성이 향상된 내용으로, 환자의 결정권이 확대되었다. 그들이 병원이나 요양원 혹은 건강보호서비스 시설에 들어갈 때 입소 과정의 부분으로서, 초기 단계에 작성해야 하는 기록용지를 채우기 위해, 심적 기제를 통합시켜 주기 위해 서두르고 있다.

네덜란드에서는 오랫동안 자살을 돕는 것과 활동적인 안락사를 허용하였는데, 미국에서는 이러한 의견에 대해 지속적으로 논쟁이 있어 왔다. 1966년 서베이에 참여한 미국 시민의 2/3가 활동적인 안락사에 대해 반대하는 결과를 보였으며, 1990년에 실시한 비슷한 형태의 투표에서 2/3가 활동적인 안락사를 찬성하는 것으로 나왔다. 미국 오리건 주에서는 자살을 돕는 것을 인정하였으나 1997년 미국연방법원은 자살을 돕는 것은 불법이라고 규정하였다.

현재 한국의 경우에도 환자의 자살을 돕는 모든 행위는 불법으로 규정되어 있다.

(3) 도움에 의한 죽음

도움에 의한 죽음을 인정하는 사람들은 "자살을 돕는 행위는 환자의 자율권을 확대하는 일, 클라이언트가 존엄성을 가지고 죽을 수 있도록 허락하는 일, 그리고 의료비와 가족의 스트레스를 줄일 수 있는 일"이라고 주장하고 있다. 이를 반대하는 사람들의 주장은 "도움에 의한 자살은 신에 대한 거역인데, 사람은 언제라도 지금의 조건이 마지막 죽음의 상태라고 확신할 수 없고, 인간의 삶이 주체적이라는 것, 그리고 만약 도움에 의한 자살을 허용하게 될 때, 만성질환자 혹은 다른 사회적 약자들을 죽음의 길로 밀어 넣는 결과를 보일 가능성이 있다."고 주장하고 있다. 우울한 감정이 자살을 하는 사람의 판단에 영향을 미치고 있으며 도움에 의한 자살은 자살률을 높이는 데 주도적인 영향을 미칠 수 있다. 특히 젊은 세대는 또래집단의 압력을 받고 자살하는 경우 자살의 낙인 때문에 타인의 도움으로 자살을 하는 비율이 높아지고 있다.

사회복지사는 클라이언트의 삶의 마지막을 상담활동을 통해 결정하는 일에 관여할 수 있도록 하고 있다. 이와 관련하여서는 다음과 같은 문제들을 확인할 수 있다.

- 법률적인 모순들을 발견할 수 있다. 그 예로 사회복지실천에서 중요한 가치인 클라이언트의 비밀보장을 제한하는 일이다. 정부의 법률이 도움에 의한 자살과 시민의 안전을 위한 잠재적인 위협을 금지하고 있어 사회복지실천에 영향을 미치고 있다.
- 사회복지사의 가치와 다른 건강보호서비스 전문가들의 가치 사이에 갈등이 나타날 수 있다.
- 비용을 포함한 건강·의료서비스에 관련하여 압력이 증가할 수 있다.
- 죽음에 임박한 클라이언트와 이들의 가족에 대한 부담에 대한 관심이 있을 수 있다.
- 개인의 자기결정과 자율성에 대한 사회적인 제한이 있을 수 있다.
- 삶의 마지막을 결정하기 위한 실천에서 개인과 사회의 방어를 위한 안전장치에 대한 욕구가 있을 수 있다.

참고 **나의 치료를 위한 지시의 예**

나는 온전한 삶을 오랫동안 살고 싶다. 그러나 모든 희생을 무릅쓰고 그렇다는 것은 아니다. 만일 죽음을 피할 수 없다면, 그리고 다른 사람들과 의사소통할 능력을 잃었고 이 능력을 다시 찾을 적절한 기회가 주어지지 않는다면 또는 나의 고통이 심각하고 회복될 수 없다면 나는 나의 생명이 연장되는 것을 원치 않는다.

그 경우에 나는 수술과 소생을 위한 치료를 요청하지 않을 것이다. 또한 나는 항생제나 인조혈액의 사용을 포함하여 생명을 지탱하는 기계장치들, 집중적인 치료 또는 생명을 연장시키는 다른 조치들을 원치 않을 것이다.

오히려 나는 쾌적함과 힘을 주고 할 수 있는 한에서 다른 사람들과 교류할 수 있도록 촉진하는, 그리고 평화를 주는 치료를 원할 것이다.

이러한 지시를 이행하고 해석하기 위해 나는 담당 의사들과 협력하여 내 대신 치료를 받아들이고 계획하고 거절하는 권한을 ___________ 에게 위임한다.

이 사람은 내가 삶의 경험을 어떻게 평가하고 무능력, 고통, 그리고 죽음을 어떻게 생각하는지를 안다. 만일 이 사람과 연결되지 않는다면 나는 나를 위해 이런 선택을 해 줄 권한을 ___________ 에게 위임한다.

나는 마지막 치료에 대한 나의 갈망을 그들과 논의했으며, 나는 나를 위한 그들의 판단을 신뢰한다. 또한 나는 나의 치료에 대한 다음과 같은 상세한 지시들을 그들과 논의했다.

(필요한 경우 뒷면을 사용함)

날 짜: _____년 ______ 일 서 명: ______________ (서명)

증인 1: __________________ 증인 2: __________________

의료서비스에서의 자율적 치료 선택과 관련하여 사회복지사가 다루어야 할 문제들을 살펴보면 다음과 같다.

사 례 **삶의 마지막의 결정**

클라이언트 환자 박 씨(75세, 남)는 수술이 불가능할 정도의 말기 간암이다. 지금까지 치료를 받았으나 예후가 좋지 않았다. 환자는 최근 경제적으로 어려움을 겪고 있는 상태이다. 두 명의 자녀가 있으나, 이들도 경제적으로 어려움을 겪어 도움이 되지 못하고 있다.

클라이언트 박 씨는 TV에서 '도움에 의한 자살'에 대한 프로그램을 시청한 후 박 씨는 병원 내 의료사회복지사에게 도움에 의한 자살에 대해 의논을 원했다. 이 때문에 병원의 의료사회복지사는 윤리적 딜레마에 직면하게 되었다.

앞의 사례에서 클라이언트 박 씨와 같이 '삶의 마지막'을 결정하는 일에 직면해 있는 클라이언트와의 사회복지실천에서 사회복지사는 다음과 같은 실천 지침을 활용할 수 있다.

① 사회복지사는 클라이언트가 결정할 수 있도록 돕는 사전지시(advance direction)에 대해 반드시 알고 있어야 한다.

앞으로 적용하게 될 클라이언트의 사전지시로는 클라이언트의 삶에 대한 의지, 건강보호서비스에 관한 위임장, 그리고 클라이언트와 공문서 등의 서류작성 능력과 토론의 가능성 등으로서 클라이언트의 사전지시사항은 클라이언트가 삶의 마지막에 대한 결정을 조절할 수 있게 한다.

클라이언트의 삶의 의지는 의료적인 치료에 대한 클라이언트의 선택을 구체화한다. 반면, 클라이언트가 사전지시사항을 작성하는 일을 할 수 없을 때 클라이언트가 건강보호서비스에 대한 의사결정을 해야 하는 경우에는 건강·의료보호서비스 위임자를 선택해서 지명한다.

대부분의 의료현장에서는 건강·의료보호서비스 위임자들에게 의존적인 반면, 일부 의료현장에서는 클라이언트의 삶의 의지를 강조하고 있다. 건강보호서비스에 있어서 건강보호서비스 위임자의 활용에 대해 클라이언트를 교육하는 일과 클라이언트의 삶의 의지를 강조하는 일 모두 사회복지사의 중요한 과업이다.

어떤 클라이언트와 가족들이 이와 같은 쟁점에 논쟁을 벌이고 있는 경우, 사회복지사는 클라이언트가 이에 대해 어떠한 의견을 가지고 있는지 민감하게 이해할 수 있어야 한다. 그리고 클라이언트의 의사에 초점을 맞추지 않아야 한다. 가족 구성원들은 각자 의견들에 대해서 갈등을 가질 수 있다. 위의 사례에서 박 씨 가족의 경우, 박 씨가 건강보호서비스 위임자를 선택하는 데 자신의 자녀를 선택하기를 원할 것이다. 그러나 박 씨의 자녀는 박 씨와 가장 양립될 수 있는 의견을 가지고 있을 수도 있다. 가족들 간에도 의견 차이로 인해 갈등을 일으키는 경우가 많다. 따라서 사회복지사는 가족 구성원들 사이에서 서로 상반된 의견을 중재하고 조정하는 중재자로서의 역할을 수행해야 한다.

② 사회복지사의 역할은 모든 클라이언트가 건강보호서비스에 동등하게 접근할 수 있도록 돕는 것이다.

박 씨의 아들은 건강보호서비스가 적절하지 않다고 생각하는데, 그 이유는 자신은 실직 상태이고, 박 씨는 의료보호대상자이기 때문이다. 사회복지사는 박 씨의 제한적인 경제 여건으로 인해 건강보호서비스만을 선택하고, 치료를 거부할 필요가 전혀 없음을 알리고 박 씨의 치료를 위한 노력을 해야 할 것이다.

소생이 어려운 말기 상태의 클라이언트가 만약 '사전지시'에 서명을 한다면 의료진이 비용을 줄이기 위해 환자 자신의 생존을 위한 도움을 제공하지 않을지도 모른다는 두려움을 가지게 될 것이다. 사회복지사는 도움을 제공할 수 있는 방향에서 클라이언트의 질문과 관심에 대해 귀를 기울여야 한다. 사회복지사는 필요한 자원을 찾아야 할 책임이 있는데, 특히 클라이언트가 당면한 이러한 위기를 타개하기 위해 클라이언트와 그의 가족을 도울 수 있는 사회적 지원자들을 찾아야 하는 책임이 있다.

③ 사회복지사의 역할은 클라이언트가 행동할 수 있는 방향과 각각의 행동의 결과에 관해 알려 줌으로써 확신을 가질 수 있도록 돕는 것이다. 그리고 클라이언트를 격려함으로써 클라이언트가 스스로 결정할 수 있도록 돕는다.

사회복지사는 이 쟁점에 대해 토론할 가능성과 이에 대한 열린 의견을 가지고 있어야 하며, 동시에 어떠한 의견에 대해 특별한 관심을 조장하여서는 안 된다. 만약 클라이언트가 현재의 사회복지사와 함께 자신의 생의 마지막을 결정하는 문제에 관해 주체적으로 토론할 수 없다고 믿는다면, 이러한 역할을 충분히 할 수 있는 사회복지사에게 클라이언트를 의뢰해야 할 윤리적인 책임이 있다.

④ 사회복지사는 다른 건강보호서비스 전문가들과 연계망을 맺고 함께 활동을 할 수 있어야 한다.

사회복지사는 클라이언트와 다른 가족 구성원을 비롯한 여러 종류의 도움을 제공하는 사람들의 관심을 이해하고 이들의 의사소통을 돕는 활동을 할 수 있어야 한다. 박 씨 가족의 경우, 다양한 치료방법에 대해 의사와 가족 간의 의사교환을 용이하게 하기를 원할 것이다. 이를 위해 사회복지사는 다른 의료진의 도움, 사회적인 도움, 호스피스, 가정보호, 그리고 가정방문에 의한 간호서비스 등을 찾아야 한다.

⑤ 사회복지사가 클라이언트와 함께 다음의 사항을 토론하는 것이 적절하다.

예를 들어, 도움에 의한 자살과 같은 삶의 마지막을 결정하는 일, 그리고 인공호흡에 의한 생명 소생을 요구하지 않는 일 등, 법률적으로 도움에 의한 자살이 불법으로 규정되어 있음에도 불구하고 박 씨는 다른 선택방법에 관심을 가지고 있는지 모른다. 따라서 사회복지사는 이들과 반드시 이에 관해 토론할 수 있어야 한다.

⑥ 사회복지사는 자신에 대한 인식이 이루어져야 하며, 삶의 마지막을 결정하는 것에 관한 개방적인 의사교환을 반드시 고려해야 하는데, 이는 삶의 마지막에 있는 클라이언트와 그의 가족과 함께 일하는 데 있어 중요한 것이다.

도움과 희망이 없다는 생각은 죽어 가는 사람들과 그들의 가족에게는 일반적인 생각이다. 클라이언트, 가족들, 그리고 사회복지사를 포함한 많은 사람들은 삶과 죽음에 대해 이야기를 나누는 것에 불편을 느낀다. 질병과 죽음을 둘러싸고 있는 '비밀'은 아마도 지원이 가능한 연결체계로부터 사람을 좀 더 고립시키게 된다. 최근 삶의 마지막에 이른 환자들을 위한 대안적인 치료 프로그램으로 호스피스 실천이 이루어지고 있는데, 이는 죽음에 대한 두려움을 함께 나누고, 인생의 마지막을 품격을 유지하며 맞이하도록 돕는 목적으로 이루어지고 있다. 이때 사회복지사의 역할은 클라이언트와 그의 가족 모두에게 정확한 정보를 제공하고 필요한 도움을 제공하는 일이다. 그러므로 죽음이나 삶의 마지막을 결정하는 일 등 어려운 주제의 토론을 이끌어 내는 것이 가능하게 한다.

8. 건강·의료에 대한 신념과 문화적인 차이

각기 다른 문화를 가진 집단들은 자신의 건강, 질병, 그리고 죽음에 어떻게 접근하고 있는지 확인해야 한다.

한국의 경우, 많은 건강체계와 이에 대한 주제와 관련해서는 동·서양의 신체건강과 정신건강 신념에 기초하고 있다. 정신과 신체적인 체계는 정신적이고 내부적인 의료를 구분하고 있다. 다른 의료적인 전문가들은 특정한 신체체계, 연령에 초점을 맞추고 있다. 질병은 엑스레이, 혈액검사, 그리고 MRI에 의해 진단되고 약물치료, 수술, 그리고 방사선치료 등으로 최대한의 치료효과를 기대할 수 있게 되었다.

이주민 등 우리 사회의 다문화 가족의 수는 지속적으로 증가하고 있다. 이들은 각기 다른 문화와 종교, 그리고 각자의 신념과 함께 새로운 나라로 이주해 온 것이다. 이주민의 경우, 자신의 건강에 대한 신념은 새로운 국가와 사회의 의료체계와 의료적인 과정과 때때로 충돌한다. 예컨대, 어떠한 문화는 신체적인 혹은 정신적인 것들 사이에서 명확한 구분을 하고 있지 않는다. 정서적인 스트레스는 때때로 신체적인 관점으로 설명되거나 기술되곤 한다. 따라서 일부 국가, 특히 아시아계의 사람들은 머리가 아픈 것은 의사의 관심이 필요한 것이라기보다는 심리적인 문제로 인식하기도 한다. 예컨대, 누군가 머리가 아프다고 하면, 학생인 경우에는 공부하기 싫어서 꾀를 부린다고 생각하기도 하고, 성인이 머리가 아프다고 하면 현실을 회피하기 위한 수단으로 사용한다고 생각하기도 한다.

국민건강보호서비스 체계는 사례·보호관리 서비스가 시작된 이후, 특별히 예방 차원에서 건강관리와 의료보호를 강조하고 있다. 그러나 건강에 있어 예방은 많은 사람에게 익숙하지도 않고 널리 소개되지도 못한 실정이다. 외국에서 온 사람들, 특히 아플 경우에만 의료진을 찾는 것에 익숙한 사람들에게는 의료적인 예방에 대해 제대로 소개되고 있지 못한 경우가 많다.

그 예를 살펴보면 다음과 같다.

사 례 **다문화 가족의 건강에 대한 신념의 차이**

하이나는 동남아시아에서 온 이주자이다. 병원 응급실에 딸 수지(2세)를 데려왔을 때, 아동이 섭씨 38도 이상의 체온을 보였다. 아동은 폐렴 진단이 내려졌고, 사회복지사는 아동의 건강 기록을 확인하기 위해 서류를 작성하였다. 부모에 의하면 아동은 태어난 이래 지금까지 병원을 찾은 적이 없고 의사를 한 번도 만난 적이 없었다고 하였다. 하물며 의무적으로 접종해야 할 백신접종조차 맞은 적이 없다고 하였다.

사회복지사는 아동의 엄마를 아동방임 혐의로 아동복지전문기관에 의뢰할 수 있다는 사실에 놀랐다. 하이나는 자신의 딸이 지금까지 전혀 아픈 적이 없었기 때문에 지금까지 아동병원에 갈 일이 한 번도 없었다고 주장하고 있다. 뿐만 아니라 아동의 부모는 아동의 삶과 죽음은 오직 신에게 달려 있다고 굳게 믿고 있다.

- 이 상황에서 사회복지사가 직면한 윤리적 딜레마는 무엇인가?
- 이를 어떻게 해결할 수 있는가?
- 아동 모친의 건강에 대한 신념을 바꿀 수 있는가?

다문화 가족들과 함께 일하는 의료사회복지사는 여러 가지 윤리적 딜레마를 경험하게 된다. 예컨대, 만약 클라이언트에게 잘 설비된 의료기관을 소개하는 것은 클라이언트가 선진국 의료체계에 접근하는 것을 강조하는 것인가? 최근에 건강보호서비스에 서양의 의료체계뿐만 아니라 대체의학까지 포함한 전체 의료보호서비스의 접근에 관심을 갖는 것이 다시 부활하고 있다. 대체의학에 의한 접근은 한의학이나 침술의 사용, 그리고 민간요법 등을 포함하고 있다. 많은 일상적인 질병은 바이러스를 원인으로 생각하고 있다. 대부분의 일상적인 의료적 조언은 휴식을 취하고 따뜻한 음료를 마시도록 하고 있다. 그럼에도 불구하고 대부분의 사람들은 건강관리를 의사의 처방과 전통적 방식에 따르고 있다.

사회복지사는 클라이언트에 관한 일반 지식과 함께 이들의 문화, 종교 등에 관한 기본적인 지식을 가지고 있어야 한다. 사회복지사는 클라이언트의 문화와 종교, 가족생활과 신념 등에 대한 민감성을 향상시키기 위해 노력해야 한다. 그러므로 사회복지사는 외국인, 이주자 등 다문화 가족들과 함께할 때 문화적으로 차이가 있는 각각의 집단 간의 특징과 차이에 대해서도 민감하게 이해하고, 그들이 필요한 서비스를 제공하는 데 경쟁력 갖추어 사회복지사로의 능력을 보여 줄 수 있어야 한다.

9. 건강·의료에 관한 다양성을 고려한 사회복지사의 실천지침

다음은 건강보호서비스와 관련하여 몇 가지 윤리적인 실천지침이다. 의료사회복지사는 특별히 건강에 관해서 독특한 자신만의 신념을 가지고 있는 클라이언트에게 관심을 가져야 한다.

① 개별 클라이언트의 다양성을 존중함으로써 문화적인 다양함에 대한 민감성이 증가하고 있다.

사회복지사가 가지고 있는 편견이 다양한 클라이언트와 함께 일을 하는 데 영향을 미칠 수 있다. 따라서 클라이언트 사정의 틀, 특히 윤리적인 민감성을 목록화한 사정의 틀, 혹은 문화적으로 측정할 수 있는 것과 같은 사정의 틀은 사회복지사가 문화적인 차이를 이해하는 데 도움이 된다.

② 건강, 질병, 그리고 치료에 관한 클라이언트의 신념에 대해 많은 이해가 필요하다. 사회복지사는 건강과 건강보호에 대한 클라이언트의 신념을 자기 나름대로 판단하는 것을 삼가야 한다.

③ 클라이언트를 정형화된 시각으로 바라보는 일을 피하고 진단적 사정을 통해

클라이언트의 차이를 이해해야 한다.

같은 나라, 같은 지역에서 일정기간 함께 살았더라도, 혹은 클라이언트의 연령, 사회·경제적인 지위가 동일한 경우에도 건강보호서비스에 관한 개인적인 신념이 다르기 때문에 이들 신념 간에 갈등을 일으키기도 한다. 개인은 자신의 건강문제와 관련하여 국가의 건강보호서비스 체계를 활용하고 있으며, 동시에 각 개인들은 자신의 건강문제와 관련하여 윤리적인 치료자, 기도모임, 자조집단모임, 명상, 마음양성, 정신수양, 이 밖에도 가족이나 친구들이 조언하는 모든 전통적인 치료 방법 등을 결합하여 활용하고 있다.

④ 문화적으로 다양한 클라이언트가 다양한 선택을 할 수 있도록 도와야 한다.

복지제도 하에 빈곤가족들은 의료보호서비스의 사각지대에 놓이는 경우가 많으며, 그뿐만 아니라 이와 같은 상황은 계속해서 나빠질 수도 있다. 더군다나, 외국인 노동자나 이민자에 대한 건강·의료서비스는 열악하다. 건강 혜택이 많은 합법적인 체류외국인의 경우에도 무시되는 상황에서 불법 외국인에 대해서는 의료보험이나 건강서비스 혜택을 기대하기 곤란함을 의미한다. 사실상 이러한 모든 변화에 대해, 전문 사회복지사가 그들의 선택에 의해 건강보호서비스를 선택하게 되는 클라이언트를 돕는 것은 사회복지사의 책임이다.

⑤ 사회복지사는 건강보호서비스에 참여하는 다른 전문가들을 도와 클라이언트의 문화적인 배경에 따라 건강에 관한 신념이 다르다는 사실을 이해해야 한다.

이를 위해 여러 다양한 전문가들이 함께하는 위원회는 건강보호서비스 전문가들이 자신들의 독특한 문화적인 신념을 가지고 있는 클라이언트의 건강문제에 관해 토론한다. 사회복지사는 건강·의료서비스팀의 구성원들과 문화적으로 다양한 클라이언트의 건강문제를 논의하는 과정을 통해 통합적인 접근이 가능하도록 한다.

⑥ 건강보호서비스 기관과 지역사회 내에서 건강에 대한 신념을 이해하고 수용

하는 일을 옹호해야 한다.

사회복지사는 건강보호서비스 기관들 사이에서 문화적인 중재자로서의 역할을 한다. 각자 다른 문화적인 차이를 이해하는 데 있어, 사회복지사는 치료 계획에 통합되는 문화적인 신념에 대해 옹호할 수 있다. 거시적인 실천 측면에서, 사회복지사는 병원이나 건강관리센터, 또한 포괄적인 정치적 체계 내에서의 민감한 정책의 개발을 위해 옹호해야 한다.

10. 건강·의료 사례관리 서비스

사례관리 체계는 건강체계의 전달에 커다란 변화를 가져왔다. 사례관리의 여러 관점에서 새로운 실천이 아니며, 사실상 오랫동안 사회복지사에 의해 실천되어 온 서비스 프로그램이다.

① 사례관리는 치료보다는 예방이 강조되고 있다.

예방은 사회복지실천에서 항상 강조되어 온 주제이다. 예컨대, 사회복지사는 고등학생 청소년을 위한 집단을 조직하는데, 약물이나 임신 등의 시도가 가능한 이들을 대상으로 예방교육을 실시하고 있다. 사례관리 서비스기관은 건강에 좋은 식품 영양 프로그램이나 당뇨나 고혈압을 예방하기 위한 체육활동과 운동을 주제로 한 프로그램을 지원하고 있다.

② 사회복지사는 사례관리를 통해 '최소제한환경'이 클라이언트에게 제공될 수 있도록 노력한다.

사회복지사는 클라이언트의 강점과 자원의 개발을 강조해야 한다. 병원에서의 사회복지사는 때때로 클라이언트의 사례관리 계획에 책임자로서 참여하게 되며, 이때 사회복지사는 클라이언트가 자신에게 적합한 환경이나 최소한의 제한적인 환경에서 생활할 수 있도록 돕는 역할을 한다.

③ 사례관리는 건강·의료보호의 서비스 비용이 지속적으로 높아지고, 의료사회복지의 전문 사회복지사의 능력이 지속적으로 높은 수준으로 기대되고 있다.

사회복지사는 건강보호서비스의 효율성과 효과성을 동시에 고려해야 한다. 이때 효율성은 효과성보다 우선 고려되어야 하기 때문에 간혹 효과성에서 어느 정도 손해를 보는 경우가 발생할지라도 효율성은 건강서비스 전달을 위해 반드시 고려해야 할 목표가 된다. 사례관리 분야의 사회복지사는 보호서비스에서의 비용-효과의 조정, 환자와 조직의 욕구 균형을 유지하는 것, 그리고 가능한 많은 서비스의 직접적인 제공자, 예컨대, 사회복지사는 심리·사회적 문제사정의 제공자의 역할, 보호·조정자의 역할을 담당한다. 그리고 클라이언트에 대한 사례관리 계획을 수립하고, 신체·정신적인 문제와 적응의 문제에 관여한다. 이때 사회복지사는 의료사회복지현장에서 환자뿐만 아니라 보호자까지 고려하고, 특히 치료비용과 관련한 현실적인 문제를 고려한다.

사회복지사는 건강·의료보호 관리 하에 있는 클라이언트가 치료를 거부하는 경우에 대해 심각하게 고려해야 한다. 환자가 치료를 거부함으로써 건강·의료보호서비스에서 사례관리 환경이 약화되면서 우려되는 일들이 많아졌고, 결국 클라이언트가 심각하게 상처받거나 혹은 사망하는 경우가 발생할 수도 있다.

CHAPTER 8

집단 및 가족복지현장에서의 윤리적 실천

소규모 집단이나 가족과 함께하는 사회복지실천 활동이 많아지면서 집단 및 가족 담당 사회복지사는 개인이나 지역사회와 함께하는 사회복지실천에 비해 다양한 역할을 수행하는 사회복지 활동가로 인식되고 있다. 집단사회복지실천은 혼란스럽고 위협이 되는 모든 요소들을 한 순간에 가치 있는 것으로 만들 수 있는 힘이 있다. 대부분의 집단들은 그 집단이 아동집단이든지, 이웃 주민이든지, 세상에 존재하는 사람들의 사회이든지 아니든지 관계없이 세상을 변화시킬 수 있다. 집단은 다양한 형태, 크기가 포함되어 있고, 다른 형식과 유형들과 서로 다른 목표들과 토론 주제를 가지고 있다.

이와 유사하게, 다수의 사회복지사가 가족치료에 적극적으로 참여하지는 않지만, 가족을 중심으로 하는 사회복지실천은 지속적으로 사회복지교육이나 실천 모두에 있어서 중요하게 강조되고 있다. 이 밖에도 사회복지실천의 초점이 아동복지 분야, 즉 아동에서 가족으로 옮겨 가고 있는 추세가 강해지고 있고, 이 분야의 사회복지사가 공개적으로 출현되고 있다. 사회복지사가 집단이나 가족과 함께 실천을 하는 데 있어 윤리적인 문제와 딜레마에 직면하고 있다. 그러나 사회복지사 윤리강령에서는 이러한 분야에 대한 충분한 고려가 이루어지지 않고 있다.

1. 가족을 대상으로 한 윤리적 실천

(1) 가족유지와 가정중심 서비스

가족유지서비스는 제한된 짧은 기간 동안 클라이언트 가정에 보편적으로 제공되는 집약적인 서비스이다. 이 서비스는 가족 구성원 중 누군가의 불필요한 가출을 막는 동시에 가족 구성원을 결합하여 가족의 유대감을 유지시키기 위해 개발되었다. 그리고 이 서비스는 가정으로부터 아이들이 분리되는 절박한 위험에 있는 가족을 대상으로 한다. 위탁된 가족은 종종 다양하고 복잡한 문제를 가지고 있는데, 이는 아동학대, 방임, 성적 학대, 알코올과 다른 약물남용, 범법이나 비행을 포함한 지역사회, 학교, 가정에서의 반항적인 행동 등이 포함된다.

가족유지서비스는 가정으로부터 아동을 분리하는 대신 아동의 해로운 위험을 제거하는 것이다.

가족유지서비스는 다섯 가지 주요 목표가 있다.

- 아이들이 자신의 가정에 안전하게 머물도록 하는 것
- 가족의 유대를 유지하고 강화하는 것
- 위탁을 조장하는 위기 상황을 안정시키는 것
- 가족의 대처기술과 능력을 증대시키는 것
- 가족이 적절한 공식·비공식적 지원 자원을 사용하도록 조장하는 것

참고 가족유지서비스의 배경과 서비스 유형

가족유지서비스는 위탁보호 같은 전통적인 아동복지서비스에 대한 불만족에서 파생되었다. 60~70년대는 대처할 수 있는 지원서비스의 부족으로 인하여 아이들이 자주 가정에서 분리되는 경우가 많았다. 더욱이 과거의 위탁보호에서는 빈곤층, 다문화가정, 한부모가정의 아이들이 많았다. 위탁은 종종 불안정하였다. 결과적으로 아동들은 다수의 장소 변화를 경험하게 되었고, 이에 따라 그들은 영속성을 잃어버렸다. 하지만 위탁 전후나 도중에 아이들의 친부모와 접촉을 하거나 함께해 보려는 노력은 거의 없었다. 그래서 가족 재결합 계획은 종종 실패를 거듭하였다. 아이들은

재위탁에 이르게 되고, 가족유지에 대한 더 많은 실패를 가져왔다.

가족유지서비스는 만약 서비스가 보다 집중적으로, 보다 조기에 제공된다면 많은 아동이 가정에 안전하게 머물 수 있을 것이라는 가정을 기초로 한다. 가족유지서비스는 가족의 붕괴를 막고 분리된 가족을 재결합시키는 아동이 가족과 재결합할 수 없을 경우, 지속적이고 안정적인 환경을 아동에게 제공하는 등의 '적절한 노력'을 요구한다. 적절한 노력의 기준은 모호하지만 가족의 유지서비스는 가족이 이용할 수 있는 유지와 재결합 서비스의 범위 안에 포함된다.

가족유지서비스 제공을 위해 여러 유형의 모델이 개발되었다.

가족중심프로그램 모델

- 위기개입모델은 즉각적인 위탁, 24시간 이용 가능 서비스, 우선순위 가정에 제공되는 매우 집중적인 서비스 낮은 건수 담당률, 그리고 서비스 제공의 간결성으로 특징지어진다.
- 가정중심모델은 가족체계이론에 기반을 둔 장기개입을 사용한다.
- 가족치료모델은 셋 중에서 가장 덜 집중적이고 사무실 환경에서 사용할 수 있다.
- 서비스 종류로는 가족중심서비스, 가정기반 서비스, 집중적인 가족유지서비스 등이 포함된다.

(2) 가족유지서비스의 철학과 가치

서비스에 붙은 명칭과 상관없이 가족유지서비스와 가족유지운동은 아동구조 철학에서 가족서비스 중심으로, 또는 더 넓게는 개인주의적 관점에서 환경을 가족과 아동 문제의 원인과 해결책 모두로 간주하는 생태학적인 관점으로라는 근본적인 변화를 보여 준다. 가족유지운동은 혁신적이다. 가족유지운동은 "아동양육의 실패 책임을 가족에게 돌리는 일반적인 견해를 인정하지 않고, 아동양육과 가족유지에 대한 새로운 시각, 즉 '가족' 역시 '아동'과 마찬가지로 보호받아야 한다."는 철학적 가치를 기반으로 전개되었다.

가족유지서비스 프로그램 다음의 다섯 가지 가정과 가치에 기인한다.

- 가족은 아동에게 강력한 영향을 미치고, 가능한 경우 언제나 유지되고 지원되어야 한다.
- 아동의 삶은 지속성과 안정성을 필요로 하며, 대부분의 아이들은 대체보호보다는 자신의 가족과 함께 사는 것이 좋다.

- 가족의 분리는 부모와 아동 모두에게 유해한 영향을 미친다.
- 입양 전 서비스에 최우선적으로 가장 많은 노력이 투입되어야 하며, 사회는 가족의 통합을 유지하려는 노력과 동일하게 위탁에도 자발적인 노력을 기울여야 한다.
- 각 가족의 우선순위와 필요에 따라, 시간이 제한적이고 집중적이며, 종합적인 서비스가 제공되어야 한다.

사회복지사는 특정의 가치와 윤리적인 기준에 의해 활동을 하지만, 가족유지서비스 프로그램은 그 가족우선의 가치에 초점을 맞춘다. 그 예로 대부분의 프로그램은 가족유지서비스의 기초가 되는 가치와 가설에서 진행 중인 훈련뿐만 아니라 초기 훈련도 제공된다. 가족유지서비스를 수행하는 사회복지사는 이러한 가치를 어려운 환경에 적용한다. 가치는 프로그램의 의도(통상적인 업무시간 외에 가정에서 가족과 만나는 것과 같은)를 구체화하고 사회복지사의 행동을 격려(예컨대, 적극적으로 들어주기 같은 활동)한다.

이런 가치와 이에 유사한 가치에 기인하는 사회복지사는 가족에 각기 다른 방법으로 접근한다. 그 예로서, 이러한 사회복지사는 가족이 당면한 현실을 이해하고 판단할 수 있도록 하는 조언하기(특히 모두에게 중요한 최초 가족 서비스에서)보다는 감정이입이나 적극적 경청을 더 많이 이용한다.

사회복지사는 가족 구성원과 상호작용하기 위해 적극적으로 노력한다. 때때로 이것은 가족의 이사, 아동보호, 또는 가정의 기능향상 같은 구체적인 서비스 요구를 충족시키도록 도울 수 있다. 대부분 어려움에 처한 가족은 현재의 상황을 긍정적으로 변화시키는 개선을 원한다. 가정을 개선할 수 있다는 가정 하에 가족유지를 담당하는 사회복지사는 적극적으로 가족의 목표를 설정하는 일에 개입한다. 이에 더불어 사회복지사는 가족의 기능향상을 위해 더 나은 문제해결 기술과 대처기술을 가족들에게 가르치고, 권한이 부여된 원리를 적용한다.

가족유지프로그램 실천은 다음과 같은 공통된 특징이 있다.

- 아동이 가정을 이탈하게 될 절박한 위험에 처한 가정만 수용된다.
- 서비스는 위험 지향적이다. 위탁된 후 가능한 한 빨리 가족들에게 알린다.
- 직원은 접근 가능하며 매일 유연한 시간을 유지한다.
- 접수와 사정 절차는 아동을 위험에 처하지 않게 한다.
- 가족들 개별 구성원의 문제가 언급될 수 있지만, 개입의 초점은 하나의 공동체인 가족에 두어야 한다.
- 사회복지사는 가족을 가정에서 만나고, 각 가정의 형편에 맞는 시간대에 맞추어 방문하여 편하게 하며, 되도록 자주 방문한다. 많은 서비스가 학교나 이웃이라는 환경 안에서 제공된다.
- 가족유지서비스 접근은 치료적이고 구체적인 개입이 혼합되어 제공된다(즉, 상담, 교육, 기술훈련, 정보와 위탁, 옹호 등).
- 서비스는 엄격한 매뉴얼 식 적용보다는 가족의 확인된 욕구들에 근거한다.
- 사회복지사는 소수의 가족 구성원을 담당한다. 제한된 수의 프로그램은 전문가 팀 접근을 활용한다.
- 프로그램은 가급적 단기적인 개입으로, 가족과의 개입기간을 제한한다.
- 가족유지서비스의 과정은 대체로 접수, 계약, 사정, 목표 설정, 개입, 평가와 종료, 그리고 프로그램 운영의 단계를 거쳐 진행된다.

2. 가족과 함께하는 실천사례

(1) 해체위기 가족의 가족유지서비스

사회복지실천의 교육현장에서는 가족에 대한 접근을 강조하고 있다. 사회복지사는 사정과 치료에 있어 가족 전체를 고려할 것을 강조하고 있다. 따라서 사회복지실천의 여러 관점에서 가족에 대한 접근은 종종 많은 반대에 부딪히기도 한다. 기관의 사무실은 매우 좁고 종종 다른 업무와 공유하는 일이 많고, 개인 클라이언트에 대한 진단적 사정과 치료 계획을 수립하는 데 있어 충분한 시간을 들일 수 없다. 가족 구성원 중 한 사람이 가족 모두의 생계를 책임져야 할 정도의 경제적인 어려움을 느끼는 가족의 경우, 대체로 보호관리가 필요하다. 그러나 이들 가족은 경제적·시간적 제약으로 인해서 가족치료나 사례관리에 대한 인식을 갖는 것에 어려움을 느낀다. 따라서 사회복지사는 가족 구성원 한 사람뿐만 아니라 모두에게 관심을 갖게 된다. 가족치료는 사회복지사가 개인과 함께하는 실천에서 한 개인만을 고려의 대상으로 하는 것이 아니며, 개인이 속해 있는 가족 또한 개인의 주변에 속해 있으며, 클라이언트 개인에게 영향을 미치는 것에 대한 관심을 가져야 하므로 생태체계적인 접근을 고려해야 한다.

(2) 가족의 가치의 이해

가족을 대상으로 한 사회복지실천은 다른 실천에 비해 좀 더 윤리적인 도전일 것이다. 이는 사회복지사가 가지고 있는 가족에 대한 가치가 다양한 경우가 많기 때문이다. 대체로 모든 사회복지사는 가족 내에서 성장한다. 그러나 사회복지사는 가족의 가치가 자신에게 어떻게 영향을 미쳤는지에 대해서 깊이 고려하지 않을 때가 많으며, 가족에 대한 가치를 이해하는 데 제한적인 경우가 많다. 이들 사회복지사는 클라이언트의 가족체계를 자신이 익숙한 모습의 가족체계로 혹은 이상적인 유형의 가족체계로 재구성하고 새롭게 이상적인 모습으로 만들려는 노력을 하는 경우가 많다. 아동복지 분야에서 일하는 사회복지사는 아동의 거주지를 결정하는 데 있어서 사회복지사 자신이 이상적으로 생각하고 있는 가족 구조에 맞춰 적용하려고 한다. 이와 같은 예를 살펴보면 다음과 같다.

사 례 **가족상담 시 사회복지사의 가치 반영**

최 선생은 전문 사회복지사로, 최근 많은 갈등을 경험하고 있는 젊은 가족을 담당하고 있다. 24세인 초록 씨는 공장에서 반숙련공으로 일하고 있다. 그의 부인은 식품점에서 심야시간대에 점원으로 일하고 있다. 이들은 4명의 자녀를 두고 있는데, 자녀들의 나이는 막내가 6개월이고, 가장 큰아이의 연령은 6세이다. 이 부부는 18세에 결혼하였는데, 결혼 당시 아내는 임신 6개월이었다. 그 후 이들 부부는 지속적으로 갈등을 겪어 왔다. 가족치료 동안 초록 씨 부부의 공통적인 생각이 현재의 상황에서 가장 바람직한 결정은 별거하는 것이라 하였다.

사회복지사는 이 부부가 서로의 차이를 인정할 수 있도록 돕고 동시에 이들 부부의 결혼생활이 지속될 수 있어야 한다고 믿고 있다. 몇 달간의 가족치료 이후에, 그들에게는 어느 정도의 변화가 보이는 듯했다. 우선 사회복지사는 이들 부부에 대해 좀 더 구체적으로 이해할 수 있다면, 이들 부부에게 좀 더 긍정적인 방향으로 도울 수 있을 것이라는 생각이다. 따라서 사회복지사는 몇몇의 가족치료와 관련된 워크숍에 등록하고 참석하였다. 그리고 유명한 가족치료 전문가로부터 자문을 얻게 되었다. 전문가의 자문은 사회복지사의 가치를 그들 가족에게 적용하고, 이들 부부가 그 가치에 따라주기를 바라는지도 모른다고 조언하였다. 사회복지사는 자신이 종종 초록 씨 가족에게 자신의 생각을 따르도록 노력했던 것에 대해 알게 되었다.

사회복지사는 개인적인 가치에 의해 아동이 어린 시절에 부모의 이혼 후 부모 양쪽 집을 오가면서 느끼는 혼돈감은 아동의 정상적인 성장에 좋지 않은 영향을 미칠 수 있다고 생각하고 있다. 따라서 사회복지사는 자신이 어렸을 때부터 희망하고 머릿속으로 그려 온 바람직한 가족의 모습을 초록 씨 부부에게도 적용시키려고 노력했던 것을 알게 되었다. 현재 담당 사회복지사 개인의 가치에 따라 '가족의 유지'를 최우선으로 생각하고 실천하고 있는 것이다.

- '가족의 유지'는 윤리적인 실천인가?
- 필요하다면, 부부의 이혼, 별거 등 가족 구성원의 분리도 윤리적인 실천이라 할 수 있는가?
- 이 상황에서 이 가족을 대상으로 한 사회복지사의 윤리적 실천은 무엇인가?

가족상담에 있어서 사회복지사는 먼저 자신의 가족가치(family values)를 정확히 이해해야 한다. 이를 위해 다음과 같은 질문이 필요하다.

- 나의 가족은 어떠한가?
- 내가 생각하기에 이상적인 가족은 어떤 가족인가?
- 내가 생각하고 있는 이상적인 가족과 내가 기억하고 있는 나의 가족은 어떻게 다른가?

- 내가 현재 치료하고 있는 가족의 목적과 가치는 무엇인가?
- 가족의 목적과 가치를 성취하기 위해 이 가족들이 원하는 것은 무엇인가?

(3) 장애자녀와 한부모가정

사 례 클라이언트의 자기결정 혹은 보호자의 자기결정

58세(여)의 클라이언트는 21세의 발달장애 아들과 단 둘이 살고 있다. 기초생활수급자인 클라이언트는 관절염으로 힘든 일을 하기가 어려울 뿐만 아니라 아들 때문에 거의 집을 떠나지 못하며, 놀림당하는 아들이 가여워서 동네에서 멀리 나가기를 꺼린다. 사회복지사가 그 가정을 방문하였을 때, 그녀는 클라이언트의 아들이 훈련이 가능한 정도의 지적장애라고 판단하여 클라이언트에게 직업훈련을 받고 취업할 수 있을지도 모르니까 검사를 받아 보자고 제안하였다. 클라이언트는 아들에 대한 보호와 아들이 취업하게 되면 기초생활수급자에서 탈락될 것을 염려하는 것 같았다. 여러 차례의 방문으로 사회복지사가 수급자에서 탈락되지 않으며 아들이 지닌 능력을 발휘하게 하는 것이 아들을 위한 것이라고 설득하였으나 클라이언트는 사회복지사의 방문을 거절하였다. 이에 사회복지사는 검사에 응하지 않으면 수급자에서 탈락시키겠다는 위협을 해야겠다고 생각하였다.

- 위협적으로 검사에 응하게 해야 하는가?
- 혹은 클라이언트의 자율권을 존중하고 스스로 결정하도록 자기결정권을 존중해야 하는가?
- 이 상황에서 사회복지사의 윤리적인 실천은 가능한가?

사회복지사는 클라이언트와 그의 아들의 의사와는 달리 아들의 직업훈련시설 입소를 강행한다면 사회복지사는 클라이언트의 자기결정권을 침해하는 것이 될 것이며, 그동안 경제적으로 어렵지만 안정된 상태를 유지해 온 클라이언트와 그의 아들의 사생활을 침해하게 될 것이다. 또한 아들에 대한 부모로서의 보호의무와 권리를 침해하게 될 것이다. 사회복지사는 아들이 클라이언트로부터 보호받을 수 없는 시기가 올 것에 대비하여 아들을 위한 다른 제안들을 제시할 수 있으며, 아들의 직업훈련으로 인하여 클라이언트 자신과 그 가정에 다른 불이익은 없는가, 생활유지책인 국민기초생활수급자로서의 혜택에서 탈락될 염려는 없는가, 그러한 사실들을 설명하고 설득해야 할 것이다.

- 설득에도 불구하고 클라이언트가 동의하지 않을 경우, 사회복지사가 의도적으로 위협하고 검사에 응하게 할 수 있는가?
- 이 경우, 클라이언트를 대상으로 이해할 수 있도록 지속적으로 개입해서 클라이언트의 자발적인 동의를 얻어서 검사에 응하게 해야 하는가?

(4) 다문화 가족과 문화적 다양성

한국 사회에서 한국인들이 가장 자랑스럽게 쓰는 말 중 하나가 바로 단일민족이라는 표현일 것이다. 그러나 이러한 말은 외국인에게는 차별 또는 억압으로 들릴 수 있다. 민족의 단일성을 강조하는 것은 외국인과의 우호증진에 장애가 될 수 있다는 것이다. 따라서 UN은 한국 정부에 초중고 교과서에 타민족과 문화에 대한 내용을 늘리고, 이주 노동자와 결혼 이민자의 법적 권리를 적극적으로 보호하라고 권고한 바가 있다.

한국 사회에서 문화적 다양성에 대한 쟁점은 점점 중요하게 다가온다. 사회복지사는 실천현장에서 문화적으로 다양한 클라이언트를 만나게 됨에 따라, 사회복지 교육과 실천현장에서 문화적 다양성 또는 다문화주의에 대한 인식이 중요하게 자리 잡아 가고 있다. 사회복지실천 원칙과 윤리강령 등을 통해 다문화 및 문화적 다양성에 대한 수용적인 태도를 강조하고 있다.

참고 **한국 사회의 문화적 다양성**

유엔의 권고는 한국에서의 외국인 차별이 여전히 해결되지 않고 있다는 판단에 따른 것이며, 외국인 노동자 등에 대해 배타적인 차별의식을 가지고 있다는 점을 보여 주고 있다는 것이다. 2006년 스위스 국제경영개발원의 조사결과에 따르면 55개 국가 중 한국의 인종 양성차별이 51위이며, 국가인권위원회 조사에서 외국인 노동자의 절반이 직장에서 욕설을 들었으며, 30%는 폭행을 당했다고 답했다(MBC 뉴스데스크, 07년 8월 19일자 방송 참조).

한국 사회의 배타적 민족주의 인식을 보여 준 연구도 있다(황정미, 2007). 연구에 의하면 결혼이주 여성에 대한 한국인의 태도를 분석한 바, 이 연구에서는 성인 남녀 4명 중 한 명은 국제이주여성이 줄어야 한다는 고정관념이 매우 강하며, 젊은 고학력층이 노년층에 비해 결혼이주여성에 대한 문화적 다양성을 덜 존중하는 것으로 드러났다. 특히 자녀가 어머니의 모국어를 배우는 것에 대해 연령이 어리고 교육수준이 높을수록 부정적인 의견이 많다는 점에서 한국의 젊은 층의 관심이 특정 선진국에 집중되었으며, 결혼이주여성의 출신국은 후진국으로 여기는 위계적 문화의식이 깊게 자리 잡고 있기 때문이라고 지적하고 있다.

한국은 이제 다문화에 대한 접근을 체계적으로 갖추어야 할 필요가 있다. 즉, 교육에서부터 다문화에 대한 이해와 접목을 시도할 필요가 있다. 이러한 문화적 다양성 내지 다문화라고 하는 것은 비록 외국인 노동자나 결혼이주여성, 북한이탈주민, 성전환자 등을 통해 쟁점화되었지만, 자국민과 타민족 간에서 일어나는 현상만을 의미하는 것은 아니다.

문화적 다양성(Multiculturalism)이란 90년대 이후, 미국에서는 문화적 다양성(cultural diversity)과 다문화주의에 관한 개념에 관한 논의가 생겨났다. 이후 사회복지 영역에서는 두 개념을 동시에 사용하고 있다. 이는 정체성, 정서, 사고, 역사 등의 모든 맥락에서 독특한 민감성을 가진 사람들에 대한 인식이다. 사회복지실천에서 문화적 다양성이란 인종뿐만 아니라 생각을 달리하는 사람, 선호가 다른 사람, 성, 종교 등의 다양성을 말하는 것이다. 즉, 청년 세대와 노인 세대 간의 갈등, 종교로 인한 결혼문제 등도 이러한 문화적 다양성의 범주에 포함된다고 볼 수 있다.

참고 사회복지실천에서 문화적 다양성과 관련된 지침

미국사회사업가협회 윤리강령(NASW, 1996)

1.5 문화적 수용성과 사회적 다양성

a. 사회복지사는 인간행동과 사회에서 문화와 그 기능을 이해해야만 한다. 모든 문화들에서 존재하는 강점을 인정해야 한다.

b. 사회복지사들은 그들 대상자들의 문화에 대한 지식적 기반을 갖추어야 하고, 그들 문화와 문화적으로 다양한 사람들이나 집단에서의 차이에 민감한 서비스 제공에서 이를 적용할 수 있어야 한다.

c. 사회복지사는 신체 또는 정신장애, 종교, 정치적 신념, 지위, 나이, 성적 지향성, 인종, 국가기원 등에 있어 억압과 사회적 다양성의 본질을 이해하기 위해 노력하고 이에 대한 교육을 받아야 한다.

첫째, 사회복지 영역에서 나타나는 문화적 다양성과 관련된 주된 쟁점은 다음과 같다.

- 사회복지사는 어떤 집단 또는 사람에 대한 비인간적인 것 또는 억압에 대한 실천을 막기 위한 행동을 해야 한다.
- 사회복지사는 인종과 피부색, 성별, 그리고 성적인 지향성, 나이, 종교, 국가, 지위, 정치적 신념, 정신 또는 신체적 결손, 다른 선호도나 개인의 특성, 조건이나 사회적 지위에 기초한 어떠한 억압의 형태와 협동, 촉진, 일치하는 실천을 해서는 안 된다.
- 사회복지사는 클라이언트의 시민권과 법적 권리를 감소시키거나 위반하는 어떠한 행위와 연계되어서도 안 된다.

둘째, 사회복지실천에서 문화적 다양성으로 인한 윤리적 딜레마를 경험하게 된다.

- 사회복지실천에서 문화적 다양성으로 인한 윤리적 딜레마는 여러 가지 형태로 나타난다. 사회복지사에 문화적 다양성 또는 다문화주의와 관련된 지침들을 살펴보면, 사회복지사는 어떠한 차별과 억압 또는 편견을 가지고 클라이언트를 대하지 않게 되어 있다. 그러나 실제 문화적으로 다양한 사람들 간의 갈등이 발생하여 이러한 문제를 해결하는 데 있어서 사회복지사는 어느 한 사람의 입장에서 문제를 해결하기 어려운 경우를 종종 경험하게 된다.
- 어느 한 사람의 입장에 서게 될 경우 사회복지사는 문제를 해결하지 못하게 될 수도 있다. 또한 사회복지사 개인적 가치로 인해 문제해결에 어려움을 경험하게 될 수도 있다. 따라서 특히 한국과 같이 문화적 다양성에 대한 민감성이 떨어지는 사회의 사회복지사는 사회복지실천현장에서 경험하는 문화적 다양성으로 인한 문제를 접함에 있어서 신중하게 결정해야 할 것이다.

◉ 다문화 가족의 가족지원 사례

문화적으로 다양한 가족들은 종종 갈등이 생긴다. 특히 청소년기에 독립적인 가치를 받아들이는 과정에서, 부모들은 자신들의 뿌리가 되는 가족의 가치를 따르게 하기 위해 노력하는 동안 자녀들은 현재의 사회적 가치에 더 많은 관심을 기울이는 경우에 더욱 심각하게 나타난다. 사회복지사에게 있어 이러한 사례의 예중 우려되는 일은 아동의 부모에게 대항하여 청소년기 아동의 편을 드는 것이다. 비윤리적인 면 외에도 이러한 행동은 사회복지사에 대한 신뢰를 무너뜨리게 함으로써 가족치료를 외면하게 만드는 원인이 될 수도 있다.

외국에서 이주한 가족의 예를 보면 다음과 같다.

사 례 문화적으로 다양한 가족 구성원

윤 선생은 초보 가족치료사로서, 3년 전 중국에서 한국으로 이주한 왕 부인과 그의 16세 딸, 하와를 상담하게 되었다. 왕 부인은 하와가 학교가 끝난 후 친구들과 쇼핑이나 놀러 다니는 일 대신, 집으로 곧장 돌아와, 집안일을 거들고 어린 동생을 돌보기를 바라고 있다. 사회복지사는 왕 부인이 한국에서의 생활에 대한 교육이 전적으로 필요하다고 생각했다. 사회복지사는 왕 부인에게 한국에서 청소년들은 또래집단과의 관계가 매우 중요하고, 특히 청소년기에는 유행에 민감하기 때문에 딸이 방과 후에 친구들과 어울리는 것은 앞으로 한국에서의 생활에 도움이 되는 일이라며 딸의 행동을 엄마가 이해하고 받아 줘야 할 것이라고 하였다.
이때 사회복지사는 왕 부인의 생각과 자신의 생각 사이에는 매우 차이가 크다는 사실을 느꼈다. 동시에 사회복지사는 문화적 다양성에 대한 경쟁력이 부족함을 깨달았다.

때로는 문화적인 다양성을 이해하는 일에 경험이 많은 사회복지사일지라도 한 가족 내에서 개개인의 욕구에 균형을 맞추는 문제로 갈등을 겪을 때가 많다. 만약 부부 가운데 한 사람이 이혼을 원하고 다른 사람은 이혼을 원하지 않는다면 어떻게 할 것인가? 누가 그 가족을 위해 이야기를 할 것이며, 누가 가족의 욕구들을 가장 명료하게 표현할 것인가? 다음은 윤리적인 딜레마에 빠졌던 예이다.

사 례 가족 구성원들 간의 문화적 차이

사회복지사는 17세의 형태 군과 그의 어머니를 상담할 때, 각자의 욕구 갈등에 기초한 윤리적인 딜레마에 빠졌다. 형태 군은 집에서 자동차로 5시간이나 떨어진 곳에 있는 유명 대학에 장학금을 받고 입학하기를 원하지만, 어머니는 형태 군이 외아들인 점과 그의 건강을 고려하여 가급적 집에서 통학이 가능한 대학을 선택하는 것을 원하고 있다. 이들 모자의 가치는 상호충돌하고 있다.
- 이때 사회복지사의 윤리적인 실천이 가능한 역할은 무엇인가?

(5) 가족 구성원 간의 비밀보장

대체로 가족치료는 모든 가족 구성원이 자리를 함께할 때에 그 결과가 가장 효과적이다. 사회복지사는 현재 가족 구성원의 필요에 따라서 선택적인 상담 혹은 개별적인 상담을 진행하기도 하고 가족 전체와 함께하는 상담을 하는 경우도 있다. 이러한 두 가지 경우 모두 사회복지사에게는 비밀보장을 유지하는 것이 하나의 중요한 도전적인 과제가 된다. 치료의 시작 단계에서, 종종 비밀보장이 필요한 정보를 어떻게 관리하는지에 대한 지침을 마련해야 한다. 어떤 치료자는 상담 중간에 개인과 이야기하는 것을 피하는 경우도 있다. 다른 치료자들은 개인과 대화를 하는데, 대화의 내용은 반드시 치료과정에서 나온 주제에 한하는 경우가 많다. 아직도 많은 실천가들은 개인적으로 실시한 상담이나 가족을 대상으로 실시한 상담 중에 나온 모든 정보에 대해 각 가족 구성원 모두에게 비밀보장을 계속 유지하는 경우가 많다.

한부모가정이 증가하고 가족 구성원의 업무시간이 각각 다른 가족이 증가하고 있기 때문에 클라이언트와 개별적으로 상담을 하고, 그 후 가족의 문제에 접근하는 방법에 초점을 맞추고 있는 상담기관이 늘어나고 있다. 그렇게 때문에 사회복지사는 현재 가족 구성원 가운데 특정 한 사람만을 상담하는 경우가 많아지고 있다. 사회복지사가 가족치료에 참여하지 않는 가족에 대해 어떻게 하는 것이 윤리적인 책임을 다하는 것인가? 사회복지사는 가족치료에는 참석하지 않으나, 정보를 제공한 가족에 대해 클라이언트 비밀보장원칙에 따라서 비밀을 보장해야 할 책임을 가지고 있는가?

사회복지사는 반드시 모든 클라이언트인 개인이나 집단 혹은 가족들을 정확하게 이해해야 하며, 모든 클라이언트가 개인인 경우에는 개인을 클라이언트로 인식하고, 이들이 다양한 서비스를 제공받을 수 있도록 하는 것이 전문 사회복지사의 기본적인 의무이다.

사례를 통해 새로운 딜레마를 살펴보면 다음과 같다.

사 례 **가족상담과 비밀보장**

최 선생은 학교 사회복지사이며, 영수 가족의 상담을 담당하고 있다. 영수는 7세 소년으로, 학교에서 거칠고 돌출적인 행동을 보인다. 또한 그의 누나 영희(10세)는 학교수업에 문제를 보이고 있다. 이 두 아동이 학교에서 문제를 보이기 시작한 것은 올해 초부터였다. 학교 사회복지사는 이 아동들이 집에서도 문제가 있을 것이라는 의심을 하게 되었다. 사회복지사가 아동의 어머니와 상담을 하는 동안, 올해 초에 아동의 아버지가 갑자기 가출한 사실을 알게 되었다. 사회복지사는 영희와 영수, 그리고 그들의 어머니와 가족집단을 구성해 상담을 시작하였다. 사회복지사는 가족에게 자신이 아동의 아버지를 만나기를 원한다고 하였다. 그러나 아동의 어머니는 이 생각에 반대하였다. 어느 날 아동의 아버지가 사회복지사에게 전화를 하고 이 가정의 진정한 문제가 무엇인지에 대해 정확하게 이야기하겠다고 하였다. 아동의 아버지는 사회복지사에게 자신에게 아내가 자신을 언어적·신체적 학대를 가한 사실을 이야기하였다. 아동의 아버지는 자신이 이야기한 사실을 다른 사람에게 알리고 싶지 않다고 비밀로 해 줄 것을 요구하였다. 사회복지사는 아동의 아버지, 어머니 모두에게 가정폭력 사실을 비밀로 하는 것은 가족문제 해결에 도움이 되지 않을 뿐만 아니라 결국 가족을 해체시키는 원인이 되는 매우 위험한 생각이라고 알려 주었다.

사회복지사 최 선생은 가족 구성원들에게 클라이언트의 비밀보장에 관해 설명해 주면서, 가족치료 목적의 상담 과정에서 가족의 한 사람이 자신의 정보를 다른 가족들에게 알리고 싶지 않다고 했을 때, 그것을 다른 가족에게 공개할 수 없는 것이 전문 상담가로서의 책임을 다하는 것이라고 하였다. 그리고 가족들이 정보를 공유하기를 원하는 경우에는 다른 가족과 함께 그 정보를 공유하게 될 것이라고도 말하였다.

- 사회복지사는 가족상담 중 알게 된 가족 구성원들의 진술내용을 공유할 수 있는가? 혹은 비밀유지 할 수 있을 것인가?
- 가족 내의 비밀보장에 대한 윤리적인 실천기준은 무엇인가?

3. 가정폭력에 대한 윤리적 실천

가족유지서비스는 가정이탈 위험에 처한 가족과 아동을 위한 대처 서비스일 수는 있지만, 모든 것을 해결할 수 있는 것은 아니다. 가족유지서비스는 가족의 유지 이후의 서비스(사후보호나 다른 지역기반 사회서비스 같은 서비스)뿐만 아니라, 보호 이전의 서비스(근본적인 예방과 가족후원 같은 서비스)도 포함하는 서비스의 연속체라는 맥락 하에서 가장 잘 파악된다. 가족유지서비스는 때때로 가족이 보다 전통적인 사회서비스를 이용할 수 있도록 하는 데 효과적이다.

양질의 재배치 서비스 역시 어떤 아동과 가족에게는 필요하지만, 가족유지서비스 모델은 그들 가족이 재결합하는 데 보다 적절한 시기에 지속적으로 도움을 줄 수 있다. 아동복지체계로 위탁된 가족의 욕구나 문제는 이전보다 더 복잡하고 어려워 보인다. 지역사회의 자원과 지원의 부족은 그들의 상황을 더욱 해결하기 어렵게 만든다. 가족유지서비스 자체만으로는 규모가 큰 사회문제나 경제문제를 다루는 것을 기대할 수 없다. 그렇지만 가족유지프로그램에 지역사회의 개입이 늘어남으로 인해 가족들이 보다 협력적이고 더 나은 위탁 환경을 갖게 될 것을 기대할 수 있다.

사회서비스뿐만 아니라 아동복지에 지속적인 영향을 미칠 수 있는 가족유지서비스의 한 가지 특징은 일반적으로 가족에 대한 관심이다. 가족유지서비스는 지원 과정의 동반자로서 가족에 대한 책임과 믿음을 보여 준다. 게다가 전통적인 실천모델과 비교해서, 가족의 역량과 자원에 대한 관심은 클라이언트와 사회복지사 간의 관계와 가족을 대상으로 하는 사회복지실천의 본질을 극적으로 변화시킨다. 가족유지서비스가 위험에 처한 가족을 돕는 데 가장 큰 영향력을 발휘할 수 있는 곳이 바로 이러한 영역이다.

참고 가정폭력 관련 법

피해자의 보호에 관한 「가정폭력방지및피해자보호등에관한법률」과 행위자의 처벌에 관한 「가정폭력범죄의처벌등에관한특례법」으로서 1998년 7월 1일부터 시행되어 왔다.

이 법의 제정은,

첫째, 가정폭력을 개인차원의 문제가 아닌 사회차원의 문제로 선포했으며

둘째, 가정을 폭력이 발생되는 맥락으로 인식했으며

셋째, 가정폭력에 대응하는 주요 대책으로 가정폭력사범에 대한 형사처벌 및 보호처분뿐 아니라 가정폭력으로 인한 피해자 보호에도 주력하고 있음을 천명했다는 것에 의의가 있다.

〈가정보호사건의 처리절차〉

경찰의 적극적 초기대응은 가정폭력의 방지와 가족의 갈등해결을 위한 중요한 사법적 대응이다. 가정폭력 신고를 받은 경찰은 즉시 현장에 출동해서 응급조치를 취해야 하며, 필요한 경우에는 검사에게 임시조치를 신청한다.

검찰의 처분은 기소처분과 임시처분(경찰로부터 송치된 가정폭력사건에 대해 경찰의 응급조치에도 불구하고 가정폭력의 재발우려가 있을 때에는 법원의 청구), 보호처분(가정법원이나 지방법원에 송치)이 있다.

** 법원이 가정보호사건을 심리한 결과 보호처분이 필요하다고 인정한 때에는 다음과 같은 처분을 결정할 수 있다(가정폭력범죄의처벌등에 관한 특례법, 제40조 1항).
피해자에게 접근하는 행위제한, 친권행사 제한, 보호관찰 등에 의한 사회봉사나 수강명령, 보호시설에 감호위탁, 치료나 상담위탁

다음 소개되는 사례는 클라이언트 개인의 가치와 개인의 복지와 가족의 복지, 그리고 사회복지사의 가치 간의 가치충돌 사례이다.

사 례 가정폭력

피해자의 남편은 결혼 10년 내내 술만 마시며 밤새 잠을 잘 수 없게 하거나 심하게 구타하였다. 피해자는 친척 집에 피신하였으나, 남편이 자식을 찾으러 왔다고 행패를 부려 할 수 없이 아이를 돌려보냈는데 아내에게 했던 것과 같은 방법으로 아이를 폭행하였다. 이혼을 결심하고 자신과 아이의 신변을 위해서 보호시설(쉼터)에 가기로 결정을 하였는데, 아이가 학교를 2주일 이상 결석한 상태이기 때문에 당장 다른 학교에 전학시켜야 하는 문제가 남아 있다.

– 친권자인 아동의 부친이 아동을 양육하겠다는데, 사회복지사가 이를 막을 수 있겠는가?

사 례 **반복되는 가정폭력**

피해자의 남편은 평소 의처증이 심하여 바람을 폈다며 폭언을 서슴지 않고 술을 먹고 목을 조르는 등의 폭력을 행사하였다. 피해자인 부인은 그동안 몇 차례 집을 나와 친척 집으로 피신을 하였는데, 남편이 그때마다 쫓아와 행패를 부려 다시 끌려오곤 하였다.

어느 날 남편의 구타가 시작되어 동네 파출소에 달려가 신고하였고, 상담기관으로 찾아와 면접상담을 하게 되었다.

피해자는 가정폭력피해자 쉼터에 입소하였고 자녀와 연락했으나 도움을 받기는 힘든 상황이었다. 남편은 계속 기관으로 찾아와 다시는 부인을 괴롭히지 않겠다며 각서까지 쓰며 사정을 하였으나 상담한 결과 아직 의처증 증세가 심하였고 아침부터 술 냄새가 진동하여 같이 살기가 부적합하다고 판단되었다. 그러나 피해자는 남편이 주위 사람들을 너무 힘들게 하고 잘못을 많이 뉘우치는 것 같으니 한번 믿어 보겠다며 다시 집으로 들어갔다.

얼마 지나지 않아 도저히 견딜 수 없어 쉼터에 재입소하였는데, 신체적 폭력은 줄었으나 남편이 갖은 억지소리를 하며 말끝마다 더러운 소리를 하는 등 언어폭력은 여전하여 가슴이 벌떡벌떡 뛰고 몸이 너무 아프다고 하였다.

- 반복되는 가정폭력임에도 불구하고 뚜렷하게 갈 곳이 없는 피해자, 남편이 있는 집으로 돌아가야 하는가?
- 담당 사회복지사는 피해자에게 남편의 의처증과 알코올 증상의 심각성을 알려 주고, 남편과의 별거 등 분리가 필요하다고 강조하고 있으나, 피해자 자신(부인)이 다시 한 번 남편을 믿어 보겠다고 한다. 클라이언트의 자기결정은 어디까지 허용해야 하나?

사 례 **클라이언트와 사회복지사 간의 가치충돌**

피해자의 남편은 아내가 자기의 친구와 이야기하는 것조차 싫어하고 모임에 나가서 다른 남자들과 대화를 나누면 집에 돌아와서 밤새 아내를 괴롭히며 구타해 왔다. 그리고는 바로 아내에게 자신의 아내를 너무 사랑하기 때문에 그랬다고 미안해하는 태도를 보이며 잘못을 빈다. 처음엔 '남편이 나를 사랑하는구나' 생각했지만 남편의 그러한 행동이 지속적으로 반복되면서 남편의 태도가 정상이 아니라는 것을 알아차리게 되고, 피해자는 이혼에 대하여 고민하게 된다.

- 이때 사회복지사의 윤리적인 실천은 무엇인가?

다음은 가정폭력 사실에 대한 비밀보장과 비밀보장의 제한에 대한 사전고지 필요 간에 가치충돌 사례이다.

사 례 **가정폭력과 사회복지사의 판단오류, 비밀보장원칙**

남편의 구타를 피해 친구 집에 숨어 있던 피해자는 식당 아르바이트를 하면서 자리가 잡히면 아이들도 데리고 오려고 생각했지만 남편이 아내가 바람이 나서 집을 나갔다고 혈안이 되어 피해자를 찾아다니고 친정으로 협박전화를 하였다. 피해자인 여성은 아이들을 데리고 오는 것에 불리하게 작용될까 걱정이 되어 남편을 만나지 않고 이혼하기를 원하였다. 가족상담기관은 남편에게 부인이 가출한 이유가 남편의 폭력에 의한 피신임을 알리는 내용의 우체국 내용증명을 친정집 주소에서 발송하도록 권유하고 쉼터에 대한 정보를 주었으나 친구 집이 안전하다고 하여 쉼터 입소는 하지 않은 상태에서 상담을 마무리하였다. 그러나 협의 이혼을 하기로 하고 법원에서 만나기로 한 날 가해자는 피해자가 피신해 있던 친구 집을 침입하여 클라이언트를 살해하고 그의 친구에게까지 상해를 입혔다.

본 사례는 결과적으로 많은 여러 사람이 피해와 상처를 입었다.

- 이 경우, 사회복지사가 윤리적 실천 다했다고 볼 수 있는가?
- 혹시 이러한 사태의 발생이 사회복지사의 무지, 태만, 오류, 실수에 해당되는가?
- 사회복지사는 클라이언트의 비밀보장원칙을 지켰는가?

사 례 **가정폭력과 비밀보장**

2001년, 전국의 쉼터 전화번호가 기재된 가정폭력 관련 안내 책자를 당시 여성부에서 발행하여 전국적으로 배포하는 사건이 발생하여 등록된 모든 쉼터들이 전화번호를 바꾸거나 전화를 없애버리는 등 심각한 상황에 처하게 되었다. 또한 시청 공무원들이 쉼터에 직접 전화를 걸어 아무개 씨가 그 쉼터에 있는 것을 아는데 남편이 찾아와서 용서를 구하니 귀가시키라고 종용하거나, 경찰서 직원이 실종신고 된 사람이 쉼터에 있는지 확인차 방문하겠다는 통보를 한 적도 있다.

- 위에서 소개한 일련의 행위들과 '클라이언트의 비밀유지' 원칙 간의 충돌되는 쟁점은 무엇인가?

4. 집단 활동에서의 윤리적 실천

사회복지사가 두 명 이상의 사람들에게 서비스를 제공할 때, 특히 두 사람이 서로 관계를 맺고 있는 사람인 경우(예컨대, 부부, 가족 구성원), 이들 클라이언트를 각각의 개인으로 고려할 것인지, 하나의 집단으로 고려할 것인지, 혹은 집단과 동시에 개별로 고려할 것인지 등, 사회복지사의 전문적인 책임과 서비스를 제공받는 다양한 개인의 책임은 무엇인지에 대해 명확하게 이해할 필요가 있다. 집단 및 가족과 함께하는 실천에서는 실천이 시작되는 단계에 집단 구성원 모두에게 집단 활동의 목적과 방법 등 필요한 정보의 전달이 이루어지고, 전 구성원으로부터 동의를 얻어내는 과정을 거쳐야 한다.

(1) 집단활동에서 비밀보장과 비밀보장 제한

집단을 대상으로 상담서비스를 제공할 때, 사회복지사는 개인의 비밀보장의 권리를 고려해야 하고 다른 사람들과 클라이언트에 관한 정보를 공유해야 하므로 이 경우 부부에게 비밀보장의 제한에 관해 설명하고 동의 받는 일을 확실하게 다루어야 한다. 사회복지사는 집단상담에 참여하는 모든 참여자들에게 앞으로 모든 일에 동의하고, 간혹 자신의 비밀이 완전하게 보장되거나 유지되는 특권을 약속할 수 없음을 알려야 한다. 또한 사회복지기관의 정책은 사회복지사의 상담의 중요 요소 가운데 한 가지 요인인 비밀보장에 관심을 가져야 한다.

윤리적인 쟁점에 대한 문헌 검토에서는 집단과 함께하는 사회복지실천에 대한 관심이 저조하다는 것을 지적하고 있다. 주요 집단 사회복지사의 윤리적인 관심은 비밀보장이다. 잠재적인 집단 구성원들이 집단을 구성하는 것을 두려워할 수 있는데, 이는 집단 구성원이 자신의 개인적인 정보를 집단의 비구성원들과 공유할지도 모른다는 두려움 때문이다. 예를 들면, 우울 증상을 보인 한 중년 여성에게 사회복지사가 상호정서적 지원이 가능한 집단활동에 참여할 것을 조언하였으나 사생활이 타인에게 알려지는 것을 원하지 않기 때문에 집단활동 참여를 두려워하였다. 클라이언트의 남편은 한 동네에 살고 있는 다른 여성과 부적절한 관계를 가지고 있는데, 이와 같은 자신의 가정 문제가 타인에게 알려지는 것을 원하지 않기 때문이다.

집단치료의 초기 단계에는 구성원들이 누가 집단활동에 참여하고 무엇을 상호

공유하게 될 것인지 등의 다양한 질문을 하게 된다. 집단활동 지도자가 전문적인 윤리를 이해하고 있는 사람이라면, 비밀보장에 대해 고려할 것이며, 집단 구성원이 아닌 사람들과는 구성원에 관한 정보를 공유하지 않을 것이라는 것도 고려하게 된다. 경험이 없는 집단활동 지도자는 집단 구성원들에게 비밀보장을 약속하는 일에 익숙하지 않고, 이런 약속을 하는 일이 마음이 편하지 않아 소홀히 다루는 경우도 있다. 그러나 사회복지사는 우선적으로 클라이언트와 함께 집단 내에서 알게 된 집단 구성원들의 비밀보장에 관해 논의해야 한다. 동시에 사회복지사는 클라이언트에게 집단 내의 모든 정보가 반드시 비밀로 지켜질 수 없는 경우도 있다는 사실을 알려야 한다. 집단 지도자가 비밀보장의 약속을 유지하지 못하게 되는 경우의 예를 살펴보면 다음과 같다.

사 례 집단활동과 비밀보장, 비밀보장의 제한에 대한 사전고지

사회복지사가 담당하고 있는 집단치료의 구성원들은 우울한 감정으로 고통받는 여성들로 구성되어 있다. 집단 구성원인 유미 씨는 어제 자신의 4세 된 아들에게 매우 화가 나서 아들을 마구 때리는 것을 중단할 수가 없을 정도라고 말했다. 다행히 아동에게 폭력을 가하고 있을 때 유미 씨의 여동생이 집에 도착하였고, 여동생은 유미 씨가 아동에게 폭력을 가하는 일을 말리게 되었다. 사회복지사인 황 선생은 이 집단에서 이야기된 모든 것을 이 집단 내에서만 공유할 것이며, 이러한 이야기는 절대로 집단 밖에서 이야기하지 말 것을 당부하였다. 이러한 토론이 진행되면서 사회복지사는 아동학대와 같은 법률적으로 반드시 보고하도록 규정되어 있는 사안이 클라이언트의 공개적인 발언을 통해 알게 되는 경우에는 클라이언트의 비밀보장에 대한 약속을 지킬 수 없을 것이라는 클라이언트 비밀보장의 제한 내용에 관해서도 알려 주었다. 사회복지사는 아동학대에 대해서는 법률에 의해서 반드시 아동학대 사실을 보고하도록 되어 있기 때문에, 아동학대와 같은 내용에 대해서는 클라이언트의 비밀보장의 특권에 제한을 받고 그 비밀을 지킬 수 없는 것이다.

따라서 이 문제에 대해서는 비밀보장의 불이행에 대한 딜레마에 빠질 필요가 없다. 사회복지사는 아동학대의 발생에 대해서는 법률에 의해 반드시 보고를 하게 될 것이라는 사실을 집단 구성원들에게 이미 언급했기 때문이다. 유미 씨의 아동학대 혐의에 대한 사회복지사의 보고서로 인해, 유미 씨는 집단활동 후에 혼자 남게 되었고, 사회복지사는 클라이언트인 유미 씨와 보호서비스로 제공되는 다른 의료서비스, 예를 들어 개별상담을 받는 문제에 관해 의견을 나눌 수 있게 되었다.

때때로 사회복지사는 사회복지실천에서 비밀보장이라는 윤리적인 도전에 직면하게 된다. 이러한 윤리적인 딜레마를 풀어나갈 수 없는 예를 살펴보면 다음과 같다.

사 례 집단활동과 비밀보장과 비밀보장의 제한에 대한 사전고지

황 선생은 자격증을 갖춘 사회복지사로서 집단활동을 진행하고 있다. 황 선생의 클라이언트 가운데 한 사람인 철호 씨는 자신의 아내를 구타한 경험이 있다. 마지막 구타 사건이 일어난 것은 석 달 전이었다. 그 결과 아내는 뇌진탕으로 병원에 입원하게 되었고 철호 씨는 30일간 징역형 선고를 받았다. 그 사건 이후 철호 씨는 집단에 지속적으로 참여하면서 차츰 변화하기 시작하였고, 철호 씨는 아내를 다시는 괴롭히지 않게 되었다. 그러나 지난 집단모임에서 철호 씨는 매우 화가 났는데, 그 이유는 아내가 직장에서 보너스를 탔는데, 그 보너스를 자신과 나눠 쓰지 않는 것 때문이라고 말했다. 사회복지사는 집단활동 중 질문시간을 통해 철호 씨에게 한두 가지 질문에 대해 확인해야 할 필요를 느꼈다. 사회복지사는 철호 씨에게 만약 화나는 상황이 발생하면 또 다시 아내에게 폭력을 가할 것인지 질문을 하였다. 그러나 철호 씨는 아니라고 하며, 다시는 감옥에 가는 것을 원하지 않는다고 하였다.

사회복지사는 철호 씨가 폭력적인 성향을 가지고 있다는 생각이 들어, 철호 씨의 문제를 해결하는 일이 쉽지 않음을 알고 있다. 집단의 초기 모임에서, 집단 내 클라이언트의 비밀보장과 그의 제한에 관해서 논의했었다. 사회복지사는 자신은 폭력과 같이 다른 사람의 안전이 확실히 보장되지 않고 위협을 받는 상황에서는 어떠한 비밀도 보장받고 유지될 수 없다는 것을 설명하였다.

비밀보장의 문제 혹은 비밀보장을 지킬 수 없는 문제를 해결하기 위해, 사회복지사는 자신의 슈퍼바이저와 이 사례에 관해 의견을 나누었는데, 슈퍼바이저의 의견은 철호 씨를 따로 불러, 개별상담을 받는 문제에 관한 조언을 하였다.

때때로 집단 구성원에게 비밀보장이 지켜지지 않는 일들이 일어나고 있는데, 그 위기가 발생될 때까지 나타나지 않는 문제의 예는 다음과 같다.

사 례 **집단활동과 비밀보장에 대한 사전고지**

최 선생은 젊은 사회복지사로, 고등학교에서 여학생 집단활동을 이끌고 있다. 집단활동 시작단계부터 사회복지사는 집단 내에서의 구성원들의 비밀을 보장하는 일의 중요성에 대해 이야기하였다. 그러나 최 선생은 비밀보장이 항상 위험성이 있다고 믿고 두려워하고 있다. 그 이유는 청소년의 동료관계의 강력한 힘 때문이다. 사회복지사 최 선생의 두려움은 어느 날 현실화되었는데, 그 예로서 집단모임에 참석한 인원은 항상 7명이었는데, 오직 두 명의 여학생만 집단에 참여하였다. 사회복지사는 어떤 이유로 나머지 여학생들이 집단모임에 불참하게 되었는지 조사하였다.
지난 집단활동 시간에, 영희(16세)는 이전에 자주 집단모임에 빠지곤 했는데, 영희는 지난여름에 캠프에서 만난 소녀와 동성애관계를 맺은 적이 있다는 이야기를 나누었다. 몇몇의 소녀들이 다른 여성과 접촉을 한 적이 전혀 없을지라도, 집단 구성원들은 영희의 행동이 영희 자신의 자기결정에 의해 이루어졌다고 생각하였으며, 영희가 이와 같은 일들을 집단모임에서 솔직하게 이야기해 준 것을 기쁘게 생각한다고 하였다.
모임이 끝나고, 소녀들 중에서 한 소녀가 모임에서의 이야기 내용을 자신의 가족에게 이야기하였다. 그 후 그 소녀의 모친이 다른 소녀들의 부모에게 그 사실을 이야기함으로써, 소녀들의 부모들이 자신의 자녀를 집단활동에 참여하지 못하도록 했다는 것을 알게 되었다.
– 다른 구성원들이 집단활동으로 돌아가지 않은 이유는 무엇인가?
– 소녀들이 자신의 정체성에 불안을 느껴서인가?
– 사회복지사의 집단 내 비밀유지원칙에 대한 고지를 하지 않았기 때문인가?

사회복지사는 집단 초기 모임에서 모든 구성원들 가운데 비밀보장을 지키지 않는 사람에 대해서는 그 집단에서 제외하고 다시는 집단활동에 참여할 수 없도록 한다는 이야기를 집단 구성원에게 알렸다. 이러한 문제는 매우 중요한 일이다. 사회복지사는 다시는 그 집단을 재조직할 수 없게 되었는데, 그 이유는 소녀들이 비밀보장에 있어서 신뢰가 완전히 부서져 버렸기 때문이다.

(2) 과업집단에서의 비밀보장

사회복지사는 클라이언트들이 치료집단에 속해 있다기보다는 과업집단에 속해 있는 경우를 많이 본다. 지난 세월 동안 지역사회 행동과 소비자 세력화, 그리고 자조집단에 대한 관심이 증가하고 있다. 치료집단이 클라이언트의 문제와 상호관계에 관심을 두고 있는 데 반해, 과업집단은 집단의 목표를 설정하고 이를 성취하기 위한 안건을 개발하는 일에 초점을 두고 있다. 과업집단에서는 어떤 토론이 이루어지면, 그것은 문제에 대한 귀결이 되기 때문에, 비밀보장과 같은 쟁점은 매우 드물게 고려되고 있다.

사 례 **과업집단에서의 비밀유지**

김 선생은 전문 사회복지사이며, 아파트 단지에서 건축물의 안전과 생활 조건을 향상시키기 위한 입주자들의 모임의 활동을 돕고 있다. 이 모임은 정해진 목표와 과업이 달성되는 순간 집단활동도 끝나기 때문에, 사회복지사는 비밀보장에 대한 생각을 전혀 하지 않았다. 회의에서 입주자들은 집주인의 책임을 강화하고 관리비를 적정하게 책정하도록 하기 위해서 입주자들이 집주인을 상대로 집단행동을 보여 주기로 하였다. 그러나 한 입주자의 자녀가 그 사실을 자신의 친구(집 주인의 자녀)에게 말해 그 효과를 기대할 수 없게 되었다.

비밀보장은 역시 과업집단의 구성원들에게도 중요한 문제가 되며, 그뿐만 아니라 사회복지사에게도 중요한 쟁점이 된다. 예를 살펴보면 다음과 같다.

사 례 **집단활동 시 비밀보장과 비밀보장의 제한**

사회복지사는 지역사회를 돕는 일에 관여하고 있다. 지역사회 계획을 논의하는 위원회의 한 회원인 성철 씨는 여러 차례 술에 취한 상태로 회의에 참석하였다. 사회복지사는 성철 씨가 학교 버스 운전기사라는 것을 알고 있고, 아동들의 안전은 운전자에게 달려 있다는 사실을 생각하였다. 사회복지사는 자신이 만약 성철 씨의 음주문제에 관한 사실을 버스 회사에 알리게 되는 경우, 집단 구성원의 비밀을 보장해야 하는 의무를 지키지 못하게 되는 것이므로 이 문제를 우려하고 있다. 다행히 집단의 다른 구성원이며 음주모임(AA)의 회원이 성철 씨의 음주문제를 인식하고, 성철 씨에게 음주문제 해결을 위해 도움을 받도록 조언하였다.

- 버스기사의 음주문제는 학생들의 생명과 직결되는 문제이다. 사회복지사는 학교버스 기사인 성철 씨의 음주문제를 학교 당국에 알려야 하는가?
- 학교 당국에 알리는 방식과 관련하여 어떻게 알리는 것이 윤리적인 실천인가?

다음 아래의 지침은 사회복지사들이 과업집단에서의 윤리적인 갈등으로 어려움을 겪는 경우 도움이 될 것이다.

① 사회복지사 개인의 가치와 신념을 집단활동에 적용하거나 투입시키지 않아야 한다. 사회복지사 개인의 가치와 편견에 의한 생각들은 집단사회복지사로서의 역할에 영향을 미칠지도 모른다. 집단상담을 담당하는 실천가를 위한 윤리적인 안내지침은 만약 구성원들의 신념과 가치가 집단활동에 영향을 미친다면, 그들의 신념과 가치를 발견하기 위해 실천가 개인의 가치와 신념을 사회복지실천에 적용하지 않을 것을 제안하고 있다. 집단 구성원이 되고자 하는 사람은 그들이 집단활동을 함께하기 위해 집단의 가치를 이해하고 파악하고 있어야 할 필요가 있다. 또한 그들은 집단에 합류하지 않는 것에 대해 마음이 불편하지 않고, 다른 동료들의 압력을 느낄 필요 없이 편안하게 집단을 떠날 수도 있다.

② 과업집단과 비밀보장에 대한 문제 토의하는 것을 명백히 해야 한다. 과업집단에서 비밀보장이 이루어지지 못하면 불리한 결과를 가져오게 되므로 비밀보장이 과업집단을 위해 중요한 것이라는 제안을 해야 하고, 동시에 과업집단 내에서의 비밀보장의 중요성에 대한 명백한 토의가 이루어져야 한다고 제안해야 한다.

③ 집단 내에서 비밀보장의 규범을 만든다. 과업집단의 구성원들은 전문가 윤리강령에서 강조하고 있는 비밀보장에 대한 규정에 구속되지 않는다. 집단활동에 비밀보장을 강조하는 것은 집단의 운영을 촉진시키고, 또한 집단 구성원들을 가능한 많이 참석하도록 촉진시킨다. 따라서 집단활동 시작 전, 비밀보장과 관련한 집단 규칙의 개발이 필요하다.

④ 함께하는 집단의 이익과 비용에 대해 구성원에게 알리는 것을 명백히 해야 한다. 집단 구성원의 비용과 이익, 이 두 가지에 대해 논의하는 것은 정직과 투명함을 향상시키기 위함이며 집단 구성원이 투명하게 행동하도록 돕는 지침이 된다.

⑤ 개인, 집단, 그리고 사회적인 욕구에 대한 이해를 높인다. 구성원들 간의 차이점에 대해 공개적으로 토론해야 한다. 집단 구성원들이나 집단 지도자의 숨겨진 협의사항들은 집단모임의 의제로 상정한 후 공개적인 토론이 필요한데, 집단 구성원들의 공개토론은 의사소통을 활성화하기 위함과 집단 내에서 함께 성장하기 위함이다.

⑥ 집단활동에 있어서, 민주적인 결정과 클라이언트의 자기결정의 가치를 구체적인 개념으로 조직화해야 한다. 광범위한 민주주의 원리는 모든 목소리를 다 들어야 하며, 모든 사람은 참여할 권리가 있다. 과업집단의 리더들은 집단 구성원들이 리더가 기대하지 못한 한 가지 방법에 참여할 때에도 반드시 참여 모델을 존중해야 하며, 구성원들의 자기결정을 향상시킬 수 있도록 한다.

(3) 집단 내 제3자의 진술과 의사교환의 특권

클라이언트와 사회복지사 사이에 나눈 대화는 보호받을 특권이 있다. 이처럼 특권을 갖는 의사교환은 클라이언트의 권리를 보호하는 법률적인 개념으로, 법정에서 사례에 대한 증언을 보류할 수 있다. 따라서 치료자와 클라이언트 사이에서 이루어진 사적인 의사교환은 클라이언트 비밀보장원칙에 따라서 보장되어야 한다.

참고 **의사교환의 특권과 제3자의 진술에 대한 특권**

사회복지실천에서는 사회복지사와 클라이언트 사이에서 특권을 가진 의사교환을 중시하고 있다. 전통적으로 의사교환은 제3자가 존재하지 않을 때에만 특권으로 해석되었다. 이러한 좁은 의미에서의 특권의 의미는 집단·부부·가족치료 등의 클라이언트가 특권을 갖는 의사소통에 대한 권리로부터 얻게 되는 혜택을 받지 못하는 것을 뜻한다.

그뿐만 아니라 제3자가 함께할 때에도 만약 그 당사자가 치료를 위해 중요하다면, 이때에도 클라이언트와 치료자 간의 의사교환에 특권이 적용되는 확대된 개념을 받아들이고 있다. 사회복지사는 특권을 갖는 의사교환에 대한 법률적 지식을 습득할 책임이 있으며, 제3자의 진술과 관련한 사항에 해당되는 내용이 무엇인지 알아야 한다.

클라이언트는 자신들이 특권을 갖고 있는 의사교환의 권리를 보류할 수 있다. 사회복지사가 법원에서 진술해야 할 경우, 집단치료에서 알게 된 정보들은 의사교환의 특권에서 보류될 수 있다. 이러한 예를 살펴보면 다음과 같다.

사 례 **집단활동 공개 시 제3자에 대한 사전동의**

유 선생은 집단 사회복지사이다. 유 선생은 클라이언트 사례에 대해 법정에서 진술해야 하는 상황에 있다. 클라이언트 김 씨는 현재 자녀가 위탁가정에 머물고 있는데, 자녀를 자신에게 돌려보내 줄 것을 요구하고 있다. 클라이언트는 사회복지사와의 의사교환에서 함께 나눈 이야기를 공개하지 않을 특권을 가지고 있다, 그 이유는 김 씨의 진술에서 유 선생은 사회복지사가 집단활동에 참여하는 목적은 클라이언트인 김 씨를 돕기 위한 일이라고 언급하였다. 그러나 사회복지사는 집단의 다른 구성원인 박 씨의 지지가 필요하다는 내용을 언급하지 않은 채 집단을 이끌어 가고 있었고, 이로 인해 김 씨가 집단활동에서의 과정을 어렵게 토론하고 있다. 집단 구성원인 박 씨는 사회복지사에게 자신이 집단치료에 참여하고 있는 사실을 다른 사람에게 알리는 일에 대해 허락하지 않았다. 김 씨의 허락을 받고, 사회복지사는 집단활동에서 자신이 직면한 윤리적인 딜레마를 설명함으로써 그 문제를 해결하게 되었다. 박 씨를 포함한 모든 집단 구성원들은 사회복지사에게 그들의 집단 참여를 법정에서 토의할 것에 대해 허락하였다.

– 사회복지사는 집단 구성원 중 일부가 활동내용의 공개를 거부한다면 어떤 조치를 취해야 하는가?

(4) 집단활동 시 사전동의와 고지의무

사전동의한 사항을 클라이언트에게 알린다는 개념은 의료현장에서 환자에게 진단과 치료, 그리고 예후, 의료진들에 의해 계획된 치료의 과정과 내용 등 본질적인 내용, 치료를 통해 얻을 수 있는 이득과 위험 등에 대한 내용을 환자에게 알리는 행위이다. 이는 환자의 알 권리에 대한 강조가 증가하면서 시작되었다.

사회복지실천에서 동의한 사항을 알리는 일은 계약과정에서 이루어진다. 이때, 사회복지사는 서비스의 목적, 서비스와 관련된 위험, 비용을 지불하는 제3자의 요구로 인한 서비스의 제한, 관련된 비용, 적절한 다른 방안, 다른 기관으로 의뢰하는 일에 동의하는 클라이언트의 권리 혹은 동의를 포기할 수 있는 클라이언트의 권리, 동의에 의해 포함시킬 수 있는 치료기간을 계획하는 일 등이 있다.

치료자와 클라이언트 간에 동의한 내용을 클라이언트에게 알리는 일은 치료과정에서 소홀히 다뤄지곤 하는데, 특히 집단치료에서는 더욱 소홀히 다뤄질 때가 많다. 대부분의 사회복지사는 집단치료의 본질에 대해 너무 많은 것을 공유하는 것은 치료과정에서 많은 이해의 충돌이 생길지도 모른다는 생각에 두려워한다. 더구나 사회복지사는 사례관리에서 제3자의 요구에 따라서 서비스의 한계에 대해 클라이언트에게 이야기하는 것을 마음 내켜 하지 않는 것으로 인해 '화'와 '죄의식'이라는 두 가지 감정이 혼합된 모습을 보인다. 그러나 클라이언트와 동의한 사항을 클라이언트에게 알리는 일들은 모든 형태의 집단을 대상으로 실천하는 치료자의 중요한 목표가 되어야 한다. 사회복지실천에서 동의한 사항을 클라이언트에게 알리는 일을 아동과 함께하는 집단실천에서는 종종 소홀히 하는 예가 있다.

사회복지사 윤리강령은 클라이언트에 대해 비디오 혹은 오디오 녹음을 하기 전에 클라이언트에게 녹음을 할 것이라는 사실에 동의를 얻고, 동의한 사항을 알려야 하는 고지행위에 관한 규정을 포함하고 있다. 모든 집단 구성원들에게 동의한 사항에 대해 알리는 것은 각별히 신경 써야 한다. 다음의 예를 살펴보자.

사 례 **집단활동과 사전동의(녹화, 녹음, 정보공개 목적)**

한 선생은 사회복지사이고, 특별한 집단의 사람들과 함께 일하는 데 필요한 기술을 향상시키기를 원한다. 최근에 한 사회복지사는 AIDS 감염 가족들이나 배우자를 잃은 사람의 집단 등 슬픔을 가지고 있는 클라이언트에 대한 집단활동을 시작하였다. 사회복지사는 자신이 이 분야에서 일하면서 자신의 일에서 혼돈 감정을 느끼고 있음을 실감하였고, 사회복지사는 자신의 집단상담 내용을 비디오로 촬영을 하여 집단상담 이후, 집단에서 행해졌던 구성원들 간의 상호관계를 다시 확인함으로써 집단활동의 내용을 좀 더 확실히 이해하길 원하였다. 동시에 그 비디오를 자신의 슈퍼바이저에게도 보여 줌으로써 자신이 혼동을 겪었던 집단 구성원과의 상호관계에 대한 슈퍼비전을 받고 있었다. 그러나 집단 구성원 가운데 한 사람만을 제외한 다른 구성원으로부터 비디오 촬영에 대한 허락을 받았다. 사회복지사는 다른 구성원들이 비디오 촬영에 대해서

동의하였을지라도 한 사람의 반대가 있는 상황에서는 윤리적인 면에서 비디오 촬영을 중단할 수밖에 없었다.

- 집단활동을 치료목적 혹은 연구목적으로 활용하기 위해 반드시 녹음 혹은 녹화하고자 할 때, 구성원 일부는 찬성, 일부는 반대한다면, 이때 사회복지사는 어떻게 해야 하는가?

(5) 집단활동에서 클라이언트의 자기결정

클라이언트의 자기결정은 사회복지실천에 있어 가장 중요한 원칙으로 인식되어 왔다. 이미 클라이언트 강점 중심의 실천이나 클라이언트의 자기결정권에 대해서는 사회복지사 윤리규정 등에서 제안하고 있는데, 클라이언트 자기결정은 사람들의 가치와 기본적인 존엄성에 없어서는 안 될 절대적인 구성요소로서 인식되고 있다. 그러나 최근의 윤리강령이 강조하고 있는 클라이언트의 자기결정의 원리는 자기결정을 실행하는 데 있어 제한을 가하는 내용에 대해서도 규정하고 있다. 클라이언트의 행동 혹은 잠재적인 행동이 클라이언트 자신이나 다른 사람들에게 중대하거나 예상할 수 있을 정도의, 그리고 즉각적인 위험이 되는 경우에는 클라이언트의 자기결정에 대해 제한을 가하게 된다.

집단 사회복지실천현장에서 상호협조모델을 적용하는 경우에서는 특히 집단의 목표를 구성하는 일과 집단의 목표를 위해 활동하는 일을 위하여 클라이언트의 자기결정의 중요성을 강조하고 있다. 집단활동에 있어 치료자와 집단 구성원들 간에 의견의 일치를 보지 못하는 경우, 무슨 일이 발생할 것인지에 대한 질문에 초점을 맞춘 많은 토론이 이루어지고 있다. 치료자가 집단 구성원을 설득해 이들이 치료자의 의견을 따르도록 해야 하는가?

또 다른 질문은 문헌에서 많이 다뤄지는 것은 아니지만, 자기결정이 집단 구성원 모두에게 동일하게 나타날 수 있는가이다. 예를 들면, 집단은 대체로 신체적인 활동에 대해 보호하는 규정이 마련되어 있다. 더 나아가 사회복지사 윤리강령은 클라이언트가 다른 사람에게 위협이 되는 경우에는 자기결정을 지속할 수 없음을 지시하고 있다. 자기결정에 포함되어 있는 쟁점에 대한 예는 다음과 같다.

사 례　집단활동에서 활동 주제 선정 시 누구의 결정을 따를 것인가?

한부모 지지집단은 지난 여러 달 동안 활동을 해 왔다. 구성원 중 한 사람인 성희 씨는 집단모임에 자주 불참하는 회원인데, 오늘 모임에서 비로소 자신의 감정을 공유하기 시작하였다. 성희 씨는 10년간의 결혼생활을 끝으로 남편과 헤어진 사실을 이야기하였다. 몇몇 회원들은 성희 씨의 이야기 내용에 일부 비난하는 모습이었고, 다른 주제로 토의내용을 바꾸려고 하였다. 집단 사회복지사는 이 과정에서 어떻게 해야 할지 결정을 내리지 못하고 있는 상황이었다.

- 사회복지사는 집단이 결정한 내용을 클라이언트의 자기결정으로 받아들여, 성희 씨 개인에게는 도움이 되지 않는 방향으로 집단 토의내용을 바꾸어야 하는가?
- 또 다른 윤리적인 도전이 되는 다음 주의 모임을 그대로 진행할 것인가(다음 주에는 성희 씨가 자신의 전 남편에 대해 모든 것을 이야기하는 것을 원하고 있고, 또 다른 회원은 자신의 아들이 초등학교 1학년에서 유급되어 같은 학년에 두 번에 걸쳐 다니고 있는 사실들에 대해 이야기하는 것을 원하고 있다)?
- 사회복지사는 이와 같은 주제로 계속 집단모임을 진행해야 할 것인가?
- 어떤 회원이 토의내용을 결정할 수 있는 자기결정권을 가지고 있는 회원인가(특히 이 집단은 민주주의 원리와 모든 사람들의 동등한 참여를 집단모임의 기본 원리로 삼고 있다)?
- 집단에서 의사결정 시 소수자와 다수자의 의견 모두 존중할 수 있는가?
- 집단에서 소수자의 의견을 어떻게 받아들일 것인가?

집단 사회복지사의 의사결정은 누구의 자기결정이 집단과업을 향상시킬 수 있는지 혹은 좀 더 도전적인 집단과업을 수행할 수 있는지에 따라야 한다. 과업집단은 대체로 개방적이고 다양한 사람들의 모임이므로 집단 사회복지사는 집단 구성원들에 대한 조정이 적을 수밖에 없다. 그 이유는 집단 구성원들이 대체로 자신이 살고 있는 지역의 주민이며, 같은 문제를 공유하고 함께 해결하기 위해 모인 사람들이 대부분이기 때문이다. 때때로 집단활동에서 집단 구성원의 일부가 반대의견을 가지고, 부정적인 영향을 미치기 위해 가입한 경우, 이들의 자기결정을 어떻게 고려해야 하는지 등의 딜레마가 생겨나기도 한다.

사 례 지역복지센터의 프로그램 개발 시 지역주민의 의견수렴

최 선생은 집단 사회복지사이다. 최 선생은 지역의 청소년센터를 계획하기 위해 저소득층 밀집지역의 부모들을 조직하였다. 집단 구성원 가운데 한 사람인 학동 씨는 청소년센터의 주요 목적이 청소년들의 레크리에이션 시설의 운영보다는 어린 아이들을 돌보는 일, 즉 보육사업이나 자신과 자신의 가족과 같은 복지 대상자의 옹호활동으로 역할을 바꿔야 한다고 주장하고 있다. 학동 씨는 참여하고 있는 집단에서 집단의 원래 목적을 바꾸고, 집단 구성원들 모두를 뒤흔들 정도로 강력한 힘을 가지고 있다. 사회복지사는 회원 한 사람의 자기결정에 대항하는 일에 어려움을 느끼고 있다.

– 집단 사회복지사는 집단 구성원 중 힘 있는 사람의 의견과 상대적으로 힘없는 사람의 의견들 사이에서 어떤 역할을 해야 하는가?

(6) 조절목적의 집단활동과 자율적 참여

집단활동에 있어 개인을 보호하는 활동과 사회적인 조절목적을 위한 활동 사이의 갈등은 새로운 현상이 아니다. 대체로 사회복지사는 취약한 상황에서 상처받기 쉽고, 억압을 받은 사람들을 돕기 위한 사회복지실천의 인간적인 측면을 고려하는 일에 초점을 맞춘 것에 비해, 다른 사회복지사는 사회적 조절목적의 집단활동에 초점을 맞추고 있다. 개인의 자기결정이나 자율성이 치료집단에서 중요하게 인식되고 있는 동안, 집단의 지도자는 집단활동에 참여한 클라이언트나 상처받기 쉬운 사람들의 자율권이나 자기결정권을 소홀히 여기고 이들의 욕구를 종종 드러내지 못하는 논의사항으로 취급하고 있다. 예를 들어, 정신장애인 보호를 주목적으로 하는 주간치료프로그램으로서 도자기 제작 활동집단의 지도자, 혹은 교도소에서의 체육활동집단, 혹은 노인센터의 음악활동 등의 집단활동은 사회교육목적으로 이뤄지는데, 이들 집단활동 사회복지사는 집단활동의 목적을 클라이언트에게 알리지 않고 활동내용도 공유하지 않는 경우가 종종 있다. 특히 집단활동에 참여여부를 클라이언트 스스로 선택할 수 있다는 사실조차 언급하지 않는 경우가 대부분이다.

클라이언트에게 집단활동 참여에 있어 자율적인 의사결정이 있음을 알리게 될 경우, 클라이언트가 압력으로 받아들이는 결과가 될 수도 있다고 생각하기 때문일 것이다. 특히 강제적으로 참여해야 하는 집단 형태인 경우에는 집단 구성원이 자율적으로 집단참여를 거부하여 집단의 목적 달성에 저해되는 일이 발생하는 것을 우려해 더 더욱 그런 현상이 나타난다. 이처럼 특수한 목적의 사회복지실천현장인 교정시설이나 정신병원 등에서 집단활동을 실시할 때, 집단참여를 구성원 자율에 맡길 경우, 계획대로 프로그램 진행이 이루어지지 않을 것으로 예상된다. 이때, 구성원의 참여가 반강제적으로 이루어지는 예가 있다. 이 경우, 윤리적인 사회복지사는 집단 구성원의 자발적인 참여를 끌어내기 위해 도전적인 실험이 요구된다.

노인복지현장에서의 윤리적 실천

CHAPTER 9

현재 우리 사회는 인구의 고령화 속도가 매우 빠르게 진행되고 있으며, 이로 인해 노인인구가 급속도로 증가되고 있는 상황이다. 노인은 자신이 원하든 원하지 않든 나이를 먹고, 신체적으로나 정신적으로 쇠약해져 가는 것을 경험해야 하며, 동시에 지금까지 해 오던 모든 사회활동으로부터도 떠나야 하고, 머지않아 다가올 죽음에 대한 생각도 피할 수 없다. 또한 사회복지실천 분야에서의 노인은 다양한 욕구를 가지고 있어 전문적인 지원과 관심이 요구되는 대상이 되고 있다. 나이를 먹는다는 것, 죽음 향해 가고 있다는 것만으로도 노인은 우리 사회의 가장 취약계층임이 확실하며, 이들 주변에서 나타나고 있는 문제들은 소홀히 다룰 수 없는 논의의 쟁점이 되고 있다.

1. 노인 이론

다음의 사례는 노인과 함께하는 실천 가운데 일어날 수 있는 윤리적인 쟁점이며 딜레마 사례이다.

사 례 **노인의 자기결정, 어디서, 무엇을 하면서 살 것인가?**

클라이언트 한 씨 할머니는 75세이며, 최근 자신의 딸(50세)과 함께 살기 위해 도시 근교로 이사를 하였다. 딸의 식구는 사위와 둘째 손녀(20세)이다. 첫 번째 손녀(30세)는 결혼해서 친정집 근처에 살고 있는데, 어린 아이 셋(2세, 3세, 5세)을 키우고 있다.

한 씨 할머니는 자신의 집에 재개발되면서, 평생을 살아온 지역사회를 떠날 계획을 세우면서 노인양로시설에 들어가려고 생각했다. 이때 딸이 함께 살자고 제안을 해 와서 일시적으로 딸과 생활하면서 앞으로 어디에서 살 것인지를 생각해 보기로 했다.

한 씨 할머니는 관절염이 있어 지팡이를 사용하고는 있으나, 건강 상태는 대체로 양호한 편이다. 사위는 장모님이 자신의 집에서 독서와 뜨개질을 하면서 편안하게 지내기를 바랐다. 장모님은 그동안 충분히 많은 일하면서 살았기 때문에, 지금은 편히 쉬면서 여생을 보낼 시간이라고 생각했다.

첫째 손녀는 할머니가 아이를 돌보는 일을 도와주었으면 하는 바람이었다. 만약 할머니가 자신의 아이를 돌봐 주면, 자신은 마음 놓고 직장으로 복귀할 수 있을 것이라고 하면서, 할머니에게 수고비를 드리겠다고 하였다.

둘째 손녀는 지역의 노인센터에서 여러 가지 노인을 위한 유익한 활동을 하고 있고, 동시에 이동의 편의를 위해 교통수단을 제공하고 있으므로, 할머니가 그곳을 이용하면 즐거운 시간을 갖게 될 것이라고 제안하였다.

한 씨 할머니는 평생을 일을 하면 지내 왔다. 한 씨 할머니는 노년에 의미 있는 삶을 위해 무엇을 해야 할지 잘 모르는 상황이다.

- 평생교육 차원에서 그동안 받아 보지 못한 새로운 교육프로그램에 참여해야 하나?
- 노인복지관이나 노인정에서 즐거운 시간을 보내야 하나?
- 과거에는 노인이 아동양육과 보호의 일차적 책임이 있었다. 이러한 차원에서 손녀의 자녀양육을 도와야 하나?
- 이때, 사회복지사가 할 수 있는 역할은 무엇인가?

(1) 노인의 자유이론 및 해방이론

노인에 관한 이론으로서 '자유이론'과 '해방이론(disengagement theory)'이 있다. 이 이론은 노인에 관한 초기 이론으로서, 사람이 나이가 들면 그들의 일상적으로 수행해 왔던 역할이나 활동에 차츰 흥미가 줄어들면서 사회로부터 철수하기 시작한다는 이론이다. 이 이론과 관련하여 "어떤 정도의 자유가 노인이 선택한 자유인가?"의 질문이 중요하게 제기된다. 때때로 노인들은 자신의 의지대로 자유로운 활동을 유지하는 것에 대한 기회를 박탈당하고 있다.

위의 사례를 살펴보면, 클라이언트 한 씨 할머니는 자신이 오랫동안 살던 집이 재개발되면서 강제적인 퇴출을 당했다. 한 씨 할머니는 관절염으로 인해 신체적인 활동에 참여하는 일에 제약을 받고 있다. 상점의 점원이었던 그녀는 70세에 강제적인 정년퇴직제도로 인해, 상당히 오랫동안 일해 왔던 자신의 직장을 자신의 의지와는 상관없이 떠나야 했다. 도시에서는 대중교통이 편리하게 마련되어 있어 어느 정도 이동의 자유가 있었지만 한 씨 할머니는 평생 운전을 해 본 적이 없기 때문에 현재 딸이 살고 있는 도시 근교의 지역사회에서는 혼자서 독립적인 활동수행이 불가능하다. 과연 한 씨 할머니가 자신의 선택에 의해 자유롭게 해방되었는가?

- 사회복지사는 노인복지의 실천에서 무엇을 할 수 있는가?
- 사회복지사 윤리강령의 노인에 대한 사항은 '차별'에 대한 것이다.

사회복지사는 억압과 지배를 당하는 사람들, 이기적인 착취나 이용의 가능성이 높은 사람들, 그리고 장애, 연령, 성별 등의 이유로 차별을 당할 가능성이 있는 사람들을 보호해야 하며, 동시에 이와 같은 차별적인 요소들을 제거하기 위해 노력해야 한다.

우리 사회의 법률 규정들은 대체로 젊은 사람들 위주로 만들어져 있다. 모든 대중의 관심, 예컨대, 대중잡지, TV 프로그램, 교통수단, 건축물, 쇼핑문화 등이 최소한 50세 미만의 사람들에게 맞추어져 있는 것이 사실이다. 사회 구성원들에 의해 노인에 대한 존중감이 점차 감소되고 있는 상황에서 사회복지사나 다른 전문가들의 경우에도 노인에 대해서는 대체로 부정적인 반응을 보여 온 것이 사실이다. 사회복지실천을 전공하는 학생들조차도 노인과의 실천을 선호하지 않는 경향을 보인다.

(2) 노인의 활동이론

노인의 활동과 관련하여, 도시에 살고 있는 노인이 더 많은 사회적인 활동에 참여하고 있는 것을 확인할 수 있다. 이는 도시의 대중교통수단 이용이 용이하게 때문이다. 이를 통해 한 씨 할머니도 교외에 살면서 다른 가족 구성원들은 직장이나 학교에 가 있는 동안 혼자 빈집을 지키면서 강제적인 자유를 즐기며 하루 종일 의자에 앉아 뜨개질로 시간을 보내는 것을 원하지 않는다는 사실을 예상할 수 있다.

노인의 활동이론(activity theory)에 대한 비판이 있음에도 불구하고 현재까지 활동이론을 주장하고 있는 예가 많은 것은 노인이 항상 상처받기 쉬운 사람이 아니라는 점이다. 노인은 시간을 보내기 위해 노인정에서 생산적이지 못한 일을 하며 시간을 보내는 일이 품격이 떨어지거나 심심한 일이라고 느끼는 경우도 많다. 평생교육기관에서 제공하는 60세 이상을 위한 프로그램의 경우에는 매우 경망스럽거나, 가치가 없는 내용으로 구성되었을 가능성도 높다. 그러나 이러한 프로그램은 노인들이 평소에 교육받기를 원하는 교육프로그램이기보다 일반 정규교육기관에서 제공할 수 없는 내용으로 구성되어 있는 경우가 있다.

전통적으로 노인은 아동보호활동에 관여하여 왔다. 그리고 많은 여성, 특히 5세 미만의 자녀를 둔 여성들이 직장생활을 하는 비율이 매우 높은 상황에서, 노인의 아동양육에 대한 역할은 매우 높아지고 있다. 또한 현재의 각종 전염병의 감염 위험이 높아지고, 각종 질병이나 사고, 이혼 등으로 부모와 함께 생활할 수 없는 아동들이 늘어나면서 노인에게 아동의 양육과 보호의 일차적인 책임을 맡기고 있는 추세이다.

(3) 노인의 건설이론

새로운 노인 이론으로는 자유이론, 해방이론, 건설이론, 활동이론 등이 있다. 지금까지 노인에 대한 이론의 특성을 노인과 사회의 역할, 노인과 활동이나 일의 역할, 일의 정체성 등에 대해 주로 논의하였으며, 특히 노인의 특성을 파악하기 위해서도 일에 대한 호불호, 신체적·정신적 건강, 태도 등으로 설명하였다. 특히 노인과 함께하는 사회복지실천에서는 보상의 문제가 중요한 고려사항이 되었다. 이 이론의 중요성은 사회복지실천의 가치를 만들어 나가는 것이다. 좋은 가족 구성원이나 전문가들은 노인 스스로가 결정하도록 함으로써 클라이언트의 자기결정을 존중한다.

앞의 예의 경우, 각각의 가족 구성원들이 한 씨 할머니를 위한 계획을 가지고 있으나, 가족들 중 아무도 한 씨 할머니에게 특별히 어떠한 결정을 내리도록 요구하지 않고, 한 씨 할머니 스스로 자신이 원하는 것을 결정하도록 하였다.

대체로 많은 사회복지사들은 노인에 대해 부정적인 태도나 온정주의에 기초해 실천을 하는 경향을 보일 때가 있다. 그러나 노인의 특성인 신체적으로 허약한 상태가 클라이언트의 자기결정을 할 수 없다는 것을 의미하지는 않는다. 특히 요양원과 같은 거주생활시설에서 지속적으로 개인의 권리에 제약을 가하고 있는 경향이 있다. 주거시설보호의 경우에도 일상생활의 선택(무엇을 먹을까, 무엇을 입을까 하는 일반 사람들이 일상적인 선택)에 있어서 스스로 선택하고 결정할 수 있는 권리가 무시되는 경우가 많다. 사회복지사에게 있어 노인이 중요하게 여겨 온 가치와 신념을 이해하는 일은 클라이언트의 과거사를 이해하는 일과 함께 진실로 무엇을 선호하는지에 대해 사정하는 일에 매우 도움이 될 것이다.

2. 노인보호 서비스

우리나라의 노인문제, 특히 치매노인에 대해서는 선 가정보호, 후 사회복지 차원의 정책적인 지원이 매우 필요한 실정이다. 치매노인과 부양자를 위한 서비스는 시설보호와 재가노인보호로 나누어 볼 수 있다. 시설보호는 치매요양시설, 치매전문병원 등이며, 재가노인보호는 현재 치매노인만을 대상으로 하는 특별한 재가복지서비스는 없으며, 노인복지법에 근거한 가정봉사원 파견사업과 주간보호사업, 단기보호사업 등의 대상자에 치매노인을 포함시키고 있어 치매노인부양자를 위한 서비스로 볼 수밖에 없다. 그러나 이들 사업도 노인복지정책의 일환으로 시작된 것이어서 아직 초기단계라 할 수 있다.

사 례 **치매노인 보호**

사회복지사 최 선생이 근무하고 있는 복지관의 노인보호시설에 입소한 성격이 괴팍한 김 씨 할아버지(76세)는 치매환자이다. 할아버지의 가족들은 경제적인 형편상의 어려움으로 할아버지를 돌볼 수 없는 상황이다. 김 씨 할아버지는 시설에 들어오자마자 자기 성에 안 차거나 조금만 마음에 안 들어도 선생님들이나 다른 입소자들에게 욕을 하거나 심하면 폭력을 휘둘렀다. 처음에는 시간이 조금 지나면 괜찮아질 것으로 생각되었으나, 더욱 정도가 심해지고 다른 입소자들의 불만도 커져 가고 있다. 다른 입소자들은 김 씨 할아버지를 시설에서 내보내지 않는다면 도저히 참아내기가 어려울 것이라고 매일 사회복지사에게 불만을 말하고 있는 상황이다.

– 이때 사회복지사의 윤리적인 실천은 무엇인가?

위의 사례에서 김 씨 할아버지를 계속 시설에 머무르게 할 경우 다른 입소자들의 피해가 심각할 것이고, 김 씨 할아버지를 퇴소시킬 경우 가족들의 입장이 곤란해져 사회복지사로서의 역할에 따른 딜레마에 빠지게 되었다.

이를 위해서 우선 사회복지사는 조금 더 시간을 갖고 클라이언트를 두고 본 후, 다른 클라이언트들과의 마찰이 줄어들지 않을 경우 보호자에게 연락을 취해서 다른 기관을 소개한다거나 하는 식의 클라이언트를 최대한 보호하는 차원에서 문제를 해결할 수 있도록 노력해야 한다.

사 례 **노인의 자기결정**

약간의 치매증상을 보이고 있는 최 씨 할머니는 입소시설에 들어온 지 얼마 되지 않아 매일같이 집에 가겠다고 심하게 울면서 소리를 지른다. 최 씨 할머니를 보호하고 있던 이혼한 딸은 바쁜 사회생활로 더 이상 할머니를 보살필 수 없었기 때문에 시설에 보낼 수밖에 없었다. 이런 상황에서도 최 씨 할머니는 상태가 계속 나빠져서 급기야는 식사도 거부한 채 집에 가겠다고 사회복지사와 다른 선생님, 입소자들을 힘들게 하고 있다.

– 이때 담당 사회복지사의 윤리적인 실천은 무엇인가?

앞의 사례에서 사회복지사는 최 씨 할머니가 약간의 치매증상을 보이고 있지만 클라이언트이기 때문에 '클라이언트의 자기결정권'을 보호해 주어야 하는지, 아니면 판단력에 문제가 있으니 그냥 무시하고 기관의 규정과 원칙을 따라야 좋을지 딜레마에 빠지게 된다. 이때 사회복지사는 충분히 클라이언트의 생각을 들어 본 후 클라이언트의 판단력에 많은 문제가 있지는 않다고 생각될 경우 클라이언트의 자기결정권 보호 의무에 따라서 우선은 보호자에게 연락을 취해야 할 것이다. 위의 사례에서 우선은 보호자에게 클라이언트의 확고한 결정을 알리고 집에서 클라이언트를 모실 수 있는 대안을 찾는 것이 사회복지사의 실천의 방향이다. 과연 이러한 실천이 윤리적인 실천이라 할 수 있겠는가? 더 나은 윤리적인 실천은 무엇인가?

사 례 **노인요양시설 클라이언트와의 이중관계**

클라이언트 구 선생(84세)은 은퇴한 교사이다. 현재 그를 담당하는 사회복지사의 고등학교 시절 은사이기도 하다. 클라이언트 구 선생은 현재 주간보호 프로그램에 참여하면서, 임시로 거주생활시설에서 지내고 있다. 최근 들어 클라이언트는 경미한 건망증을 보이면서 자기관리를 잘하지 못하고 있다. 자주 화를 내고 종종 이상 행동을 하여 직원들이 불만스러워 하고 있다. 그 거주시설에서 일하는 사회복지사는 슈퍼바이저로부터 구 선생이 요즘 고통스러워하고 거주 프로그램의 비용을 너무 낭비하고 있기 때문에 구 선생을 요양원으로 보내는 것이 고려해 보라는 지시를 받았다.

사회복지사는 클라이언트 구 선생이 아직은 노인요양원에 갈 정도는 아니라고 믿고 있지만 슈퍼바이저의 요청을 무시할 수 없어 그가 갈 수 있는 요양원을 알아보았다.

한 요양원의 관계자는 사회복지사와 통화하면서 클라이언트의 건강, 행동, 태도 등을 물어왔다.

이 사례는 사회복지사의 다중적인 역할과 의무로 인해 경험하는 역할갈등에 해당된다.

- 이때 사회복지사의 윤리적 실천은 무엇인가?
- 만약 담당 사회복지사가 슈퍼바이저의 요구에 따른다면 사회복지사와 슈퍼바이저는 클라이언트의 자율성을 침해하게 될 것이다. 사회복지사의 이러한 행동은 윤리적으로 정당한가?
- 만약 사회복지사가 클라이언트의 미래에 대한 또 다른 결정을 해 주어야 하는데, 이와 같은 사회복지사의 행동도 윤리적으로 정당한가?
- 클라이언트는 자신이 처한 생활환경을 결정하는 데 있어서 어떠한 역할을 수행해야 하는가?
- 만약 사회복지사가 슈퍼바이저의 요구를 따르지 않는다면 그것은 무엇을 의미하는가?

- 이때 사회복지사는 보편적으로 슈퍼바이저의 제안을 따르는 역할이 요구되는가, 아니면 클라이언트를 보호하는 역할이 요구되는가?
- 누구의 이익이 최우선의 관심이 되어야 하는가? 슈퍼바이저의 이익인가, 기관의 이익인가? 클라이언트의 이익인가, 아니면 사회복지사의 이익인가?

위의 사례에서 슈퍼바이저는 사회복지사에게 클라이언트의 결정보다는 기관의 결정에 따르도록 요구하고 있다. 더욱이 슈퍼바이저는 사회복지사에게 사실의 일부분을 조작해서라도 클라이언트 구 선생님을 다른 기관으로 보내기를 원한다. 그러나 사회복지사는 정직의 가치를 매우 중요하게 생각하고 있다.

- 이때 어떤 측면에서 개인의 가치와 전문적인 가치가 상충하는가?
- 사회복지사는 슈퍼바이저의 요청을 클라이언트 구 선생에게 알려야 하는가?
- 사회복지사는 누구에 대해서 어떠한 방법으로 정직해야 하는가?

3. 노인의 자기결정권

노인의 자기결정권이라 함은 쉽게 말해 노인 자신이 어디서 살고, 누구와 살고, 무엇을 먹을지 스스로 결정하는 것을 의미한다. 이처럼 가장 간단한 질문에 답을 하는 것을 의미한다. 그럼에도 불구하고 노인의 자기결정은 윤리적인 실천이 매우 강조되는 가치이다.

대부분의 노인들은 거주생활시설에서 보호받기보다는 가정보호(home care)를 원한다. 지역사회의 생활은 거주생활시설에 머무는 것보다 좀 더 원하는 자유를 누릴 수 있기 때문이다. 그러나 지역사회보호에서는 클라이언트의 자율성이 중요시되는 동시에 자율성이 종종 손상을 입을 수도 있다.

앞의 한 씨 할머니 사례에서 한 씨 할머니 자신의 가족들과 함께 사는 경우에 자율 훈련의 가능성이 낮아지지는 않을까? 그동안 도시에서는 스스로 대중교통을 이용하여 원하는 곳에 자유롭게 이동하며 살아왔다. 그러나 도시 근교 딸의 집으로 옮긴 한 씨 할머니 운전을 못하는 상황에서 가족들의 도움 없이는 혼자서 어디론가 간다는 것은 쉬운 일이 아닐 것이다. 최악의 경우에는 집안에서 감옥살이 하는 듯하여 불만을 가지게 될지도 모른다. 한 씨 할머니의 딸은 이미 자신의 어머니에게 집안에 머물면서 아무 일도 하지 말고 편히 지내라는 주문을 해 왔다. 이는 노인의 자율성에 제약이 되는 상황을 의미한다.

사회복지사는 클라이언트의 자기결정을 높이기 위한 윤리적인 책임이 있으며 클라이언트의 자기결정권의 가치는 노인과 함께 일하는 데 있어 특별히 문제가 되는 부분이다. 만약 노인이 관여하고 싶어 하는 활동이 있다면 그 활동 내용은 무엇이며, 잠재적인 위험은 없는지 다음과 같은 것을 확인해야 한다.

- 사회복지사가 가정보호서비스 프로그램에서 호흡기 장애가 있는 노인이 만약 담배를 사고자 한다면 그 요구를 어떻게 할 것인가?
- 당뇨병을 앓고 있는 노인이 당분이 많이 들어 있는 음료수를 매일 마시기를 원한다면 그 요구를 들어주어야 하는가?
- 노인에게 위험하더라도 노인의 자기결정권 차원에서 요구를 들어주어야 하는가?
- 담배나 당분 등의 위험성을 알리고 노인이 원하는 바를 들어주지 않는 실천, 즉 노인의 자기결정권을 제한하는 것이 윤리적인가?

사 례 **노인의 자기결정**

양 노인은 현재 노인전문요양원에서 생활하고 있는 85세 된 여성으로, 치매 초기 증상을 보이고 있으며, 노인성 질환으로 입소 전부터 욕창이 진행되고 있었다. 심한 욕설을 비롯하여 다른 어르신에게 폭력을 행사하는 등 문제행동을 보이기도 한다.

양 노인은 현재 욕창으로 인하여 하루 3회의 체위변경과 1회의 드레싱 등의 의료서비스를 제공받고 있으며 물리치료사의 방문치료를 받고 있다. 지난 3월 시설에 입소한 양 노인은 시설생활에 적응하는 데 문제를 호소하고 있으며, 시설에서 제공하는 각종 서비스를 거부하고 있는 상황에 있다. 또한 폭력적인 성향 때문에 침대 및 휠체어에 보호대를 장착하여 이동에 제한을 두고 있다.
- 이러한 경우 서비스를 거부하는 클라이언트의 자기결정의 원칙을 존중할 것인가?

이러한 경우 클라이언트의 자기결정의 원칙의 존중에 대한 쟁점은 단순히 양 노인에게 국한된 문제가 아닌 전체 시설생활 보호대상자에 대한 자기의사결정의 원칙에 대한 쟁점을 제공한다고 할 수 있다.

4. 노인학대

노인학대 사례에서 노인의 자기결정권을 유지하는 일은 사회복지사에게는 매우 특별하게 도전적인 상황이 된다. 노인학대는 신체적인 학대, 심리적인 학대, 이외에도 경제적인 학대 등이 있다. 고령화사회가 빠르게 진행되고, 어느새 고령사회로 진입한 상황에서, 학대를 받은 노인 가운데 오직 일부의 노인들만이 사회복지기관을 찾는 것으로 나타나고 있다. 사회복지사는 아동학대에 대해서는 자세하게 인식을 하고 있으나, 노인학대에 대해서는 그 관심이 적은 편이다.

예를 통해 아동학대와 노인학대에 대한 차이를 비교해 보면 다음과 같다.

사 례 **아동학대 및 노인학대: 학대 사실의 보고, 비밀보장**

차 선생은 다양한 서비스를 제공하는 지역사회복지관에서 일하고 있는 사회복지사이다. 두 명의 클라이언트를 만났다. 한 사람은 12세 여자아이였고, 또 다른 사람은 75세 여성 노인이었다. 첫 번째 클라이언트인 순애(12세)는 여름캠프 프로그램에 등록하기 위해 기관을 찾았다. 순애는 학교생활에 매우 잘 적응하고 있는 듯 보였으며, 옷차림도 깨끗하고 단정해 보였다. 사회복지사는 순애의 팔에 나타난 커다랗고 파란 멍 자국을 지적하였다. 질문을 하였을 때, 순애는 자전거에서 넘어졌다고 했다. 그러나 사회복지사는 의심을 느꼈다. 아동의 경우 부모로부터 학대받은 사실을 숨기는 특성이 있다는 것을 알고 있었기 때문이다. 결국 순애는 지난밤 어머니가 자신을 때려서 멍이 들었다고 실토하였다. 처음에 순애는 이러한 사실을 사회복지시에게 말하는 것을 원하지 않았다. 그가 들은 바에 의하면, 만약 사회복지사가 부모가 자식을 때린 사실을 알게 되면, 자신을 집에서 멀리 보내 부모와 떨어지게 할 것을 두려워했기 때문이다. 사회복지사가 확인한 결과 순애의 어머니는 스트레스가 너무 심해 자신을 조절하지 못하게 된 경우에만 아이를 때린 것으로 진술하고 있는데, 순애의 어머니의 스트레스는 2년 전 순애의 아버지가 집을 나가면서 시작되었다.

두 번째 클라이언트는 강 씨 부인(75세)으로, 밑반찬 지원 프로그램에 대해 알아보기 위해 기관에 들렀다. 그녀는 매우 안정적으로 보였고, 그리고 자신의 모든 일을 독립적으로 처리할 수 있는 것으로 보였다. 강 씨 부인은 5년 전 남편이 죽은 후, 이혼한 딸과 함께 살고 있는데, 강 씨 부인의 딸의 3명의 십대 손자녀들과 함께 살고 있다. 딸은 오랜 시간 동안 일하고, 손자녀들도 모두 밖에 나가 있는 시간이 많거나 아버지 집을 찾아갔다. 따라서 강 씨 부인이 혼자 음식을 준비하는 일에 어려움이 느껴져 기관의 식사배달 프로그램에 신청하려고 한다고 하였다.

사회복지사는 강 씨 부인(75세)의 어깨에 커다란 멍자국을 보고, 멍이 생긴 이유를 질문하였는데, 강 씨 부인은 침대에서 떨어져 다친 것이라고 했다. 처음에 사회복지사는 강 씨 부인의 설명을 받아들였다. 그러나 강 씨 부인이 매우 우울한 표정을 짓는 것을 보고, 다시 그 멍자국에 대해 이야기하기 시작하였다. 강 씨 부인은 자신의 딸이 이 문제로 인해 연루되는 것을 원하지 않고 있다. 최근 클라이언트 딸이 전 남편과의 경제적인 문제로 스트레스를 조절하지 못하고, 강 씨 부인에게 맞서 싸우는 경우가 있다고 했다. 현재 클라이언트의 몸에 생긴 멍은 며칠 전, 딸이 술에 취해 어머니를 밀어서 넘어지면서 생긴 상처라고 하였다.

- 사회복지사는 클라이언트에게 학대를 가한 사람들과 접촉해야만 하는가?
- 75세 노인의 딸과 12세 소녀의 어머니를 만나야 하는가(두 사람 모두 폭력문제에 연관되는 것을 원하지 않고 있다)?
- 이 사례들이 노인학대로 확인이 가능한가? 혹은 아동학대로 확인될 수 있는가?
- 아동의 사례가 아동보호서비스와 연계되어, 아동학대에 대한 보고서를 제출해야 하는가?
- 노인의 사례가 노인학대의 문제로 보고되어야 하는가?
- 만약 노인학대자가 가정보호서비스 보호담당자 혹은 가정봉사원 혹은 이웃이라면, 이 사례가 노인학대로 보고되어야 하는가?
- 노인학대에 대해 사회복지사는 법률적으로 반드시 보고해야만 하는가?
- 아동학대 사례와 노인학대 사례의 근본적이 차이는 무엇인가?

사회복지사 윤리강령에서는 노인에 대한 학대로부터 보호를 제공하고 있는가? 현재 법률이나 규정에 상관없이 사회복지사의 윤리강령에서는 비밀보장을 반드시 유지하도록 하고 있다. 성인의 보호서비스 프로그램은 법률에 의하고 있다. 이 노인요양보호 혹은 노인복지 관련 법률에서는 학대나 방임으로부터 손상받은 노인을 보호하는 내용이 명시되어 있다. 또한 사회복지사 윤리강령에서 사회복지사는 심각한 정신적인 손상을 입은 사례에 대해 개인을 보호해야 한다고 명시하고 있다.

위의 예와 같은 노인학대의 경우, 클라이언트와 함께하는 것은 아마도 위험이 따를지도 모른다. 그러나 심각한 정신적인 손상을 받게 되지는 않을 것이다. 사회복지사는 법률적으로 노인학대를 반드시 보고하도록 규정되어 있는지를 확인해야 한다. 그 이유는 아동의 경우에는 법적으로 미성년은 의존적인 사람으로 인정하고 있지만, 노인의 경우에는 성인에 포함되기 때문에 자신의 사생활 보호와 자기결정권을 가지고 있다. 따라서 성인은 법정에서 불완전한 판결을 받았을지라도, 자신이 선택한 상황이 어떠한 경우라도 자신이 선택한 삶을 살 권리가 있다. 어떠한 학대를 받는 상황일지라도, 노인이 학대문제에 대한 요구가 없는 한 사회복지사를 비롯한 모든 타인은 노인학대 문제에 관여할 권리가 없다.

학대노인을 위한 모든 프로그램은 자발적으로 이루어지는 것이 원칙이다. 만약 강 씨 부인이 사회복지사가 자신의 딸이나 다른 사람을 만나는 것을 원하지 않는 경우에는, 사회복지사는 클라이언트의 비밀보장을 지켜야 한다. 노인에게 노인학대에 관한 정보나 가족을 도울 수 있는 프로그램에 대해 알려 주는 것이 사회복지사의 중요한 역할이다.

5. 노인의 요양보호서비스와 자율권

지역사회에서 독립적으로 생활한다는 것은 노인의 자율권이 향상되는 것을 의미한다. 아래의 예는 독거노인의 건강악화에 관한 내용이다.

사 례 **노인간병: 요양보호서비스**

김 할머니(84세)는 기초생활수급비와 최소 금액의 노인수당으로 살고 있다. 그녀는 항상 조용하고 독립적으로, 다른 사람의 도움 없이 살고 있다. 지난 한 해 동안 몇 번이나 쓰러졌고 그 결과 계속 부상을 당했다. 지난해 목욕탕에서 미끄러진 이후 휠체어를 이용해야만 하는 신세가 되었고, 하루 8시간씩의 가정방문 요양보호서비스를 받고 있다. 김 할머니는 가정방문 요양보호사와 지속적으로 갈등을 겪고 있어, 담당 기관에 다른 요양보호사로 바꿔 줄 것을 요구하고 있다. 김 할머니는 이웃 주민들의 도움으로 장보기를 하고 있다. 김 할머니는 결혼하지 않았기 때문에 자녀, 친척 혹은 친구 등 누구도 그녀를 도울 사람이 없는 상황이다.
가정방문 요양보호서비스 제공 기관에서는 김 할머니 혼자 그대로 집에 살게 한다면 위험이 있기 때문에 할머니를 양로시설에 입소할 것을 제안하였다. 할머니는 자신이 지난 60년 이상 살아온 곳을 떠나고, 이웃들을 떠나는 일에 심리적으로 걱정을 하고 있는 상태이다. 김 할머니는 현재의 집을 떠나 새로운 거처로 옮기는 일을 원하지 않는 상태이다. 할머니는 스스로 모든 생활을 관리할 수 있다고 주장하고 있다.
그러나 주치의는 지난 번 부상 이후 할머니의 몸이 잘 회복되고 있지 못한 상태이고, 또한 돌보는 사람 없이 또 다른 부상을 입게 된다면 회복의 가능성이 없을 것이라 하였다. 담당 사례관리자도 김 할머니가 노인주거시설에서 생활하면서 24시간의 요양보호서비스를 받아야 한다는 의견을 제시하였다. 노인주거시설에 입소하기 위해서는 노인 당사자 자신이나 보호자의 동의가 반드시 필요한데, 김 할머니는 주거시설입소에 동의하지 않고 있다.
- 담당 사회복지사의 윤리적인 실천은 무엇인가?

6. 사회복지실천에서 윤리적인 의사결정모델의 적용

노인요양보호서비스 제공기관에서 일하고 있는 사회복지사는 “김 할머니의 경우에는 어떻게 해야 할 것인가?”의 윤리적인 딜레마에 빠져 있다.

김 할머니의 사례를 윤리적 의사결정모델을 적용하여 생각해 보면 다음과 같다.

① 의사결정의 첫 번째 과정에서 우선 사회복지사의 개인적인 가치에 대해 알아본다.

사회복지사의 개인적인 가치에 의하면 김 할머니께서 이 지역사회에 계속 사는 일에 대해 사회복지사 자신은 매우 복합적인 감정을 가지고 있다. 사회복지사는 김 할머니가 부상을 당한 것에 대해 염려되고, 김 할머니 스스로 자신을 돌볼 수 있을까 하는 우려를 하게 되면서 할머니가 혼자 사는 동안 또 다른 사고가 생길 것을 생각하면 두려운 생각이 든다. 사회복지사는 건강문제가 심각한 노인의 경우 가족이 없는 상황에서는 대체로 양로시설이나 노인요양기관에서 생활하는 동안 건강이 호전되는 경우를 봐 왔다. 사회복지사는 이 경우 김 할머니의 심각한 건강문제를 고려하여 할머니에게 가정방문 요양보호사와 함께 간호사의 보호를 제안했으나, 김 할머니는 제안을 단호히 거절하였다.

사회복지사는 자신을 비롯한 많은 사회복지사들이 노인에 대해 가부장적인 태도를 가지고 있다는 것을 인식하게 되었다. 문제가 있는 젊은 사람들의 경우, 자신들이 어디에서 살고, 무엇을 할 것인지를 스스로 선택하고 독립적인 삶을 원하는데, 노인의 경우에도 젊은 사람들과 같은 종류의 욕구가 있다는 것과 노인 스스로 무엇을 선택하는 것, 그리고 어떤 방법을 사용하는 것이 최선의 방법이라는 것을 스스로 인식하고 이미 경험해 왔다는 사실을 이해할 필요가 있다.

사회복지사는 자신이 일하고 있는 노인요양서비스 기관의 가치를 알아봐야 한다. 사회복지사는 기관의 의무와 책임이 지속적으로 강조되고 있기 때문에, 만약 기관의 관리 하에서 김 할머니가 또 다시 심각한 부상을 당하게 될 때에는 노인요양서비스 제공 기관이 그 책임을 면하기 어려운 상황임을 이해할 필요가 있다. 사회복지기관의 경우, 제한된 자원을 가지고 운영하고 있는 상황에서, 클라이언트에게 요양보호사나 가정방문 간호사를 보내는 일에 있어 클라이언트 욕구대로 수시로 보호사를 교체해 주는 것은 클라이언트를 시설에 입소시키는 것보다 훨씬 더 어려움이 있다는 것을 이해할 필요가 있다.

또한 클라이언트의 가치를 확실히 이해하는 것이 필요하다. 김 할머니는 자신이 스스로 독립적으로 살기를 원하고 있다. 이때 전문가의 가치는 클라이언트의 자기결정의 권리를 지지하는 것이다. 만약 의사결정을 해야 한다면, 클라이언트의 자기결정을 고려해야 하며 동시에 사회적인 책임의식을 가져야 한다.

② 두 번째 과정에서는 관련 법률과 강령, 그리고 실천지침이나 기준 등을 확인하는 것이다.

본 사례와 관련하여 사회복지사 윤리강령에 의하면 사회복지사는 클라이언트의 자기결정을 지지해야 한다. 또한 사회복지사는 클라이언트 자신이나 타인에게 위협이 되는 경우에는 클라이언트의 자기결정에 제한을 가할 수 있다. 만약 김 할머니를 집에 홀로 남겨두게 되는 경우, 어떤 위험이 나타날 수 있을 것인지를 생각해야 한다. 그러나 사회복지사는 그것이 얼마나 위험한지에 대해 확실한 사정하기 어렵다.

③ 의사결정 세 번째 과정에서는 선택 가능한 가설을 제시하는 것이다.

본 사례에서, 첫 번째 가설은 김 할머니를 즉각적으로 요양원에 보내는 방안이다. 이 경우 김 할머니는 매우 우울해질 것이다. 음식을 거부할 것이며, 그 결과 몇 개월 내에 죽을지도 모른다. 사회복지사는 노인들이 시설보호를 받게 되면 잘 회복되지 않는 경우를 종종 보아 왔다. 사회복지사는 특히 오랫동안 스스로 독립생활을 해 왔던 노인들의 경우에는 더욱 요양원 등 생활시설을 거부하는 것을 알고 있다.

두 번째 가설은 김 할머니가 가정방문 보호서비스 외에도 추가적으로 요양보호사의 도움을 받으면서 지속적으로 자신의 집에서 살 수 있도록 하는 방법이다. 김 할머니가 자신을 도울 가정보호서비스와 요양보호사에 대한 지시와 선택을 스스로 할 수 있도록 가정보호서비스의 모든 선택 과정에 참여하도록 격려하고 필요로 하는 모든 의사결정도 스스로 원하는 것을 결정하도록 지원하고 돕는 방법이다.

세 번째 가설은 가정방문 보호서비스 제공 기관이 지속적으로 같은 수준의 보호서비스를 제공하는 것이다. 김 할머니가 욕실 바닥에 넘어진 것은 가정요양보호사가 떠나고 난 직후이며, 오랜 시간이 지나서야 욕실 바닥에 넘어져 있는 김 할머니를 발견한 점을 상기하여 이에 대한 대책을 마련하는 것이다. 김 할머니의 부상이 병원 신세를 지게 만들었고, 또한 요양원으로 생활의 터전을 옮기는 문제까지 논의하게 만들게 되는 원인을 제공하고 있다.

④ 윤리적인 의사결정의 네 번째 과정에서는 앞에서 제시한 각각의 가설에 따라서 실천할 때 장기적인 관점에서 누가 이득을 얻고, 누가 피해를 입게 될 것인지, 혹은 단기적인 관점에서 누가 이득을 얻고 누가 피해를 입을지를 살펴본다.

만약 김 할머니에게 자신이 원하는 대로 혼자 살 수 있도록 허용을 할 때, 클라이언트인 김 할머니가 최대의 이득을 얻는 사람일 것이다.

사회복지사는 차별과 같은 사회적인 불이익으로 인해 피해를 입은 사람들을 위해 우선적으로 지원과 옹호 등의 전문적인 실천을 해야 한다. 김 할머니는 현재 처해 있는 가부장적인 선택의 상황에서 위험을 가장 많이 접하고 있는 사람이다. 김 할머니는 여성이고 가족도 없이 홀로 살고 있는 취약한 노인이다. 동시에 김 할머니는 평생 동안 자신의 주장을 제대로 표현해 본 적도 없는 우리 사회의 소외된 계층으로, 약하고 상처받기 쉬운 고위험 취약계층의 클라이언트임을 상기해야 한다.

⑤ 의사결정의 마지막 과정에서 사회복지사는 자신의 동료와 함께 자신들이 이 클라이언트를 위해 무엇을 할 수 있을지에 대해 토론해야 한다.

김 할머니가 자신의 집에서 계속 살도록 하는 것은 김 할머니에게 가장 도움이 될 것이고, 사회복지실천의 윤리적인 개입에서도 최선의 선택이 될 것이다. 반면 사회복지사의 몇몇 동료들의 생각으로는 현재 김 할머니의 건강상태 및 연령 등을 고려할 때 할머니를 요양원에 머물도록 하는 일이 최고의 환경을 제공하는 일이며 결국은 그 결정을 선택하게 될 것이라고 생각한다. 또 다른 한 동료는 저렴한 모니터링 체계를 고안하는 것을 제안하였다. 김 할머니께서 자신의 집에서 지내는 동안 혹시라도 의료적인 도움이 필요한 때에 의료기관을 호출할 수 있도록 함으로써 위험한 상황에 속히 대처할 수 있는 장점이 있기 때문이다.

사회복지사는 슈퍼바이저에게 이 사실을 알리고 자문을 구했는데 슈퍼바이저는 기관의 정책에 따라서 클라이언트에게 최선이 무엇인지를 우선적으로 고려해야 한다고 자문하고 있다. 만약 김 할머니에게 추가적인 자원을 동원하는 일이 필요할 경우가 생기면 클라이언트에게 이익이 되는 방안을 따르는 것이 기관의 역할이며 동시에 기관의 책임이라고 믿고 있다.

이상의 단계를 거쳐서 윤리적인 결정하였는데, 그 결과는 다음과 같다.

사회복지사는 자신이 윤리적인 결정을 하는 데 유리한 위치에 있다는 것을 알고 있다. 따라서 사회복지사는 클라이언트의 자기결정권을 지지하기로 결정하였다.

클라이언트 김 할머니는 자신의 집에 그대로 머물기로 하였다. 그러나 할머니를 위한 가정보호서비스 시간은 8시간에서 좀 더 시간으로 늘리고, 특히 할머니가 낮시간 동안 안전하게 이동할 수 있도록 하였다. 사회복지사는 김 할머니에게 사회활동에 현재보다 더 많이 참여하도록 격려하였다. 특히 건강보호서비스 제공자를 선택하는 일에도 참여하도록 격려하였다.

김 할머니는 자신을 돌보기 위한 가정보호서비스를 선택하는 데 자신의 의견이 반영되는 것을 기쁘게 생각하게 되었으며, 앞으로 또 다른 종류의 의사결정이 필요한 경우 적극 참여할 뜻을 보였다. 이 밖에도 김 할머니가 혼자 있는 시간에는 모니터링 체계를 고안하여 모니터링이 가능한 시스템을 장착하고 만약 할머니가 누군가의 도움이 필요로 할 때에는 즉각 사람을 호출할 수 있도록 하였다.

이상 소개한 노인과 함께하는 실천에서 경험하게 되는 윤리적인 딜레마는 어느 정도 시간이 지나면서 해결되었다. 그러나 6개월 후에 새로운 윤리적인 딜레마가 생겨나게 되었다. 가정방문 요양보호와 건강관리서비스 기관의 보고에 의하면 김 할머니는 정신이 지속적으로 어지러워지고 이전보다 인지능력이 많이 떨어지고 있는 상태라고 했다. 예컨대, 어느 날 김 할머니의 치매 증상이 다소 심각해지면서 식사를 해결하는 일이 불가능해졌다. 그러한 상황으로 어느 날 김 할머니가 가스레인지에 물주전자를 올려놓은 사실을 잊으면서 아파트에 화재가 발생하였다. 다행히 소방차 출동으로 위험한 사태는 막을 수 있었다.

사회복지사는 김 씨 할머니에 대한 재평가가 필요하다는 것을 인식하게 되었다. 특히 사회복지사 윤리강령상의 '클라이언트의 자기결정권' 부분에 대해 재평가의 필요성이 강조되었다. 이전에 사회복지사는 클라이언트의 자기결정권을 강조하였으나, 현재는 클라이언트의 '심각한, 예상 가능한, 그리고 즉각적인 위험'인 경우에는 '클라이언트의 자기결정 제한'에 대한 적용이 가능하다는 것을 확신할 수 있었다. 만약 소방차가 조금이라도 늦게 도착하였다면, 상상할 수 없는 일들이 벌어졌을 것이다. 김 할머니는 아마도 그 화재로 죽었을지도 모른다. 이 사고로 인해 다른 아파트 입주자들도 피해를 입거나 죽을 수도 있는 상황이었다.

사회복지사 자신은 이 일에 어떤 행동을 취해야 하는 것인지를 알고 있었다. 전문가가 클라이언트의 자기결정권을 제한하는 것은 클라이언트와 타인들이 위험으로부터 보호받는 일 역시 사회복지사로서 우선적으로 취할 행동이며 의무라고 믿었기 때문이다.

사회복지사는 김 할머니와 이와 같은 사안에 대해 이야기를 나눴고, 앞으로 김 할머니가 이용하게 될 지역사회 내의 다양한 유형의 이용 가능한 노인요양시설에 대해 알려 주기로 하였다.

전문가의 일관된 가치로서 사회복지사는 클라이언트의 능력을 강화하고, 기회를 제공받을 수 있고, 클라이언트의 욕구가 충족될 수 있는 생활의 장소를 물색하고 있다. 사회복지사는 '최소 제한환경의 조건'을 갖춘 생활시설을 찾았고, 가급적 '소규모의 생활시설'을 발견하였다. 소규모의 생활시설에서는 식사를 제공하고 있으며, 개인의 독립된 방을 제공하는데, 이 시설은 김 할머니가 살던 지역사회와도 매우 가까운 위치에 있어 김 할머니의 이웃들이 쉽게 할머니를 찾을 수 있다는 장점이 있다.

사회복지사는 김 할머니가 최종적인 의사결정을 하기 전에 먼저 자신이 머물고 생활하게 될 노인생활시설 몇 곳을 방문할 수 있도록 도왔다. 김 할머니는 몇 군데의 시설들을 돌아보고, 그 시설들 가운데에서 한 곳을 스스로 선택하고 결정하였다.

7. 노인간병: 방문 노인요양보호서비스

사 례 **노인요양보호서비스: 간병활동 등**

기초생활수급자인 클라이언트 정 씨(여, 만 71세)는 3남 3녀를 두었으나 현재 2남과 함께 동거하고 있다. 자녀들은 형편상 클라이언트를 부양하는 것이 불가능한 상황이다. 현재 클라이언트와 동거하는 차남은 미혼이다. 차남은 10년 전부터 무직이었으며, 정신병력(생활실태조사, 관리카드 참고)으로 인하여 사회생활을 하기 어려운 것으로 파악되었다.

클라이언트의 건강상태는 노인성 질환(고혈압, 경증치매)으로 인한 뇌경색으로 우측편마비가 있으며, 현재는 와상 상태이다. 신체장애뿐 아니라 언어장애 등이 있어 간병보호자가 반드시 필요한 상황인 것으로 파악되었다. 정신적인 질환으로는 우울증상이 있으며, 경증치매로 인해 정상적인 대화를 하는 것이 어려운 상태이다.

클라이언트를 돌보는 차남은 지난 5년 동안의 어머니 간병활동으로 인해 심신이 많이 지쳐 있는 상태이다. 사회복지사는 보호자가 원하는 대로 수차례 도우미를 변경하는 등, 최대한 클라이언트의 가족을 생각하여 배려하려고 많은 노력을 하였으나, 서비스의 지속적인 불만 사항 제시와 도우미의 자질 문제를 거론하는 등 서비스로 인하여 항상 불만족을 제기하는 수권자의 가구에 서비스가 계속 진행되어야 하는지 고민하고 있다.

정신적으로 건강하지 않은 보호자를 클라이언트를 위해서 격리하는 것이 바람직하다고 판단되나, 보호자는 자신의 어머니를 시설로 입소시키는 것을 원하지 않고 있다. 이유인 즉 본인이 직접 간병을 하지 않으면 안 되고, 다른 사람을 믿을 수 없다고 한다.

클라이언트인 정할머니의 의견이 중요하나, 본 클라이언트의 성격을 잘 알고 있어 사건에 개입하려고 하지 않고 있다. 또한 자주 사회에 불만을 표출하고 있다. 예컨대, 지역사회의 보건소(클라이언트의 가정간호 서비스), ○○대학병원(클라이언트의 통합 병원), 임대아파트 단지 내(클라이언트 거주지) 등에도 민원을 지속적으로 제기하여 주변 사람들이 매우 힘들어 하고 있는 보호자인 것으로 파악되었다.

– 이때 사회복지사의 윤리적 실천은 무엇인가?

앞의 사례의 클라이언트 보호자(차남)는 수차례 가정방문 요양보호사를 문제 삼으며 요양보호사를 바꿔 줄 것을 요구하고 있는 상황이다. 클라이언트의 보호자가 민원 제기하는 때에는 대부분 술을 마신 후나 화가 많이 나서 기분이 좋지 않았던 일이 있었던 경우, 화풀이를 하듯이 담당 사회복지사에게 수차례 전화를 하여 소리를 지르며 민원을 제기하는 일을 반복하고 있다. 민원의 주 내용으로는 가정방문 요양보호사의 자질에 대한 문제 제기였다.

위의 윤리적인 딜레마 사례와 관련하여 몇 가지 질문을 할 수 있다.

- 위 사례에서 클라이언트의 인간의 존엄성을 위하여 보호자와 분리를 해야 하는가?
- 어느 정도, 어느 부분, 어느 선까지 보호자의 말을 믿고, 의견을 존중하고 서비스를 진행해야 하는가?
- 클라이언트와 그의 보호자 요구대로 클라이언트의 복지를 위하여 가사·간병 서비스를 제공할 것인가?
- 서비스 제공에 따르는 위험(요양보호사의 인격 및 폭력문제 발생)은 누가 책임을 질 것이며, 클라이언트와 요양보호사 중 누구의 욕구가 우선시되어야 하는가?
- 클라이언트의 보호자가 클라이언트인 치매노인에게 가했던 행동들이 사실이라면 클라이언트 인간의 존엄성을 위하여 클라이언트와 보호자를 강제 분리해야 하는가?
- 술에 의존한 생활과 난폭한 언행을 하는 보호자를 과연 기관과 사회복지사는 보호자라고 인정하여 그 보호자를 지지하고 클라이언트를 간병할 수 있게 해야 하는가?
- 클라이언트는 정확한 의사결정을 할 수 없는 상황(경증치매)이므로 보호자의 의견을 전적으로 참고하여 서비스를 지속적으로 제공해야 하는가?
- 기관의 입장을 고려하여 지속적으로 서비스를 제공해야 할 경우, 지속적으로 발생하는 혹은 이와 같은 상황이 재발생할 경우 그때 역시 지금까지의 행정 처

리처럼 요양보호사의 교체로 보호자의 욕구만을 채우며 넘어갈 것인가?
- 요양보호사의 인격과 안전은 누구의 책임인가?

8. 노인복지현장에서의 세대 차이와 문화적 차이

우리 사회는 문화적으로 다원화된 사회에서 살고 있으며 이 현상은 노인에게도 마찬가지이다. 문화적으로 다원화된 사람들에게 일어나는 윤리적 쟁점은 무엇이며 또한 윤리적 딜레마는 무엇인가?

노인의 경우, 교육이나 직장생활의 경험 부족으로 젊은 사람에 비해 문화적인 적응이 다소 느리게 일어난다. 또한 대부분의 노인들은 자국의 문화와 역사를 존중하며 새로운 문화나 외국의 정신과 문화적인 것을 적극적으로 수용하지 않는 경향이 있다. 이러한 모습을 보고 노인을 고지식하고 경직된 모습으로 이해하며 노인의 존엄성과 기본적인 가치를 존중하지 않는 경우가 있다. 이러한 정형화된 생각들로 인해 적절한 서비스를 개발하는 데 있어 비윤리적이고 잘못된 실천이 이루어질 수 있다. 따라서 사회복지사는 반드시 노인의 문화를 바르게 이해하고 있어야 한다. 노인들을 돕기 위해 가족사정을 실시하는데, 이 경우 문화적인 프로그램을 가족사정의 도구로 사용하고 있다.

노인의 문제로서 중요하게 나타나는 쟁점들은 특히 노인이 자신의 가족과 함께 살 때 나타나는 문제로 이해할 수 있다. 예를 들면, 세대 간 통합, 문화적인 통합 등 통합의 갈등이 생기게 된다. 노인의 경우에는 자신의 뿌리가 되고 자신을 지배하고 있는 고유문화를 믿는 것이고, 젊은 세대의 가족 구성원은 현재의 사회를 지배하고 있는 문화를 따르고 있는 것이 현실이다.

가족 내 세대 간의 통합의 어려움에 대해 살펴보면 다음과 같다.

사 례 **세대 차이 및 문화적 차이로 인해 갈등을 겪은 노인**

65세의 이 할머니는 13세 손자와 14세 손녀와 함께 살고 있다. 아이들의 아버지가 약물중독과 알코올중독으로 죽고 난 후 아이들의 엄마도 3년 전에 죽었다. 이 할머니는 손자녀의 후견인이 되었고, 아이들의 부모가 죽은 후 손자녀와 함께 살면서 지속적인 갈등을 겪고 있다.

손자녀는 거의 매일 학교가 끝난 후 친구들과 어울려 한밤중에 집으로 돌아온다. 할머니가 이야기를 하자고 하여도 손자녀는 할머니와 대화가 안 된다는 이유로 할머니를 무시하는 경우가 잦다. 이러한 상황이 반복되면서 갈등은 깊어지고 있다. 할머니는 아이들이 어머니처럼 약물에 손을 댈지도 모른다는 생각에 두려워하고 있었다. 아이들의 부모가 알코올중독으로 죽었기 때문에, 손자녀도 밖에서 약물과 알코올에 빠져 부모의 전철을 걸을까 하는 두려움이 큰 상황이다.

사회복지사는 할머니와 손자녀 간의 세대 차이와 문화적인 차이가 크고 클라이언트 각자의 다양한 신념 체계를 가지고 있음을 알 수 있다.

사회복지사는 사회복지실천에서 인간의 존엄과 가치를 존중하는 것을 기본으로 하고 있음을 잘 알고 있다. 또한 이 가정의 행복을 강화시키고 향상시키는 것은 중요하다는 것을 인정하고 있다. 이 가족과의 실천을 통해 사회복지사는 가족 간의 의사소통을 원활하게 하도록 의사소통 능력을 높이도록 도왔다. 그 결과, 손자녀는 할머니의 허락을 받고 친구를 만나는 일에 동의하였고, 동시에 방과 후 일찍 귀가해서 집안일을 돕는 일에 대해서도 합의를 이끌어 냈다.

현재 우리 사회는 세대 간 갈등, 문화적 갈등이 극대화되고 있는 상황이다. 가족의 형태가 다양해지면서 조손가정도 늘어나고 있다. 조부모와 손자녀 간의 의사소통의 문제, 문화적인 차이의 극복 등 해결해야 할 문제가 많아지고 있다.

– 이때 사회복지사의 윤리적 실천은 무엇인가?

전문 사회복지사의 윤리적 실천

CHAPTER 10

사회복지사의 역할은 클라이언트의 삶의 질 향상과 복리증진을 위해 클라이언트의 욕구에 따른 필요한 자원의 개발과 활용을 실천목표로 하고 있다. 이를 위해 사회복지사는 클라이언트는 물론, 클라이언트를 둘러싼 주변의 이웃과 친구, 가족들과도 접촉해야 하며, 필요한 자원을 확보하기 위해 주변 인물들과의 만남도 피할 수 없는 과업이 되고 있다. 뿐만 아니라 기관에 속한 구성원으로서 슈퍼바이저는 물론 동료 전문가들과의 교류도 반드시 이루어야 할 책임이 있다.

지금까지 사회복지사들은 클라이언트의 복리만을 생각하였다. 실제 현장에서 이루어지는 인간관계, 전문가관계, 실천목적의 관계 등 사회복지사와 함께하는 인물들과의 윤리적인 관계에 관한 교육과 훈련이 매우 부족했던 실정이다. 이에 본문에서는 전문가로서 사회복지사가 빠지기 쉬운 윤리적 딜레마에 대해 살펴보고자 한다.

1. 사회복지실천에서의 이중관계 금지

(1) 이중관계

이중관계란 원조관계 혹은 치료적 관계에서 동시에 나타날 수 있는 전문가와 클라이언트 사이의 대인관계이다. 또한 의료현장이나 상담현장에서는 전문가가 자신의 클라이언트를 대상으로 전문적 관계 이외의 또 다른 의미 있는 관계를 형성하는 것, 상담가가 자신의 욕구를 충족시키기 위해 상담의 목적과 경계를 주도하는 모호한 관계 등 전문가와 클라이언트 사이의 전문적 경계를 침해한 상태를 의미한다. 특별히 사회복지실천현장 등에서 실천가가 자신의 개인적 욕구를 충족시키기 위해 클라이언트와 한 가지 이상의 역할에 대해 관여하여 전문적인 관계를 손상시킬 때 발생되는 것으로도 이해하고 있다(Catalano, 1997; Corey & Herlihy, 1997). 이처럼 이중관계란 전문가가 자신의 이익을 위해서 전문적 원조관계 이외에 또 다른 사적인 관계를 수립하는 것을 말하며, 이러한 관계는 전문가 역할 이외의 또 다른 역할을 수행할 가능성을 내포하고 있다.

참고 실천전문가와 이중관계 금지, 경계 유지

실천전문가를 대상으로 한 이중관계에 관한 연구는 사회복지실천, 의료·심리·상담 등 치료전문가들이 자신의 클라이언트와 관계를 맺음에 있어 최소한 한 가지 이상의 역할을 수행하게 되는데, 이때의 관계를 전문가 이중관계, 혹은 다중관계로 설명하고 있다(Catalano, 1997; Corey & Herlihy, 1997).

- Tomm(2002)는 전문가와 클라이언트 간의 관계에 관한 탐색적 연구에서, 전문가 윤리강령에서 제안하고 있는 이중관계 금지에 관한 내용을 중심으로 전문가 윤리강령 위반행위 및 전문가 경계에 관해 논의하고 있다. 또한 그의 연구에서는 전문가와 클라이언트를 대상으로 이들의 관계에 있어 힘과 영향력에 관한 논의도 함께 이루어졌다.
- 선행연구들(Lazarus & Zur, 2002; Reamer, 2003; Zur, 2004)에서 치료 전문가들은 자신의 힘과 영향력을 전문성이라고 인식하고 있으며, 이들은 클라이언트와 이중관계에 빠지지 않을 정도의 충분한 조절능력이 있다는 것을 스스로 신뢰하고 있는 것으로 보고되고 있다. 그럼에도 불구하고 실천가들은 다양한 유형의 이중관계, 예컨대, 성적·비성적인 이중관계의 내용과 전문가

경계위반에 대해서 정확히 이해하지 못하고 있는 내용에 대해서도 보고하고 있다.

- Peterson(1992)은 전문가와 클라이언트간의 경계위반에 관한 연구를 통해 전문가 경계에 대한 내용과 범위, 경계유지를 위한 기준마련에 대한 필요성을 강조하고, 전문가 이중관계 위반에 따른 문제점과 피해를 방지하기 위한 방안들에 대한 대책과 노력 등을 제안하고 있다. 특별히 성적인 경계위반은 클라이언트뿐만 아니라 전문가들에게도 돌이킬 수 없는 상처와 피해가 예상되는 만큼, 이를 피하기 위해 전문가 자가점검 지침의 개발을 주장하고 활용할 것을 제안하고 있다.

사회복지사는 자신의 클라이언트와 정서적·사회적·상업적으로 친밀한 관계를 맺게 되는데, 이는 잠재적인 윤리적인 문제를 일으키게 될 가능성이 높기 때문에 반드시 클라이언트와 사회복지사 사이의 이중관계를 금지해야 한다. 사회복지사는 자신의 클라이언트를 치료하거나 상담하는 과정에서 전문적인 실천이나 판단하는 일에 정서적으로 관여하게 되는 경우가 생기기 때문에 전문가들은 치료하는 과정에서 자신의 클라이언트와 이중의 관계를 맺는 것을 반드시 피해야 한다. 특히 상담자나 치료자와 같은 전문 사회복지사의 경우에는 클라이언트의 가족과 친지들과의 이중관계를 반드시 피해야 한다. 클라이언트 친척이나 친구의 경우에도 치료적 서비스를 제공하기 위해 혹은 다른 서비스를 위해 적절히 거절하여야 하는데, 이는 사회적인 상황에서 원인이 될 수 있는 만남으로부터 클라이언트와 사회복지사 두 사람 모두를 보호하기 위한 일이다. 사회복지사와 클라이언트의 만남은 우연히 일어날 수 있는데, 이 경우 사회복지사가 취할 수 있는 가장 최고의 행동은 클라이언트가 먼저 이야기를 이끌도록 내버려두는 것이다.

이중관계는 다양한 유형으로 나타나는데, 그 내용은 다음의 〈표 10-1〉과 같다.

〈표 10-1〉 이중관계의 유형

<table>
<tr><th colspan="2">이중관계 하위 개념</th><th>예시</th></tr>
<tr><td colspan="2">성적인 이중관계</td><td>• 성행위
• 성적인 농담(성추행 포함)
• 이성교제 목적의 만남
• 종결된 클라이언트와의 종결 이후의 이성관계 등</td></tr>
<tr><td rowspan="7">비성적인 이중관계</td><td>상업적 관계</td><td>• 실천이나 치료가 진행되는 동안 상업적인 관계 혹은 동업관계와 같은 업무 관계로 빠져 드는 행위
• 클라이언트로부터 치료비 대신 상품이나 서비스 등을 지급받는 물물교환의 관계</td></tr>
<tr><td>친밀한 관계</td><td>• 사회적 관계로서 우정을 나누는 친구의 관계
• 클라이언트 가족모임이나 개인적인 모임에 초대받고 참석하는 행위</td></tr>
<tr><td>개인적 이득 목적</td><td>• 개인이득을 취하기 위한 목적의 행위(예: 복지관에 물건을 납품하는 클라이언트에게 납품 단가를 낮춰달라는 행위)
• 컴퓨터를 전공한 클라이언트에게 자신의 노트북을 점검해 달라고 부탁하는 행위</td></tr>
<tr><td>감정 및 의존적 욕구</td><td>• 사회복지사의 개인적 감정이 클라이언트에게 전이되어 클라이언트를 학대하거나 때론 의존적인 모습을 보이는 행위</td></tr>
<tr><td>이타적 동기</td><td>• 클라이언트 개인의 발전에 도움이 될 것으로 판단하여 윤리적 이중관계를 맺는 행위 등</td></tr>
<tr><td>환경적 상황</td><td>• 전후 관계를 고려해 볼 때, 윤리적인 실천으로 수용될 수도 있고 그렇지 않을 수도 있는 경우
• 좁은 지역사회 내에서 살고 있는 클라이언트와 사회복지사 간의 상호 물물교환이나 인간적인 교류를 피할 수 없는 경우</td></tr>
<tr><td>두 가지 이상의 전문가 역할의 수행</td><td>• 담당 사회복지사가 특정 클라이언트에게 두 가지 이상의 전문가 역할을 수행하는 경우(예: 클라이언트의 사례관리자이며 동시에 클라이언트가 다니는 대학에서 클라이언트가 수강한 강좌의 시간 강사)</td></tr>
</table>

(2) 성적인 관계

사 례 전문가 윤리

박 선생은 S정신병원에서 약물중독 및 성적인 학대 치료센터 업무를 담당하고 있는 사회복지사이다. 박 선생은 과거에 알코올중독으로 치료를 받은 경험이 있으나 현재는 완전히 회복된 상태이다. 그래서 박 선생은 중독자들의 심리상태를 누구보다 잘 이해하고 최선을 다해 치료와 심리적인 지지에 신경을 쓰고 있는 전문가의 모습을 보여 왔다. 박 선생의 가족들이 자녀교육 목적으로 외국에 간 이후 한동안 홀로 생활하고 있다가 최근 부인과 이혼하고 혼자 살고 있다. 최근 병원 프로그램에서 새롭게 시작한 알코올중독자 집단치료를 담당하게 되었고, 치료가 끝나면 회원들과 함께 저녁을 먹기도 한다. 함께 일하는 동료인 김 선생은 박 선생의 이러한 불안한 생활에 우려하기 시작하였다. 최근에는 집단상담 프로그램 참가자인 한 여성 클라이언트와 부적절한 행보를 시작한 것을 알게 되었다. 사회복지사 전문가로서의 윤리적 실천 가운데 '클라이언트와의 이중관계'는 반드시 피해야 할 중대한 비윤리적 실천이다.

– 김 선생은 불안한 행보를 하고 있는 동료 박 선생의 비윤리적 행동을 어떻게 해야 할 것인가?

사회복지사가 자신의 클라이언트와 성적인 관계에 빠지는 일은 명백하게 비윤리적인 일이다. 모든 전문가 윤리강령에서는 '성적인 관여'를 강력하게 금지하는 내용을 규정하고 있다. 그러나 이러한 금지규정이 모호할 때가 있으며 때론 질문이 생겨날 때가 있다(예컨대, "클라이언트가 누구인가?", "성적인 활동이 무엇인가?" 등).

"누가 클라이언트인가?" 많은 전문가 조직들이 이 질문에 명확한 답을 하는 일은 간단한 일이 아니다. 전문가들은 "자신의 클라이언트와의 전문적인 관계가 어느 정도 기간 동안 지속되어 왔으며, 전문적인 실천과정의 종결 후 어느 정도의 기간이 지난 시점까지 클라이언트로 이해할 수 있는가?", "클라이언트와 실천이 종결된 이후 어느 정도의 시간이 지난 후에 개인적인 접촉을 할 수 있는가?", "자신의 클라이언트와 자신이 속한 기관의 클라이언트 모두를 클라이언트로 이해할 것인가?" 등의 질문을 하게 된다.

가장 최선의 답변은 위에서 질문한 모든 경우의 클라이언트와의 성적인 관여를 금하는 것이다. 즉, 현재 전문적인 실천이 진행 중인 클라이언트, 과거의 클라이언트, 그리고 자신의 클라이언트를 포함한 기관의 서비스를 제공받고 있는 모든 클라이언트와의 성적인 관여는 비윤리적인 행위가 된다. 그 이유는 현재 진행 중인 클라이언트에 대한 전문가의 성적인 관여는 실천에 부정적인 결과를 기대할 수 있을 뿐만 아니라, 실천 상황에서 클라이언트는 상처받기 쉬운 상황이기 때문에 클라이언트에게 피해를 줄 수도 있다. 그뿐만 아니라 전문가 자신도 돌이킬 수 없는 윤리적 손상을 입을 수도 있고, 때론 법률적인 문제에 빠져들어 자신의 전문성에도 손상을 입게 될 수도 있기 때문이다.

사회복지실천의 종결이 이뤄진 클라이언트로서 자신의 과거 클라이언트인 경우에도 언젠가는 같은 문제 혹은 또 다른 문제를 겪을 가능성이 있고, 이로 인해 사회복지사를 다시 찾게 될 가능성이 있기 때문에 사회복지사 자신과 과거의 클라이언트와 성적인 관여는 절대적으로 피해야 할 비윤리적인 행위로 받아들여야 한다. 따라서 사회복지사는 자신의 클라이언트와는 떨어져 있던 시간과 무관하게 성적인 관여를 반드시 피해야 한다. 또한 클라이언트는 자신이 직접 실천을 담당하는 클라이언트 외에도, 자신이 속한 기관으로부터 서비스를 제공받는 모든 클라이언트를 포함하는 광의의 의미로 이해해야 한다. 따라서 자신의 클라이언트 이외의 기관을 이용하고 있고 기관에 속한 모든 클라이언트들과의 성적인 관여는 비윤리적인 행위이다.

이 밖에도, 전문가들이 클라이언트와의 성적인 관여를 함에 있어서 성적인 행위를 누가 주도적으로 이끌었는가 하는 문제는 간혹 클라이언트의 제안으로 클라이언트가 적극적으로 주도를 한 경우에도 궁극적인 책임은 전문가인 자신에게 올 것이며, 이로 인해 발생되는 모든 윤리적 문제와 법적인 문제의 책임을 면하기 어렵게 될 것이다.

성적인 관여와 관련하여, 자칫 잠자리를 함께한 것에 초점을 맞추는 경우가 많은데, 전문가의 클라이언트와의 성적인 관여는 잠자리를 함께한 것 외에도 성적으로 관련된 모든 활동을 포함하고 있다. 예를 들어, 성적인 농담, 성적인 희롱, 성추행 외에도 상대방을 유혹하는 행위까지도 포함하고 있으며, 이와 같은 활동에 관여하는 일은 전문가로서의 윤리를 위반하는 비윤리적인 행동이 된다. 따라서 사회복지사는 자신의 클라이언트와의 입맞춤이나 안아 주거나 손을 잡는 것과 같은 신체적인 접촉을 하게 될 때에도 매우 신중하고 조심스럽게 행동을 해야 한다.

간혹 사회복지사가 자신의 클라이언트에게 성적인 매력을 느끼고 성적인 관여에 대한 관심이 생기는 경우에는 치료적인 관계에 매우 심각한 위험과 손상을 입게 된다. 그 이유는 사회복지사와 클라이언트의 힘의 균형을 고려해 볼 때, 클라이언트는 전문가에 비해 힘이나 능력 면에서 약한 위치에 처해 있으며, 정서적으로도 매우 상처받기 쉬운 상태임을 명심해야 한다. 따라서 사회복지사가 클라이언트에게 성적인 매력을 느끼는 경험을 한 경우, 전문가는 자신의 슈퍼바이저나 동료에게 자신의 심정을 털어놓고 필요한 조언을 받으며 자신이 전문가로서의 부족한 문제를 확인하기 위한 토론을 하는 것이 반드시 필요하다. 특히 전문가는 정서적으로 자신보다 상처받기 쉬운 위치에 있는 사람, 즉 클라이언트에 대해 관심과 성적인 매력을 느끼고 있는 경우에는 반드시 많은 주의와 각성이 필요하다.

한국 사회복지사 윤리강령에서 사회복지사는 자신의 클라이언트 혹은 동료들과의 이중관계와 성적인 관계를 모두 금하고 있다. 예외적으로 특별한 경우, 정상참작을 고려해야 하는 상황이 있는데, 치료자와 클라이언트의 관계가 종결된 지 상당한 기간이 지난 후의 경우이다. 클라이언트의 능력, 정신상태, 치료자와 클라이언트의 관계에 있어 문제의 본질이 강조될 때, 치료자와 클라이언트 간의 관계를 맺고 있는 기간, 종결을 둘러싼 상황, 그리고 클라이언트에게 피해가 있을 가능성 등의 상황을 고려하여 클라이언트와 치료자 간의 관계를 맺는 일에 정상참작이 이루어져야 한다.

(3) 상업적인 관계

일반적으로 전문가가 클라이언트와 상업적인 관계를 맺는 것은 윤리적으로 매우 부적절하다. 전문가와 클라이언트가 전문적인 실천을 위한 관계와 상업적인 관계, 이 두 가지 관계를 철저하게 분리시켜 생각한다는 것은 불가능한 일이다. 클라이언트와 클라이언트를 돕는 전문가 사이의 모든 상호관계는 전적으로 클라이언트에게 의미 있는 일이기 때문이다.

클라이언트와 상업적인 관계를 맺는 일은 어떠한 경우에도 사회복지사에게 윤리적인 행동이라고 볼 수 없다. 만약 사회복지사가 클라이언트와 상업적인 관계를 맺게 되었을 때, 그 결과가 부정적으로나 긍정적으로 나타날 모든 가능성에 대해 고려해야 할 필요가 있다. 또한 사회복지사는 클라이언트와의 상업적인 관계에서 나타난 결과로 인해 클라이언트와의 치료적인 관계에 치명적인 영향을 미칠 수 있음을 고려해야 한다. 또 다른 측면에서 사회복지사는 일반적이고 상식적으로 생각하는 훈련이 필요하다. 예컨대, 만약 자신의 클라이언트가 그 지역의 유일한 정원사인 경우, 폭풍이 지난 후 사회복지사의 정원에 있는 나무가 부러져 이를 잘라 내야 하는데, 이때 사회복지사 자신의 클라이언트인 정원사에게 나무 자르는 일을 부탁하게 되면 전문가와 클라이언트는 상업적인 관계를 맺게 된 것이다.

모든 상업적인 관계와 사회복지사 관계에서 일정한 기준과 과정이 반드시 요구되는데, 다음과 같은 사항을 준수해야 한다.

- 우선 정원사는 정원 일을 반드시 끝마쳐야 한다. 즉, 만족스러운 상태나 혹은 다른 정원사가 하는 일에 비해 만족스럽지 못한 수준일지라도 정원 일은 반드시 끝마쳐야 한다.
- 정원 일이 끝나고 비용을 지급하는 일에 있어서 작업의 내용 면에서 다른 정원사에게 지급되는 비용과 반드시 동일한 수준으로 비용을 지급해야 한다.

- 사회복지사와 클라이언트와의 관계의 본질은 반드시 비밀보장이 이루어져야 한다.
- 작업에 대한 보상은 다른 서비스로 제공되어서는 안 되며 반드시 현금으로 지급되어야 한다. 어떠한 경우에도 사회복지사와 클라이언트 간에 지급되는 비용으로 현금이 아닌 다른 물질을 교환하는 행위는 비윤리적인 행위에 해당된다.

(4) 경계 유지

사회복지실천에서 오랫동안 클라이언트와의 관계에서 적절한 경계를 유지하는 것을 중요시하고 있다. 그러나 대부분의 사회복지사들은 현재의 클라이언트나 과거의 클라이언트, 그리고 미래의 클라이언트와의 성적인 관계는 비윤리적인 행위라고 믿고 있으며, 사회복지사는 클라이언트와의 사회적·직업적·교육적 관계에서 맺는 일과 관련하여 훨씬 많은 다양한 의견을 가지게 된다.

이중관계는 그 관계가 매우 적절치 못하다는 사실을 확실하게 알 수 있다. 클라이언트에게 치료자의 아이를 돌보는 일을 시키는 경우의 예는 매우 부적절한 관계의 전형이 되고 있다. 이중관계에서 희미해진 클라이언트 개인과 전문가의 경계는 언젠가는 드러나게 되어 있다.

그의 예를 살펴보면 다음과 같다.

사 례 　**이중관계: 상담비 대신 물물교환 – 상업적인 관계**

최 선생은 가족상담 전문 사회복지사이며, 클라이언트 현철 씨(39세)는 이혼하였으며 두 아이의 아버지이다. 사회복지사는 현철 씨를 지난 4개월 동안 상담하고 있다. 클라이언트의 주 문제는 그의 십대 청소년 아들과 겪는 문제이다. 현철 씨의 아들, 필수 군은 재혼한 자신의 어머니와 현철 씨의 이웃에서 살고 있다. 이혼의 합의내용에 의하면, 아들 필수는 주말에는 아버지와 지내도록 되어 있다. 최근에 필수 군이 아버지 집을 방문하는 것을 중단하고 싶다는 의사를 전해 왔다. 그리고 필수 군이 아버지 집을 방문하였을 때에도 하루 종일 방에서 컴퓨터 게임만

> 했다. 더구나 현철 씨는 경제적인 문제도 있는 상황이다. 현철 씨는 자동차 정비업을 하는데, 최근 들어 영업이 잘 안 되고 있는 상황이다. 사회복지사 최 선생은 현철 씨의 상담비를 감면해 주어 상담을 계속할 수 있도록 도왔다. 지난 주 사회복지사의 자동차가 출근 중에 고장이 나서, 상담을 취소하게 되었는데, 그 상담이 바로 현철 씨와의 상담시간이었다. 현철 씨는 사회복지사 최 선생에게 자동차를 자신의 정비소에 가져오면, 자신이 수리를 해 주겠다고 하였다.
> – 사회복지사는 자신의 클라이언트 현철 씨의 제안을 받아들여야 할까?

지금 이 시점에서는 사회복지사와 클라이언트와의 관계, 즉 치료자와 클라이언트와의 관계이다. 만약 사회복지사가 자신의 자동차를 수리할 목적으로 클라이언트의 정비소에 가지고 가면, 사회복지사는 클라이언트와 치료적인 관계이면서 동시에 상업적인 관계가 된다. 긍정적인 측면에서 클라이언트는 좋은 기술자이며 수리를 위해 정직한 가격을 요구할 것이다. 그러나 클라이언트는 자신의 상담비 대신 수리비로 물물교환 하는 것을 제안하였다. 사회복지사는 사회복지사 윤리강령에 의하여 클라이언트와의 모든 종류의 이중관계는 비윤리적인 행위임을 알고 있다.

그러나 사회복지사는 클라이언트에게 자신의 자동차 정비를 맡기는 일과 자신이 클라이언트의 치료를 완벽하게 하는 일을 단순하게 생각하였다. "클라이언트는 사회복지사의 자동차를 수리해 주는 대신 자신의 치료비 감면을 해 달라고 할 것인가?", "자동차 수리 후에 만약 사회복지사의 자동차가 같은 고장이 또 다시 발생한다면 무슨 일이 일어날 것인가?", "사회복지사는 클라이언트의 책임을 물을 수 있을까?", "이와 같은 일들이 클라이언트와 사회복지사 사이의 치료 관계에 영향을 미치지 않을까?" 결국 사회복지사는 자신의 클라이언트와 새롭게 이루어지는 이중관계를 피하는 것으로 결론지었다.

지역적으로 좁은 사회에 살면서 사회복지사와 클라이언트 사이의 이중관계를 피하는 것이 가능한가? 예컨대, 규모가 작은 지역사회에서는 대부분의 사람들이 이웃이다. 한 사람이 지역복지관 사회복지사이며, 동시에 하나밖에 없는 초등학교의 학부모이기도 하고 같은 클라이언트와 같은 교회에 다니며 교우관계를 유지하기도 한다. 이러한 경우에는 사회복지사가 자신의 클라이언트와 이중관계를 만들지 않기 위해서는 학부모 회의에 참석하지 말고, 하물며 교회도 다니지 않아야 하는가? 이러한 경우, 사회복지사는 자녀의 학교 학부모 모임에 참석하더라도 자신의 클라이언트와 사회적인 관계를 만들지 않도록 주의해야 한다.

예를 들어, 사회복지사가 자신의 클라이언트와 학부모 모임에 나가 기금 모금에 참여하게 된다면, 학부모 모임 이후에 클라이언트의 집에서 모이는 사회적인 사교활동을 위한 이차 모임에는 참석하지 않음으로써 자신의 클라이언트와 사회적인 관계를 맺는 것을 피할 수 있다. 다시 말해, 치료자는 자신의 환자나 클라이언트를 이기적인 목적에 이용하는지의 여부와 그 가능성, 그리고 클라이언트가 잠재적인 피해 가능성이 있는지 등을 발견해야 할 책임이 있다.

현재의 클라이언트가 치료자와 교수–학생 관계가 되는 경우에도 이를 구분할 수 있어야 한다. 교육기관이나 훈련기관에서 교사가 종종 치료자를 겸하는 경우가 있다. 따라서 학생들은 치료자로서 교사를 대하게 되는 경우가 많다. 이때 사실상 교육기관과 치료기관이 같은 장소인 상황에서 학생들은 심리분석을 받기 위해 교사이며 동시에 치료자를 찾고 만나는 일을 피하기가 어렵다. 그러나 이러한 실천은 항상 함정이 따른다. 무엇이 일차적인 관계인지 치료자와 클라이언트 혹은 선생과 학생인지, 만약 선생인 동시에 치료자인 경우 그는 특별한 관계를 자신의 학생 혹은 클라이언트와 맺고 있는 것인지, 그 관계가 한 교실에서 다른 학생들에게 어떻게 영향을 미칠 것인지, 만약 클라이언트인 학생이 낮은 점수를 받게 된다면 그에게 피해가 될 것인지 점검해 보아야 한다. 왜냐하면 치료자는 클라이언트에 대해 많은 것을 알고 있기 때문에 클라이언트를 학생으로서 평가할 때 객관성을 유지하는 일이 쉽지 않기 때문이다.

(5) 종결 사례 클라이언트와의 관계

참고

종결 사례와 이중관계 금지

사회복지사는 자신의 종결 사례와 같은 과거의 클라이언트와의 성적인 관계를 허용하는 것에 대해 전문가 집단들과 다른 견해를 갖고 있다. 대체로 심리학자들은 종결된 지 2년 동안 클라이언트와의 성적인 관계나 결혼 등을 금하는 조항을 명시하고 있다.

1996년까지의 미국사회사업가협회 윤리강령에서는 과거의 클라이언트와의 성적인 관계에 대해 특별하게 금지하고 있지 않았다. 1996년 이후 윤리강령에서는 사회복지사가 클라이언트에게 잠재적인 피해를 줄 수 있기 때문에 과거의 클라이언트와의 성적인 접촉으로 연관되지 않도록 할 것을 제안하고 있다. 만약 클라이언트가 이러한 이중관계 금지를 위반하여 연계가 되거나 혹은 이러한 금지에 대한 제한을 요구한다면 이는 피의자가 될 것이다. 따라서 사회복지사는 클라이언트와의 성적인 관계를 금지하고 있는데, 클라이언트는 겉으로 나타내 보이는 충분한 부담을 가정할 수 있는 사람들이므로, 과거의 클라이언트는 의도적으로나 혹은 비의도적으로도 부당하게 이용이나 착취해서는 안 되며 강요해서도 안 되고, 교묘하게 조정해서도 안 된다.

사회복지사는 현재 종결상태인 과거의 클라이언트와의 이중관계에 대한 의견에 갈등을 가지고 있다. 만약 그 관계가 성적인 관계가 아닌 경우에 더욱 명확하지 않다. 비성적인 이중관계도 늘 위험을 포함하고 있는데, 이는 언제라도 그들의 역할이 바뀔 수 있기 때문이다. 사회복지사는 과거의 클라이언트가 새로운 문제를 가지고 찾아오는 경우에도 클라이언트의 문제를 들어주고 조언해 주어야 하는 역할을 수행해야 하기 때문에, 과거의 클라이언트도 이중관계를 만들어 나가는 것은 위험이 따른다. 이러한 관계는 특히 치료의 관계에서는 종종 나타난다.

◉ 종결 클라이언트의 초대에 응해야 하는가?

간혹 과거의 클라이언트가 자신이 주관하는 행사에 사회복지사를 초청하는 경우가 있는데, 이처럼 사회복지사가 클라이언트가 주관하는 행사에 참여하는 일은 클라이언트의 치료에 효과적으로 기여하고 클라이언트에 대한 개입 목표를 성취하는 데 긍정적인 도움이 될 것이라고 판단될 때 이루어지는 것이 바람직하다. 또한 사회복지사는 클라이언트의 결혼식에 초청되기도 하고, 클라이언트와 관련된 문세에 대해 상담을 청하기도 한다. 다른 경우의 예로서, 사회복지사는 클라이언트의 졸업식에 초청을 받았는데, 그 클라이언트는 학교를 다니는 동안 학교생활에 지속적인 어려움과 갈등을 겪은 경험이 있었다. 다음의 예에서 딜레마의 유형을 기술하고 있다.

사 례 **종결 클라이언트와의 이중관계**

희수 씨(25세, 여성)는 독립적인 삶을 위해 가족과 떨어지는 데 매우 큰 어려움을 겪고 있다. 그녀는 대학을 다니는 동안 부모님 집에서 부모님과 함께 살았다. 그러나 클라이언트는 현재 자신의 아파트로 이사하기를 원했다. 희수 씨는 열심히 일해서 돈을 벌었고, 결국 자신의 아파트를 마련하고 이사하기에 이르렀다. 클라이언트는 자신감이 생겼고 동시에 치료를 종결하게 되었다. 클라이언트는 담당 사회복지사를 자신의 아파트 집들이에 초청하였다.

– 사회복지사가 클라이언트의 초청에 응하고 집들이 행사에 참석하는 것은 바람직한 일인가?

위의 예에서 사회복지사는 클라이언트와 치료적인 관계가 종결된 이후에 자신의 클라이언트와 사회적인 관계를 맺게 될지도 모른다. 사회복지사는 '현재 혹은 이전의 클라이언트, 그리고 미래의 클라이언트'와 자연적으로 이루어지는 사회적인 이중관계 맺는 것을 피해야 한다. 따라서 위의 경우, 사회복지사가 클라이언트가 초대하는 파티에 가면 자연히 사회적인 관계를 맺게 될 가능성이 있기 때문에 이와 같은 가능성을 피하기 위해 클라이언트의 초대에 응하지 않는 것이 바람직하다.

위 사례의 핵심 쟁점은 클라이언트에게 일어날 수 있는 잠재적인 위험이나 클라이언트를 이기적으로 착취할 가능성이나 이와 상관없이 사회복지사가 참여한 사실이 파티에서 다른 손님들에게 알려질 가능성이 있음을 유의해야 한다는 것이다. "사회복지사와 클라이언트의 관계가 모임에 참석한 다른 손님들에게 알려지는 것이 클라이언트에게 해가 되는 일인가?", "만약 과거의 클라이언트가 파티 이후에 다시 치료를 받기 위해 치료자를 찾게 되는 경우에는 어떻게 될 것인가?"

일부의 사회복지사는 자신이 클라이언트의 손님으로서 그 모임에 참석하는 것도 치료의 연장으로 볼 수 있다는 주장을 할 수 있다. 예를 들어, 학교생활에서 지속적인 어려움을 겪어 온 클라이언트의 졸업식에 참석하는 경우, 또는 인간관계 기술에 문제가 있어 지속적으로 사람들과 관계 형성에 문제가 있던 클라이언트의 결혼식에 참석하는 경우에는 이들 개인의 치료목표가 달성된 것을 마음으로 축하하고, 앞으로의 삶에 격려가 되기 위해 참석하는 것이기 때문에 사회복지사의 참석은 새로운 사회적인 관계를 만들어 나가기 위한 목적이 아니며, 오히려 치료적인 목적에 더 가깝다는 주장이다.

또한 다른 의견을 가지고 있는 사회복지사에 따르면 사회복지실천 목표 가운데 중요한 목표는 클라이언트의 사회화, 세력화, 능력을 키워 강한 모습 혹은 향상된 독립생활의 가능성을 기대하는 것을 목표로 하고 있다. '한 번 클라이언트는 영원한 클라이언트'라는 믿음체계는 반드시 바뀌어야 한다는 것이다. 즉, 클라이언트와 사회복지사의 관계는 항상 변화하고 있기 때문에 기존의 가치도 바뀌어야 한다는 주장도 있다.

사회복지사가 과거의 클라이언트와 이중관계를 맺는 경우에, 전문 사회복지사는 비치료적인 관계로 인해 클라이언트에게 잠재적인 위험이 있는지 혹은 이기적으로 클라이언트를 착취하고 있는 것은 아닌지 하는 문제를 지속적으로 확인해야 할 책임이 있다. 이와 같은 피해에 대한 위험으로 인해 사회복지사는 자신의 클라이언트 집들이 초대를 받아들이는 문제에 대해 주의해야 한다. 만약 사회복지사가 이 집들이 모임에 참석하게 되는 경우에는 자신의 클라이언트가 치료를 통해 얼마나 많은 향상을 보이고 있는지, 클라이언트가 사회생활에 얼마나 잘 기능하고 있는지를 보고 기쁜 마음을 가질 수 있다. 그러나 치료자는 그 모임에 참여함으로써 발생될 수 있는 모든 가능성을 고려해서 조심스럽게 접근해야 한다.

클라이언트가 초청한 파티가 클라이언트와 사회복지사 간에 사회관계의 시작을 의미하는 것으로, 클라이언트가 피해를 입을 수 있다. 혹은 사회복지사와 클라이언트가 아닌 다른 관계로 인해 역할이 바뀌는 상황이 발생될 수도 있다. 사회복지사는 이전의 클라이언트가 다시 사회복지사에게 의존적인 모습으로 돌아오게 되는 경우, 다시 새로운 조언과 안내를 해야 하기 때문이다.

클라이언트와의 치료관계가 종결된 이후에도, 사회복지사와 클라이언트가 새로운 사회적인 관계를 맺게 되면서 나타나는 문제는 이전의 클라이언트는 사회복지사인 새로운 친구에 대해 알고 있는 사실이 거의 없는 데 반해, 사회복지사는 새로운 친구인 클라이언트에 대해 모든 지난날의 일들을 아는 사이가 되기 때문에, 친구관계를 맺어 가는 일에 있어서도 지속적으로 평등함이 결여된 채 편견이 생기게 된다.

(6) 슈퍼바이저와 슈퍼바이지의 이중관계

사회복지사 윤리강령에 의하면, 이중관계는 사회복지사와 그들의 클라이언트와의 관계에서뿐만 아니라 감독자와 사회복지사 사이, 즉 슈퍼바이저와 슈퍼바이지의 관계에서도 피해야 하는 일이라고 조언하고 있다. 대체로 힘이 약한 사람, 상처받기 쉬운 사람과의 성적인 관계를 맺는 것은 힘이 약한 사람에게 상처를 줄 수 있을 뿐만 아니라, 약한 사람들이 이기적인 목적의 착취를 당할 가능성이 높기 때문이다.

다음의 예에서 이러한 딜레마에 관해 설명하고 있다 .

사 례 이중관계: 슈퍼바이저와 슈퍼바이지

박 부장은 아동복지관에서 일하고 있는 슈퍼바이저이다. 박 부장은 최근 일을 시작한 사회복지사 최 선생에게 슈퍼비전을 주고 있다. 최 선생은 최근에 남편과 별거 중이라는 것을 박 부장을 신뢰하는 마음에서 털어놓았다. 슈퍼비전을 받는 시간에 최 선생은 최근 자녀의 양육권자에 대한 문제를 가지고 전 남편과 갈등을 겪고 있다고 하였다. 최 선생은 자신의 현재 문제를 자신의 부모의 경우와 비교하여, 매우 유사한 점, 즉 자신의 어린 시절에 겪었던 갈등을 현재 자신의 자녀가 겪고 있다는 이야기를 박 부장에게 하며 박 부장의 격려를 바랐다. 박 부장 역시 자신도 아내와 지난해에 이혼을 하였고, 현재는 그 상실감으로부터 회복된 상태라 했다. 그 후 박 부장과 최 선생은 점심을 함께하며 최 선생의 주변 문제에 대해 이야기하는 사이가 되었다.

– 이들 슈퍼바이저와 슈퍼바이지의 만남이 윤리적으로 이중관계에 해당되는가?
– 슈퍼비전을 위해서 긴밀한 관계를 맺는 것과 이중관계의 경계는 무엇인가?
– 전문가 사이의 긴밀한 관계와 이중관계 간의 그 본질적인 차이는 무엇인가?

이러한 예에서 슈퍼바이저인 박 부장은 자신에게 슈퍼비전을 받는 신임 사회복지사 최 선생에게 도움이 된다고 생각할 수 있는가? 이러한 사항은 새로운 슈퍼바이지에 대한 그의 행동을 반드시 조심스럽게 확인해 봐야 할 것이다.

최근에 자문을 받는 시간에, 슈퍼바이저는 자신의 슈퍼바이지에게 치료를 시작한 것으로 볼 수 있으며, 이는 확실히 적절치 않은 행동이다. 슈퍼바이저와 자신의 기관에서 일하는 슈퍼바이지와의 치료를 시작하는 것이나 다른 기관에서 일하는 사회복지사로서 슈퍼바이지와의 치료관계를 맺는 것은 모두 이중관계를 맺는 것으로, 이 모든 이중관계를 통해 슈퍼바이지는 이기적인 목적의 착취를 당할 수 있는 가능성이 많다. 이 밖에도 슈퍼바이지의 업무 성취 면에서는 어느 정도 효과를 보일지라도, 박 부장이 최 선생의 개인적인 생활에 관해 논의하는 것은 기관의 정당한 업무와 관련하여 윤리적인 행위로 인정할 수 없다.

위의 사례는 사회적인 관계를 발전시키는 데 있어, 갑자기 위험에 빠질 가능성이 있다. 슈퍼바이저나 슈퍼바이지 모두 최근에 배우자와의 결별로 두 사람 다 상처받기 쉬운 상태에 있다. 배우자와의 결별과 같은 최근의 상실로 인해, 부적절한 이중관계의 가능성이 훨씬 커지게 되었다. 박 부장의 경우는 그가 자신의 권한과 최 선생을 부당하게 이용할 수 있는 가능성에 대해 매우 조심스럽게 생각하여야 한다. 이때 최 선생이 자신의 슈퍼바이저의 태도에 대해 아무런 불평을 하지 않더라도 언젠가 최 선생이 박 부장과의 사회적 관계 혹은 성적인 관계를 더 이상 원하지 않는 경우에는 슈퍼바이저에 대한 태도를 어떻게 설명할 것인가?

사회복지사의 윤리강령에서는 슈퍼바이저는 슈퍼바이지에 비해 더 큰 권한을 가지고 있기 때문에, 자신의 힘을 자신보다 힘이 약한 사람을 대상으로 사용하는 데 있어 일차적인 책임을 감당해야 한다고 제안하고 있다. 조직 전체를 생각해야 하는 상황에서도 슈퍼바이저가 한 사람의 슈퍼바이지와 사회적 관계를 맺은 경우, 다른 직원들에게 어떤 영향을 미칠 수 있을 것인지 질문하고 슈퍼바이저는 반드시 자신의 직원과의 이중관계를 맺게 되는 경우에는 자신의 직원을 이기적인 목적으로 착취할 가능성이 있다는 사실에 대해서 스스로 질문할 수 있어야 한다. 박 부장과 최 선생과의 일차적인 관계는 슈퍼바이저와 슈퍼바이지의 관계이다. 치료자도 친구도, 혹은 성적인 파트너도 될 수 없음을 알아야 한다.

참고 사회복지사가 이중관계와 관련한 고려해야 할 지침

- 이중관계의 본질을 명확하게 확인한다.
- 가장 상처받기 쉬운 사람에게 상처를 주거나 혹은 이기적인 목적으로 착취하는 위험의 가능성을 조심스럽게 파악한다.
- 이중관계를 맺게 되는 과정에서 긍정적 혹은 부정적 결과, 그리고 이 밖에도 나타날 수 있는 가능한 모든 결과를 예상한다.
- 이중관계를 발전시키는 데 있어 권할 만한 것인지의 여부에 관해 동료나 슈퍼바이저와 상의한다.
- 다른 전공영역의 전문가 윤리강령에서는 이중관계를 어떻게 규정하고 있는지, 또한 적절하지 않는 이중관계에 대해 어떤 도움을 제공하고 있는지 등에 대해 확인한다.
- 가장 상처받기 쉽고, 이기적으로 착취당할 가능성이 있는 사람들로서 사회복지사의 클라이언트, 슈퍼바이지 혹은 학생, 실습생들인 점을 고려하고, 이들과의 이중관계를 피하는 것이 전문 사회복지사의 책임인 것을 확고히 인식해야 한다.

다음 사례들은 많은 사회복지사들이 사회복지실천현장에서 '전문가로서의 겪는 윤리적인 딜레마' 사례이다.

사 례 종결 혹은 거부하기 곤란한 클라이언트

나는 지역사회정신건강센터에서 개별 실천을 담당하는 사회복지사이다. 최근에 나의 클라이언트들 가운데 한 클라이언트가 자신이 날 사랑한다는 고백을 하였다. 그러나 내가 그를 거부하게 된다면, 아무도 그를 받아 주지 않을 것이다. 나의 클라이언트는 그동안 전혀 이중관계와 관련하여 어떠한 행동도 하지 않으나, 그는 나에게 쉽지 않은 클라이언트였다.

나는 나의 슈퍼바이저와 이 문제를 때때로 의논하였다. 그러나 슈퍼바이저는 직원들이 충분하지 않은 상황에서 다른 사회복지사에게 이 클라이언트를 의뢰하는 것은 어렵다고 이야기하였다. 또한 슈퍼바이저의 의견에 의하면, 내가 현재 이 클라이언트와 잘 진행하고 있으며, 클라이언트도 많은 향상을 보이고 있기 때문에 만약 지금 이 순간 갑자기 다른 사회복지사가 이 클라이언트를 담당하도록 의뢰하게 되면, 클라이언트와의 관계에서 좋지 않은 영향을 미치게 될 것이라고 하였다.

– 이 상황에서 사회복지사의 윤리적인 책임은 무엇인가?

사 례 종결을 고려하는 클라이언트

나는 치료를 담당하는 사회복지사이다. 그리고 몇 년간 정기적으로 클라이언트를 치료해 왔다. 나는 치료적인 관계가 끝나고 나면 내 자신이 가치가 없는 사람 같단 생각이 든다. 나는 클라이언트에게 내가 할 수 있는 모든 노력을 다해 왔는데, 클라이언트는 나를 자신이 스스로 걷기 위해 사용하는 훈련용 지팡이 정도로 여기는 것 같은 느낌을 받고 있다.

나는 클라이언트에게 이상적인 종결과 공정한 마무리를 할 것을 설명해 왔는데, 이러한 노력은 아무런 효과가 없었다. 나는 이러한 문제를 슈퍼바이저와 의논을 했는데, 슈퍼바이저는 지속적으로 클라이언트를 만날 것을 제안하였고, 내가 클라이언트를 종결하지 않고 상담을 지속하는 것은 나의 클라이언트에게 어떠한 피해도 주지 않을 것이라고 했다. 여기에 더해서 나의 클라이언트는 상담비도 전액 제 날짜에 정확하게 지급하는 몇 안 되는 클라이언트라는 것이다.

- 사회복지사인 내가 할 수 있는 것은 무엇인가?

사 례 미성년 클라이언트와의 실천

나는 청소년을 상담하고 있다. 현재 클라이인트(15세, 여성)는 성적으로 매우 활발한 활동을 보이고 있다. 나는 그녀의 어머니를 정기적인 모임에서 만나 딸의 치료와 성적인 문제에 대해 의논하였다. 클라이언트의 어머니는 명확하게 자신의 딸의 문제를 어떻게 다뤄야 할지 아무런 생각이 없었다. 그뿐만 아니라 내 자신도 클라이언트를 어떻게 다뤄야 하는지, 혹은 이 문제를 그대로 두어야 하는지 알 수 없다.

- 사회복지사로서, 전문가로서, 내가 해야 하는 일은 무엇인가?

사 례 미성년 클라이언트의 비밀보장

미성년 클라이언트(15세, 여성)가 임신을 했는데, 어떻게 하면 좋겠는지에 대해 자문을 구하고 있다. 나는 그녀가 출산을 해야 할지, 아니면 낙태를 선택해야 하는지, 그러나 이러한 방법이 윤리적이지 않다는 것이 확실하다.

- 내가 그녀에게 이야기해 줄 수 있는 것은 무엇인가?
- 위의 사례에서 딸의 임신 사실을 그녀의 엄마에게 알려야 하는가?

사 례 클라이언트의 진술을 어디까지 신뢰해야 하는가

정신장애인을 수용·보호하고 있는 사회복지서비스 기관에서 일하고 있다. 한 클라이언트가 몇 가지 정신장애를 동시에 가지고 있으며, 현재 생활시설에서 살고 있다. 클라이언트는 나에게

자신이 직원들 가운데 한 사람으로부터 성적인 학대를 받아 오고 있다는 이야기를 하면서, 자신의 이야기가 사실이라고 하였다. 나는 클라이언트가 종종 현실과 상상을 구분하지 못하는 정신장애의 상황에서 클라이언트의 이야기가 사실이라는 것을 확신할 수 없었다.
– 이때 사회복지사의 윤리적 실천은 무엇인가?

사 례 클라이언트와의 이중관계(현재 클라이언트의 전 부인과의 만남)

나는 행동주의 치료자이다. 나의 클라이언트 가운데 한 사람이 최근에 이혼을 했다. 우리는 자주 그의 결혼생활의 문제에 대해 이야기하였다. 그리고 내 생각으로는 그의 전 부인은 매우 잘하고 있는 것으로 이해할 수 있다. 클라이언트의 전 부인이 자신의 전 남편, 즉 나의 클라이언트에 관한 이야기와 그의 치료에 관한 이야기를 위해 나에게 만나자는 제안을 했다. 그러나 나는 그럴 수 없다고 그녀에게 전했다. 그 후 나와 클라이언트는 함께 술을 마시고 데이트를 하게 되었다. 이러한 일들이 매우 빠르게 진행되었다.
– 내가 윤리적으로 얼마나 많이 벗어나 있는지를 확인하고, 내가 할 수 있는 윤리적으로 필요한 것은 무엇인가?

사 례 이중관계: 성적 관계

정서적으로 혼란을 느끼고 있는 청소년 집단의 향상을 위해 일하는 사회복지사이다. 나를 포함하여 집단 구성원들 가운데 몇 몇 사람이 그 성적 관계의 경계선에서 많은 문제를 가지고 있다. 이들은 집단 모임의 시작 전이나 후에 서로 끌어안고 서로 만지곤 한다. 그리고 내가 느끼는 바로는 모든 종류의 성적인 농담을 하고 있다. 내 생각은 만약 내가 이에 관해 무엇인가 이야기를 하게 되면, 치료적인 관계에 해가 될 것 같단 생각이 든다. 그러나 만약 이러한 상황을 그냥 두게 되면, 어떤 일이 발생할지 알 수 없다.
– 이때 내가 사회복지사로서 윤리적으로 해야 할 일이 무엇인가?

사 례 이중관계: 상업적 관계

나는 두 주 후에 다른 아파트로 이사할 것이다. 현재 나의 클라이언트가 내가 이사할 때 자신이 트럭을 가지고 와서 이삿짐 나르는 일을 도와주겠다고 하였다. 나는 현재 도움이 필요한 상태이다. 그의 태도는 매우 진심으로 보였다.
– 그의 제안을 받아도 될까?

사 례 이중관계: 상업적 관계

내가 몇 년간 단골로 다니는 미용실의 미용사가 정서적인 문제를 호소하였다. 나의 미용사를 나의 사무실에서 만났고, 그녀는 자신이 나의 클라이언트가 되기를 원하였다.

– 내가 그녀를 나의 클라이언트로 받아들여도 좋을까?
– 만약 그렇게 한다면, 내가 그녀에게 지속적으로 내 머리를 맡겨도 될까?

사 례 전문가자격증 소지와 개입

나는 약물중독을 담당하는 사회복지사이다. 대부분의 클라이언트들이 가족–부부문제와 약물문제를 동시에 가지고 있다. 한 클라이언트는 자신의 가족문제, 즉 부부문제 때문에 음주문제가 생겼다고 불평하였다. 상담을 진행하기로 하였고 나는 그와 그의 아내를 동시에 만나기를 원했다. 그러나 그의 아내의 의견은 클라이언트의 의견과 달랐고, 나는 클라이언트를 이해할 수 없었다. 내 생각에는 그의 음주문제가 그의 아내의 책임이 아닐 것이라는 것이다. 클라이언트의 말에 의하면, 자신의 아내의 행동은 어디에서나 매우 정확하다는 것이다. 나의 생각으로는 그들은 가족–부부문제를 다루는 상담과 가족치료를 위한 상담이 필요하다.

– 약물중독 전문 상담가로서 가족문제를 다루는 상담을 하는 것은 윤리적이지 못한 실천으로 판단된다. 가족치료 전문가자격증이 없는 상황에서 이들의 부부문제를 다루는 상담을 맡아서 해도 윤리적으로 별 문제가 없겠는가?

사 례 전문가 판단과 클라이언트의 자기결정 간의 충돌

나는 상담을 담당하는 사회복지사이다. 클라이언트 가운데 한 사람이 나의 치료를 지속적으로 받기를 원하고 있으며 다음 단계의 치료를 거부하고 있다. 현재 진행 중인 일대일 치료가 끝나면 다음 단계로 진행되는 프로그램이다. 다음 단계 치료는 집단치료이다. 그녀는 자신의 문제에 대응하여 치료를 거부할 권리가 있으며, 또한 새로운 치료 이전의 전 단계의 치료 상태로 돌아가기를 원하는 권리가 있다. 동료에게 주말 동안 나의 클라이언트의 치료를 부탁하였다. 주말에 이루어지는 치료는 매우 집중적으로 진행되었다. 전문적인 관점에서 클라이언트는 전문가와의 일대일 치료가 더 이상 필요가 없어 치료의 다음 단계인 집단치료를 받을 수 있을 것으로 판단되었다. 그러나 클라이언트는 집단치료 제안을 거절하였다. 하지만 나는 나의 클라이언트가 집단 상담에서 잘 적응하고 안심할 수 있는 것을 확신한다.

– 사회복지사로서 나의 윤리적인 책임은 무엇인가?

사 례 동료의 부적절한 행위에 대한 대처

나의 동료 가운데 한 사람은 치료 전문가이다. 그가 자신의 클라이언트 한 사람에게 성적인 호감을 강하게 가지고 있다고 자신의 감정을 이야기하였다. 나는 클라이언트와의 관계에서의 위험성, 그리고 몇 차례의 은밀한 관계에 관해 이야기하였다. 그리고 그는 이와 같은 문제에 대해 인식하고 있는 듯했다. 그러나 나는 그가 앞으로 어떻게 할 것인지에 대해 확신할 수 없었다. 클라이언트와 성적인 관계를 맺었을 때, 윤리적인 위반은 명백한데, 이때 그 자신만 해당되는 것인지, 혹은 기관이 관련되는 것인지에 대해 알지 못했다.

– 이와 같은 사실을 반드시 기관의 슈퍼바이저에게 알려야 하는 것인가?

– 동료의 잘못을 기관 관리자에게 알리는 일이 윤리적인 실천에서 반드시 필요한 일인가?

2. 전문가의 손상과 대처

사 례 이성적으로 다가오는 클라이언트

현재 지속적으로 상담을 하고 있는 클라이언트가 있다. 그녀는 항상 같은 의상을 입으며, 자신의 외모에 거의 관심이 없다. 그러나 그녀가 나를 찾을 때는 매번 새 의상을 입고 모든 치장을 한다. 그녀는 나에게 성적인 욕구가 있음에 관해서 몇 번 언급했는데, 이는 다른 치료의 과정에서 아마도 탐구가 가능할 것으로 생각된다. 그러나 나는 어디로 가야 할 것인지를 확신을 할 수 없다.

– 이 문제에 대해서 내가 고심해야 할 윤리적인 관점은 무엇인가?

모든 사람들에게 있어 건강한 마음을 유지하는 일은 매우 중요하다. 뿐만 아니라 상처받지 않으며 정서를 유지하기 위해 노력하는 일이 중요하다. 특히 도움을 필요로 하는 누군가를 돕는 일에 종사하는 사회복지사에게 있어서 자신의 건강한 마음과 정서를 유지하는 일은 매우 중요한 일이다. 사회복지사가 전문가로서의 인간의 어려움, 예를 들어 약물에 의존하는 것, 우울증이나 분노의 감정을 해결하지 못하고 지속적으로 가지고 있다면 이는 경쟁력과 능력을 갖춘 사회복지사로서 존경을 받을 수 없다.

많은 사회복지사는 인간의 어려움과 같은 갈등을 이미 경험하고 있거나 혹은 앞으로 경험하게 될 것이라는 생각을 하고 있다. 그 이유는 사회복지사는 다른 사람들을 돕기 위한 일을 소명으로 알고 있으며 이들 클라이언트의 어려움을 이해하고 돕기 위해서 인간의 어려움을 이해할 수 있는 능력을 갖추어야 하기 때문이다. 특히 사회복지사는 클라이언트를 돕기 위해 전문적인 교육과 훈련을 받아 왔으며, 지금까지의 여러 문제를 다루는 실천 과정에서 인간의 다양한 어려움이 무엇인가에 대한 경험을 하였으나 능력을 갖춘 전문가로서 타인의 어려움을 돕기 위해서는 지속적으로 전문적인 교육과 훈련이 요구되고 있다.

때때로 사회복지사는 자신의 문제를 인식하고 있으면서도 이를 해결하기 위한 적극적인 노력을 하지 않고, 자신들의 약한 감정에 대해 긍정적인 행동을 위한 도전을 하기보다는 이를 무시하거나 그대로 방치해 두는 경향이 있다. 이는 "중이 제 머리 못 깎는다."는 속담과 같다.

사회복지사처럼 전문가들이 가운데 자신의 행동에 갈등을 겪고 있는 전문가들은 아마도 다른 것들에 대해 객관성을 유지하는 능력이 부족하게 될 것이다. 이는 인간은 본질적으로 다른 사람의 경험을 판단하는데, 자신이 가지고 있는 경험과 같은 전문가 자신의 맥락에서 이뤄지고 있다.

예를 들면 만약 사회복지사가 약물중독 상태에 빠져 있는 경우, 클라이언트와 실천을 수행하는 과정에서 결정해야 할 상황을 맞이하게 되면 고의적이지는 않으나 클라이언트에게 자신과 같은 방법으로 행하도록 격려하게 된다. 또한 방어적인 형태의 도움을 제공하는 전문가들은 자신의 경험을 적용하기 위해 신경을 곤두세우고 있는데, 이는 아마도 자신들의 능력이 다른 사람들의 흡사한 방어를 인식하기 위한 능력에 저해가 될 수 있을지도 모른다. 사회복지사는 지속적으로 자신의 영적·정신적·신체적 건강 상태를 점검하는 일에 적극적이어야 한다. 현장에서 클라이언트를 담당하는 사회복지사는 적극적으로 자신의 건강 상태를 점검하는 것을 통해 자신들 스스로 상처받고 있는지 아닌지 확인하는 것이 필요하며,

또한 자신들 스스로 다른 사람들의 도움이 필요한지 점검하는 일이 필요하다.

전문가들이 자신의 동료들 가운데 손상을 입은 동료를 만나게 되면 자신들이 관찰한 내용을 그 동료와 함께 개인적으로 관심을 가지고 논의하는데, 이때 충고를 하는 형태의 논의 방법은 좋지 않다. 클라이언트에게 서비스를 제공하는 전문가로서 자신의 개인적·정서적 문제를 가지고 있는 경우에는 종종 클라이언트와의 실천 과정에서 클라이언트에게 정서적으로 상처를 입힐 수 있는 경우가 있다. 따라서 상처를 입은 동료 스스로가 처한 문제를 기관 내에서 슈퍼바이저나 동료들에게 공개하고 함께 논의하는 시간을 갖는 것이 필요하다. 그러나 상처를 입은 동료가 자신의 문제를 공개적으로 논의하는 것이 준비가 되어 있지 않은 상황에서 다른 동료들에 의해 기관의 슈퍼바이저나 다른 동료에게 공개되고 직면한 문제를 논의하는 것은 바람직하지 않다.

만약 문제가 있는 동료가 자신의 문제해결 노력에 적극적으로 참여하기를 거부하거나 소극적으로 대처하는 상황에서는 슈퍼바이저는 이 문제에 대해 매우 심각하게 고려하고, 상처를 입은 동료가 담당하고 있는 클라이언트의 개입에 대해서도 필요한 대책을 세워야 한다. 또한 지금까지의 클라이언트의 개입 노력이 제대로 이뤄지지 못하고 실패하게 되는 경우 그 책임에 대해서도 확실한 언급이 이뤄져야 한다.

이와 같은 문제에는 상처를 입은 동료와 그의 클라이언트의 문제를 잘 알고 있는 전문가가 투입이 되어야 한다. 그러나 이러한 어려운 상황에서 더욱 어려운 상황으로 빠져들어 가고 있는 상황이라면 종종 두 종류의 사람, 즉 상처받은 전문가와 위기에 처한 클라이언트, 이 두 사람에게 어떠한 전문가가 투입되더라도 때때로 실천의 과정에서 실패를 직면하게 될 수 있음을 인식하여야 한다. 이때 나타나는 결과에 대해 윤리적인 책임과 법률적인 책임, 이 두 가지 모두를 포함하여 고려해야 한다.

사회복지사 '손상을 입은 동료'에 대해 어떤 개입이 필요한가? 우선 사회복지사는 동료 사회복지사의 개인의 문제, 심리·사회적인 스트레스, 약물중독에 의한 학대나 정신건강상의 어려움, 그리고 이로 인해 실천의 효과에 방해가 되는 등의 원인이 되는 동료의 손상을 직접적으로 알고 있어야 한다. 그리고 동료의 손상을 발견하게 되는 경우에는 동료로부터 자문을 얻고, 또한 치료적인 활동을 통해 동료를 돕도록 제안하고 있다. 다음의 신체적인 표시 혹은 행동의 양식은 근무 현장에서 약물중독과 관련되어 있음으로 이해할 수 있다.

참고 상처와 손상을 입은 불안한 동료

〈신체적인 표시〉

- 근무 현장에서의 음주 혹은 호흡 시 술냄새
- 얼굴색이 붉거나 혹은 눈의 충혈, 손 떨림
- 언어적인 반응에 시간이 지체됨
- 타인과의 빈약한 협조
- 덧없어 보이는 무기력감
- 눈이 젖어 있는 경우나 코를 훌쩍거림
- 말이 빨라짐
- 지나치게 과민하거나 과잉 행동

〈행동적인 특징〉

- 마음이 산만한 일의 성취 혹은 일에 대한 흥미를 잃는 것, 이러한 것은 아마도 부족한 생산과 과잉생산 사이에 지속적이지 못하거나 혹은 오락가락하는 경우
- 대화의 분위기를 급하게 바꾸는 경우
- 특히 점심식사 후 혹은 쉬는 시간 이후에 술 냄새가 나는 경우
- 잦은 결석이나 지각, 많은 약물중독 문제와 음주 등 문제를 가지고 있는 직장인의 경우는 지각, 조퇴, 긴 점심시간
- 때때로 월요일에 결석, 주말 이후의 결석 혹은 건강상의 이유로 모호한 불평과 불만
- 빈약한 판단을 예로 드는 경우, 기억상실, 건망증, 주의집중의 어려움
- 의심스러운 행동의 증가, 유혹하는 행동, 클라이언트나 혹은 동료에 대하여 적절치 않은 행동을 하는 경우
- 옷차림이나 위생상태에 신경을 제대로 못 씀
- 동료들에게 종종 돈을 빌려달라고 부탁함

이상 제시한 행동들 가운데 오직 한 가지의 행동을 나타내 보이는 경우에는

약물이나 알코올중독의 문제라고 지적할 수 없다. 사회복지사는 주변 동료들의 위험한 징후로 인식할 수 있어야 한다. 특히 동료가 과거에 행했던 행동과 다른 행동을 보았다면 위험의 징후로 인식하여야 한다. 사회복지사는 대체로 의심스러운 문제에 관해 동료들과 이야기하는 것을 마음 내켜 하지 않는다. 사회복지사 가족 비밀의 경우, 이에 직장 내 대부분의 직원들이 그 사실을 알고 있으나, 마음을 열고 이야기하지 않는다. 이와 비슷하게 직원 개인의 알코올 문제나 약물중독 등도 터놓고 이야기하기 힘든 직장 내 비밀로 인식되는 경우가 있다. 지금까지 사회복지실천에서 사회복지사의 약물중독 문제를 다룬 문헌이 매우 드문 이유가 여기에 있다.

사회복지사 윤리강령에서는 동료의 상처와 손상에 다음과 같이 조언하고 있다. 만약 동료가 약물로 인한 문제에 직면하고 있는 것이 나타났을 때 동료가 손상에 대한 적절한 조치를 취하지 않을 경우에는 사회복지사는 반드시 적절한 경로를 통해 행동을 취해야 한다. 이때 '적절한 경로'란 동료, 기관, 사회복지사협회, 자격증을 발급한 법적인 기관, 그리고 다른 전문가 조직 등의 윤리위원회를 통해 문제를 제기하고 해결할 수 있도록 함을 뜻한다.

현재 사회복지사는 국가자격증을 필수로 하고 있다. 사회복지사가 약물중독 문제로 필요한 치료를 받는 동안에는 자신의 자격증을 반납하도록 하고 있으며 간혹 자격이 취소되는 경우가 있다.

앞의 사례에서 약물중독 경험이 있는 사회복지사 박 선생은 이 두 가지 영역에서 윤리적인 문제를 보이고 있다. '손상'과 '과거의 클라이언트와의 이중관계'이다. 약물중독은 자신의 판단에 손상을 줄 수 있다. 또한 이러한 손상문제가 원인이 되어 자신의 클라이언트와 이중관계를 시작하게 되었을 수도 있다.

사회복지사 김 선생은 동료 사회복지사의 적절치 못한 이중관계에 대한 의심을 어떻게 해야 할 것인가? 사회복지사 윤리강령에서는 사회복지사들은 비윤리적인 것을 행하는 동료에게 중단하도록 하고, 비윤리적인 행동을 방지하고, 드러내도록 하고, 교정해 주기 위해 그 진상을 정확하게 파악할 것을 제안하고 있다.

처음 단계로 사회복지사는 만약 동료가 도움이 필요하다고 느낄 때, 동료와 함께 무엇을 논의할 것인지를 생각해 본다. 이러한 논의는 어려움이 많다. 그러나 이 과정은 동료 자신의 자기존중을 높이기 위한 것이고 그의 행동을 교정하도록 하는 기회를 제공하는 것이다.

3. 전문직의 책임

사회복지 전문직은 지속적인 노력을 통해서 정신보건, 노인복지, 아동복지, 장애인복지 등의 분야의 주요 서비스 제공자로서 위상을 확보하였다. 민간차원의 독립적으로 혹은 공공기관에 기반한 제도에서 전문 사회복지사로서 자격을 갖춘 자율적인 서비스 제공자로서 역할을 수행하고 있다.

사회복지사는 클라이언트의 문제를 사정하고 개입전략을 수립하고 필요한 개입과 서비스를 제공하는 등 공공 및 민간 사회복지 서비스 전달자로서의 권한을 부여받고 있다. 이러한 권한 부여에 따라서 사회복지사의 위상이 높아지고 있다. 동시에 사회복지사는 사회복지실천에서 높아진 위상에 따라 훨씬 높은 위험에 직면하게 되었다.

현재 사회복지사는 예전보다 법적 소송에 말려들기 쉬운 환경에서 업무를 수행하고 있다. 종종 부적절한 대우를 받아 왔거나 피해를 입었다고 느끼는 클라이언트로부터 민원제기와 피해보상에 대한 소송 압력을 받는 경우가 늘어나고 있다. 특히 노인복지의 요양보호제도 및 장애인 대상 활동보조인, 아동의 양육보호사업 등이 활성화되면서 클라이언트로부터 제기되는 잠재적인 법률문제에 대비해야 한다.

참고 **사례관리서비스의 출현에 따라서 새로운 기대와 잠재적 노출 발생**

예를 들어,

- 요양보호 관련 산업종사자 및 공공부조 프로그램의 서비스 소개와 보호관리의 중개를 받기 위해서 기관과 민간 실천가는 대체적으로 반드시 자신의 소개 대행인을 법적으로 보증하는 것에 동의하여야 한다.
- 다시 말해, 사회복지사는 '무해한 것으로 간주되는' 협정에 서명하는 것이 필요하며, 이에 의하여 서비스 제공자는 모든 계약상의 의무를 맡는 데 동의하게 된다.
- 이러한 방법으로 반대 상황에서 근로자 지원 프로그램 또는 보호관리 기관과 같은 한 편의 잠재적 법적 노출이 협정의 다른 한 편인 사회복지 제공자에 의해서 보상의 방법을 통해 떠맡아지게 된다. 일반적으로 이것은 사회복지사의 사회기관의 관리의료 연계망에서 선호받는 제공자가 되기 위해서는 반드시 치러야 할 대가인 셈이다.

(1) 실천오류, 전문가 과실과 근무태만

'실천오류'란 단순하게 말하면 전문가 과실이나 위법행위이다. 사회복지사는 서비스제공과정에서, 클라이언트나 그의 가족들로부터, 때로는 사회·시민단체로부터 고소당한다. 사회복지사의 신철오류가 전문가의 과실이나 태만 혹은 위법행위처럼 중대한 원인인 경우도 있으나 클라이언트의 욕구수준에 미달한 서비스제공에 단순한 불만을 제기하는 경우도 포함된다. 때로 사회복지사 과실로 발생한 결과일 때가 있다. 그러므로 '과실'은 비합리적인 큰 해의 위험으로부터 다른 사람을 보호하기 위하여 법이 설정한 표준 이하의 행위이며 법률적인 행동에 대한 토대가 될 수 있다. 사회복지사는 불법행위로 손상을 입은 당사자가 제시한 민사소송에 응하도록 소환을 받게 될지도 모른다. 이때의 법정은 사회복지사의 임무 불이행에 의하여 클라이언트가 해를 입었는지 또는 상처를 받았는지를 결정할 것이며, 만약 그렇다면 과실 제공 당사자와 대리의 의무를 공유하는 '근무태만'인 사회복지사에게 금전적인 피해보상을 부과할 수도 있다.

전문적인 과실은 태만(omission)이나 범행(commission)에 의하여 잘못된 행동을 범한 것을 의미한다.

이러한 결론을 내리기 위해서는 다음의 네 가지 요인이 성립해야 한다.

첫째, 사회복지사가 전문적인 의무를 가지고 있으며, 둘째, 사회복지사가 그 의무를 행함에 있어서 부주의하거나 무책임했고, 셋째, 측정할 수 있는 정도의 손실이나 해로운 일이 있어났고, 그리고 마지막으로, 사회복지사가 행하였거나 행하지 않았던 특정 사안이 손해를 유발하는 직접적 원인이 되었을 경우 성립할 수 있다.

금전적 손해에 대해 승소하기 위한 민사소송에 덧붙여서 직업적으로 태만한 것으로 밝혀진 사회복지사는 사회복지사 면허나 자격증의 정지 등 협회로부터 제재를 받게 될지도 모른다.

참고 **미국의 사회복지사 태만, 오류에 대한 조치**

사회복지사의 과실이나 태만 등 실천오류의 문제를 다루는 '사회복지규제위원회'는 공식적 청문회의 징계 배심원 앞에서 실무진을 소환할 수도 있으며 그 결과 '비전문적인 행위'가 발견되어 징계, 대중적인 비난, 벌금, 집행유예, 또는 면허가 정지되거나 심지어는 무효가 되는 결과가 나타날 수도 있다.

이와 비슷하게 사회복지실천 오류는 사회복지사협회와 같은 전문 협회 공개청문회에 소환되어 협회 구성원에 해명하는 책임을 져야 하는 결과를 초래할지도 모른다. 만약 '실천오류'의 발견에서 규명된 잘못된 행위가 협회 윤리를 위반한 것으로 드러난다면, 동료집단은 피고를 회원명부에서 삭제하거나 심지어 이들의 위법여부나 처벌에 대해 전국적으로 공표할 수도 있다.

부주의한 사회복지사는 전문적인 실천에 필수적인 것으로 보이는 '실천오류보험'의 갱신이 불가능해질지도 모른다. 사실 '전문책임보험(professional liability insurance)'의 지속적인 적격성을 상실하는 것은 회원 특혜로서 보상을 제공하고 있는 전문 협회에서의 추방과 같은 직접적 결과를 낳을지도 모른다. 여기서 더 나아가 정부나 지방자치단체, 전문가 조직 등에서 태만으로 제재를 받은 사회복지사는 다른 사회복지실천현장으로 자리를 옮길 수 없다는 사실을 통보받게 될 수도 있다.

(2) 책임의 영역

경험에 의하면 독립적인 실천과 기관에 토대를 둔 실천 모두에 있어서 사회복지사에게는 위험 요소가 존재한다는 것이 알려지고 있다. 만약 전문적인 실천에 고유한 이러한 의무가 이해되지 않고 예방적인 자세로 접근하지 않는다면 사회복지사는 비윤리적인 실천에 대하여 소송이나 청구를 당하게 될지도 모른다.

다음은 사회복지사 위험요소에 해당되는 행위들이다.

① 잘못된 사정과 개입, 즉 진단과 치료의 오류

잘못된 진단과 치료는 사회복지실천가가 잘못을 범하고 실천오류로 고소당할 가능성이 가장 높은 영역이다. 기관의 감독 검증 절차가 미흡하고 전문직 간의 자문과 서비스 제공을 지원하는 표준이 마련되어 있지 않는 점이 주요 문제이다. 사회복지사가 심리적 징후를 유발할지도 모르는 생물학적·조직적·유전적 상황을 제거하도록 클라이언트를 의사에게 의뢰하는 것은 가장 큰 위험 영역이다. 사회복지사의 잘못된 사정과 개입의 대부분은 클라이언트의 문제 중 사실상 심리적인 것이라기보다는 의학적인 것에 혐의를 둔 것에 주목해야 한다.

② 사기 행위

사회복지서비스제공과정에서 자격을 갖춘 사회복지사는 클라이언트에게 혹은 지원단체나 기관에게 서비스 비용을 청구할 수 있는 권한이 있다. 더불어 서비스제공에 대한 부당한 비용을 청구할 수 있는 기회 또한 많아진 것이 사실이다. 예를 들어, 사회복지 집단활동에 자격을 갖추지 못한 실습생이나 훈련생, 인턴을 투입하고 서비스 비용을 청구하는 행위 등이 해당된다. 이러한 행위는 사기 행위로 간주될 것이다.

이와 비슷하게 클라이언트의 낙인효과를 감소시키기 위해 실제 집단을 바꾸거나 때로 수급비를 더 받을 수 있게 하기 위해 진단등급을 높이는 행위 등, 부당한 행위가 증가하고 있다. 이는 모두 전문가 사기 행위에 해당된다.

다음에 소개하는 두 가지의 사례에 대해 윤리적으로 무엇이 문제인지, 그리고 이 사례가 사회복지사의 사기 행위에 해당되는지에 관해 논의해 볼 필요가 있다.

사 례 **사기 행위**

정신보건 분야에서 집단치료는 정식으로 수가를 매겨 치료비를 청구하는 치료 프로그램이다. 집단치료를 담당하는 치료자의 경우, 집단활동 경험이 많은 유급 자원봉사자 혹은 능력은 갖추었으나 정식 전문가자격증이나 면허증을 가지고 있지 않은 무자격 활동가들에 의해 진행되는 예가 종종 있다.

– 이때 사회복지사의 사기 행위에 해당되는가?

사 례 **사기 행위**

장애인 혹은 노인주거 생활시설 종사자들이 매년 8월 초 한 주 동안 한꺼번에 여름휴가를 가는 것을 기관의 내부규정으로 하고 몇 년째 이를 지켜 온 시설이 있다. 이 기간 동안 사회복지전공 학생과 자원봉사자를 직원을 대신하여 장애인과 노인을 돌보도록 하고 있다. 이때 이 활동에 참여한 전공학생들은 한 달간의 사회복지현장실습을 마친 것으로 인정해 주고 있다.

– 이 행위가 사회복지사의 사기 행위에 해당되는가?

③ 손상, 중독, 상처 등 위험

사회복지사는 자신이 알코올이나 약물 또는 정신적인 병에 의하여 장애를 입은 동안에는 사회복지실천을 중단해야 할 것을 보장해야 하며, 여러 가지 손상을 입고 사회복지실천을 행하는 동료에 대해서는 치료나 상담과 같은 필요한 대응 체계가 마련되어야 한다. 이는 손상과 중독 등 상처 입은 일부 사회복지사에 대해서 즉각적인 사면은 피해야 한다는 것을 의미한다.

대부분의 법률은 손상을 입은 채 행해지는 전문가의 실천은 확실한 비전문직 행위의 사건으로 간주하고 있다. 보통 사회복지사협회에서는 이와 같은 사람에 대해 전문적인 보조 프로그램을 제공하며, 이를 통해 제공자는 임상실천을 행하지 못하게 되고, 감독을 받는 치료프로그램에 수용되어 있는 동안 서비스 제공자의 면허는 정지상태로 보호받게 된다.

사회복지사 윤리강령에서 개인적인 문제가 자신의 기능을 방해하는 사회복지사는 전문적인 도움을 구하거나, 실천의 종료, 또는 클라이언트와 기타 사람을 보호하기 위하여 필요한 다른 조치를 취함으로써 적절한 치료행위를 받을 의무가 있음을 제안하고 있다.

사 례 **손상, 중독 등 상처 입은 사회복지사**

사회복지사가 주중에는 자신의 일에 철저한 면을 보인다. 주어진 업무에 소홀함을 보인 적이 없다. 그러나 주말 동안에는 친구들과 어울려 알코올과 약물을 섭취하고, 전문가로서 충분히 손상이라고 여길 행동을 취한다.
– 이때 사회복지사는 손상을 입은 사회복지사에 해당되는가?

사 례 **도박에 빠진 사회복지사**

사회복지사는 매일 밤 컴퓨터 도박사이트에 빠져 그동안 많은 돈을 날렸다. 주말이나 휴가 때에는 경마장을 찾곤 한다.
– 이 사회복지사는 중독에 빠진 사회복지사에 해당되는가?

④ 성적 부정

사회복지사는 성적인 부정을 반드시 피해야 할 책무가 있다. 공직을 비롯한 모든 전문직을 통제하는 모든 전문가 윤리강령이나 행동강령은 민원인이나 환자 혹은 클라이언트와의 성적 부정의 금지를 명백히 규정하고 있다. 또한 사회복지사 윤리강령에서도 "사회복지사는 어떠한 환경에서도 클라이언트와의 성적인 행위를 가져서는 안 된다."고 명확히 밝히고 있다.

클라이언트와의 성적인 부정은 윤리적인 문제를 넘어, 법률적으로도 용납할 수 없는 범죄행위에 해당된다. 따라서 성적인 친밀감이 클라이언트에게 이익이 된다는 것으로는 결코 옹호될 수 없다. 기관이 실무진과 공유하고 있는 신용의 과오를 감안할 때, 법정은 당사자인 사회복지사뿐만 아니라 그를 고용하고 있는 책임자와 감독자, 슈퍼바이저에게도 유죄를 선고할 수도 있다. 사회복지기관 경영진과 감독자는 관리자의 역할에서 자신의 감독 또는 자신이 고용한 실천가에 의해 자행된 이와 같은 행동에 대하여 모든 민·형사상의 법률적인 책임을 져야 한다. 더 나아가 성적 부정은 성관계를 맺는 행위 외에도 성적 농담, 성희롱, 성추행 등 '고의적 태만'과 같은 의도적 불법행위로 간주되므로 만약 법정이 원고에게 손해가 된다고 판정한다면 그러한 행동은 개인이나 기관 전문가 책임보험의 대상이 되지 않는다.

⑤ 클라이언트에 대한 보호의무

사회복지사는 클라이언트가 자신 또는 잠재적 희생자에게 심각하게 해를 끼칠 의도를 밝히고 있을 때 적합한 사람에게 주의를 주는 자신의 의무를 수행하지 못한다면 전문가 태만 소송에 대한 책임을 지게 될 것이다. 예컨대, 클라이언트에 대한 부주의로 인해 발생될 위험성을 감지하지 못한 실천이 이에 해당된다.

참고 클라이언트 보호의무 – Tarasoff 사례

캘리포니아 대법원의 결정(Tarasoff v. Board of Regents of University of California, 1976)에 의한 판례에 따르면, 임상의는 자신의 전문적 기준을 통해 클라이언트가 다른 사람에게 심각한 폭력성을 나타내고 있다는 결정을 내릴 경우, 예상되는 희생자를 보호할 책임을 가지고 있다. 비록 Tarasoff 사례가 연방법정이 아닌 주법정에 의하여 결정되었지만 나라 전체를 통해 볼 때 일반 법적에서는 유사한 보호책임의 사례를 결정하는 데 Tarasoff 사례의 원칙을 적용하고 있다. Tarasoff 사례에서 설립된 기준에 의하면 클라이언트의 잠재적 희생자에 대한 심각한 해를 입히겠다는 의도의 표출은, 첫째, 개인 사생활과 기밀의 영역 밖에 있는 일이며, 둘째, 사회복지사가 '의도된 희생자의 보호를 위한 합리적 보호의 사용과 그러한 상황 하에서 합당하게 필요한 것이라면 어떠한 조치라도 취하는' 의무를 감당하는 것이다.

Tarasoff 판례 중 자주 인용되는 진술문에서 1976년 법정은 다음과 같이 주장하고 있다.

"환자와 정신요법 치료자 간의 비밀보장에 찬성하는 공공정책은 타인에게 위험을 초래할 때는 개인의 비밀 누설이 필연적인 것으로 받아들여야 한다. 즉, 보호특권은 공공의 위험이 시작되는 곳에서 끝나게 된다."

⑥ 기밀성, 비밀보장의 의무

클라이언트와 사회복지사의 의사소통은 일반적으로 개인적인 것이며, 비밀로 간주될 것이라는 클라이언트의 합법적인 기대에서 발생한다. 전문적인 실천에 있어서 개인 사생활 개념은 기원전 4세기 피타고라스 학설의 신봉자가 만든 것이

며, 이후 의사들의 히포크라테스 선언에 포함된 원칙에 그 뿌리를 두고 있다. 그 내용은 "인간의 삶 속에서 내가 보거나 듣는 것이 무엇이든지 외부에 발설해서는 안 되며 그러한 것 모두가 비밀로 간직되어야 한다고 간주되는 것처럼 나는 폭로하지 않을 것이다."와 같다(Reamer, 1994).

사회복지사 윤리강령은 "사회복지사는 클라이언트 개인의 사생활을 존중해야 하며 전문적인 서비스를 행하는 과정에서 얻어진 모든 정보는 비밀로 간직하여야 한다."라는 규정을 통해서 이러한 원칙을 사회복지실천에 포함하고 있다.

전자기록 및 커뮤니케이션 시대에서 사회복지사는 비밀로 해야 하는 클라이언트의 정보가 부주의하게 누설되는 것이 얼마나 쉬운지를 이해할 필요가 있다. 팩스, 이동전화, SNS, 전자우편, 기타 수많은 개인정보를 불안하게 만드는 디지털 기기들은 만약 적절하게 사용하거나 안전장치가 되어 있지 않다면 위험요소를 내포하게 되며, 이에 따라 책임이 발생한다.

⑦ 특권적 의사소통

특권적 의사소통(privileged communication)이란 법률적 원칙으로, 사회복지사에게도 적용되고 있다. 치료자와 클라이언트 간의 의사소통이 '특권화된' 것으로 간주될 때, 기밀성의 침해는 불법행위 소송으로 알려진 민사소송을 초래할 수 있다. 특권적 의사소통에 관한 법령은 일반적으로 클라이언트가 변호사와 성직자 및 의사와의 관계에서 받는 보호와 유사한 보호를 사회복지 클라이언트에게 제공한다.

그러나 특정범죄나 유해한 행동을 하려는 클라이언트의 의도, 또는 클라이언트의 아동학대나 방임에 대한 지식과 같은 것의 폭로에는 몇 가지 예외를 두고 있다. 사실상 아동학대는 보고를 법에 의해 의무화하고 있으며, 법학 전문가는 이러한 행동이 수행되지 않을 경우 비전문가적 행동으로 간주하고 있다. 그러므로 사회복지실천에 있어서 기밀성 및 특권 개념은 절대적인 것을 아니며 이것이 바로 사회복지사가 '강제적인 전문적 이유'가 입증될 때 기밀의 내용을 공유하도록 기대

될 수 있다. 사회복지실천가는 기밀성을 추구하는 규칙과 강제적인 폭로 사이에 역동적 긴장이 존재하고 있음을 이해해야 한다.

또한 사회복지사는 '특권적 의사소통'의 원칙이 일반적으로 법령에 명시되어 있고, 현재 이러한 법령 하에서 면허를 취득하고 등록한 경우에만 원칙이 효력을 발한다는 것에 주목해야 한다. 사회복지사와 클라이언트 간의 '특권적 의사소통'을 인정하고 있는 현장의 실무진은 자신의 사회복지사 면허와 등록이 유효한 것이며 현재의 것이라는 것을 확실히 할 필요가 있다. 무엇보다도 모든 실천 상황과 클라이언트 자신도 반드시 판례와 규정에 따른 예외 및 한계뿐 아니라 기밀성에 대한 자신의 권리에 대해서도 알고 있어야 한다. '특권'은 기관이나 실무진이 아닌 클라이언트에게 속해 있는 것이므로 클라이언트는 만약 특정 상황에 자신이 권리를 포기하는 것이 이해에 맞는다고 판단한다면 사회복지사에게 기밀을 폭로하는 데 동의하거나 그렇지 않으면 기밀 정보를 줌으로써 자신의 권리를 포기하는 것을 선택할 수도 있다.

⑧ 동의, 정보에 입각한 사전동의

사회복지사는 '동의'와 '정보에 입각한 동의(informed consent)' 개념 사이에서 중요한 차이점이 있음을 명확히 해야 한다. '정보에 입각한 동의'는 동의된 것에 대한 완벽한 주의를 요구하며 일반적으로 다음과 같은 입증 사항에 의해 평가된다.

첫째, 클라이언트가 승인을 표현할 능력과 이에 적합한 것으로, 즉 클라이언트가 음성적 또는 문서화된 승인이 설명되는 언어를 읽거나 이해할 수 있고, 성인이며, 판단이나 이해력에 손상을 입힐 수 있는 지적장애나 치매 등의 장애상태가 확인되지 않아야 한다.

둘째, 자발적이며 강제적이지 않은 폭로가 되기 위해서 클라이언트가 동의제공을 거부하는 것에 대한 선택을 인식하고 있어야 한다.

셋째, 클라이언트는 동의의 승인이나 보류의 결과를 인식하고 있어야 하며 따라서 이러한 결정에 함축되어 있는 위험과 보상 모두에 대해서 완전한 지식을 가지고 있어야 한다.

(3) 위험관리

전문적 실천에서 본래부터 존재하고 있는 많은 위험은 건전한 위험관리 전략에 의해서 감소될 수 있다.

앞으로 전개될 다섯 가지 사항은 실천가, 기관, 이들의 대상이 클라이언트에 대한 실천의 위험요소를 줄이는 건전한 계획의 구성요소이다.

① 정기적인 위험관리 감사의 실시

사회복지사는 주기적인 위기관리감사를 수행하기 위해 자문가를 확보할 수 있다. 이와 같은 검토에는 다음과 같은 사항이 반드시 확인되어야 한다.

- 정신보건당국은 물질남용 담당부서, 또는 사회복지위원회와 같은 기관의 전문가자격증이 현재 통용되는 것이며 충분한가?
- 현재의 실천 및 서비스 범위는 기관의 법인승인서 및 현재 내규에 정식으로 허가를 받았는가?
- 모든 전문 실천가의 자격증과 면허와 등록은 현재 유효한가?
- 소방훈련, 비자발적 클라이언트의 병원수송, 직원 안전, 사고보고 등과 같은 위기 행동에 대한 원인은 잘 알려져 있고 최신 정보로 수정되어 있는가?
- 클라이언트 기록의 유지 및 보호 절차가 명백한가?
- 직원평가가 계획된 토대에서 수행되고 검토되고 있는가?
- 재정적 지출의 증명서류와 기록이 적절한 권위를 부여받고 있으며 철해서 안전하게 보관되고 있는가?
- 기타 위험관리에 필요한 상황들에 관한 점검은 적절한가?

② 법률고문 및 전문가 자문의 활용

모든 기관 및 독립적 실천가는 회계사 또는 정신과 의사가 그러한 것처럼 법률고문과 지속적인 관계를 유지해야 한다. 위기가 발생할 때까지 기다리거나 압력을 받아 적당한 변호사를 선택하는 것은 적절하지 않다. 법률고문은 사회복지기관이 서명해야 하는 각종 협정 등을 검토해야 하고, 실천가와 행정가를 도와 실천오류 소송의 위험을 줄이기 위해서 예방적 위기 전략을 적절하게 위치시키고, 정기적으로 기관과 기관의 전문적 실천을 통제하는 주요 정부 규정과 판례를 검토해야 한다.

자문전문가는 필요시 다음과 같은 사항에서 유용할 수 있다. 이러한 자문가는 사회복지사가 모든 대답을 제공해야 한다는 일반적인 전문가의 부담을 줄여 주고 실천가가 자신이 훈련받은 사항과 면허 범위 내에서 실천할 수 있도록 돕는다.

- 진단 및 치료, 사회복지실천 전반에 관한 혹은 특수화 영역의 전문가적 의견
- 이차적 의견의 소개 통로
- 유기적 병리학의 존재를 배제할 의정서
- 심리적이며 적절하고 투영적인 검사
- 정신의학적 개입의 적합성에 관련된 평가 등

③ 지속적 보수교육 등 전문가 역량강화노력

사회복지실천가는 반드시 보수교육을 받아야 하며 자신의 전문적 지식을 확충하기 위한 교육을 지속하는 데 참여하여야 한다. 이와 유사하게 사회복지실천 행정가는 위험관리 수업을 연수 교육의 필수적인 부분으로 계획해야 한다.

이러한 시도는 전문가가 손실예방 전략을 직원과 공유하는 것뿐 아니라 이러한 조직적 문제가 모두의 관심 사항이라는 메시지를 전달할 수 있다.

훈련내용에는 반드시 다음의 사항이 포함되어야 한다.

- 아동 및 노인학대, 방임에 대한 보고절차를 강제하는 법률
- 보호의무와 관련하여 구체화된 원칙

- 개별 사례 기록의 기록화 및 유지에 관한 현존 법률
- 관련 전문 분야 윤리강령 내의 특권적 대화와 클라이언트의 정보보호 등 비밀보장 등 규칙을 통제하는 법률이나 규정
- 약물의존, 학습장애와 같이 사회복지사의 훈련이 미비한 분야의 부가적인 교육
- 정신보건 전문 분야, 학교사회복지사 등 전문가 자격증의 소지와 활용 및 전문가 행동에 관한 규정과 기준
- 전문가 윤리교육의 내용에 반드시 성적 부정의 출현을 막게 하는 특별한 교육에 강조(성적 접촉 혐의가 있는 전문적 위법행위의 고발과 민사법원에 제기되는 실천오류 소송의 경각심을 불러일으킬 만한 증거는 이러한 문제를 특별한 관심의 대상과 훈련이 필요한 것으로 만들고 있다)

④ 책임보험

위험 관리 계획에 있어서 적절한 보험을 대체할 수 있는 대안은 없다. 책임보험은 실제적으로 사회복지 제공자, 기관 또는 학교의 재정적인 위험요소를 보험 전달자에게로 전가시키고 있다. 최근 들어 사회복지현장에서 사회복지사가 소송의 위험에 노출되는 일이 줄고 있지 못한 상황, 즉 현장에서 위험을 완전히 감소시킬 수 있는 대안을 마련하는 일이 쉽지 않은 상황이라면, 전문가 책임보험은 그나마 사회복지사의 소송비용을 해결할 수 있는 기본적인 방어책이 될 수 있을 것이다.

전문가 책임보험은 다음과 같은 두 가지 목적을 수행한다.

첫째, 책임보험은 법원이 클라이언트에게 내릴지 모르는 손상 판결을 보상한다.

둘째, 전문가의 업무태만 판정이 내려지든지 또는 법원이 고소인의 사례가 실체상의 사항이 없는 것으로 판단하든지 간에 책임보험은 이와 같은 혐의에 대한 법적 변호 비용을 감당할 수 있다.

4. 사회복지기관 운영의 윤리성 진단

사회복지기관의 윤리적 운영은 기관의 정책이나 서비스전달과 내용이 얼마나 윤리적인가로 판단할 수 있다. 따라서 기관의 정책과 비전을 실천하는 데 있어 윤리성을 진단하는 것은 윤리적 운영을 진단하는 것이 된다.

이 진단을 위해서는, ① 정책 자체에 대한 진단, ② 직원의 실천과정에 대한 진단으로 나누어서 사용할 수 있다. 사회복지기관 운영의 윤리성을 진단하기 위해서는 다양한 종류의 정보를 다양한 수준에서 구하여 진단을 내리는 데 치우침이 없어야 한다.

참고 'ethics audit' 윤리감사도구(미국사회사업가협회)

〈윤리진단도구에 포함된 항목〉

1) 클라이언트의 권리(client right)
2) 비밀보장과 사생활 보호(confidentiality and privacy)
3) 고지된 동의(informed consent)
4) 서비스 제공(service delivery: staff competence and credentials/use of nontraditional or experimental intervention)
5) 경계업무 및 갈등(boundary issue and conflicts of interest)
6) 문서기록(documentation)
7) 비방과 명예훼손(defamation of character)
8) 문서보관(client records)
9) 슈퍼비전(supervision)
10) 직원 계발 및 훈련(staff development and training)
11) 자문(consultation)
12) 클라이언트 의뢰(client referral)
13) 속임(fraud)
14) 종결(termination of service and client abandonment)
15) 실무자의 상해(practitioner impairment)
16) 평가와 연구(evaluation and research)
17) 윤리적 결정(ethical decision making)

타 전공 전문가들과의 공동협력에서의 윤리적 실천

CHAPTER 11

사회복지실천현장에서 사회복지사는 타 전공 전문가나 준전문가들과 상호협력적인 팀을 이루어 일하는 경우가 늘어나고 있다. 교육현장에서 사회복지사는 교사, 교육상담원, 교육평가사, 그리고 학교행정가들과 팀을 이루어 협력하고 있다. 아동복지기관에서 일하는 사회복지사의 경우에는 비전문가로서 사회복지사업을 하는 사람에서부터 법률가들까지 다양한 사람들과 함께 일을 하고 있다. 병원 현장에서는 여러 전공의 의료진과 사회복지사들이 종종 한 팀을 이루어 일하고 있으며, 주로 의사, 간호사, 건강보조원, 그리고 병원행정가들이 팀을 이룬다.

다양한 학문을 전공한 전문가들이 함께 일하는 기관에서는 윤리적인 실천을 수행하는 일에 때때로 도전적인 일들이 발생되고 있다. 그러나 사회복지사는 이를 어떻게 대처하는지에 대해 가지고 있는 지식은 매우 미흡한 상황이다.

1. 교육현장에서의 사회복지실천

교육현장에서 일하는 사회복지사들은 사소한 일들로 윤리적인 갈등과 딜레마를 겪는데, 이는 다른 전문가들이 인식하고 있는 비밀보장의 개념과 사회복지실천윤리의 클라이언트의 비밀보장의 개념 간의 차이 때문일 것이다. 교육현장에서 학교 구성원들의 요구에도 불구하고 학교 사회복지사들은 클라이언트인 학생들의 비밀보장을 유지하고 있으며, 이런 과정에서 긴장과 갈등을 경험하게 된다.

아래의 예를 통해 일어나는 갈등의 유형에 대해 생각해 보자.

사 례 교육현장에서 교사와의 협력

명수(14세)는 중학교 3학년이고, 학교에서 문제행동이 드러나고 있다. 명수는 수업시간에 집중을 하지 못하고 지속적으로 주변의 아동들과 다투고 있다. 이러한 문제는 겨울방학 직후에 나타나기 시작하였다. 이전에는 명수는 본보기가 될 정도로 모범학생이었다. 명수는 담임선생님에 의해 학교 사회복지사인 한 선생에게 의뢰하였다. 사회복지사는 명수를 상담하는 동안에 명수의 부모가 지난 연말에 별거에 들어갔다는 사실을 알게 되었다. 명수의 형은 아버지와 다른 도시로 떠났고, 명수는 현재 어머니와 함께 살고 있다. 명수는 이러한 문제를 누군가와 이야기하는 것이 매우 어려웠으나 사회복지사에게 숨김없이 이야기하였다. 명수는 자신의 가족문제를 아무에게도 알리고 싶지 않으므로 비밀을 지켜 줄 것을 요구하였다. 명수는 부모의 별거, 형과의 이별로 현재 매우 우울하다고 하였다.

명수의 담임선생님은 학교 사회복지사를 찾아와 명수가 무슨 이야기를 하였느냐고 물었다. 평소 명수의 담임인 김 선생은 학교 사회복지사를 학교에 속한 다른 교사들과 함께 일하는 팀의 구성원으로 인식하고 존중하여 왔다. 동시에 김 선생은 사회복지사와 교사들은 함께 일하는 팀의 구성원들이므로 학생이 명수의 문제에 대해 함께 공유하여야 한다고 하였다. 이와 같은 상황에서 몇 가지 질문이 가능하다.

- 청소년의 비밀보장도 지켜져야 하는가?
- 이 상황에서 사회복지사는 명수의 가족문제를 담임교사에게 알려야 하는가?
- 명수와의 약속인 비밀보장의 원칙을 지켜야 하는가?
- 교육현장에서 사회복지사의 윤리적 실천은 무엇인가?

사회복지사는 클라이언트가 자신을 비롯하여 다른 타인들이 해를 당할 위험 가능성이 있다고 판단되기 전에는 반드시 클라이언트의 비밀보장의 원칙을 지켜야 한다.

위의 사례에서 클라이언트는 14세로 미성년자이지만, 미성년자인 아동에게도 성인과 마찬가지로 비밀보장을 유지할 권리가 있다. 또한 클라이언트는 사회복지사에게 특별히 자신의 가족에 대한 문제를 다른 사람에게 비밀로 해달라고 부탁하였다. 만약 클라이언트가 법률적으로 후견인의 동의가 필요한 나이보다 어린 아동이라면, 사회복지사는 그의 큰 관심사인 전문가로서의 행동에 대해 책임을 가져야 한다.

만약 클라이언트의 정보를 공유하는 데 관여할 것인가? 불행하게도, 교육기관인 학교는 학교 담당자에게 비밀보장을 어기고 정보를 유출하였을 때에 적용 가능한 문서로 된 정책이나 수행 과정 등에 관한 실천 매뉴얼 등이 없었다. 학교 사회복지사는 클라이언트의 정보를 공유하는 것이 마음에 내키지 않았다. 사회복지사는 이 상황에 자신의 실천 방향에 관해 자신의 슈퍼바이저에게 자문을 구했다.

다음의 예에서 정보를 언제 공유해야 하며, 정보공유 이후에 발생할 수 있는 일들은 무엇인지에 관해 기술하고 있다.

사 례 **학생정보의 공유**

선희는 초등학교 4학년이다. 매우 조용한 편이지만 수업 참여가 불성실하며 다른 아동들과 사회적인 관계를 잘 맺지 못하는 편이다. 선희의 학교생활은 전반적으로 소극적이며 학업성취 수준도 낮은 편이다.

학교 사회복지사는 선희와 그의 가족에 대해 잘 알고 있다. 선희의 어머니가 말기암으로 오랫동안 항암치료를 받아 왔고, 머지않아 사망할지도 모르는 상태이다. 이 때문에 선희 어머니는 병원에 수시로 입원하고, 그때마다 선희의 학교생활이 순조롭지 못하다. 선희는 어머니의 증상에 관한 특별한 진단에 대해 정확히 알고 있지는 못하지만 어머니가 매우 심각한 상태라는 것은 알고 있다. 선희는 어머니의 병간호를 해야 하기 때문에 학교에 결석하는 일이 잦다.

학교 사회복지사는 선희에 대한 개인적인 사항에 대해 담임교사와 의논을 하였고, 교사는 선희의 학습성취를 위해 더욱 지지적인 태도를 보이며 선희를 이해하려고 노력하였다. 선희가 결석한 어느 날, 담임교사는 다른 학생들에게 선희의 어머니가 매우 편찮은 상태이기 때문에 선희가 우울한 것을 이해하고, 다른 학생이 학교 내 활동에서 선희를 격려해서 함께하도록 하기를 바란다는 이야기를 하였다.

> 다행히도 교사는 선희 어머니 정확한 병증에 대해서는 말하지 않았다. 선희는 자신의 엄마의 병세뿐만 아니라 자신의 가족 이야기를 누구하고도 나누고 싶어 하지 않고 있다. 학교 사회복지사가 담임교사가 선희의 어머니에 관한 정보를 다른 아동들과 공유하게 된 것을 알게 되었을 때, 학교 사회복지사는 자신이 지켜야 할 클라이언트의 정보에 대한 비밀보장을 지키지 못한 것에 대해 우려하였다. 교사는 선희가 친구들과 잘 어울리지 못하고 있기 때문에, 친구들의 도움을 얻게 되면 선희의 스트레스 해소를 도와서 더 나은 결과를 얻을 수 있다고 생각하여 학급 친구들이 선희에 관한 정보를 공유하게 되었다.

학교 사회복지사와 선희의 담임교사는 비밀보장에 대한 다른 생각을 가지고 있는데, 사회복지사의 생각이 클라이언트의 비밀보장을 가장 확실하게 유지할 수 있는 제한적인 정의이다. 다른 비밀보장의 개념은 폭넓은 유연한 해석이 가능하기 때문에 종종 학교현장 내의 전문가들 사이에서 긴장을 불러일으키기도 한다.

최근 들어 각 학교에는 외국에서 부모를 따라서 이주해 온 아동들이 늘어나고 있는데, 이 경우 학교 사회복지사에게 윤리적인 도전이 되고 있다. 이러한 학생들의 대부분이 아동이다. 교육현장에서의 다원화된 문화적인 환경에서 교육 담당자들이 어떠한 교육을 선택할 것인가는 새로운 도전이다. 교육내용이나 방법들이 많이 바뀌고 있는 상황이지만, 아직도 전통적인 배경에 뿌리를 둔 교육내용을 기본으로 하고 있다.

사회복지실천의 전문적인 활동에 있어서도 문화적으로 다원화된 사회를 향상시키는 것과 인종적인 또는 민족적인 것에 기초하여 억압을 당하거나 비정의로운 것에 대항하여 실천을 하는 것에 확실한 언약을 하고 있다. 교육자의 경우에도 역시 다양한 욕구를 가지고 있는 학생들에게 책임을 다하고 있으나, 사회복지사의 핵심적인 역할은 학교현장 내에서 문화적인 차이로 인해 갈등이 유발될 수 있는 점을 고려하여 실천하는 것에 초점을 맞추고 있다.

다음의 사례를 통해 잠재적인 갈등을 기술하였다.

사 례 **문화적 다양성**

윤희는 사회복지를 전공하는 대학교 3학년 학생으로, 방학 중 초등학교에서 실시하는 '여름캠프'에서 사회복지현장실습을 하게 되었다. 윤희는 다문화 아동을 위한 집단토론을 이끌었는데, 하루는 몽골 소년 창(10세)이 울고 있었다. 전날 윤희는 소년에게 과제를 정확하게 알려 주었으나 창은 과제를 제대로 마치지 못해, 담임교사에게 야단을 맞았다고 했다. 과제는 앞으로 있을 대통령 선거에 대한 신문을 스크랩하는 것이었다. 소년은 몽골어 신문기사를 가지고 과제를 마쳤다. 윤희는 문화적 민감성이 낮은 교사에 대해 실망스럽고 화가 났다. 윤희는 소년의 가족이 한국어를 모르기 때문에 소년이 자신이 가져갈 수 있는 몽골어 신문기사를 학교에 가져갔던 것이며, 이는 소년의 가족이 소년 창을 위해 도와줄 수 있는 유일한 방법이었다.

– 실습생인 윤희가 취할 수 있는 윤리적 실천은 무엇인가?

- 어떻게 사회복지사가 무사히 이 문제를 다룰 수 있을 것인가?

사회복지사는 두 가지 질문을 생각하게 된다.

첫째, 사회복지사는 몽골 소년 창과 집단의 다른 구성원에게 무엇을 말해야 하는가?

둘째, 사회복지사는 이와 같은 사건을 소년의 담임교사 혹은 학교의 다른 담당자에게 보고해야 하는가?

사회복지사의 생각으로는 이 문제는 다른 동료에게 공적인 측면에서 문제를 제기하는 데 있어 윤리적으로 품격이 떨어지는 일이 아니라는 것을 알고 있다.

사회복지사는 클라이언트 혹은 다른 전문가와의 의사소통에서 동료의 공인되지 않은 부정적인 비평을 피해야 함을 잘 알고 있다.

사회복지 전공학생인 윤희는 몽골 소년 창을 격려하고, 그의 감정을 다른 집단의 구성원과 토론하고, 같은 의견이 있는 사람들과 감정을 나누도록 격려하였다. 특히 다른 사람의 문화적으로 민감하지 않은 행동에 의해 상처를 입었을 때, 다른 사람의 감정은 어떠했는지 서로의 감정을 나누도록 격려하였다. 사회복지실천의 주요 개념인 클라이언트의 강점 중심의 실천과 세력화의 관점으로부터 많은 집단의 구성원들은 두 가지 문화와 언어를 아는 것은 강자의 감정으로 나타나기도 한다. 몽골 소년 창은 몽골어로 된 기사를 한글로 번역할 수 있는데, 이러한 것은 다른 사람에게는 없는 실력이며 소년의 강점으로 이해해야 한다.

사회복지 전공 학생 윤희는 자신이 집단활동에 개입하는 일이 성공적으로 이루어지고 있다고 생각하는데, 그녀는 거시적 수준의 개입을 어떻게 하는지에 대해 확신이 잘 들지 않는 것을 느꼈다. 사회복지실천현장에서 다양한 학문 전공자와 상호협력팀에서 의견의 일치를 얻지 못하는 경우에는 사회복지사는 팀의 결정이 윤리적인 관점에서 이루어질 수 있도록 적절한 경로를 통해 의견 불일치의 해결에 필요한 노력을 해야 한다. 그리고 만약 타 전공 전문가들 간에 의견의 불일치 문제가 해결되지 않는다면, 사회복지사는 클라이언트의 행복을 유지하는 것을 최우선적으로 고려한 다른 방법 혹은 방향을 추구해야 할 것이다. 사회복지 전공학생 윤희는 교육현장에서 학생의 담임교사에 대해 아무런 행동을 취하지 않은 것에 마음이 편하지 않다. 그 이유는 학교라는 교육환경이 사회복지사에게는 소수자의 입장에서 제한된 힘이 있음을 느꼈기 때문이다.

첫 번째 단계에서 실습생은 자신의 슈퍼바이저로부터 학교현장에서 어떻게 수행할 것인지에 대한 자문을 얻었다. 토론은 학내 모든 부문에서 문화적인 것에 대해 민감하지 못한 다른 부수적인 사건들이 나타날 수 있기 때문에 이 문제를 다룰 수 있도록 하는 방법임을 알게 되었다.

사회복지 전공학생 윤희는 몽골 소년의 담임교사 앞에서 직접적으로 학생들이 가지고 있는 문화적 다양성에 대한 이해와 관련된 문제점을 제기하고 토론하기보다는 학교 교직원 회의에서 문화적인 민감성에 대한 경쟁력 강화의 필요성에 대한 의견을 발표하기로 하였다. 이 회의에서 사회복지 전공학생 윤희는 학교 내 교사와 사회복지사는 다양한 문화적 배경을 가진 이주 학생들에 대한 관심과 그들의 언어에 대한 경쟁력의 중요성을 강조하였다. 또한 윤희는 실습이 끝나고 대학으로 돌아와 학교에서 실시하는 실습보고 시간에 실습현장에서 겪은 외국인에 대한 문화적 민감성과 사회복지실천의 윤리적인 문제에 관해 소개하고 토론하였다.

2. 사법현장에서의 사회복지실천

아동복지기관에서 일하는 사회복지사는 변호사들과 상호관계를 맺기도 한다. 공공기관이나 민간기관은 부권적인 권리를 행사하는 대표적인 기관으로서 기관이 이를 대변하기 위해서 변호사를 고용하고 있다. 이 밖에도 법률적인 과정에서 아동, 친부모, 입양부모의 입장을 대변해 주는 역할을 하고 있다. 사회복지사는 변호사에게 아동의 가장 관심 있는 사항에 관한 조언을 하게 된다.

변호사와 사회복지사 간에 나타나는 갈등은 다음과 같은 것이다.

- 정보의 기록
- 사실에 대한 기술과 묘사방식
- 클라이언트의 정의
- 비밀보장 등

사회복지사는 클라이언트의 대화 내용과 전반적인 상황을 기록하는 추론적(inferential) 기록방식을 기본으로 한다. 예를 들어, 사회복지사는 "클라이언트 한 씨 할머니는 사례계획을 따르기 위한 동기화가 되어 있지 않다."라고 기록하는 것에 비해 변호사는 "부모가 행한 일은 어떤(구체적으로 기술) 일들이고 부모가 행하지 않은 일은 어떤(구체적인 일) 일들이다."라고 구체적인 사실로 기록하고 있다.

변호사와 사회복지사는 법원의 소송 당일 직전까지 사례에 대해 협의하지 못하는 경우가 많고, 때로는 사회복지사가 특정한 사실을 재구성하는 일이 불가능하다. 이는 변호사와 사회복지사 사이에 갈등을 불러올 수 있고, 마지막에는 적절하지 못한 감정을 나타내게 된다. 이러한 상황에서 아동복지 분야의 사회복지사는 특별히 사실적인 기록을 하는 것을 유지하고 법정에 나타나기 전에 변호사와 사회복지사 사이에 의사교환을 원활하게 하기 위해 노력해야 한다.

또한 좋은 추론적인 사정은 사실에 근거하여 이루어져야 한다. 예를 들어, 사회복지사는 '결론이 실증되지 않은 특별한 사실 없이' 혹은 '클라이언트가 동기화되어 있지 않다' 등과 같이 기록해서는 안 된다.

아동복지서비스를 제공하는 현장에서는 변호사와 사회복지사 사이에 접촉이 많은데, 기술을 명확하게 하기 위해서 특히 공소장과 앞으로 소개서의 책임 소재 사이에 의견의 불일치를 예방하기 위하여 정확하게 기술하는 것이 필요하다. 문제는 전문가들이 그들의 능력의 범위를 빗나간 경우에 나타나는데, 예를 들어 법원의 판결 시 판사와 변호사가 심리사회적인 사정을 하고 사회복지사가 변호사의 역할을 시도할 때, 이는 불안을 조장하고 잘못된 해석을 만들어 내게 된다.

사회복지사와 변호사 사이에 클라이언트가 누구인지를 명확하게 구체화하지 않았을 때 갈등이 나타나게 된다. 변호사의 클라이언트는 친부모, 기관, 아동, 혹은 입양기관들 가운데 자신을 의뢰한 한 사람 혹은 한 기관만을 대표할 수 있다. 법원에서 변호사는 자신의 상대편에 대해서는 오직 불리한 사실만을 부각시키는 반대역할을 하고 있다. 변호사는 오직 자신에게 의뢰한 기관을 돕기 위해 변호를 하는데, 자신의 변호에 도움이 되는 증거만을 가지고 변호하는 역할을 하고 있다. 이에 반해 사회복지사는 다양한 클라이언트 사이의 중재자 역할에 더 큰 비중을 차지하고 있다. 이처럼 사회복지사는 클라이언트의 갈등상황에서 상호조화를 이루도록 노력해야 한다. 사회복지사는 클라이언트에 가장 유익한 것을 향상시키기 위해 노력하고, 또한 클라이언트의 정의가 불분명한 것을 향상시키기 위해 노력해야 한다.

아동복지기관에서 일하고 있는 사회복지사는 기관이 요구하는 것들, 아동을 자신의 친부모에게 돌려보내는 문제, 친모가 아동을 보호하는 것을 확신할 수 없을 때, 아동이 위탁가정에 머물기를 원하는 것 등 각각의 다른 욕구들로 인해 나타난 갈등들 가운데 균형을 이루도록 노력해야 한다.

변호사와 사회복지사들 사이에 나타나는 갈등은 비밀보장에 대한 문제이다. 사회복지사는 강제적으로 비밀보장을 유지하도록 하고 있으나, 변호사의 경우에는 그렇지 않다. 아동학대에서도 변호사는 강제적인 보고를 하지 않는 경우가 많다. 이는 사회복지사에게 윤리적인 도전이 되는데, 특히 법률기관에서 일하는 사회복지사에게는 더욱 심각한 도전이 된다.

사 례 **사법현장에서 사회복지사의 윤리적 실천**

황 선생은 법률기관에서 일하고 있는 사회복지사이다. 영호(8세)의 친모를 상담하고 있는데, 영호의 친모는 자녀에 대한 친권소송이 계류 중인 상황이다. 클라이언트가 소송을 의뢰하였을 때, 영수(5세)와 함께 왔고, 아직 영수는 친모의 보호 하에 있었다. 영수는 팔에 타박상이 있었고, 친모가 자전거를 밀다 영수가 자전거에서 떨어져 생긴 타박상이라고 했다. 사회복지사 황 선생은 아동학대에 대한 가능성과 의심되는 아동학대 증거에 대해 보고해야 할 책임이 있다. 그러나 황 선생은 영호의 타박상과 관련한 내용을 변호사에게 보고하지 않았다. 이러한 내용은 법정에서 변호사가 변호할 때, 아동의 친모에게 불리한 증거로 작용할 것이고, 이 사실은 아동의 친모에게는 큰 상처가 될 것이기 때문이다.

사회복지사는 법률에 의해 아동학대를 반드시 보고해야 하는 책임이 있으며 또한 동시에 자신의 클라이언트의 최대의 이익을 위해 노력해야 하는 책임이 있다. 변호사에게는 오직 이들을 입양할 미래의 입양 부부에게만 관심이 있으나, 사회복지사는 영호와 그의 동생 영수, 그리고 이들의 친모, 모두가 클라이언트이기 때문에 이들 모두에게 최대 이익이 되는 것이 무엇인지에 관심을 가져야 할 책임이 있다.

– 사회복지실천에서의 누가 클라이언트인가?
– 사법현장에서 일하는 사회복지사의 실천윤리는 무엇에 기준해야 하는가?
– 법률전문가와의 상호협력에서 사회복지사의 윤리적인 실천은?

사회복지사 황 선생은 사법기관에서 일하며 아동과 가족복지를 실천하고 있다. 아동과 가족의 위한 실천을 목적으로 변호사와 자주 이야기를 나눈다. 만약 영수가 자신의 엄마로부터 학대를 받았다면, 그의 형인 영호의 경우에도 학대를 받았을 것이다. 이러한 사실은 궁극적으로 사회복지사가 담당하고 있는 자신의 클라이언트에게 불리한 결과를 가져오게 된다. 법률기관에서 일하는 것을 결정하기 전에 사회복지사는 아동학대와 관련하여 각 상황에서의 기관의 정책에 대해 배우는 것이 중요하다. 만약 법률적인 가치로 인해 사회복지실천의 윤리가 존중받지 못하는 경우가 있다면, 사회복지사는 그 기관에서 무슨 일을 할 것인지에 대한 정보를 알고 결정을 해야 할 것이다. 사회복지사에게 아동의 친부모는 중요한 클라이언트이다.

이에 대한 예를 제시하면 다음과 같다.

사 례 **사법현장에서 클라이언트의 비밀보장**

채 선생은 이중언어가 가능한 사회복지사이며, 지역사회 정신건강센터에서 일하고 있고, 최근 방글라데시에서 온 세실리아(30세, 여)의 개별심리상담 프로그램을 담당하고 있다. 세실리아가 지난해 만성조현병으로 병원에 입원하고, 그녀의 5세 아들 준은 위탁보호를 받고 있다. 사회복지사 채 선생은 공공기관인 아동복지전문기관의 변호사로부터 전화를 받고, 세실리아의 아이를 위탁보호 하는 일에 참여하게 되었다.

변호사는 다음과 같은 클라이언트의 정보에 대해 알고자 하였다.

- 세실리아의 이민의 법적인 상황, 현재의 이민 상황이 적법인가 불법인가?
- 이 도시에 이들의 친척 혹은 친구들이 살고 있는가?
- 세실리아는 구체적으로 어떤 행동으로 인해 입원을 하게 되는가?
- 그녀는 자녀를 학대한 적이 있는가?
- 세실리아가 정기적인 상담치료와 약물치료를 받고 있는가?
- 상담 중 무슨 이야기들이 오고 갔는가?
- 세실리아가 자녀에 관해 잘못된 생각을 하고 있는가?
- 세실리아가 처방받은 치료약의 내용은 무엇인가?
- 세실리아는 얼마나 오랫동안 치료를 받아야 하는가?
- 사회복지사의 생각에 세실리아의 자녀 준이 그의 친모에게 돌아갔을 때 위험한가?

변호사는 사회복지사에게 현재 세실리아 부모의 친권포기를 심사하기 위해 재판에 계류 중인데, 이 문제로 인해 곧 소환될 것이라고 통보하면서, 위의 질문 내용에 대한 진술을 요청하였다.

사회복지사는 자신이 공유해야 하는 정보를 매우 조심스럽게 다루어야 한다. 만약 타 전공 전문가들과의 상호협력에서 클라이언트에 대한 정보는 클라이언트 당사자가 자신의 정보공개를 원하지 않는 경우에는 절대로 공개할 수 없다. 특히 정보의 공개와 관련하여 반드시 고려해야 할 내용으로서 '클라이언트의 이름', '누구에게 정보를 공개하는지', '공개를 위한 정보의 본질', 그리고 '정보의 공개를 위한 시간적인 제한' 등을 파악하고 있어야 한다. 만약 파일의 공개가 가능하다고 하는 가정이 받아들여지는 상황일지라도, 사회복지사는 전화로 공개해야 하는 일에 있어서는 상대방의 정체가 확실히 확인되지 않았기 때문에 주의해야 한다. 클라이언트 정보공개의 바람직한 한 가지 전략으로서 전화한 사람의 전화번호를 물어, 다시 전화하는 방식으로 상대방을 확인하는 방법이 있다.

사회복지사는 변호사의 모든 질문에 답을 해야 하는가? 세실리아는 이주자로 개인정보의 비밀보장이 매우 요구된다. 특히 최근 불법 이민자에 대한 조사가 강화되고 있는 상황에서는 이주민에 관한 정보는 민감하게 다루어져야 한다.

사회복지사는 전문가로서 클라이언트에 대해 책임이 있다. 사회복지사는 클라이언트의 이민의 법적인 상황에 대해 공공기관에 반드시 보고할 의무는 없다. 또한 사회복지사가 불법 이민자를 해당기관에 보고하지 않는다 해도 이를 제지할 어떠한 법적 구속력도 없다. 사회복지사는 변호사가 클라이언트의 개인 정보를 어디에 이용할 것인지에 대해 관심을 가져야 하며, 클라이언트에 대한 정보 수집이 현재 진행되고 있는 사례의 본질적인 내용들과는 전혀 관련성이 없는 것으로 보일 경우에는 개인정보수집에 대해서는 더욱 관심을 가져야 한다.

"클라이언트가 복용하는 정신과적 치료약물은 무엇인가?" 변호사가 요구하는 이러한 질문은 다른 기관(예컨대, 병원 등) 사정을 통해 파악할 수 있는 사항이다. 클라이언트가 자녀에 대해 다른 생각(예컨대, 잘못된 생각 혹은 망상)은 없는지 또는 사회복지사의 생각에 자녀가 친모에게 돌아왔을 때 위험이 있는지 등의 질문에 대해서는 사회복지사가 클라이언트의 파일을 공개해야 할 것인지 가정하고 있다. 우선 이러한 질문에 대한 정보를 대답하는 것에 관해 자신의 감정이 가장 객관적인 상태라는 것이 확인되어야 한다. 만약 사회복지사가 이상의 사정 질문에 답을 하는 경우, 반드시 사실에 근거하여야 한다. 또한 강점관점과 클라이언트의 옹호모델에 의하면, 이는 긍정적인 방법으로 반응해야 한다. 예컨대, "클라이언트는 대부분의 약속을 어기고 오직 3회만 치료에 참석하였다."고 소개하기보다는 "클라이언트는 3회에 걸쳐 개인치료를 받았다."고 소개하는 것이 바람직하다.

사회복지실천에 있어서 사회복지사의 지금까지 경험에 의하면 예상되는 질문들은 대답하기에 가장 어려운 질문들일 것이고, 만약 질문을 피할 수 있다면 이러한 질문을 피하는 일이 가장 최선의 방법이다. 경험이 많은 사회복지사는 앞으로 발생할 충돌을 예상할 수 있기 때문이다. 사회복지사는 자신의 초보 시절에 이러한 경험으로 인해, 상처를 받은 일들이 있어 질문에 대한 응답이 문제가 될 수 있는 질문을 피할 수 있다. 예컨대, "나는 그런 미치광이 같은 클라이언트는 처음이다."라는 사회복지사의 통화 내용이 4~5년 후에는 그대로 인용되어 사회복지사의 인격과 권위에 손상을 받고, 자신의 전문성에 상처로 남을 수 있기 때문이다.

사회복지사는 또 다른 기관의 전문가로부터 정보를 요구받을 수 있는데, 이때는 클라이언트와 의논하여야 한다. 사회복지사의 윤리강령에서는 사회복지사는 클라이언트의 정보를 공개해야 할 상황이 발생한 경우 정보공개 사실을 사전에 클라이언트에게 알려야 한다고 규정하고 있다. 클라이언트에게 알려야 할 사항은 정보공개 가능성의 정도와 범위, 정보의 비밀보장과 정보의 공유에 관한 것, 그리고 발생 가능한 잠재적인 결과 등이며, 다른 사람이나 기관 등에 내용을 공개하기 전에 클라이언트에게 반드시 알려야 한다. 이는 사회복지사가 정보의 비밀보장을 공개하는 데 있어 클라이언트의 동의나 법률적인 요구에 기초하여 적용되고 있다.

앞의 예에서는 사회복지사와 아동복지기관의 변호사 간에 존재하고 있는 관심사의 갈등이다. 사회복지사가 우선적으로 관여해야 할 클라이언트는 세실리아이고, 변호사가 관여해야 할 클라이언트는 자신을 변호사로 선임한 아동복지기관이다. 사회복지사는 법률적인 규정에 위반되지 않는 범위 내에서 자신의 클라이언트를 위해 비밀보장을 유지해야 한다.

그러나 사회복지사는 아동학대에 대하여 반드시 보고해야 할 의무가 있다. 만약 아동이 주말에 세실리아를 방문하였을 때 학대당한다는 사실을 알게 된다면, 아동학대 사실을 아동복지기관에 보고해야 한다. 이때 사회복지사의 아동학대 사실을 보고한 일들로 인해 사회복지사와 클라이언트 간에 만들어진 신뢰의 관계에 손상을 입게 될지언정, 사회복지사는 반드시 아동학대에 관한 보고를 해야 한다.

사회복지사가 소환에 어떻게 대처할 수 있으며, 비밀보장이 요구되는 클라이언트에 관한 정보를 공개하는 일을 잘 다룰 수 있을 것인가?

참고

소환에 응하기

사회복지사가 법원으로부터 클라이언트 사례 관련 증인으로 소환을 받은 경우에 필요한 내용이다.

- 사회복지사는 소환장을 자세히 읽어야 한다. 소환의 날짜, 요구되는 행동, 그리고 법정과 변호사의 사안에 대한 논점 등의 내용을 소상히 이해한다.
- 사회복지사는 클라이언트에게 소환장 사본을 주고, 정보의 공개에 필요한 클라이언트 동의서를 받는다. 만약 클라이언트가 정보의 공개를 원하지 않을 경우에는, 그 정보는 비밀로 보장되어야 하며, 사회복지사와 클라이언트 사이에서 이루어진 의사교환은 특권으로 고려되어야 한다.
- 만약 정보가 특권으로 인정되거나 혹은 소환장이 발부되는 과정이 명확하지 않은 경우나 사회복지사가 서명할 수 있는 주제가 아닌 경우에는, 사회복지사는 방어적인 주문을 요구하거나 혹은 소환을 무효로 하거나 변경하기 위한 행동으로서 필요한 서류를 작성한다.
- 사회복지사는 소환에 응하기 전에 기관에 속한 변호사로부터 소환에 응하는 일과 관련하여 최선의 방법에 관해 법률적인 자문을 얻는다.

3. 의료현장에서의 사회복지실천

병원과 같은 의료현장은 전통적으로 타 전공 전문가들과의 상호교류가 이루어지고 있고, 사회복지사의 참여도 활발히 진행되는 곳이다. 현재 클라이언트가 병원에 오랫동안 머무는 일이 줄어들면서, 건강의료서비스나 보호·관리에 초점이 맞춰지고 있기 때문에 사회복지사의 참여는 더욱 활발해질 것으로 예상된다.

사회복지사는 건강보호서비스 분야에서 사회복지사의 윤리적인 의사결정이 건강보호서비스 전문가들의 결정에 주도적으로 영향을 미치고 있는 추세이다. 의료서비스나 건강보호 분야에서 기술적인 발전으로 인해 말기환자나, 노인, 장애인, 그리고 신생아들에게까지도 윤리적인 문제가 많은 영향을 미치고 있는데, 이는 사회복지사뿐만 아니라 다른 의료진들에게도 심각한 윤리적인 딜레마를 만들어 내기도 한다.

건강보호서비스 분야에서 때때로 사회복지사가 의사들과의 상호작용을 하게 되는데, 이때 의료진과 사회복지사의 각기 다른 전문가 가치로 갈등을 겪게 된다.

참고 **의료전문가와 사회복지사의 가치갈등**

의료전문가와 사회복지사의 전문적 가치 간의 갈등 내용은 다음과 같다.

- 삶의 기간 대 삶의 질
- 기관의 가치에 있어 온정주의 대 자율권
- 의료적인 검사를 통해 얻을 수 있는 정보(hard data) 대 클라이언트와 상담 등을 통해 클라이언트로부터 얻을 수 있는 심리·사회, 그리고 개인의 성장, 유지, 보호 환경 관련 정보 등(soft data)
- 정서적인 문제가 있는 환자에 대한 수용 정도의 차이
- 타 전공 전문가들과의 상호작용 팀에서의 권위주의 대 참여모델

사회복지사는 '환자의 삶의 질'을 높이기 위해 심리·사회적인 측면에 좀 더 초점을 맞추는 반면, 의사들은 환자의 삶의 질이나 그들 가족에 대한 고려 없이 오직 '환자의 생명을 살리는 것'에 좀 더 많은 관심을 가지고 있다. 각기 다른 목표로 인해 갈등이 있을 때, 사회복지사는 의사로부터 관심의 대상이 아닌 환자나 그의 가족을 지원할 수 있어야 하며, 의사의 관심이 미치지 않거나 혹은 잘못된 관심이 이루어지는 부분에 더 많은 관심을 두어야 한다.

환자의 경우, 자신에 대한 치료목적을 수립하는 데 스스로가 주체적으로 참여하지 못하는 점을 고려하여 사회복지사는 환자를 격려하여, 모든 치료과정에 참여하도록 하고, 치료목표를 수립하는 일에 참여하도록 조언한다. 의사들이 모든 환자들은 자신의 건강이 향상되고, 가능한 오랫동안 살기를 바라는 것으로 가정하고 있고, 현재의 치료계획은 이러한 목표를 위해 일방적으로 계획되고 있다. 의사들이 하드데이터, 즉 각종 실험이나, 검사, 엑스레이 등을 통해 얻은 정보나 자료에 의존하고 있는 것에 비해, 사회복지사는 오히려 클라이언트로부터 보고된 소프트데이터를 더 신뢰하고 있다.

사회복지사는 정서적인 문제를 가지고 있는 환자에게 좀 더 지지적·정서적 감정이입을 하고 있다. 결국 의료환경에서 타 전공 전문가들의 상호협력 팀에서 의사는 가장 권위적인 역할을 하는 전문가라고 가정하는 반면, 참여모델에 입장에서 사회복지사는 클라이언트에게 권위보다는 관심과 배려, 이해에 초점을 둔다.

참고

의료진을 이해하기 위한 노력

사회복지사는 의료진과의 상호작용을 위해 의료진에 대한 이해가 필요하다.

- 사회복지사는 의료진들의 일상생활에 익숙해지도록 해야 한다. 사회복지사가 의료기관의 움직임과 전 과정 등 기본적인 것에 참여하는 것은 의료진들이 환자의 치료와 관련한 의사를 결정하기 위해 얼마나 어려움을 경험하고 있으며, 이들 의료진들이 자신들의 일에 시간적인 압력을 어느 정도 받고 있는지 등에 대해 알게 되는 기회가 된다.
- 사회복지사는 클라이언트의 욕구와 심리·사회적인 문제에 대해 구체적으로 기술한다. 이러한 접근은 하드데이터에 의존하는 의사들에 의해 더욱 존중되고 있다. 예를 들면 "클라이언트는 자신의 질병과 관련된 심리·사회적인 쟁점에 관해 토론한다."고 말하는 대신에 "클라이언트는 자신의 질병이 클라이언트의 여가활동 가운데 가장 중요하게 여기고 있는 골프활동에 제한을 느끼고 있다."고 하는 것이 더 바람직하다.
- 사회복지사가 전문가의 가치와 윤리를 가지고 의사를 비롯한 다른 의료전문가들과 이들의 업무에 익숙해지는 일은 사회복지실천의 기본이다.
- 사회복지사는 도전적인 환자와 함께 일을 하기 위한 관심과 노력을 통해 타 전공 전문가들의 상호협력 팀에서 신뢰를 얻고, 또한 의료진들이 클라이언트에 대한 이해를 할 수 있도록 기여하는 노력이 필요하다.

병원 등의 의료기관을 비롯하여 다른 형태의 건강 관련 시설은 종종 윤리적인 딜레마의 해결을 위해 윤리위원회를 개최하고 있다.

병원의 '윤리위원회'는 대체로 의사, 간호사, 사회복지사, 병원행정가, 법률전문가, 행정관리 등 사무직원, 지역사회 대변인, 그리고 종교지도자들로 구성되어 있다. 위원회의 기능은 교육프로그램의 제공을 포함하여, 정책개발, 직원대상 자문제공, 그리고 사례검토 등의 활동을 하고 있다.

다양한 사람들로 구성된 윤리위원회에서는 발생 가능한 갈등이 증가할 수 있으나 성공적인 운영을 위해 언제나 모든 것을 교감의 일치로 받아들일 필요는 없다. 협조와 참여를 키워나가는 데 있어서 사회복지사의 기술은 종종 다양한 구성원들을 함께 불러 모으는 것을 돕는 것이다. 사회복지사의 클라이언트의 욕구와 권리에 대한 옹호는 윤리위원회를 통하여, 윤리적인 의사결정이 가능하도록 돕는 것이다.

사회복지사는 윤리위원회에 참여하여 클라이언트의 자율성과 비밀보장을 위해 그들의 책임을 명확하게 하는 것이 필요하다. 예를 살펴보면 다음과 같다.

사 례 **환자의 건강과 비밀보장**

사회복지사 최 선생은 장기보호 요양센터에서 일하고 있으며, 의사, 간호사, 행정가, 레크리에이션 사회복지사, 그리고 보호담당자 등 다양한 사람들로 구성된 윤리위원회의 구성원 중 한 사람이다. 윤리위원회는 심각한 질병이 있는 클라이언트의 생명을 유지하는 방안에 관한 토론을 위해 처음으로 설립되었다.

최근 클라이언트인 김 할머니의 상황을 다루기 위해 윤리위원회를 개최하였다. 클라이언트의 상태는 당뇨와 혈액순환기 계통의 질환이 심각한 상태이다. 그녀의 혈당 수준은 불안하게 동요하고 있다. 담당 간호사에 의하면, 클라이언트의 여동생이 방문할 때마다 클라이언트의 혈당 수치는 높아지고 있다고 하였다. 사회복지사가 클라이언트와 이 문제에 관해서 이야기했는데, 김 할머니는 아무에게도 자신의 비밀을 공개하지 않는다는 조건으로 사실을 털어놓았다. 클라이언트의 여동생이 요양원을 방문할 때마다 항상 초콜릿을 가져온다고 했다. 클라이언트는 당분이 자신의 질병에 나쁜 것을 알고 있으나, 자신의 유일한 즐거움이 여동생이 가져온 초콜릿을 먹는 일이라 했으며 또한 클라이언트는 초콜릿을 가져올 여동생을 항상 기다리고 있다고 했다.

- 사회복지사가 자신의 클라이언트에 관한 이야기를 윤리위원회에서 보고하여야 할 것인가?
- 사회복지사는 클라이언트의 건강과 클라이언트의 삶의 질 간에 무엇을 먼저 고려해야 하는가?
- 사회복지사는 클라이언트의 정보를 계속 비밀로 유지할 수 있겠는가?

사회복지사는 윤리위원회의 위원으로 참여하는 경우에도, 사회복지사 전문가의 가치와 윤리체계를 존중하고 준수해야 한다. 전문가의 윤리는 클라이언트의 권리를 지지하고, 그들의 삶에 영향을 미치는 결정을 위해 우선적인 책임이 있음을 가정한다. 또한 윤리위원회의 구성원들은 반드시 자신의 행동이 클라이언트의 생활을 불편하게 만들어서는 안 된다.

윤리위원회에 다양한 힘들은 오직 사회복지사에게 풀어야 할 문제의 쟁점이 되고 있다. 초보 사회복지사는 자신의 슈퍼바이저와 함께 요양원의 윤리위원회에 참석하였다. 사회복지사는 자신에 대한 부정적인 평가를 우려하여 위원회에서 정보를 공유하는 것이나 다른 위원들에게 질문하는 일을 주저하였다.

예컨대, 사회복지사 최 선생이 지난번 윤리위원회에서 부적절한 발언을 언급한 적이 있다. 그 내용은 자신의 클라이언트가 지난달에는 매우 무기력하고 혼수상태에 빠진 듯하였다고 하며, 자신이 생각하기에는 클라이언트가 의료적인 자문을 반드시 받아야 할 것으로 생각되며, 지금 상태가 매우 우려가 된다고 한 것이다. 최 선생이 의견을 제시한 직후 클라이언트를 담당하는 의사들은 매우 방어적인 태도를 보였다. 그 이유는 담당 의사가 클라이언트에게 강한 치료약을 처방하였으나 최근에 그 환자를 한 번도 돌아보지 않았기 때문이다. 회의가 끝나고 슈퍼바이저는 최 선생에게 의사의 권위에 도전하는 잘못된 모습을 보였다고 비평적으로 지적하였다.

다음은 병원규정 준수를 위해 클라이언트의 퇴원을 검토하는 사례이다.

사 례 **정신병원 내 윤리위원회의 사회복지사의 역할**

황 선생은 사회복지사이며, 정신병원의 윤리위원회 위원이다. 황 선생은 윤리위원회의 토의 내용에 대해 아는 순간 매우 화가 났다. 윤리위원회의 토의 내용은 가능한 환자를 일찍 퇴원시키는 방안에 대한 내용이었다. 윤리위원회에서 특정 클라이언트에 대해 설명하였고, 그 내용은 클라이언트가 가족이 없고, 또한 독립생활을 하기 위한 사회적인 지원도 없는 상황인데, 이 클라이언트가 30일간의 제한된 입원 기간을 초과할 수 없다는 것, 그리고 가능한 정해진 기간 내에 퇴원을 해야만 한다는 것에 대해 사회복지사에게 설명하였다.

- 현재 환자에 대한 치료가 진행 중이고, 치료가 더 필요한 상황임에도 불구하고, 병원의 정책상 환자를 퇴원시키기로 결정을 한다면, 이 상황에서 사회복지사가 할 수 있는 일이 무엇인가?
- 윤리적인 실천을 위해 병원 내의 사회복지사의 역할은 무엇인가?
- 상호협력 팀에서 사회복지사가 어떻게 반응해야 하는가?
- 만약 사회복지사의 윤리적인 책임으로 클라이언트에게 약속을 해야 하는가?

참고

• 환자의 권리의 주요범주

환자의 권리와 범주에 관련된 구체적인 쟁점은 다양하게 나타나지만, 권리의 주요 범주는 환자 및 질병에 두루 적용된다. 다음의 다섯 가지 범주는 모든 의료보건 및 정신보건 환경에 잠재적으로 적용 가능하며 의료·보건계 전체를 포괄한다.

1. 차별금지
2. 최소규제환경
3. 선택과 자기결정
   - 자세한 정보에 입각한 동의
   - 진료기록에 대한 접근
   - 치료를 거부할 권리
   - 사전요청
4. 위해행위와 학대로부터의 보호
5. 비밀보장, 사생활, 그리고 개성 등의 존중

• 상호협력 팀과 함께하는 사회복지사 실천지침

- 사회복지사는 상호협력 팀의 기능과 그 구성원들의 역할을 명확히 이해한다.
- 다른 전문가에게 전문 실천에 있어서 사회복지사의 역할에 관해 알린다.
- 사회복지사는 클라이언트와의 접촉과 위원회의 참여 이 두 가지 역할 모두를 상호협력팀에서 할 수 있음을 위원회의 다른 구성원에게 실천을 통해 보여 준다.
- 사회복지사는 클라이언트와 그의 가족에 관해 논의하는 데 있어 사회복지실천의 가치인 자율성과 비밀보장을 강조한다.
- 사회복지사는 각기 다른 전문가들 사이에 존재하고 있는 갈등의 부분을 다루는 데 있어 다른 위원회 위원들과 함께 연계를 맺는다.
- 사회복지사는 윤리위원회와 함께 클라이언트의 권리와 관심을 위해 옹호한다.
- 사회복지사는 사회복지실천 전문가와 함께 유사한 현장에서 클라이언트의 권리와 욕구를 위해 옹호한다.

이러한 지침은 상호협력팀의 구성원인 사회복지사를 도와 위원회의 기능을 좀 더 효과적으로 높이기 위함이다.

이상에서 살펴본 바와 같이, 타 전공 전문가들과 함께하는 상호협력모델은 통합과 조정에 초점을 맞추고 있는 사회복지실천을 지지하고 있다. 사회복지사는 팀 구성원들의 가치 있는 참여를 발전·지속시키는 데 있어 중요한 역할을 수행할 수 있다.

자문활동과 행정·관리에서의 윤리적 실천

CHAPTER 12

일반적으로 사회복지실천윤리에 관한 관심이 늘어나고 있다. 그럼에도 불구하고, 슈퍼바이저가 자문활동을 하는 일이나 행정·관리업무를 수행하는 데 있어서 사회복지사의 윤리를 다루는 문헌은 매우 부족한 현실이다. 사회복지실천현장에서 자문활동이나 행정·관리업무에서 '윤리적인 관리가 가능한지'에 대한 질문을 하게 된다. 혹은 이러한 단어를 서로 함께 사용하는 것 자체가 모순 아닌가 하는 의문을 제기하는 경우도 있다. 사회복지사 윤리강령에서도 관리자에 대한 적용이 있어야 하는데, 이에 대한 논의도 매우 드문 실정이다.

1. 사회복지실천현장에서의 자문활동과 관리

(1) 자문활동과 자문에 대한 이해

자문활동, 즉 슈퍼비전의 기능과 슈퍼바이저의 역할은 다음과 같다.

첫째, 지도감독 및 자문의 역할

- 지도감독 또는 자문을 제공하는 사회복지사는 적절하게 감독 또는 자문을 하

기 위한 필수 지식을 갖추어야 하며, 자신의 지식과 능력이 미치는 범위 내에서만 이러한 서비스를 제공할 수 있다.

- 지도감독 또는 자문을 제공하는 사회복지사는 명확하고 적절하며 문화적으로 민감한 경계를 설정할 책임을 지닌다.
- 사회복지사는 피감독자에 대한 착취의 위험이나 잠재적인 해가 우려되는 어떠한 이중 또는 다중관계도 맺어서는 안 된다.
- 지도감독의 기능을 담당하는 사회복지사는 공정하고 공손하게 피감독자의 행위를 평가해야 한다.

둘째, 교육과 훈련의 역할

- 교사, 실무지도자, 훈련자의 역할을 담당하는 사회복지사는 자신의 지식과 능력이 미치는 범위 내에서만, 그리고 사회복지 전문직에서 활용할 수 있는 최신 정보를 바탕으로 하여 교육을 제공해야 한다.
- 교사 실무지도자의 역할을 담당하는 사회복지사는 공정하고 공손하게 학생의 성취도를 평가해야 한다.
- 교사 실무지도자의 역할을 담당하는 사회복지사는 학생에 의해 서비스가 제공될 때, 이것이 클라이언트에게 일상적으로 통보됨을 보장하는 적절한 조치를 취해야 한다.
- 교사, 실무지도자의 역할을 담당하는 사회복지사는 학생을 이용할 가능성이나 잠재적인 해가 우려되는 어떠한 이중 또는 다중관계도 맺어서는 안 된다. 사회복지 교육자 및 실무지도자는 명확하고 적절하며 문화적으로 민감한 경계를 설정할 책임을 지닌다.

셋째, 서비스 제공 및 분배의 역할

- 가장 도움을 필요로 하는 대상을 위한 프로그램을 유지(예컨대, 가장 상처받기 쉬운 사람, 억압받는 개인, 집단의 삶의 옹호)해야 한다.

- 기관의 비용과 이득을 계산한 결과에 의하기보다는 클라이언트의 욕구에 기초한 서비스를 제공해야 한다.
- 서비스 전달의 일원화를 이루어야 한다.
- 행정가는 정치적으로 힘이 약한 사람, 능력이 부족한 사람, 스스로 서비스의 중단에 대해 대처할 수 없는 사람의 서비스 중단을 피해야 한다.
- 행정가는 욕구가 가장 많은 사람들에게 혜택이 되는 프로그램을 지원하기 위해 자원을 찾고 이를 획득하기 위한 자원 확보 노력을 해야 한다.

참고

동료, 슈퍼바이저, 행정가 윤리

한국 사회복지사 윤리강령(IV. 사회복지사의 동료에 대한 윤리기준)

1. 동료

- 사회복지사는 존중과 신뢰로서 동료를 대하며, 전문가로서의 지위와 인격을 훼손하는 언행을 하지 않는다.
- 사회복지사는 사회복지 전문직의 이익과 권익을 증진시키기 위해 동료와 협력해야 한다.
- 사회복지사는 동료의 윤리적이고 전문적인 행위를 촉진시켜야 하며, 이에 반하는 경우에는 제반 법률 규정이나 윤리기준에 따라 대처해야 한다.
- 사회복지사가 전문적인 판단과 실천이 미흡하여 문제를 야기시켰을 때에는 적절한 조치를 취하여 클라이언트의 이익을 보호해야 한다.
- 사회복지사는 전문직 내 다른 구성원이 행한 비윤리적 행위에 대해, 제반 법률규정이나 윤리기준에 따라 조치를 취해야 한다.
- 사회복지사는 동료 및 타 전문직 동료의 직무 가치와 내용을 인정·이해하며 상호 간의 민주적인 직무관계를 이루도록 노력해야 한다.

2. 슈퍼바이저

- 슈퍼바이저는 개인적인 이익의 추구를 위해 자신의 지위를 이용해서는 안 된다.
- 슈퍼바이저는 전문적 기준에 의해 공정하게 책임을 수행하며, 사회복지사, 수련생 및 실습생에 대한 평가는 저들과 공유해야 한다.
- 사회복지사는 슈퍼바이저의 전문적 지도와 조언을 존중해야 하며, 슈퍼바이저는 사회복지사의 전문적 업무 수행을 도와야 한다.
- 슈퍼바이저는 사회복지사, 수련생 및 실습생에 대해 인격적, 성적으로 수치심을 주는 행위를 해서는 안 된다.

3. 행정가로서의 윤리와 분배의 정의
- 사회복지실천 교육가로서 학생을 위한 역할모델을 제공하는 것과 같이 기관의 행정가는 기관을 통해 윤리적인 실천이 필수적이다. 사회복지사는 자원의 분배과정에서 투명하고 공정하게 이루어질 수 있도록 옹호하여야 한다.

(2) 슈퍼바이저와 동료 간의 관계

사 례 슈퍼바이저의 윤리

지역사회복지관의 슈퍼바이저는 공동모금회 긴급지원사업으로 지원되는 법정 사각지대에 놓여 있는 빈곤 가족의 생계비 지원 사업에 갑자기 빚과 가족의 부도로 생활이 어려워진 동료 사회복지사를 추천하였다. 이를 발견한 슈퍼바이저는 그 진행과정을 점검한 결과, 해당 팀에서는 이미 팀 논의를 통해 결정하였으며, 동료들 간의 암묵적인 지지도 있었음을 알게 되었다.
더욱 중요한 문제는 이 지원 사업은 한시적인 사업이고 대상자를 공동모금회에서 최종 결정을 하는 시스템이다. 결과적으로 클라이언트 중에서 누군가가 추천된 사회복지사로 인해 대상에서 제외될 가능성이 있다는 사실이다.
– 슈퍼바이저가 자신의 동료 사회복지사를 추천하여 긴급지원을 받을 수 있도록 한 행위가 윤리적이라 하겠는가?

위의 사례에서 사회복지사는 클라이언트의 이익을 최우선으로 생각해야 함에도 불구하고 클라이언트의 권익을 침해했으며, 팀 내 슈퍼비전 관계에서 이런 동료 사회복지사 혹은 슈퍼바이저의 윤리적인 문제를 지적하기보다는 암묵적으로 지지하고 동의하였다는 사실은 기관의 슈퍼비전 관계에서 윤리적인 기준에 치명적인 도전을 한 사례이다.

슈퍼바이저는 이것이 왜 사회복지사의 윤리적인 문제에 해당되는지를 잘 설명하고, 암묵적으로 동의와 지지를 보낸 동료 사회복지사 또는 해당 팀장을 함께 불러서, 동료관계에서 적절한 슈퍼비전을 통해 '사회복지사가 전문적인 판단과 실천이 미흡하여 문제를 야기시켰을 때에는 적절한 조치를 취하여 클라이언트의 이익을 보호해야' 함에도 불구하고 그러하지 못한 점을 지적해야 한다. 그리고 추천을 받은 사회복지사는 따로 불러서 지지와 함께 이는 본인의 개인의 잘못이나 그로 인해 파생된 문제가 아니고 공적으로 다룰 문제임을 이야기해야 한다.

사 례 슈퍼바이지와의 이중적·다중적 관계

지역사회복지관의 슈퍼바이저는 인근 전문대학의 강의를 하다가 스승의 날에 백화점상품권을 받게 되었다. 슈퍼바이저는 근무시간 중에 출강하는 강의이기도 하거니와 상품권을 준 학생이 중간고사에 거의 백지 답안지를 제출한 사람이기도 해서 처음에 극구 사양하였다. 그러나 학생은 막무가내로 상품권을 쥐여 주고 뛰쳐나가는 바람에 엉겁결에 받게 되었다. 슈퍼바이저는 복지관에 돌아와 그 상품권을 후원금으로 등록하고 후원담당자에게 넘겼으며, 후원품 영수증과 해당 상품권의 쓰임새에 대해 당사자에게 통보하라고 지시하였다.

몇 달 후 기관의 실습생을 받는 과정에서 해당학교는 해당 학생을 포함한 여러 명이 실습신청을 하였으나, 기관의 내부 규정상 2인 이상 받지 못하는 상황이었고, 우선순위 기준에 의해 해당 학생은 실습대상에서 탈락되었다. 그 후 해당 학생은 관장에게 직접 전화를 걸어서 자신이 후원자라고 하면서 후원자에게는 실습에서 가점이 있어야 하는 것이 아니냐고 따져 물었다.

(3) 기업의 사회공헌

기업이 이윤추구를 위해 만들어진 조직이기 하지만 기업의 생존이 시장에서의 성패에만 달려 있는 것은 아니다. 특히 사회적 책임이라는 압력은 기업이 사회구성원들의 삶의 질 향상에 직·간접으로 개입해야 할 필요성을 증진시켰다. 즉, 기업 자체의 생존을 위해서도 사회복지에 대한 기업의 참여는 필요하다는 것이다. 여기에서 기업의 측면에서 사회공헌활동에 참여하는 하나의 이유를 발견할 수 있다.

사 례 사회복지기관 후원자와 이중관계

기관의 종사자는 기업으로부터 후원을 받기 위해 기업의 후원담당 직원과 친밀하게 지내던 중 성적인 희롱을 당하게 되었다. 술자리에 함께할 것을 요청받았으나, 후원금을 받는 일이 걸려 있어, 이를 거절하는 일이 쉽지 않았다.

– 사회복지사의 행위는 비윤리적인가?

위의 사례는 다음과 같은 원인에서 발생되었다고 판단된다. 첫째, 제한된 재원을 경쟁적으로 획득해야 하는 사회복지실천현장의 현실, 둘째, 재원확보(거액의 기금 및 물품 확보, 자원봉사자 확보 등)에 치중하여 사회복지실천 전문가의 능력을 인정하는 현실, 셋째, 물품거래, 경제적 소비활동이 아닌 무상기부, 무상분배의 사회공헌활동에서 형성된 기업의 우월감 또는 권력관계, 그리고 넷째, 건전하지 못한 기부문화를 원인으로 생각할 수 있다. 위의 사례는 기탁자 개발업무를 맡고 있는 대기업 종사자와 관계에서 생성된 딜레마로서 상충된 가치를 합리적 가치로 이끌어 내야 할 사례이다.

2. 행정관리자 윤리

사회복지실천현장에서 행정가의 윤리에 대해 소개한 레비(Levy, 1983)의 제안은 "모든 사회복지사가 업무를 수행하는 데 의무로서 지워지는 윤리적인 틀은 가능한 많이 직접적인 서비스를 제공하는 실천가로서의 책임행정가에게 속해 있다."는 것이다. 사회복지실천 교육가로서 학생을 위한 역할모델을 제공하는 것과 같이, 기관의 행정가들은 기관을 통해 윤리적인 실천을 위한 음향을 조절하는 것이다. 사회복지사 윤리강령에서는 사회복지실천 행정가의 윤리적인 실천을 필수적인 일로 여기고 있으며, 동시에 슈퍼바이저와 현장의 전임 지도자들의 경우에도 윤리적인 실천을 강조하고 있다. 사회복지사 윤리강령에서는 행정가들은 현재 그들이 속해 있는 기관의 내부에서뿐만 아니라 기관 밖에서도 클라이언트가 적절한 자원을 얻을 수 있도록 옹호자로서 조언하고 있다.

다음은 사회복지서비스를 분배하는 데 있어 행정·관리자가 고려해야 할 사항이다.

(1) 사회복지서비스의 분배

리머(Reamer, 1995)가 제시한 분배의 정의에 대한 원리는 종종 '제한된 자원을 어떻게 관리하는가' 하는 문제로, 분배를 결정하는 데 어려움을 겪고 있는 사회복지사에게 좋은 지침이 되고 있다.

분배의 정의에 대한 첫 번째 원리는 '평등의 원리'이다. '평등의 원리'는 모든 사람이 똑같은 양을 받게 되는 것이다. 그러나 이러한 원리가 실제로 항상 적용될 수 있을까(예를 들어, 모든 사람들이 주택보조금을 받아야 하는가)? 사회복지서비스 분배에서 평등의 원리가 적용될 수 없다는 주장도 있다. 모든 상황에서 볼 때 누구나 욕구를 충족하게 하기 위해 자원을 공평하게 나눌 수 없는 상황이 있다. 예를 들면, 한 요양원에 침대가 1개 있는데, 침대를 원하는 클라이언트가 4명인 경우, 1개의 침대를 4개로 나눌 수 없는 예가 그 경우이다.

분배의 정의에 대한 두 번째 원리는 '클라이언트의 욕구'이다. 사회복지사는 '클라이언트의 욕구'에 기초하여 분배를 하는 편의를 보일 때가 많다. 현재 존재하고 있는 자원이 부족한 경우, 필요로 하는 욕구가 크다고 하는 것에 기초하여 자원이 분배될 수 있음을 의미한다. 이러한 원리는 영구임대주택 입주권을 무주택자에게 우선 제공하는 예이며, 요양원의 침대는 가장 심각한 환자에게 먼저 제공하는 것이다. 그러나 클라이언트의 욕구를 측정하고 이들 욕구의 수준을 비교하는 일과 비교한 후 어떠한 순서에 의해 분배를 위한 결정을 내리는 것은 쉬운 일이 아니다. 예를 들어, 만약 100명의 노숙자 가족들이 있다면, 오직 주택보조금 외의 나머지 금액을 마련할 수 있는 10가구의 노숙자에게 우선 배당하는 방법이 있다. 만약 요양원의 행정가의 경우에도 요양원에 침대가 1대밖에 없는 상태에서 심각한 수준의 건강상태의 대상자가 10명이라면, 이들 10명의 욕구 수준을 비교하는 일은 쉬운 일이 아니다. 또 다른 예로, 만약 2명의 클라이언트가 생애 말기 상태의 질병을 앓고 있으며 주변에 도움을 줄 수 있는 가족이 전혀 없는 경우, 이때 다른 클라이언트가 오직 단기간 동안만 요양원의 서비스가 필요한 경우, 다른 클라이언트에게 침대를 흔쾌히 사용하도록 할 것이다.

클라이언트의 욕구는 누가 가장 위기상황이며 어려움에 처해 있는가에 의한 사회비극모델(social tragie model)에 의해 지원의 우선순위가 결정되고 있다. 이 분류의 개념은 제2차 세계대전 때부터 이어져 왔다. 언제나 어려운 결정을 해야 하는 경우에, 예를 들어 전쟁터에서 누군가에게 의료적인 치료를 제공하여야 할 때, 부상병 가운데 부상의 심각성에 따라 최우선적인 치료를 받게 된다. 사회복지실천에서도 이러한 관점에서 누가 가장 상처받기 쉬운가에 따라서 가장 상처받기 쉽고 약한 사람들을 우선적으로 돕는 데 헌신하고 있다. 때때로 사회복지실천기관으로부터 서비스를 제공받는 클라이언트가 결정되는 경우 혹은 개인적인 실천가가 어느 클라이언트를 다룰 것인지를 결정하는 경우에는 이 사회분류모델과 상반되는 방법에 의해 결정되는 예가 종종 있다.

분배의 정의에 대한 세 번째 원리는 '클라이언트의 과거 혹은 현재의 억압 상태'에 기초한 비교에 의한 것으로, 언제나 사회복지실천에 있어 중요하다는 것이다. 이러한 분배는 사회적으로 우리 사회에서 가장 소외당하고 약하고 기회를 박탈당한 대상자들에게 '보상적 차원'에서 서비스를 우선적으로 제공하는 것이다. 예컨대, 공공임대주택 분양에 있어 장기간 무주택자로서 소득이 낮은 서민들에게 우선순위를 주는 제도가 그 예에 해당한다. 1996년도 미국사회사업가협회 대표자 회의에서 이 원리를 재확인하였는데, 이 회의에 참석한 전문가협회의 선발된 지도자들과 사회복지사들이 자신의 활동에서 사회적으로 가장 취약한 사람이 누구인지, 누가 가장 오랫동안 억압받고 사회적 기회로부터 차별받았는지의 선별방법을 사회복지실천에 어떻게 적용할 것인지에 관해 논의하였다.

분배의 정의에 대한 마지막 원리는 '기여'인데, 이때 기여를 한 내용과 제공받게 될 물품과 서비스는 어떻게 적용할 것인지가 문제가 된다. 예컨대, 그동안 클라이언트가 기여한 내용과 정도에 따라서 사회복지실천에서 물품과 서비스를 분배하는 것이다. 사회복지사는 기여에 의한 분배와 같은 원리를 통해 사회정의에 관한 기본적인 질문을 제기할 수 있다. 그러나 사회서비스가 종종 클라이언트의 기여 정도와 항목에 의해 결정되고 있다. 빈곤한 클라이언트가 서비스를 제공받지 못하는 반면, 중간계층의 사람들이 서비스를 제공받는 경우가 있다.

윤리적인 실천을 수행하는 사회복지사가 서비스를 분배하는 데 있어 "클라이언트의 기여내용을 제시한 항목에 의해 분배하는 것이 옳은가?", "사회복지사는 서비스 제공을 위해 무엇인가 '기여'를 한 클라이언트에게(그 정도가 최소일지라도) 분배해야 하는가?" 이와 같이 사회복지실천에서 기여에 의한 분배 방식은 종종 논쟁의 대상이 되고 있다.

대부분의 일직선으로 되어 있는 척도는 0에서 시작하지 않는다. 기여의 원리는 복지 법률을 제정하는 데 고유한 것이다. 대부분의 복지 수혜자들은 정해진 최소한의 시간을 자신의 사회복지 혜택을 얻기 위해 소비해야 하며, 각각의 클라이언트들은 혜택을 받기 위해서 반드시 공공기관에서 제공하는 노동자 재교육에 참여해야 한다.

때때로 기여는 금전적인 것이 아닌 지위나 힘에 의해 측정되는 경우도 있다. 예를 들어, 사회복지기관에 서비스를 제공받기 위한 대기자 명단이 있는데, 담당자 혹은 기관의 책임자가 자신과 관련이 있는 회원의 이름을 대기자 명단의 앞쪽으로 옮기는 경우가 많다. 많은 사회복지사가 이러한 행위에 대해 모든 사람의 평등한 접근과 평등한 기회에 대한 사회정의를 문란하게 하는 행위이며 동시에 사회복지실천 가치와 윤리에 역행하는 것으로 규정하고, 이처럼 힘에 의해 특혜를 주는 행위에 반대 의견과 함께 논쟁을 벌여 왔다. 그럼에도 기관이 이러한 행위를 그대로 유지하는 경우가 종종 있다.

(2) 사회복지서비스 지속과 중단 여부의 결정

사회복지실천 행정가는 사회복지실천 프로그램에 대한 비용 상승과 기금 삭감에 의해 상대적으로 하강 국면에 있는 상황에서 이와 관련한 어려운 결정을 내리는 일에 전력을 다하고 있다.

다음의 제안들은 사회복지실천의 가치와 윤리적인 실천을 지속하기 위한 지침이 될 수 있다.

① 최우선으로 혜택을 받는 사람들이 좋은 않은 결과로 나타난 경우의 프로그램일지라도 유지하여야 한다. 반면 사회복지사는 누가 그러한 욕구를 가지고 있는가에 대해 지속적으로 찾고, 이들이 다시 좋아질 수 있도록 노력해야 한다.

사회복지사 윤리강령에서도 욕구가 높은 사람들을 위해 프로그램을 마련하고 제공하도록 제안하고 있다. 윤리강령에서는 '특히 상처받기 쉬운 사람, 억압받는 개인, 집단의 사람들과 함께 일하는 사회복지사의 옹호 의무'에 대해 강조하고 있다. 누가 가장 욕구가 많은지 그리고 누가 가장 도움을 필요로 하고 있는지를 결정하는 일은 쉽지 않다. 예를 들어, 다양한 서비스를 제공하는 기관의 행정가는 아동을 위한 어린이집을 운영할 것인지 혹은 청소년을 위한 레크리에이션 센터를 운영할 것인지 중에 하나의 선택을 결정해야 하는 등 어려운 딜레마와 마주하게 된다.

② 사회복지기관은 서비스를 제공하는 데 있어, '비용–이득'을 계산한 결과에 의한 서비스를 제공하기보다는 욕구에 기초한 서비스를 제공해야 하는 의무가 있다. 불행하게도 비영리기관을 포함한 많은 기관들은 클라이언트의 욕구에 기초한 서비스를 제공하기보다는 '비용–이득'에 기초한 서비스를 제공하고 있는 추세가 보이고 있다. 사회복지사는 인간서비스기관에서 예산 삭감을 결정하는 데 있어 반드시 사회적인 불평등한 위치에 놓여 있는 클라이언트를 위한 옹호활동을 해야 한다.

③ 서비스 전달의 일원화가 반드시 마련되어야 한다. 그 이유는 두 개의 전달체

계모델은 종종 사회적 약자, 또한 가장 상처받기 쉬운 사회의 일원에게 열악한 서비스를 받게 한다. 빈곤한 사람들이 강제적으로 의료보호에 의한 관리서비스를 받고 있는 반면, 중간계층 혹은 고소득자들이 아마도 아직도 사적인 의료보험을 통한 선택적 의료보호서비스를 받는다. 이러한 두 개의 전달체계모델은 종종 사회적 약자들에게 제한된 선택, 그리고 낮은 질의 보호를 받게 하기 때문이다.

④ 행정가는 정치적으로 힘이 약한 사람, 능력이 부족한 사람, 스스로 서비스 중단에 대처할 수 없는 사람들의 서비스 중단을 피해야 한다. 종종 사회복지사는 가장 상처받기 쉬운 사람들, 가장 불이익을 받는 사람들, 억압받는 사람, 개인적인 목적으로 착취당하거나, 이용당하기 쉬운 사람이나 집단들과 함께 일을 하는데, 이들은 매우 제한된 자원을 가지고 있다.

⑤ 행정가는 욕구가 가장 많은 사람들에게 혜택이 되는 프로그램을 지원하기 위해 자원을 발견하고, 이를 획득하기 위하여 사회적인 행동을 취해야 한다. 사회복지사 윤리강령에서는 사회복지사는 사회적이고 정치적인 활동에 관여할 것을 제안하고 있는데, 이와 같은 사회행동은 모든 사람이 자원들, 고용, 서비스, 그리고 기회에 평등한 접근이 가능하도록 하기 위한 일종의 옹호활동이다.

가장 취약하고 소외된 사람에게 서비스를 제공하는 것은 분배정의의 중요한 원리이다. 누가 가장 취약한 사람인가에 대한 결정의 예를 보면 다음과 같다.

사 례 **복지기금 삭감으로 인한 프로그램의 중단 시 어느 프로그램을 중단할 것인가?**

안 선생은 가족복지 상담기관의 책임자이다. 5명의 전문 사회복지사가 고용되어 있으며, 2명의 준전문가, 그리고 2명의 행정관리직원들로 구성되어 있다. 안 선생은 다음 해에는 정부로부터의 기금이 대폭 삭감될 것이라는 소식을 접하고, 그의 기관에도 지원금이 중단될 것이라는 것을 알았다. 안 선생은 어떤 프로그램을 중단해야 할 것인지 하는 중요한 결정을 내려야 한다. 안 선생은 이미 지역사회에서 도움이 필요할 때 이용할 수 있는 지역사회 핫라인(긴급통화)

교육을 담당하는 프로그램인 지역사회 교육프로그램을 중단하였다. 현재 그녀는 아동학대 프로그램의 중단을 고려하고 있는데, 이러한 프로그램은 현재 학교에서도 진행 중이기 때문에 중단을 고려하게 되었다. 기관의 관리자 입장에서 클라이언트 가운데 누가 가장 취약한 상태의 클라이언트인지를 결정하는 문제가 어렵다는 것을 확인할 수 있다.

- 사회복지사가 아동학대 프로그램을 중단하는 것은 바람직한가?
- 최근 시작한 프로그램인 가정폭력, 특히 인생의 생애주기에서 폭력에 가장 취약한 노인이나 아동을 양육하고 있는 조부모들에 초점을 맞춘 프로그램의 중단은 바람직한가?
- 아동들은 이 기관에서 가장 욕구가 높은 클라이언트인가?
- 성인들만이 이득을 얻는 프로그램, 예를 들어 노인학대예방프로그램의 중단이 바람직한가?

사 례 **슈퍼바이저의 역할·의무 갈등: 직원 중 누구를 구조조정 해야 하는가?**

슈퍼바이저 안 선생은 동료 사회복지사들의 슈퍼바이저를 담당하고 있다. 동시에 자신의 클라이언트에 대해서도 책임을 지고 있다. 안 선생은 앞으로 직원을 대상으로 감원 조치해야 하는 일들 이외에도 기관의 행정·관리업무와 관련된 어려운 결정을 해야 한다. 기관의 직원은 다음과 같다.

김 선생: 지난해 이 기관에서 현장실습을 마치고 졸업한 새로운 직원이다. 현재 초보 사회복지사로 현장에 대한 교육과 훈련이 필요하다.

최 선생: 이 기관에서 30년 동안 일해 왔는데, 최 선생을 격려해서 조기 정년을 하도록 하는 방안을 고려하였다. 최근에 자신의 남편의 심각한 질병으로 최 선생은 한동안 기관에 결근하였다. 최 선생은 현재 전 가족의 생계를 책임져야 하므로, 어느 때보다도 더욱 직업이 필요하다.

조 선생: 조 선생이 다른 지방에 있는 자신의 남자친구와 이번 달 내에 결혼하기로 하였다는 소식을 전해 왔다.

박 선생: 현재 임신 중이다. 두 달 후에는 출산 휴가에 들어가게 된다.

- 관리자인 안 선생이 누구를 구조조정 대상으로 할 수 있겠는가?

이 밖에도 관리자 안 선생은 또한 직원들에게 업무를 배정해 주는 일에 있어 갈등을 겪고 있다. 사회복지사 각자는 현재 10여 명의 추가적인 사례를 담당하고 있어 두 주일의 휴가가 줄어들었다. 새로운 직원이 보충되지 않는 한 현재 사회복지사들만으로는 연장근무가 불가피한 실정이다. 이 밖에도 슈퍼바이저 안 선생은 사회복지사에게는 지속적인 연장교육의 중요성에 대해 잘 알고 있다. 그러나 현재 그녀는 각 사회복지사에게 연간 다섯 차례의 세미나 혹은 워크숍 참여를 허용하고 있다. 그러나 안 선생은 제한적인 직원과 함께 일을 하면서, 하루 동안 진행되는 컨퍼런스조차도 직원들에게 시간을 할애하는 일이 어렵다는 것을 알고 있다.

기관 내 관리·행정을 담당하는 사회복지사는 현재 기관의 조직과 자원이 직원들에게 필요한 자문과 지원을 적절히 제공할 수 있는지 확실하게 파악하고 있어야 한다. 그리고 사회복지사 윤리강령에 의하면 "사회복지사인 행정가는 반드시 직원들의 지속적인 연장교육을 위해 교육에 참여할 수 있도록 지원하고, 직원 개발에 노력해야 한다."고 직원의 지속적인 교육의 중요성을 강조하고 있다.

사회복지사이며 관리자인 안 선생은 기관의 직원을 대상으로 구조조정해야 하는 일, 많은 업무에 휴가조차 갈 수 없는 직원들에게 추가적인 업무를 배분해야 하는 일, 현장실습생을 대상으로 교육과 훈련을 담당해야 하는 일, 이와 더불어 안 선생이 담당한 자신의 클라이언트에게 서비스를 제공하는 일 등 그의 역할과 의무 갈등으로 인한 딜레마를 경험하고 있다.

3. 슈퍼바이저의 역할

슈퍼바이저는 자신의 슈퍼바이지 사회복지사에 대해서 자문을 제공하는 일뿐만 아니라 기관의 행정과 운영, 관리를 담당하는 일에 대해서도 책임을 지고 있다. 그러나 가장 우수하게 꼽을 수 있는 슈퍼바이저의 역할은 사회복지사로서 사회복지사 윤리강령에서 제시하고 있는 사회복지사의 의무를 다하는 것이다.

윤리강령은 구체적으로 슈퍼바이저부터 사회복지사, 사회복지사 전공학생에 이르기까지 모두에게 필요한 것을 규정하고 있다. 사회복지실천 슈퍼바이저는 종종 그들의 일을 수행하는 데 있어 윤리적인 딜레마를 중요시한다. 윤리적인 딜레마는 예를 들어 슈퍼바이저의 행정이나 역할의 분배 혹은 미시적인 쟁점, 예컨대 슈퍼비전을 받는 사람들과의 관계와 같은 것 등 거시적인 쟁점을 포함하고 있다.

사회복지실천 기관의 중간관리자는 기관의 행정이나 운영과 관련한 문제들과 다른 동료 사회복지사의 요구 사이에서 압력을 받는 경우가 종종 발생한다. 현재 대부분의 사회복지실천 기관들은 예산 삭감이라는 중대한 문제에 직면해 있기 때문에 이들 중간관리자들이 받는 스트레스가 지금까지 받아 온 압력들보다 큰 상황이다. 슈퍼바이저는 직원들 가운데 제약을 보이는 직원들이 늘어나면서 인적인 자원을 활용하는 데 어려움을 겪고 있으며, 동시에 관련 자원의 감소, 직원의 수적 감소에 대처해야 한다. 한편 사회복지 종사자들은 직원협의체의 권리를 요구하고 힘을 강화하고 있는 상황에서 클라이언트에 대한 서비스 질을 유지하는 데 어려운 결정을 요구하는 도전에 직면해 있다. 이와 같은 상황으로 인해 사회복지실천 기관의 슈퍼바이저에게는 지금까지보다 더 많은 역할이 요구되고 있으며, 동시에 슈퍼바이저는 사회복지실천현장에서 더욱 힘겨운 도전들과 마주하고 있다.

슈퍼바이저의 행정적인 주요 과업은 공정과 형평성에 기초하여 분배하는 것이다. 슈퍼바이저는 어려운 결정을 내려야 하는 상황에서 다음에 소개할 분배의 원리(동료 직원의 업무를 감축하거나 확대하는 문제 등)를 종종 적용하고 있다.

첫째, 평등의 원리에 기초한다. 이 원리는 모든 사회복지사에게 함축적인데, 같은 직함을 가지고 있고, 같은 봉급을 받는 모든 사회복지사들은 균등한 책임을 맡아야 하며 같은 양의 업무를 할당받아야 한다는 것이다. 이 원리는 어느 누구에게도 부당하게 더 많은 일을 시킬 수 없다는 의미이다.

둘째, 클라이언트의 욕구에 기초한다. 사회복지사 윤리강령은 "사회복지사의 일차적인 책임은 클라이언트의 행복을 증진시키기 위함이다."라고 명시하고 있다. 이것이 함축하는 의미는 업무의 할당은 클라이언트의 욕구 사정에 기초하여 이루어져야 함을 의미한다. 예를 들어, 사회복지사들 사이에 업무량의 형평성을 유지하기보다는 클라이언트 욕구를 중심으로 사회복지사들의 업무량이 조절되는 것으로서, 욕구가 많은 클라이언트와 함께하는 사회복지사의 경우에는 그렇지 않은 사회복지사에 비해 업무량이 많아질 수 있다.

셋째, 사회복지사의 욕구에 기초한다. 모든 사회복지사는 각기 다른 욕구들을 가지고 있고, 이들의 각기 다른 욕구는 일을 할당하는 결정을 내려야 할 때 반드시 고려되어야 한다. 우리나라 장애인 고용 관련 법률에 의하면, 장애인의 경우 "고용주는 작업장에서 할당된 과업을 수행하는 고용인을 돕기 위해 고용인이 필요로 하는 편의를 제공해야 한다."고 명시되어 있다. 즉, 사회복지사의 경우에도 슈퍼바이저에게 자신의 신체적이고 정서적인 제한으로 인해 할당되는 업무량을 일시적으로 줄여달라고 요구할 수 있다. 그러나 사회복지사 윤리강령에서는 사회복지사의 알코올이나 약물에 의한 중독 혹은 정신건강의 문제로부터 중대한 손상의 쟁점에 대해 강조하고 있다. 그러나 손상이 미약하거나 단기간인 경우에도, 슈퍼바이저는 자신의 슈퍼바이지인 고용인들의 업무 부담을 조절할 수 있어야 한다.

넷째, 사회복지사의 능력 혹은 힘에 기초한다. 대부분의 사회복지사는 자신 스스로를 능력이 있거나 힘이 있는 사람으로 생각하지 않기 때문에 이 예가 적절하지 않은 경우가 많다. 슈퍼바이저는 만약 초보 사회복지사가 스스로 자신의 업무수행능력이 향상되기 위해 시간이 필요하고, 슈퍼바이저로부터 정기적인 슈퍼비전을 받아야 한다고 느낄 때에는 이들 초보 사회복지사에게 할당하는 업무를 줄일 수 있다. 그리고 슈퍼바이저 자신이 인지하는 차원에서 사회복지실천들 가운데 자신의 업무를 감당하는 것에 어려움을 호소하고 현재의 일에 대해 불평하는 사회복지사에게는 추가적인 업무 할당을 금할 수 있다.

아래의 사례에서 이와 같은 쟁점을 기술하고 있다.

사 례 관리자의 윤리적인 업무할당

박 선생은 가족상담기관에서 일하는 슈퍼바이저이며, 5명의 사회복지사에게 슈퍼비전을 제공해야 한다. 현재 이들 사회복지사는 30명의 클라이언트와 그들의 가족을 담당하고 있다.
5명의 사회복지사는 다음과 같다.

1. 안영 씨는 경험이 없는 초보 사회복지사이다. 현재 실천에 대한 교육과 훈련이 필요한 상황이다.
2. 보라 씨는 5년 경력의 사회복지사이다. 능력 있고 때때로 새로운 과업을 시도하는 등 창조적인 업무를 개발하는 능력이 있다.
3. 희망 씨는 지난 15년 동안 사회복지사로 일해 왔다. 조직 구성원으로 이기적인 태도를 보이고

때때로 업무태만으로 인해 조직원 다수가 어려움을 겪는다.
4. 구름 씨는 2년 동안 기관에서 일하고 있는데, 6개월 전 질병으로 아프기 전까지는 좋은 사회복지사였다. 그 이후 업무를 자주 이탈하곤 한다. 현재 장애인 등록을 고려하고 있는 중이다.
5. 국희 씨는 지난해에 이 기관에 취업을 하였으며, 매우 열정적이고 적극적이다. 새로운 업무를 할당받아 맡게 되면 기쁜 마음으로 받아들인다. 그러나 업무수행에 있어 제대로 완성을 못하는 경우도 종종 있다.

최근 정부기관으로부터 본 기관에 20명의 사례관리가 요구되는 새로운 클라이언트를 의뢰받았다. 중간관리자로서 박 선생은 정부기관으로부터 의뢰된 새로운 사례로 받아들여야 하며, 이를 거절할 수가 없다. 특히 새로운 클라이언트들은 기관의 운영기금을 제공하는 곳으로부터 의뢰되었기 때문에 이 의뢰는 더욱더 거절할 수 없는 상황이다.

– 슈퍼바이저는 추가적인 새로운 사례들을 현재 5명의 사회복지사에게 어떻게 할당할 수 있겠는가?

슈퍼바이저 박 선생은 클라이언트를 다섯 명의 사회복지사에게 공평하게 나누어서 할당할 수 있는가? 이는 평등의 원리를 적용하는 것이고 각각의 종사자들에게 4명의 추가적인 사례를 할당하게 되는 것이다. 혹은 클라이언트의 욕구 수준 혹은 사회복지사의 능력 정도에 기초하여 개인적인 사정을 실시할 수 있는가? 슈퍼바이저는 만약 클라이언트의 욕구의 원리에 따라서, 새로운 클라이언트들 가운데 가장 욕구가 많은 클라이언트를 가장 일을 잘한다고 생각되는 사회복지사에게 할당할 것인가?

슈퍼바이저는 보라 씨에 대해 높은 안정과 신뢰를 느끼고 있지만 만약 보라 씨에게 더 많은 일을 할당하게 되면, 보라 씨는 이 기관을 떠나야겠다는 생각을 더욱 확고히 할지도 모른다고 생각하였다. 슈퍼바이저는 안영 씨의 경우는 개인적으로 특별한 슈퍼비전이 필요하다고 알고 있다. 따라서 박 선생은 안영 씨의 경우에는 새로운 사례를 할당하는 대상에서 제외하였다. 만약 박 선생이 안영 씨에게 더 많은 사례를 할당한다면, 박 선생이 안영 씨에게 슈퍼비전을 제공하는 데 오히려 더 많은 시간을 할애해야만 할 것이다. 그러나 이미 박 선생은 자신의 업무 이상의 일들을 감당하고 있다. 안영 씨 역시 추가적인 할당으로 새로운 사례를 감당해야 하는 경우에는 더욱 상세한 슈퍼비전을 받을 필요가 있다는 판단이다.

이처럼 새로운 사례들을 사회복지사에게 할당하기 전에, 슈퍼바이저인 박 선생은 각각의 사회복지사의 상황과 업무 추진 실태에 대해 일일이 점검하고 서비스가 요구하는 수준에 대해 추가적인 사정을 실시하여야 한다. 그러나 예를 들어 클라이언트를 사정한 결과 사정 점수가 4점인 경우 '매우 도전적인 욕구'이며, 6점의 경우는 '최소한의 개입이 요구'되고, 10점의 경우는 '보통 수준을 유지한다' 등으로 사정결과가 과연 정확하게 이루어졌다고 믿을 수 있게 되는가? 이처럼 문제를 해결한다면 참으로 간단히 처리될 것이다. 그러나 사회복지실천에서 사회복지사에게 업무를 할당하는 일은 이처럼 할 수 있는 일이 아니다. 그렇다면 슈퍼바이저인 박 선생은 새로운 사례를 자신의 팀원들에게 어떻게 할당해야 윤리적인 업무 배분에 해당될 것인가?

4. 슈퍼바이저와 슈퍼바이지의 관계

사회복지사 윤리강령에서는 특별히 사회복지실천의 슈퍼바이저와 이들로부터 슈퍼비전을 받고 있는 사회복지사의 관계를 규정하고 있다. 슈퍼바이저는 사회복지사에게 조언할 때 오직 슈퍼바이저 자신의 전문적인 능력과 지식의 범위 안에서만 조언을 해야 한다. 사회복지실천에서 새롭게 생겨난 분야에서 경험 있는 사회복지실천의 슈퍼바이저는 사회복지사 직원과 학생들에게 항상 전문성과 같은 능력이 있는가 질문해야 한다. 따라서 슈퍼바이저는 지속적인 교육을 필요로 하고 있으며 교육은 현재 사회복지사가 자신의 자격증을 유지하기 위해 필수가 되고 있다.

슈퍼바이저의 윤리적인 실천의 중요한 측면은 자신이 자문을 제공하는 사회복지사와의 이중관계를 피하는 것, 적절한 경계범위를 정하고 투명한 경계를 유지하는 것 등을 요구하고 있다. 사회복지사 윤리강령에서는 슈퍼바이저와 기관 내 직접적인 서비스를 실시하는 직원들이 사회복지실천의 관계뿐만 아니라 실천현장에서의 지도자와의 윤리적인 관계에 대해 명시하고 있다. 다음의 예에서 사회복지실천현장 지도자와의 윤리적인 실천 혹은 비윤리적인 실천에 대해 살펴보면 다음과 같다.

사 례 **슈퍼바이저 윤리: 이중관계 금지**

민 선생은 20년 전에 사회복지대학원을 졸업하였다. 졸업 이후 하늘가족상담기관에서 일했다. 지난 15년 동안 사회복지사와 학생들에게 슈퍼비전을 제공하고 있다.
전공 분야는 '정신분석이론'에 기초한 치료 상담이다. 민 선생은 정신분석모델이 클라이언트와 일하는 데 있어 가장 효과적인 모델이라고 믿고 있다.
현재 그의 기관에서는 단기간에 이루어지는 '단기치료모델'을 기본으로 사용하고 있음에도 불구하고, 졸업 후 이 단기치료모델에 관한 교육을 받지 않았다.
기관에서 현장실습이 진행되었다. 민 선생은 학생들과의 사이에 의사소통의 어려움을 느꼈다. 여러 명의 실습생 중 보람 학생이 실습에 참여하고 있는데, 보람 학생은 현재 자신이 심리치료에 대한 슈퍼비전에 참여하고 있는 슈퍼바이지(현재 다른 기관에서 종사하고 있는 사회복지사)다. 민 선생은 보람이 자신이 학생이라는 사실을 클라이언트에게 말하지 않는 것이 바람직하다고 믿고 있었고, 만약 클라이언트가 자신의 사회복지사가 학생이라는 사실을 알면, 상담을 포기하고 기관을 떠날 수도 있다고 믿고, 자신에 대한 서비스 제공에 최선을 다하지 않는다고 생각하면서 상담을 포기할 수도 있다고 믿고 있었다.
이 사례는 슈퍼바이저 민 선생은 현장에서 보람 학생에게 상담 관련 슈퍼바이저이며 동시에 실습생을 지도하는 지도자인 이중관계에 해당되는 예이다.

사 례 **슈퍼바이저 윤리: 전문가 보수교육과 지속적인 훈련의무**

치료상담기관에서 실습을 하고 있는 보람 학생은 새로운 개입방법인 '인지행동이론'에 기초한 개입모델을 클라이언트에게 적용하려고 했다. 그러나 인지행동모델은 평소에 슈퍼바이저인 민 선생이 비효과적인 방법으로 인식하고 있는 모델이었다. 보람 학생인 자신이 생각한 개입방법을 발표하는 자리에서 슈퍼바이저 민 선생은 보람 학생의 발표를 매우 부정적으로 평가하였다. 슈퍼바이저 민 선생은 보람 학생의 접근이 비효과적인 일들을 지속하게 만드는 일로서, 매우 단순하고 미성숙한 태도로 접근한 것이라고 평가하였다. 민 선생은 보람 학생의 평가서에 자신이

지도한 학생들 가운데 가장 최악의 학생이었다고 기록하였다. 그 이유는 슈퍼바이저가 유익하게 생각하고 있는 실천이론(정신분석이론)과 실습생이 최근 학교에서 배운 경향의 실천이론(인지행동모델이론) 간에 논리적 차이가 존재하고 있음 때문이다. 결국 실습생은 슈퍼바이저에게 자신이 필요한 슈퍼비전을 받을 수 없다는 것을 확인하였다.
민 선생은 보람 학생에게 실습과 관련한 자문을 제공하기보다는 오히려 민 선생 자신에게 심리상담을 받아보라고 권하였다. 이는 자문을 받는 시간에 민 선생에게 보람 학생이 최근 자신이 심리적 불안과 우울을 경험한 적이 있어 전문가 상담을 생각하고 있다고 이야기한 직후에 나타난 일이다. 민 선생은 특별히 보람 학생은 학생이며 치료비를 조달할 경제적인 여유가 없는 점을 감안하여, 자신이 개인적으로 치료를 해 주겠다고 제안하였다.
– 슈퍼바이저의 행위는 윤리적인가?
– 비윤리적이라면 잘못된 것은 무엇인가?

민 선생이 슈퍼바이저로서 윤리적인 실천을 하고 있는가? 위 사례에서 민 선생은 슈퍼바이저로서 사회복지사 윤리강령에서 제시하고 있는 내용을 위반하는 행동을 하고 있다. 사회복지사 윤리강령에서는 슈퍼바이저에게 직접적으로 적용되는 사회복지실천의 내용을 규정하고 있는데, 특히 슈퍼바이저의 윤리적인 행동에 대해 강조하고 있다. 사회복지실천에서의 슈퍼바이저의 윤리적인 가치와 접근방법은 비밀보장, 자기결정권, 개인에 대한 슈퍼바이저의 생각 등을 우선적으로 포함하고 있다.

위의 예에서 소개하고 있듯이, 민 선생은 대부분의 슈퍼바이저와 같이 슈퍼바이저의 역할에 대한 교육과 슈퍼비전에 필요한 정식 훈련을 받은 적이 없다. 대부분의 사회복지사는 지속적으로 새로운 쟁점과 기술, 지식을 얻기 위해서 세미나 등 보수교육에 참여하고 있으나, 민 선생은 이러한 새로운 지식을 습득하기 위한 보수교육의 참여에 소홀하였다. 사회복지사 윤리강령에서는 전문가는 슈퍼비전을 제공하는 데 있어 전문가로서의 역할 수행에 필요한 새로운 교육과 정보, 지식에 기초하여 슈퍼비전을 제공하도록 명시하고 있다.

민 선생의 경우 사회복지사 윤리강령에서 제시하고 있는 필수 조건에 적합하지 못할 뿐만 아니라, 이러한 상태에서 슈퍼바이저의 위치에 있는 것이 슈퍼비전을 받는 사회복지사나 학생들에게 매우 해로운 결과를 가져올 수 있으며, 동시에 이는 직접적으로 클라이언트에 대한 사회복지실천에 해로운 결과가 될 수도 있다. 사회복지사 윤리강령에서 슈퍼바이저는 자신의 지식과 기술을 기초한 분야에 대해서만 슈퍼비전을 주도록 명시하고 있다. 그렇지만 민 선생의 경우에는 자신의 전문지식 분야인 정신분석에 대해 그의 학생들에게 교육한 점은 긍정적인 측면으로 볼 수 있다.

윤리강령에서는 사회복지사는 학생들에게 교육자 혹은 현장의 지도자로서의 역할과 기능을 수행할 수 있어야 한다고 명시되어 있다. 이는 학생들이 클라이언트에게 서비스를 제공하는 경우에, 자신이 학생이라는 사실을 정식으로 알려야 한다. 그러는 이유는 클라이언트에게 사회복지사에 대한 확신을 심어 주고 그들이 이를 수용하도록 하기 위함이다.

사회복지사 윤리강령은 클라이언트에게 서비스 제공에 대한 정보를 알려야 하는 슈퍼바이저의 책임에 대해 명백히 제안하고 있다. 따라서 민 선생은 만약 클라이언트에게 학생이 상담하는 사실을 알리게 되는 경우, 클라이언트가 상담을 포기하고 기관을 떠나는 것에 대해 강조하고 있다. 그러나 이러한 염려는 우려일 뿐이다. 학생의 위치에서 클라이언트와 상담하는 경우, 클라이언트에게 새로운 변화를 일으킬 수 있는 기회가 될 수도 있고, 오히려 치료자에게는 감추어두었던 일들에 관해서도 이야기하는 계기가 될 수 있어 학생 신분의 실천자들이 치료에 참여하는 일이 종종 토론의 주제가 된다.

슈퍼바이저의 공정한 평가는 매우 중요하다. 사회복지실천 문헌에서는 지속적으로 슈퍼바이저의 공정한 평가를 존중하는 것에 대해 논의하고 있다. 사회복지사 윤리강령에서는 학생 태도에 대한 슈퍼바이저의 평가는 공정하고 존중해야 하는 것에 의심의 여지가 없어야 한다고 새롭게 기술하고 있다.

민 선생의 경우, 슈퍼바이저에 대한 적절하고 건설적인 비판에 대해서 긍정적으로 받아들이고 문제를 개선하려는 노력을 보이기보다는 자신에 대한 모든 비판적인 제안을 부정적으로 받아들이고 이에 대해 미흡하게 대처하였다. 또한 자신이 슈퍼비전을 제공하는 사회복지사에게 잘못된 평가를 내리는 것으로 대응하려는 듯하였다.

이 밖에도 민 선생은 자신이 슈퍼비전을 제공하는 사회복지사와 이중관계에 빠질 수 있는 윤리적인 잘못에 경고를 받게 되었다. 사회복지사 윤리강령에서는 슈퍼바이저는 자신의 슈퍼바이지와는 어떠한 형태로든 이중 혹은 다중의 관계를 맺을 수 없다고 명백하게 강조하고 있다. 슈퍼바이저의 부하 직원인 사회복지사나 실습생들과 맺는 이중관계는 그들에게 잠재적인 해를 가져오거나 개인적으로 이용당하거나 착취당할 수 있는 위험이 있기 때문이다. 사회복지사는 앞으로의 과업을 수행하는 데 있어 자신이 슈퍼비전을 제공하는 사회복지사나 실습생들과 철저한 경계를 만들고 이들과의 역할을 확실히 구분할 수 있어야 한다.

슈퍼바이저인 민 선생은 만약 보람 학생과 치료적인 관계로 발전할 경우 상황이 더욱 안 좋게 전개될 수도 있다는 사실을 인식하도록 노력하여야 한다. 민 선생과 보람 학생은 이미 슈퍼바이저와 슈퍼바이지의 관계이다. 만약 보람이가 민 선생의 개인적인 치료를 받아들이는 경우에는 오히려 학생에게 피해가 될지도 모른다. 지속적으로 예상되는 갈등으로 인해, 보람 학생은 이미 민 선생과의 치료적인 관계를 원하지 않게 될 것이다. 그러나 보람 학생이 민 선생의 치료를 거부한다면 학교실습의 공식적인 과정이 위기에 직면할 수 있는 상황이 될지도 모른다. 만약 보람 학생의 치료를 중단하기로 하는 등과 같은 결정을 하게 될 때, 이전에 받았던 부정적인 평가보다도 더욱더 나쁜 평가를 받게 될 수도 있다.

사회복지실천의 슈퍼바이저는 자기결정과 의견이 일치한 내용을 알리는 것 등의 중요한 요소들을 반드시 고려하여야 한다. 보람 학생은 민 선생과의 치료적인 관계를 맺을 경우 혹은 맺지 않을 경우 모두 위험한 결과를 가져올 수 있다. 그 이유는 민 선생은 보람 학생에 비해 훨씬 큰 힘을 가지고 있기 때문이다. 이러한 상황에서 민 선생은 자신만이 보람 학생과의 이중관계를 거부할 수 있는 위치에 있음을 명심해야 한다.

이상의 내용을 정리하면, 학생들이나 초보 사회복지사는 자신의 슈퍼바이저의 윤리적인 행동에 대한 관찰을 통해 윤리적인 실천을 익혀나가야 한다. 슈퍼바이저는 윤리강령에서 강조하고 있는 내용에 따라서 자신의 슈퍼바이지에 대해 정확한 슈퍼비전을 제공해야 하는 중요한 책임이 따른다. 일반 사회복지사나 사회복지 현장실습에 참여하는 학생들이 사회복지사나 학생으로서 자신들의 클라이언트에게 윤리적인 실천을 제공하는 것처럼 모든 사회복지사와 사회복지실천 실습생들 역시 자신의 윤리적인 슈퍼바이저로부터 윤리적인 슈퍼비전을 제공받을 수 있어야 한다.

5. 한정된 자원의 분배

사회복지서비스의 분배 욕구에 비해 제공 가능한 자원은 언제나 한정되어 있다. 제한된 자원을 분배하는 것은 분배의 정의에 해당된다. 그럼에도 사회복지실천현장의 특수성으로 인해 분배는 언제나 윤리적인 쟁점이 되고 있다.

사 례 한정된 자원의 배분: 난치병 아동의 치료비 배분

모든 사람들은 사회적 혜택을 획득할 평등한 권리와 사회적 짐을 지고 갈 평등한 의무를 가지고 있다. 이러한 원칙은 공평성에 대한 제일 높은 사회적 가치이다. 이와 같은 사회적 가치에 근거하여 "사회복지사는 가용 자원을 모든 클라이언트에게 평등하게 배분하여야 할 의무가 있다."는 전문가 실천지침을 만들어 냈다.

하지만 가용 자원이 너무 한정적이어서 평등한 분배가 어렵거나 혹은 전혀 불가능할 때 윤리적 문제가 발생한다. 예를 들어, 지역사회 약물치료센터는 다음 해에는 올해 예산의 75%에 해당되는 정부예산이 삭감되었다는 소식을 접했을 때, 어떤 클라이언트에게 서비스를 지속적으로 제공하고 어떤 클라이언트의 서비스를 중단해야 할 것인가를 결정해야 한다.

- 어떤 기준에 의해 클라이언트의 서비스 지속 여부를 결정할 수 있겠는가?

이러한 경우에 현재 서비스를 제공받고 있는 클라이언트는 모두 서비스를 제공을 필요로 하는 사람들이지만 한정된 자원으로 인해 이들에게 평등한 서비스는

제공하는 것이 어렵다고 할 수 있다. 사회복지사는 자신이 수행하는 프로그램이나 서비스 상황에서 자원의 부족에 직면하는 경우가 많다. 빈약한 재정이나 예산 삭감, 그리고 서비스에 대한 욕구의 증대 등은 부족하거나 한정된 자원의 배분에 대한 사회복지사의 결정을 어렵게 한다.

사회복지실천에서 한정된 자원의 배분에 대한 논의는 분배적 정의와 관련되어 있다. 한정된 자원을 배분하는 분배적 정의의 기준은 평등, 욕구, 보상, 기여와 같은 몇 가지 원칙에 기초해 마련된다. 분배의 정의는 부족한 자원을 개인과 지역사회, 집단, 조직 등에 어떻게 분배할 것인가와 윤리적 개념을 어떻게 적용할 것인가를 포함한다.

(1) 평등

평등은 부족한 자원을 배분하는 가장 일반적인 기준이다. 평등을 규정하는 방법으로는, 첫째, 일정한도 내에서 동등하게 나누는 것으로, 배분의 결과를 강조하는 것이다. 즉, 자격을 가진 모든 개인이나 집단에게 동일 한 몫을 나누어 준다는 개념이다. 둘째, 실제 결과보다는 자원분배를 위해서 사용되는 절차를 강조하는 것이다. 잠재적인 수혜자들은 서비스나 자원을 차지하기 위해 경쟁하는 공평한 기회를 가지는 것이 그 예라고 할 수 있다. 셋째, 추첨 등의 방법을 통한 무작위로 선정하는 것이다. 이 역시 기회의 평등의 개념이 적용된 것으로 이해할 수 있겠다.

(2) 욕구

욕구는 사회복지사들이 제한된 자원을 분배하기 위해 자주 활용하는 기준으로, 자원분배 책임자가 욕구가 가장 큰 대상을 결정하는 것이다. 욕구의 정도나 심각성에 따라 우선순위가 정해지며, 제한된 자원은 이 순위에 따라 분배된다.

(3) 기여

기여를 규정하는 방법으로, 첫째, 자원을 수혜자들의 기여에 비례해서 분배하는 것이다. 즉, 제한된 자원은 수혜자가 기여한 만큼 분배되어야 한다는 것이다. 이는 지불능력이 있거나 관련 비용에 대한 보험료를 기여할 수 있는 사람들에게 자원을 분배하는 것이다. 하지만 사회복지실천에서는 종종 서비스에 대한 대가를 지불할 능력이 없는 클라이언트를 상대로 하기 때문에 기여에 의한 분배 방식은 사회복지실천에서 일반적으로 적용되지 않는다. 둘째, 잠재적 수혜자의 기여를 포함시키는 것이 있다. 즉, 삶의 사회적 질에 대해 기여할 수 있는 능력에 따라 어떤 사람들, 공동체들, 지역조직들이 상대적으로 더 큰 가치가 있다고 판단하여 분배하는 것이다.

(4) 보상

보상은 단순히 평등이나 욕구의 기준만을 고려하기보다 차별철폐조치의 원칙을 고려한 기준이다. 즉, 긍정적 차별의 원칙이 적용된 것으로, 이는 소수집단이나 소외계층을 사회적으로 불공정한 차별을 받아왔으므로 이들 취약계층이 보상받아야 하며, 사회복지 자원의 배분에서 우선적으로 고려되어야 한다는 논리이다. 즉, 차별받는 사람, 집단, 조직 및 지역사회를 우선적으로 배려하는 것이다.

사 례　부족한 자원의 윤리적인 분배: 치료비 지원

사회복지공동모금회의 지원금으로 치료를 받기 위해 난치병 아동의 치료비 배분의 우선순위를 결정해야 한다. 현재 난치병 아동의 치료비 지원을 위한 신청자 300명에 이르고 있어 이들 가운데 치료의 우선순위를 결정해야 한다.

- 사회복지사의 윤리적인 결정은 무엇인가?
- 소액으로 완치가 가능한 아동을 우선적으로 선정해야 하는가?
- 치료비가 많이 들더라도 위급한 아동을 우선적으로 선정해야 하는가?
- 난치병 아동의 치료비 지원과 다른 일반 사회복지서비스 제공은 그 의미에서 어떤 차이가 있는가?

위의 난치병 아동의 치료비 지원 사례는 '생명존중의 원칙'과 '효율성의 원리'가 상충하고 있음을 알 수 있다.

도덕적 의무론의 입장에서는 생명존중의 원칙을 우선 고려해야 한다. 즉, 생명존중의 원칙에 입각하여 생명의 위급성과 질병의 상태가 심각한 경우를 우선적으로 대상자 선정에 포함해야 한다. 그러나 치료비가 과다하게 소요되어 극히 제한된 수의 대상자만이 치료받을 수 있을 뿐만 아니라 치료의 효과도 보장할 수 없다는 문제가 있다.

공리주의 이론의 관점에서는 선택대안이 가져올 사회적 효용의 비교를 통해 효용이 큰 대안, 즉 효율성이 큰 대안을 선택하는 것이며, 그 대안으로는 적은 비용으로 가능한 많은 어린이가 치료 혜택을 받게 되는 것이다. 적은 비용으로 최대한 많은 아동에게 혜택이 주어지도록 해야 한다는 입장으로 이해할 수 있다. 하지만 이와 같은 관점에서의 윤리적 갈등은 생명의 위급성이나 질병의 상태가 심각한 경우라 하더라도 단지 치료비의 과다 문제로 인해 우선순위에서 제외될 수 있는가의 문제이다.

따라서 위의 사례에서의 쟁점은 한정된 자원을 배분할 때 우선순위의 기준을 완치 확률이 적고, 많은 비용이 들지만 생명의 위급성에 둘 것인지 아니면 완치 확률이 높으며 적은 비용이 소요되는 것을 중요시하여 최대한 많은 클라이언트에게 서비스를 제공하는 것에 우선순위를 둘 것인지 하는 것이다.

6. 행정·관리에서 윤리적 실천

윤리적 딜레마란 사회복지사가 전문가로서 지켜야 하는 윤리적 책무 또는 의무가 서로 충돌해 어떠한 실천행동을 선택하는 것이 윤리적으로 올바른 것인지 판단하기 힘든 상태를 의미한다.

행정·관리업무를 담당하는 사회복지사의 윤리적 의사결정의 특성은 다음과 같다.

- 기본적으로 이성적 작업이다.
- 순간적 판단이 아닌 일련의 단계로 이루어지는 하나의 과정이다.
- 이성적이고 합리적인 요인과 더불어 심리적인 요인도 영향을 미친다.
- 기본적으로 다양한 가치 사이에서 이루어지는 하나의 절충(compromise)이다.
- 결정절차와 결정원칙이라는 두 가지 요소로 이루어진다.
- 주어진 사례의 윤리적인 측면뿐만 아니라 비윤리적인 요소의 영향을 받는다.
- 절차와 원칙에 의해 이루어져도 반드시 의사결정자가 가지는 자유재량의 요소가 있다.
- 결정에 영향을 미치고 받을 수 있는 모든 당사자들이 전체적으로 참가해 결정한다.

〈표 12-1〉 사회복지실천현장 윤리적 딜레마의 범주

윤리적 딜레마 범주	내 용
1. 사회복지사가 행하는 직접적인 개입활동과 관련된 윤리적 갈등	• 전문직으로서의 의무 간의 갈등 • 윤리적 가치 관련 의무의 상호긴밀성으로 인한 갈등
2. 사회복지정책 및 프로그램 차원의 갈등	• 간접적 사회복지실천 활동 영역의 갈등(지역사회조직활동 / 사회정책 및 계획 / 사회복지행정) • 분배문제, 정부와 민간 부문 간의 갈등, 법률 및 규정과 갈등, 연구조사 및 평가 시 지원 당사자와 사업수행자 간의 갈등
3. 사회복지조직 및 동료 사회복지사와 관련된 윤리적 갈등	• 동료 사회복지사의 무능력으로 인한 고민(내부자 고발) • 조직의 업무상 부정행위(내부자 고발) • 핵심관련자의 위치에서 오는 가치갈등

(1) 제한된 자원의 분배

사회복지실천현장에서 제기되는 빈약한 후원금, 공적 예산의 삭감, 그리고 증가하는 사회복지 서비스의 욕구 등의 문제로 인해, '제한된 자원을 어떻게 할당할 것인가?', '분배의 과정이 비차별적이고 적절하며 지속적이어야 하는가?' 등의 윤리적인 문제는 더욱 중요하게 고려된다. 이 상황에서 사회복지사가 고려해야 할 분배의 기준은 평등의 원칙, 욕구에 기초한 분배, 그동안의 기회박탈에 대한 보상 차원, 그리고 클라이언트의 기여 수준 등 한 가지가 아님을 알 수 있다. 이 상황에서 어떤 분배가 윤리적인 분배에 해당되는가?

사 례 예산삭감과 제한된 자원의 분배윤리

사회복지관의 김 부장은 약물치료센터 행정책임자로서 센터 내의 약물남용 문제를 가진 사람들의 지원과 상담 서비스를 담당해 오고 있다. 수년간 정부지원금 및 후원금, 그리고 자기부담금 등이 삭감되었다. 이로 인해, 신규 클라이언트에게 서비스를 제공하는 일이 불가능해졌다. 또한 현재 서비스를 제공받고 있는 클라이언트들에게도 서비스의 중단이 불가피하다.

김 부장은 직원들을 소집하고, 현실적인 문제에 대한 대처 방안을 논의하기 시작하였다. 현재 센터를 이용하는 모든 클라이언트에게 제공하는 통상적인 서비스 제공의 어려움을 소개하고, 어떤 클라이언트의 서비스를 중단해야 할 것인가에 대한 의견을 제시하도록 요청하였다.

- 이러한 상황에서 윤리적인 의사결정은 무엇인가?

(2) 규칙과 법의 준수

사회복지실천 행정가와 지역사회 조직가들은 때로 부당해 보이는 규칙이나 법을 만나게 된다. 이 경우 사회복지사는 그들의 책무를 고수할 것인지 혹은 규칙과 법에 복종할 것인지에 대한 결정을 내려야 한다. 사회복지사는 일반적으로 법과 규칙을 준수해야 한다는 사실에 동의하나 일반적으로 예상되는 예외를 인정해야 하는 경우를 만나게 된다. 개별 클라이언트와 일하는 사회복지사는 만일 심각한 위해로부터 누군가를 구하는 데 필요하다면 기관의 규칙과 정책을 위반하는 것이 정당화될 수 있다고 주장하기도 하고, 반면에 합법적으로 제정된 규칙과 법규를 반드시 지켜야 한다는 견해를 고수하기도 한다.

사 례 **행정·관리 담당 사회복지사의 법의 준수: 불법 체류자에 대한 서비스 제공**

곽 씨는 외국인 이주자 정착센터의 행정책임자이다. 이 기관은 이민자에게 주택알선, 직업상담, 재정, 언어교습, 그리고 이민국 관리들과의 업무에 실질적인 도움을 주는 등 광범위한 사회서비스를 제공하고 있다. 센터의 곽 씨는 자신의 업무 특성상 불법 체류자들에게도 필요한 서비스를 종종 제공한다. 법무부의 이민국에서는 정기적으로 불법 체류자들에 대한 일제 검거 기간을 두고 센터에 불법체류자들의 소재를 문의해 오고 있다. 이민국의 생각은 불법 체류자들로 인해 범죄 유발 가능성 높고, 이들의 불법 사실을 묵인하는 것이 불법이라고 강조하고 있다.

– 센터의 책임자로서 곽 씨는 어떻게 해야 하는가?
– 사회복지사 곽 씨의 윤리적 실천은 무엇인가?
– 사회복지사 윤리강령과 법률 간의 충돌 상황에서 윤리적 의사결정은 무엇인가?

(3) 노사 간의 논쟁

사회복지 행정가는 종종 다른 사회복지사들을 포함하여 실무진과 행정 고위층이나 기관의 이사회 사이에 갈등이 발생할 때 윤리적 딜레마에 봉착하게 된다. 한국에서는 사회복지노동조합활동이 활성화되어 있지 않지만, 미국 등 서구에서는 사회복지사가 노동쟁의 중앙에 서게 되는 것은 흔한 일이다. 미국 사회복지 노동조합의 역사에서는 노동자로서의 자신의 권리를 보호하는 것과 클라이언트에게 윤리적으로 서비스를 제공할 권리를 보호하는 두 가지 개념을 분리하는 것은 불가능하다고 보고 있다. 즉, 사회복지사가 파업이나 태업에 참여하게 된다면 클라이언트는 중요한 서비스를 박탈당할 수 있다.

사회복지사가 파업에 반대하고 클라이언트에게 서비스를 제공한다면 이는 그들의 급여복지혜택 등과 관련된 중요하고 정당한 쟁점을 해결하려는 노동조합의 노력에 해를 끼칠 수 있으며, 사회복지사 전문직의 이타적인 사명 때문에 특별히 경영자에 의한 착취에 취약해진다. 또한 행위 공리주의적 입장에서 볼 때에도 사회복지사의 급여가 높아지고, 처우가 높아져야 장기적으로 클라이언트가 받을 서비스의 질이 높아진다고 보고 있다. 반면에 사회복지사가 파업이나 태업에 참여하게 된다면 클라이언트는 매우 중요한 서비스를 박탈당할 수 있다고 보고, 사회복지사가 고용관계에서의 자신의 이익을 추구하기 위하여 클라이언트를 포기하는 것은 비양심적이라고 보기도 한다. 이러한 관점은 의무론적 관점으로, 도움이 필요한 사람들은 돕는다는 전문직의 사명을 강조하는 것이다.

사 례 **사회복지사의 노조활동**

A종합병원은 주로 저소득 지역주민들에게 우선적으로 서비스를 제공하는 500개 병상을 갖춘 의료시설이다. 자금문제로 인하여 병원 이사회는 사회복지사들이 속해 있는 병원 노동조합의 직원들에게 1%의 봉급인상만이 있을 것이라고 발표하였다. 게다가 사회복지사도 몇 명 감원될 것이며, 남아 있는 직원들도 자신의 건강보험금에 더 많은 보험금을 내야 할 것이라고 하였다. 상당한 숙고 끝에 조합원들의 파업을 표결에 부쳤다. 그들은 파업라인을 만들고 2시간 교대조를 편성하였다.

투표 직후 사회복지사들은 파업의 결과로 환자들이 당면하게 될 문제를 어떻게 처리할 것인지 의논하기 위해 모였다. 이들은 곧바로 파업참여 여부를 놓고 의견이 갈라짐을 깨달았다. 조합원의 일부는 파업을 찬성하고, 일부는 병원 환자와 클라이언트의 불편을 감안해서 파업을 자제해야 한다고 주장하였다. 환자와 클라이언트에 대한 서비스를 소홀히 하는 일은 사회복지사로서의 의무를 다하지 못하는 일이라고 반박하였다.

- 사회복지사의 윤리적 실천은 무엇인가?
- 사회복지사에게 조합원으로서의 역할과 클라이언트에게 서비스 제공자의 역할 간에 어떤 갈등이 존재하는가?

(4) 사회복지실천에서의 사기, 기만, 부정행위

사회복지사는 사회복지실천의 원칙인 '진실'과 '정직성'의 필요성을 이해하고 있다. 전문가와 클라이언트 사이의 정직한 의사소통은 사회복지실천 관계의 본질이다. 그러나 때로는 어느 정도의 '기만'과 '부정행위'가 필요하며, 정당화될 수 있다는 유혹을 받는다. 현실적으로 기만과 부정행위가 실제로 정당화될 수 있느냐 하는 것은 중요한 논쟁이다.

사회복지사들은 생명을 구하기 위해 혹은 심각한 위해로부터 사람들을 보호하기 위해, 극단적인 환경 하에서 어느 정도의 거짓말은 필요하고, 정당화될 수 있다고 이해한다. 즉, 상황적 판단과 윤리의 상대성에 의해 법과 원칙을 따르지 못할 상황에 빠지는 경우가 있는 것이다. 그러나 많은 경우 '기만'이나 '부정행위'는 부적절하며, 반드시 피해야 할 사회복지의 부정적 가치이다. 특히 클라이언트에 대한 염려가 아닌 사회복지사의 개인의 이익을 위해 동기화되었을 경우에는 더욱 그러하다.

사회복지실천에서 윤리적 딜레마인 '기만의 정당성'에 대해서는 크게 두 가지 시각으로 나눌 수 있다. 첫째, 의무론적 또는 규칙공리주의적 관점에서는 기만을 그 결과에 상관없이 인간 특유의 능력을 왜곡하는 것이기 때문에 본래부터 잘못이라고 믿고 있다. 따라서 사회복지사의 어떠한 형태의 기만에 대한 참여는 근본적으로 잘못이라고 생각한다. 둘째, 행위공리주의적 관점에서는 기만이 반드시 비윤리적인 것이나 본질적으로 잘못된 것은 아니라고 주장한다. 거짓이 실제적인 아무런 결과를 생산하지 않으므로 '유용성의 원리'에 따라 범죄를 형성할 수 없다고 본다. 정리하면, 사회복지사의 윤리적 실천을 한 마디로 요약하면, "반드시 옳은(right) 일은 행하고, 옳지 않은(wrong) 일은 행하지 않는 것"이다.

사 례 **사회복지사의 사기, 기만, 부정행위**

박 씨는 아동병원의 사회복지실천 과장이다. 이 병원에 감사팀이 방문하기로 예정되었다. 수년 동안 이 병원은 국가기관에 의해 감사를 받아 왔는데, 국가기관은 정기적인 감사의 일환으로 집중적인 현장방문을 실시하였다.
현장 방문자들은 직원들을 인터뷰하고 시설을 점검하고 병원정책이나 절차를 검토하고 환자기록의 표본을 평가한다. 환자기록의 질은 환자의 심리사회적 기록, 입원, 치료계획, 받은 서비스, 퇴원 등과 관련된 철저한 문서화를 포함하여 수많은 구체적인 기준에 따라 사정되고 있다. 박 씨는 직원들에게 각자 자신의 책임 하에 진행되고 있는 기록들에 대해 점검을 요청하고, 빠진 사항이 없도록 철저하고 완전하게 준비할 것을 주문하였다.

한편 전임자들에 의해 기록된 내용 가운데 빠진 정보가 있으며, 직원들에게 누락 부분을 채워 넣도록 하고 가능한 많은 각각의 사례를 재구성하는 데 최선을 다하라고 하였고, 만약 정확히 무슨 일이 일어났는지 기억나지 않으면 정확히 하기 위해 최선을 다하라고 지시하였다. 또한 문제로 인해 감사팀과 충돌이 일어나지 않도록 모든 기록을 명확히 하는 데 최선을 다하라고 지시하였다.

- 전임자가 누락한 클라이언트의 기록을 현재 근무 중인 사회복지사가 보완 차원에서 기록하는 일이 가능한가?
- 사회복지사의 윤리적인 실천은 무엇인가?

(5) 내부고발자

사회복지실천현장에서 사회복지사는 비윤리적 행위에 관여하고 있는 동료를 볼 수 있다. 사회복지사가 직면하는 가장 어려운 윤리적 결정 중 하나는 동료의 비리를 폭로하고 상부기관이나 슈퍼바이저에게 동료의 태만이나 부정행위를 어떻게 보고해야 할지에 대한 문제이다. 이때 고려해야 할 딜레마는 사회복지사는 부정행위를 하는 동료들을 보고하는 것을 꺼려 한다는 것이며, 그로 인해 동료의 경력이 파괴될 수 있고, 내부고발자는 기관과 전문가 집단으로부터 배척당할 수 있기 때문이다. 동시에 대부분의 사회복지사는 어떤 경우에는 고발하는 것이 필요하다는 것을 이해한다. 클라이언트의 복리와 전체 프로그램이 동료의 부정행위나 손상된 조건 때문에 위기에 처할 수 있기 때문이다. 즉, 내부고발을 결정하기 전에 부정행위 증거의 신빙성, 고발이 동료와 기관에 미칠 영향, 고발자의 동기, 다른 대안의 가능성, 중간적 행동과정 등을 고려하여 공공이익과 개인적 의리에 모두 유익할 수 있는 방향으로 결정할 수 있어야 한다.

이러한 결정에 있어서도 두 가지 관점이 존재한다. 첫째, 행위공리주의자들은 사회복지사들이 고발할 때 자신에게 미칠 영향을 심사숙고하는 것은 정당하고 적절한 태도라고 주장한다. 단, 밀고자라는 오명이 찍힐 경우, 많은 기회를 제한당할 소지가 있다. 둘째, 규칙공리주의자들은 고발로 인한 선례가 미칠 장기적인 영향에 관심을 갖는다. 즉, 고발이 만연해지고, 동료 간 신뢰가 추락하고, 작업환경에 의심을 증가시켜 결과적으로 기관의 사기를 약화시킬 수 있다는 것이다. 그러나 이러한 불법행위의 폭로를 통해 사회복지실천 전반에서 윤리적 기준을 높일 수 있는 계기가 될 수도 있다.

사 례 사회복지실천현장에서 내부고발자

김 씨는 한마음 가족서비스 기관의 사례관리 사회복지사들의 슈퍼바이저이다. 그는 직업상 친밀한 사이인 기관의 행정책임자에 의해 일 년 전 승진하기 전까지 6년 동안 사례관리자로 일해 왔다. 어느 날 김 씨가 감독하는 기관의 사회복지사 한 사람이 그와 대화를 요청하였다. 그는 혼란스러운 소식을 의논하러 왔다고 했다. 치료시간에 그의 클라이언트 중 한 사람이 본 기관의 실무책임자를 알고 있다고 말했다는 것이다. 그 클라이언트에 따르면 7~9개월 전에 실무책임자는 돈을 주고 호텔에서 클라이언트와 성관계를 가졌다고, 그리고 함께 마약도 했다는 것이다. 클라이언트는 행정책임자와 5~6회 데이트를 즐겼다고 말했다. 김 씨는 실무책임자와는 매우 가까운 친구 사이이기도 하다.

- 김 씨는 행정책임자로서 이 문제를 어떻게 다뤄야 할 것인가?
- 내부고발자에 대한 보호의무의 책임은 무엇인가?

7. 자문활동과 관리에서의 윤리적 실천

사회복지는 사회적 자원을 가지고 인간을 대상으로 행하는 전문직으로, 사회복지사는 민감성을 가지고 자신들의 책임과 의무에 최선을 다해야 한다. 더욱이 기관의 중간관리자는 그들의 역할이 더욱 중요하고 클 수밖에 없다.

사회복지실천의 슈퍼바이저는 자신들의 사회복지사에 대해서 자문을 제공하는 일뿐만 아니라 기관의 행정과 운영, 그리고 관리를 담당하는 일에 대해서도 책임을 가지고 있다. 슈퍼바이저는 기관이나 관계 부서의 중간적 위치에서 그 기관의 목적과 기능을 달성하기 위해 고용된 직원으로, 기관이 할당하는 범주 내에서 기관의 기능수행과 직원의 전문인력 계발에도 책임이 있다.

참고 자문활동과 관리-윤리적 실천지침(NASW 윤리강령)

- 슈퍼비전과 자문(consultation)

ⓐ 슈퍼비전이나 자문을 제공하는 사회복지사는 필요한 지식과 기술을 갖추고 있어야 하며 자신의 지식이나 능력의 범위 내에서만 제공해야 한다.

ⓑ 사회복지사는 슈퍼비전을 받는 사람과 이중, 다중의 관계를 가짐으로써 슈퍼비전을 받는 사람을 착취하거나 해를 끼칠 위험이 생길 관계를 가지면 안 된다.

- 교육 및 훈련

ⓐ 교육자, 학생의 실습지도자, 훈련자의 역할을 담당하는 사회복지사는 자신의 지식과 능력의 범위 내에서만 지도를 해야 하며, 전문직에서 활용되는 가장 최근의 정보와 지식에 기반을 두고 지도를 해야 한다.

ⓑ 교육자, 학생실습 지도자의 역할을 담당하는 사회복지사는 학생과 이중, 다중의 관계를 맺음으로써 학생을 착취하거나 해를 끼칠 위험이 생길 관계를 맺으면 안 된다. 사회복지실천 교육자나 실습지도자는 명백하고 적절하며 문화적으로 민감한 경계를 설정할 책임이 있다.

- 행정

ⓐ 사회복지실천 행정가는 클라이언트의 욕구를 충족시키기 위한 적절한 자원을 얻기 위해 자신이 속한 기관의 내부 및 외부에서 옹호활동을 펴야 한다.

ⓑ 사회복지사는 공개적이고 공정한 자원 분배절차를 옹호해야 한다. 모든 클라이언트의 욕구가 충족될 수 없을 때에는, 적절하고 일관된 적용 원칙에 입각한 비차별적인 자원할당절차를 개발해야 한다.

- 노사분쟁

ⓐ 사회복지사는 클라이언트에 대한 서비스나 근무환경을 개선하기 위해 노동조합의 결성이나 참가를 포함하는 조직화된 활동에 관여할 수 있다.

ⓑ 노사분쟁, 준법투쟁, 파업 등에 관련된 사회복지사의 행동은 전문직의 가치, 윤리적 원칙 및 윤리적 기준에 의해서 주도되어야 한다. 현실적으로 사회복지사들 간에 파업이나 준법투쟁

중의 전문가로서의 일차적 의무에 관해서 의견의 차이가 존재하는 것은 당연하다. 사회복지사는 활동방향을 결정하기 전에 관련 이슈들과 그것이 클라이언트에게 미칠 수 있는 영향을 신중하게 검토해야 한다.

자문활동과 실천지침(한국 사회복지사 윤리강령)

- 슈퍼바이저

1) 슈퍼바이저는 개인적인 이익의 추구를 위해 자신의 지위를 이용해서는 안 된다.
2) 슈퍼바이저는 전문적 기준에 의해 공정하게 책임을 수행하며, 사회복지사·수련생 및 실습생에 대한 평가는 저들과 공유해야 한다.
3) 사회복지사는 슈퍼바이저의 전문적 지도와 조언을 존중해야 하며, 슈퍼바이저는 사회복지사의 전문적 업무수행을 도와야 한다.
4) 슈퍼바이저는 사회복지사·수련생 및 실습생에 대해 인격적·성적으로 수치심을 주는 행위를 해서는 안 된다.

- 행정

1) 사회복지사는 기관의 정책과 사업 목표의 달성, 서비스의 효율성과 효과성의 증진을 위해 노력함으로써 클라이언트에게 이익이 되도록 해야 한다.
2) 사회복지사는 소속기관 활동에 적극적으로 참여함으로써, 기관의 성장·발전을 위해 노력해야 한다.

슈퍼바이저의 행정적인 주요 과업은 '제한된 자원'을 어떻게 효율적이고 공정하게 분배하느냐는 것이다. 특히 복지의 민영화, 복지예산 축소 등으로 사회복지사가 실천에서 느껴야 하는 한계와 고통은 더욱 커질 수밖에 없다. 신자유주의와 시장지상주의 원칙 아래 복지예산 축소로 민영화된 복지기관의 기금모금 활성화, 효율적인 프로그램 개발 노력, 한정된 자원의 분배에 따른 윤리적 딜레마를 낳게 되었다.

중간관리자는 기관의 행정이나 운영과 관련한 문제들과 다른 동료 사회복지사의 요구 사이에서 압력을 받는 경우가 종종 발생한다. 예산 삭감과 사회복지 종사자들의 노동조합이 권리를 요구하는 힘을 강화하고 있는 상황에서는 클라이언트에 대한 서비스 질을 유지하는 데 어려운 결정을 요구하는 도전에 직면하기도 한다.

8. 자문활동에서의 윤리적 딜레마 사례

사 례 **슈퍼바이저와 실습생 간의 윤리적 딜레마**

최 양은 평소 알고 지내던 한 사회복지 단체의 사무총장의 소개로 A기관에서 실습을 하게 되었다. 슈퍼바이저는 실습시간에 자신의 사례와 개인적인 이야기를 하는 것을 좋아했다. 초기에는 친근감을 느끼고 좋았으나 자신의 실습사례에 대해 살펴볼 시간이 없는 것에 차츰 불만이 쌓여 갔다. 또한 슈퍼바이저는 실습시간을 자주 취소하며 시간 약속을 잘 지키지 않았다. 최 양은 사무총장과 슈퍼바이저가 친분이 있다는 것을 알고 모두에게 배척되고 불이익을 받게 될까 봐 어느 누구에게도 문제를 제기하기 어려웠다. 또한 졸업 후 관련 분야에서 근무를 할 것이기 때문에 더욱 조심스러웠다.

사 례 **중간관리자로서의 행정에 대한 윤리적 딜레마**

M재단으로부터 지원을 받아 사업을 진행하고 있는 K장애인주간보호센터는 아동 한 명이 퇴소를 하여 신규입소를 받아야 한다. 규정상 기초생활수급권자에 대한 입소 정원이 채워진 상황이며 차상위계층 가정의 김 군과 일반가정 최 군이 신규입소를 희망하였다.

김 군은 초등학교 3학년인 발달장애 1급으로, 자리착석과 교사의 지시 따르기가 거의 되지 않으며 산만하다. 부모님은 맞벌이를 하셔서 방과 후에 아동을 보살펴 줄 사람이 없으며 현재는 중학생 누나가 돌봐주고 있으나 보호스트레스로 학업과 성격에 지장을 주고 있다고 한다.

최 군은 초등학교 4학년인 지적장애 2급으로, 부모님과 상담을 통해 미술에 흥미를 보이며 곧잘 하는 것을 알았다. 부모님은 맞벌이를 하시며 방과 후에는 주 2회 사설 아동발달치료센터에 다니고 있고, 센터에서 돌아오면 할머니가 아동을 보호한다.

센터 운영이 어려운 상황에서 중간관리자 박 선생은 외부지원으로 실시하고 있는 미술사업을 성공적으로 치러(특히, 연말 전시회 개최 예정) 평가를 잘 받아야 내년에도 연속하여 지원을 받을 수 있을 것이라고 판단하였다. 그래서 최 군의 입소가 적절할 것으로 여겨졌으나 김 군의 상황이 더욱 안타까운 실정이라 누구를 입소시켜야 할지 딜레마에 빠지게 되었다.

- 이상의 사례가 과연 윤리적 딜레마 사례에 해당되는가?
- 담당 사회복지사의 윤리적 실천에 대해 논의해 보자.

장애인복지현장에서의 윤리적 실천

CHAPTER 13

1. 장애인과 인권

장애인복지를 정당화하는 일차적인 근거는 인간의 존엄성이다. 장애인은 인간으로서 지니는 모든 권리를 가지며, 그 권리의 양과 질은 다른 모든 사람과 동일하다. 장애인복지가 별도 혹은 추가부담을 정당화하는 근거는 바로 장애인에게 인간으로서 모든 사람과 같은 권리를 보장해야 한다는 데 있다.

(1) 인권

'인권(Human Rights)이란 바로 이런 것'이라고 한마디로 규정하기 어렵다. 인권은 시대와 사회적 조건에 따라 늘 변화되고 풍부해지는 역동적인 개념이다. '사람이기 때문에 당연히 가지는 권리', '사람답게 살아가기 위해서라면 반드시 누구에게나 보장되어야 하는 권리'가 인권이라 생각할 수 있다.

인권은 다음과 같은 특징을 갖는다.

첫째, 인권은 기본적이고 필수적이다. 인권은 다른 것으로 대치할 수 없는 것이다.

'기본'이나 '필수'라는 의미는 거기서부터 다른 모든 것이 출발된다는 의미가 있다.

둘째, 인권은 보편적이다. 따라서 어떤 상황에서나 어떤 곳에서나 모든 사람이 인권을 누릴 수 있어야 한다. 인권은 어떤 특권에도 반대하는 것으로, '모든 사람이 평등하게 갖는 권리'이다. 즉, '인종, 피부색, 성, 언어, 종교, 정치적 의견이나 사상, 출신, 재산, 출생 또는 그 어떠한 지위에 따라 차별 없이 누려야 할 권리가 인권'이다.

셋째, 인권은 국가권력의 정당성을 판단하고 국가권력을 제한한다. 모든 사람이 차별 없이 당연하게 누려야 하는 것이 인권이기 때문에 국민들의 인권을 억압하는 국가권력은 정당성을 얻을 수 없다.

넷째, 인권은 법으로 보장되는 권리 이상의 것이다. 당연히 법은 인권을 보장하기 위해 만들어지기도 하지만 현재 존재하는 법이 보장하고 있지 않더라도 인간의 존엄성을 보장하는 데 반드시 필요한 권리라면 인권으로 인정할 수 있다.

다섯째, 인권은 점진적이고 단계적으로 발달한다. 인권 개념의 확립·발달단계를 보면 억압에 저항한다는 소극적 단계에서 출발, 인간의 물질적·비물질적 욕구가 충족될 권리와 자원의 생산과 분배에 있어서 평등하게 참여할 권리 및 사회정의 실현과 사회·경제 문화생활에의 참여보장 등을 긍정하는 적극적 단계로 발전한다.

여섯째, 인권은 욕구를 충족시키기 위한 법적 명령이다. 인권사상은 사회적 구성물이다. 인권사상은 인류가 진화함에 따라 인간적 욕구를 충족시키려는 노력에서 등장하였는데, 이는 인간의 본성에 기반한 것이다.

(2) 장애인복지실천현장에서 인권 가치의 적용

장애인복지실천 대상인 인권문제를 확인하고 반응하기 위하여 다음과 같은 인권범주를 제시할 수 있으며 그 내용은 다음과 같다.

〈표 13-1〉 인권유형과 사회복지실천 내용

인권 유형	하위유형 (근거법률)	장애인복지실천을 통한 인권보장 내용
평등권	차별금지 (세계인권선언 1조 권리선언 2,3조 등)	• 연령, 성, 장애 정도 장애유형, 종교, 출신지역, 가족배경 등 어떠한 이유에서라도 장애인에 대한 차별금지. • 개인적 차원의 보호에 있어 존엄성과 한 사람의 개인으로 존중받을 권리. • 장애아동의 모든 인권과 기본적 자유의 완전한 향유권.
자유권	자기결정권 종교의 자유 (세계인권선언 18조) 사생활보호권 (세계인권선언 12조, 권리협약 22조) 외부와의 소통 (권리협약 19조) 시설입퇴소의 자유 표현 및 정보의 자유 (권리협약 21조)	• 원하는 호칭으로 불려질 권리. • 특정종교의 강요 금지. • 사생활의 보호. • 개인의 동의 없이 외부에 노출시키거나 정보제공 금지, 개인정보보호. • 지역사회 주민들과의 교제할 수 있는 기회보장 및 외출의 자유. • 전화 및 통신기구의 사용보장, 인터넷을 통한 정보접근성 보장. • 수화, 점자 등 모든 장애유형에 적합한 의사소통 수단 제공. • 장애인의 연령과 성숙에 따른 자유로운 의사표현권리.
교육권	세계인권선언 26조 장애인헌장 5조, 권리협약 24조	• 교육을 받을 권리는 보편적 권리에 속함. • 국민으로서 누구나 누릴 수 있는 보편적 권리 중에 하나가 교육권. • 장애인의 교육권은 일반 교육현장에서 통합교육이 가능한 환경. • 이를 위해서는 일반 학교에 특수교육 전공 교사를 배치해 장애아동을 지원.
건강권	의료 및 건강 (장애인헌장 2조, 권리협약 25조) 안전의 권리(세계인권선언) 신체 및 정신적 안전의 권리 (장애인헌장 9조, 권리협약 5,16조)	• 건강권이란 한 나라의 시민으로서 마땅히 누릴 수 있는 행복을 추구할 권리의 일부이다. • 장애인도 전 국민 의료보험제도에 의해 의료서비스를 받고 있다. • 모든 사람이 건강하게 살 권리가 있다고 한다면 사고나 질병으로 인해 장애를 입는 경우 재활치료를 받을 수 있어야 함. • 적극적인 권리개념으로 건강권이 논의되고 있음.

인권 유형	하위유형 (근거법률)	장애인복지실천을 통한 인권보장 내용
보육권	가족권 (세계인권선언 16조, 장애인권리선언 9조, 장애인헌장 1,12조 권리협약 23조)	• 장애아동이 있는 가정의 경우 일반 아동이 있는 가정보다 정신적인 부담이 훨씬 더 큰 상황에 놓여 있다. • 장애아동을 둔 부모들은 장애를 가진 아이를 돌볼 수 없는 환경에 처해 있거나, 장애아동을 안심하고 맡길 수 없는 처지에 놓여 있는 것이다.
접근권 보행권	장애인, 노인, 임산부 등의 편의증진보장에 관한 법률, (장애인인권헌장 4조)	• 장애인 등은 인간으로서의 존엄과 가치 및 행복을 추구할 권리를 보장받기 위하여 장애인 등이 아닌 사람이 접근할 수 있는 정보에 다른 사람의 도움 없이 자유롭게 접근할 수 있는 권리를 말한다. • 장애인은 자유로운 이동과 시설이용에 필요한 편의를 제공받아야 하며, 의사표현과 정보이용에 필요한 통신, 수화통역, 자막, 점자 및 음성도서 등 모든 서비스를 제공받을 권리를 가진다. • 휠체어 이용자, 시각장애인 등 장애인에게 위협적인 장소가 되고 있는 보행 환경의 개선이 요구된다.
거주 이주권	자기결정권 사생활보호권 외부와의 소통 시설입퇴소의 자유	• 장애인에게 있어 거주 이전의 자유가 보장되어야 한다. • 생활시설에서 살고 있는 장애인은 그 시설을 떠날 수 없다. 공식적으로 보호자가 있는 가정으로 다시 데려가거나 그렇지 않는 경우는 대체로 시설에서 생을 마감해야 한다. • 장애인의 거주이주권이 가능하려면 집을 빌리는 데 거절당하는 문제를 해결하는 방안이 마련되어야 한다. • 생활시설의 경우 소규모화를 통해 지역주민과 물리적으로 접촉할 수 있는 기회를 확대하고 시설운영에 지역인사가 적극 참여함으로써 장애인의 거주이전권이 확보해야 한다.
문화 향유권	문화, 예술, 체육 및 여가활동 (세계인권선언 27조, 장애인헌장 7조)	• 장애인이 문화를 누릴 수 있는 기회가 매우 제한적인 상태. • 장애인도 다른 사람들과 같이 제공되는 문화적 활동에 참가할 수 있어야 한다. • 방송매체, 문학, 교육장비, 문화시설, 그리고 레크리에이션 장치, 정보 등에 적용된다.

인권 유형	하위유형 (근거법률)	장애인복지실천을 통한 인권보장 내용
이동권	장애인, 노인, 임산부 등의 편의증진보장에 관한 법률, (장애인인권헌장 4조)	• 이동에 장벽을 경험한다. 버스의 휠체어리프트 장착률을 높이고 지하철 역사에 엘리베이터를 설치하는 등 이용 가능하도록 편의시설을 갖춰야 하며, 이처럼 접근성이 떨어지는 교통수단의 미비로 인해 택시 등을 이용하기 위해서는 이동권 보장 차원에서 교통비를 보조해 주는 방안이 필요하다.
생활권	사회보장권 (장애인인권헌장 2조, 권리협약 28조) 의식주 생활 (장애인인권헌장 2조)	• 지방자치제는 지역적 욕구와 조건에 따른 서비스가 가능하게 한다. 모든 지방정부는 시설에서 살지 않는 장애인과 노인들을 위해 조직된 가정보조 프로그램을 가질 수 있다. • 지역에 살고 있는 장애인의 욕구와 상황에 따른 지방자치제별 특별 복지서비스가 개발되어야 하고, 지역주민들과 함께할 수 있는 기회 확대를 통해 장애인의 생활권이 확보되어야 한다.
정보접근권	차별금지 (세계인권선언 장애인권리선언 등)	• 소외계층의 경우, 특히 장애가 있는 경우 더욱더 정보에 소외되고 있다. • 특히 정신지체장애, 청각언어장애를 가지고 있거나 시각장애를 가진 경우는 정보접근에 있어 매우 불리한 상황에 놓여 있어 이들을 위한 소프트웨어개발과 지원정책이 시급히 마련되어야 한다.
선거권	장애인복지법 제23조 정치적 표현의 자유 (세계인권선언 21조, 권리협약 28조 b) 투표권 (세계인권선언 26조, 1,3, 및 장애인헌장 3조, 권리협약 29조 a)	• 장애인의 선거권을 보장하기 위해 '국가와 지방자치단체는 장애인의 선거권 행사의 편의를 위하여 편의시설, 설비의 설치, 선거권 행사에 관한 홍보, 선거용 보고기구의 개발, 보급 등' 필요한 조치를 강구하여야 한다. • 참정권의 실현은 선거권이 평등하게 실현되어야 가능하다. • 선거권은 사회완전참여와 평등이 실현되기 위한 첫걸음이라고 할 수 있겠다.

(3) 인권의 장애인복지실천의 함의

장애인복지실천은 사회복지실천의 이념을 기초하고 있다. 사회복지실천의 배경을 인본주의와 민주주의 이념에서 비롯되었고 초점은 인간의 욕구충족, 인간의 잠재력과 자원의 개발이다. 거시적으로는 전체 사회의 변화를 가져오고, 개인적으로는 장애를 지닌 개인의 발전을 이루게 하는 것을 목표로 하고 있다. 사회복지사는 인류 전체의 복지와 자아 성취를 가능하게 하는 서비스, 인간과 사회행동에 관한 과학적 지식의 발전, 이러한 지식의 훈련된 사용, 개인, 집단, 국가, 국제사회의 요구를 충족시키기 위한 자원의 개발, 사회정의의 실현 등을 위하여 전문적인 역할을 수행한다.

- 장애인의 인권확보를 위한 사회복지실천의 기본 원리는 다음과 같다.

첫째, 사회의 제도적 구조가 장애인 개인문제의 일차적인 원인이라는 신념과 현존하는 사회정치적·경제적 제도들에 대한 계속적인 비판한다.

둘째, 사회의 개인문제의 원인과 주된 문제로 구조적 불평등 및 경제적 불평등과 억압과 차별의 반인권적인 면에 초점을 둔다.

셋째, 사회복지 전문직과 사회복지체계의 사회통제기능들에 대한 분석한다.

넷째, 구조적이고 내면화된 억압과 반인권적인 문제에 초점을 맞춘다.

다섯째, 인간불평등의 해소를 위한 사회적 변화 추구를 통해 인권의 확대 등과 이를 위한 사회문제와 공공의 쟁점과의 연계에 관심을 가진다.

이처럼 장애인의 인권문제를 포함한 사회복지실천상의 문제를 해결함에 있어 그 원인을 개인보다는 클라이언트의 환경에서 찾고 반억압, 반차별 실천 전략으로 빈곤, 성차별, 인종차별, 종교, 환경과 개발, 아동, 노인, 여성, 장애인, 수감자, 난민, 이주민, 성적 소수자 등 관심을 가져야 할 대상을 대변하는 역할을 하고 있다(Fook, 2000; Reisch & Andrews, 2001).

(4) 지적장애인의 권리

사 례 지적장애인의 불임수술

선희 씨(가명, 지적장애 2급, 20세, 여성)와 철수 씨(가명, 지적장애 2급, 24세, 남성)는 A장애인거주시설에 살고 있다. 이들은 연인관계이다. 같은 거주시설에 오랫동안 살아오면서, 서로 좋아하며 결혼에 대해 신중하게 고려하고 있다.

선희 씨의 부모는 딸의 결혼 자체를 반대하고 있으며, 철수 씨의 부모는 결혼은 하되, 임신을 할 수 없도록 불임수술 하는 것을 전제로 결혼을 허락하고 있다.

A거주시설 원장님은 이전에도 지적장애인들 간의 결혼과 출산에 대한 경험이 있다. 시설에 살던 장애인들이 결혼 후 가족을 이루는 데 시설에서 가능한 지원을 해 줌으로써 이들의 결혼생활을 유지할 수 있도록 도와주고 있음을 부모들에게 알리고 이들 부모를 설득하였으나 부모들의 의견은 완강하였다.

당사자인 선희 씨와 철수 씨는 스스로 의사결정하는 것에 대해 매우 당혹스러워하고 있다. 담당사회복지사는 선희 씨와 철수 씨 부모의 심정을 이해할 수 있을 것 같기도 하나, 사회복지실천에서 당사자의 의사결정권과 윤리적인 가치를 잘 알고 있기 때문에, 선희 씨와 철수 씨의 의견에 따를 수밖에 없는 상황이다.

– 위의 사례에서 장애인의 인권에 대해 생각해 보자.
– 이때 사회복지사의 윤리적 실천은 무엇인가?

위 사례의 클라이언트인 선희 씨와 철수 씨는 지적장애인이다. 지적장애인이란 정신발달의 지체로 인해서 지적 기능이 평균 이하이며, 어느 정도의 사회적 적응은 할 수 있으나 많은 사회활동, 교육이나 직업 면에서 완전히 독립적 위치에 서기 힘든 사람들을 말한다.

이들 장애인의 자기결정권은 어디까지 보장해야 하는가?

① 성에 있어서의 차별 및 여성장애인에 대한 차별

장애인의 성에 대한 차별은 크게 두 가지로 나타난다. 하나는 장애인에게서 성을 제거하는 방법으로 나타나며, 다른 하나는 장애인의 성을 누릴 권리를 박탈하는 것으로 나타나고 있다.

성에 대한 차별의 가장 중요한 부분은 성차별과 여성장애인에 대한 차별이다. 우리 사회에서 여성장애인은 장애인으로서의 차별과 여성으로서의 차별이라는 이중적 차별을 당하고 있다. 그것은 장애인이라고 해서 가사나 육아로부터 벗어나지 못하며, 성차별과 성폭력과 같은 차별과 인권침해를 당하고 있기 때문이다.

장애인실태조사에 의하면, 대부분의 여성장애인은 가정 내 양육과정에서 부모로부터 차별을 경험하였으며, 이성교제 시에도 어려움을 겪고, 결혼 후에는 시댁가족과 남편으로부터의 부당한 차별을 경험하였다. 아울러 다수의 여성장애인이 성희롱이나 성폭행 등 성적인 부당한 경험과 각종 언어·비언어적인 폭행을 경험하였다.

② 「장애인차별금지및권리구제등에관한법률」과 강제불임

기존의 장애인복지법이나 편의증진법 등과 같은 장애인 관련법에서는 "장애인에 대한 차별을 금지한다."는 내용이 일부 포함되어 있지만 이는 실효성이 없는 규정에 불과하고, 그것도 고용, 교육, 정보접근, 시설이용, 이동권 문제 등 광범위한 장애인 차별의 문제를 다루기에는 부족한 실정이다. 모자보건법에 의해서도 장애인의 성에 대한 권리는 완전하게 보장받지 못하고 있는 실정이다. 이러한 뿌리 깊고 쉽사리 해결될 수 없는 장애인의 차별문제에 대해 근본적인 해결방안을 모색하고자 하는 시도가 이루어지고 있으며 이 시도는 장애인의 차별을 금지하는 법률의 제정이라고 할 수 있다.

「장애인차별금지및권리구제등에관한법률」(소위 장애인차별금지법)은 '장애'를 가졌다는 이유나 '사회적 약자' 혹은 '소수자'라는 이유로 불합리하게 차별당하지 않아야 한다는 헌법상의 평등원칙 선언이다.

참고 **장애인차별금지및권리구제등에관한법률 – 강제불임과 관련된 주요내용**

제1조(목적) 이 법은 모든 생활 영역에서 장애를 이유로 한 차별을 금지하고, 장애를 이유로 차별받은 사람의 권익을 효과적으로 구제함으로써 장애인의 완전한 사회참여와 평등권 실현을 통해 인간으로서의 존엄과 가치를 구현함을 목적으로 한다.

제5조(자기결정권 및 선택권의 보장)

① 장애인은 자신의 생활 전반에 관하여 자신의 의사에 따라 스스로 선택, 결정할 권리를 가진다.

② 장애인은 장애인 아닌 사람과 동등한 선택권을 보장받기 위하여 필요한 서비스와 정보를 제공받을 권리를 가진다.

③ 장애인에 대한 정보는 반드시 본인의 동의 하에 수집되어야 하고, 개인의 신분을 확인할 수 없는 통계적인 형식으로만 보관되어야 하며, 정보에 대한 무단 접근이나 오용으로부터 안전하여야 한다.

제10절 모·부성권

제24조(차별금지)

① 장애인은 임신, 출산, 양육 등 모·부성권에 있어 장애인 아닌 사람과 동등한 대우를 받아야 한다.

② 입양기관은 장애인이 입양하고자 할 때 장애만을 이유로 입양할 수 있는 자격을 제한하여서는 아니 된다.

③ 교육책임자 및 해당 법에서 정하고 있는 보육시설 및 아동복지시설종사자와 아동의 보호자는 부모가 장애인이라는 이유로 그 자녀를 구분하거나 불이익을 주어서는 아니 된다.

④ 피임 및 임신·출산·양육 등과 관련하여 국가 및 지방자치단체에서 직접 혹은 그로부터 위탁을 받아 운영하거나 지원을 받고 있는 기관은 장애인의 장애 유형 및 정도에 따라 임신·출산·양육 등에 필요한 정보, 정책 및 활동보조인 등의 서비스를 제공하여야 한다.

⑤ 국가 및 지방자치단체는 장애인의 임신·출산·양육 등에서의 실질적인 평등을 보장하기 위하여 필요한 보조기기·도구의 개발 및 장애로 인한 추가비용 등에 대한 지원책을 마련해야 한다.

⑥ 국가 및 지방자치단체는 교육기관 및 보육시설, 산후조리기관, 입양기관 등이 장애인 등을 차별하지 않도록 지속적으로 관리·감독하여야 한다.

제11절 성

제25조(차별금지)

① 모든 장애인의 성에 관한 권리는 존중되어야 하며, 장애인은 이를 주체적으로 표현하고 향유할 수 있는 성적 자기결정권을 가진다.

② 가족, 가정, 시설의 구성원은 성생활을 향유할 공간 및 기타 도구의 사용 제한 등 장애를

이유로 성생활을 향유할 기회를 제한하거나 박탈하여서는 아니 된다.

③ 국가 및 지방자치단체는 장애인이 성을 향유할 권리를 보장하기 위하여 지원책을 강구하여야 하며, 여기에는 장애 유형 및 정도에 맞는 피임도구, 성향유 공간, 보조도구 및 성교육 교재·교육 방법의 개발 및 적용이 포함된다.

④ 국가 및 지방자치단체는 장애인을 성을 가진 인격체로 보지 않거나 장애를 이유로 한 편견, 관습 및 기타 모든 관행을 없애기 위하여 노력하여야 한다.

제1절 장애여성

제32조(차별금지)

① 장애여성은 이 법에서 정하고 있는 모든 생활영역에서 장애를 가진 여성임을 이유로 어떠한 차별도 받아서는 아니 된다.

② 장애여성은 임신·출산·양육·가사에 있어서 장애를 가진 여성임을 이유로 그 역할을 강제 또는 박탈당하여서는 아니 되며, 이를 조건으로 사회참여활동을 제한하여서는 아니 된다.

③ 사용자는 남성근로자 또는 장애인이 아닌 여성근로자에 비해 장애여성 근로자를 불리하게 대우하여서는 아니 되며, 사내 탁아서비스 이용 등에 있어서 다음 각 호의 정당한 편의제공을 거부하여서는 아니 된다.

③ 발달(지적·자폐성)장애인의 성적 권리

발달(지적·자폐성)장애인도 다른 비장애인들과 마찬가지로 인간의 근본 욕구인 성에 관한 기본적인 권리가 있다. 이 권리와 욕구를 인정하고 옹호하고 존중하여야 한다.

누구나 인간으로서 성적 표현이나 사교생활을 선택할 권한이 있다. 발달장애인이라는 이유로 그 장애의 정도에 차이 없이 이러한 성적인 면에서의 권리가 박탈당해서는 안 된다.

발달장애인을 포함한 모든 사람에게 다음과 같은 성적인 면에서의 권리가 있다. 예컨대, 나이와 사회적 책임을 수반하는 자유로운 성적 표현, 올바른 결정을 하는데 필요한 성교육과 성에 대한 정보, 그리고 성적 폭행으로부터의 보호 등이 있다.

임신과 육아에 관한 발달장애인의 권리는 다음과 같다. 예컨대, 피임, 임신, 필요한 도움을 받아가며 아이를 기를 수 있는 선택권, 이러한 결정에 대해서 스스로 책임질 수 있고, 또한 자기의 몸에 대한 결정권, 필요에 따라 양육 시 요구되는 도움을 받을 수 있는 권리, 그리고 장애 정도의 차이에 관계없이 불임수술에 대한 자기결정권 등이 있다.

이에 대한 대안으로서, 첫째, 발달장애인을 보조하는 기관의 성에 관한 시책 마련, 예컨대, 성에 관한 시책은 성적 표현의 권리와 한 개인의 신체적 영역을 존중할 필요성과 더불어 모두가 해를 당함이 없는 건전하고 안전한 환경을 마련해야 한다는 두 가지 사이의 균형을 이루어야 한다. 이러할 때만이 발달장애인의 진정한 정상화가 달성될 수 있다. 둘째, 발달장애인 대상 성교육의 필요성으로, 예컨대 성교육은 매우 필요한 부분임에도 발달장애인을 위한 훈련영역에서 소홀히 여겨져 왔다. 서비스기관은 발달장애인이 성생활을 비롯한 경우 모든 면에 최대한 참여할 수 있게 하는 지식과 기술을 갖도록 하기 위하여 그들에게 성교육의 기회를 마련해 줄 의무가 있다. 이를 위해서는 체계적이고 전문적인 훈련을 받을 수 있는 기관과 재정적인 지원이 뒤따라야 할 것이다.

2. 장애인과 자기결정권

(1) 자기결정권

헌법상 자기결정권이란 개인의 일정한 사적 사안에 관하여 국가로부터 간섭을 받음이 없이 스스로 결정할 수 있는 권리를 말한다. 이를 인격적 자율권이라고도 한다. 헌법상 보호되는 자기결정권은 모든 사항에 대한 일반적인 자기결정권이 아니라 타인에게 위해를 주지 않는 사항에서의 자기결정권을 말한다.

일반적으로 자기결정권이란, ① 외부의 압력을 받지 않고 스스로 결정하는 것, ② 스스로 거주지를 선택하며 다른 사람의 충고를 받지 않고 결정하거나 행동하는 자유, ③ 다른 국가가 원하는 바와는 상관없이 국민 스스로 정부형태를 결정하는 것 등으로 정의 내릴 수 있다.

사회복지실천에서의 '클라이언트의 자기결정'은 사회복지실천에 있어 중요한 원리로 인식되어 왔으며, 인간의 기본적인 존엄성에 없어서는 안 될 절대적인 구성 요소로서 인식되어야 한다. 모든 인간은 '자기의지'가 있으며, 자기 스스로 결정하고자 하는 욕구가 있고, 또한 동시에 누구나 자기결정능력을 가지고 있다. 이와 같은 가치관에 기초한 클라이언트의 자기결정권은 사회복지실천 전 과정에 걸쳐 클라이언트 개인의 권리와 욕구를 실현하기 위한 것으로서, 클라이언트는 모든 의사결정과정에 참여하여 스스로 선택하고 결정하는 자유를 누리는 것을 뜻한다. 따라서 오늘날 사회복지 전문직의 가장 확고한 신념 중 하나는 인간은 다 자기결정을 할 수 있는 능력을 가지고 있기 때문에 어느 누구도 클라이언트의 자기결정권을 대신 행사할 수 없다.

참고 자기결정권의 근거 및 성격

1) 헌법적 근거 제10조 1항 행복추구권

대한민국 헌법재판소는 "헌법 제10조에 의거한 행복추구권은 헌법에 열거된 기본권으로서 행복추구의 수단이 될 수 있는 개별적 기본권들을 제외한 헌법에 열거되지 아니한 권리들에 대한 포괄적인 기본권의 성격을 가지며, 일반적 행동자유권, 개성의 자유로운 발현권, 자기결정권, 계약의 자유 등이 그 보호영역 내에 포함된다."라고 판시하여 자기결정권의 근거를 행복추구권에서 찾고 있다.

2) 법적 성격

소극적·방어적인 성격을 가지는 자유권과 보충적 성격을 가지는 기본권이 있다.

3) 자기결정권의 주체

(1) 성숙한 판단능력을 갖춘 자에 한하는지의 문제: 헌법상의 자기결정권에 있어서 그 주체를 충분한 판단능력을 갖춘 자에게만 한정시킬 수는 없다.

(2) 법인 및 외국인의 주체성 인정문제: 자기결정권은 성질상 인격을 지닌 자연인인 인간에게만 해당하는 권리이므로 법인은 포함되지 않는다. 외국인은 자연인인 인간이므로 그 주체성을 인정하여야 할 것이다.

(3) 미성년자나 지적장애인의 경우, 주체성은 인정되나 상당한 제한을 받는다.

4) 일반적인 자기결정권의 내용

(1) 혈육 잇기(reproduction)에 관한 자기결정권

(2) 생명, 신체의 처분에 관한 자기결정권

(3) 라이프스타일의 자기결정권

(4) 성적 자기결정권 등

참고

자기결정, 자율성 개념

- 자율성이란 "자기 스스로 동의한 것만 실행하고 외부의 압력 없이 자발적으로 받아들인 의무 외에는 받아들이지 않으며, 개인 스스로 조인 역할을 하는 것"이라고 하면서 자기결정에도 이러한 차원을 강조하였다(프랭클(Frankel)).
- 자기결정이 "반드시 사회복지사에 의하여 실천되어야 하는 중요한 가치 중에 하나"라고 강조하며 "자기지향이라는 용어가 더 적절하다."고 하였다(홀리스(Hollis)).
- 자기결정에 대해 "개인이 스스로 선택하고 결정하는 권리는 단순히 목적을 위한 수단이 아니라, 오랫동안 서구 민주사회가 신봉해 온 가치구조, 즉 정당한 방법으로 추구되는 목적과 그 목적달성을 위해 선택되는 수단을 결정하는 기본적인 가치구조로 간주되어 왔다."고 하였다(맥더모트(McDermott)).

자기결정에 대한 이상의 정의들은 단순히 자기결정이 무엇이고 언제 행사하느냐 하는 것만을 의미한다는 점에서 피상적이다. 그러나 자기결정이나 자율성의 개념은 많은 제한을 가지고 있어서 실제적으로 이러한 것들이 존재하는가 하는 점에서 의문이다.

"사회복지사는 클라이언트가 자기결정권을 최대한 행사할 수 있도록 도와야 하며 저들의 이익을 최대한 대변해야 한다(한국 사회복지사 윤리강령)."

"사회복지사는 클라이언트의 자기결정권을 존중하고 증진하며 클라이언트가 목표를 규명하고 명확화하도록 지원한다(NASW 윤리강령)."

(2) 클라이언트의 자기결정을 돕는 사회복지사의 역할

① 사회복지사는 클라이언트로 하여금 자신의 문제와 요구를 전체적인 관점에서 관찰하고 이해할 수 있도록 돕는다.

② 사회복지사는 클라이언트가 지역사회 내 인적 자원을 포함한 활용 가능한 자원들이 존재하고 있음을 알려 주는 역할을 한다. 만일 이용 가능한 여러 자원들 가운데서 어느 한 가지를 선택해야 할 경우 사회복지사는 각각의 선택의 특성과 중요성, 선택의 장점과 단점 등 필요한 정보를 구체적이고 상세하게 제안하여 주는 것이 필요하다.

③ 사회복지사는 클라이언트 자신의 잠재적인 자원의 활용을 적극적으로 활성화할 수 있도록 자극을 주는 역할을 한다. 즉, 클라이언트가 성장할 수 있고 자신의 문제를 해결할 수 있는 관계의 환경을 만들어 내는 것이다.

④ 사회복지사는 클라이언트가 사회복지실천 전 과정에서 적극적으로 참여할 수 있도록 돕고 더불어 클라이언트가 자기 자신이나 자신의 문제를 관련하여 의사결정을 해야 할 경우 결정과정에 참여하여 스스로 판단하고 결정할 수 있도록 경청하고 수용적인 태도로 돕는다.

(3) 클라이언트의 자기결정에 있어 피해야 할 사항

① 사회복지사는 클라이언트 문제를 해결하는 일에 있어서 사회복지사가 결정하고 그 내용을 클라이언트가 그대로 따르도록 유도하는 일을 피해야 한다. 또한 사회복지실천을 수행하는 과정에서 사회복지사가 전적인 책임을 지고 클라이언트에게는 단지 종속적인 역할을 수행하도록 하는 것은 피해야 한다.

② 클라이언트가 요청하는 서비스에 대해서는 무관심하면서, 사회복지사 중심으로 서비스 계획을 수립하는 일, 그리고 서비스 지원내용과 방법 등을 결정하는 일은 반드시 피해야 한다. 사회복지사가 전적인 책임을 지려고 하는 것

은 사회복지사가 모든 것을 알고, 모든 것을 진단하고, 사정하며, 모든 것에 개입하여 모든 문제를 해결할 수 있다는 생각에서 비롯된 것으로서, 매우위험한 발상이다.

③ 직접적으로나 간접적으로 클라이언트를 조정하는 일은 피해야 한다.

④ 통제와 같은 방법으로 클라이언트를 설득하는 일 또한 피해야 한다. 사회복지사가 미리 결정을 하고 클라이언트에게 참여를 권유하고 협력하도록 하는 일 등의 종속적인 역할을 유도하는 일은 피해야 한다.

(4) 자기결정권의 한계와 제한

자기결정의 개념은 사회복지전문직에 있어 대단히 중요하게 여겨져 왔다. 그러나 대부분의 사회복지사들은 클라이언트의 자기결정이 모든 상황에 적용되는 절대적인 권리가 아니라는 데 동의한다. 클라이언트의 자기결정의 권리를 제한하는 한계는 크게 두 가지 분류로 나눌 수 있다. 첫 번째 한계는 클라이언트와 사회복지사가 처해 있는 환경에 대한 현실적인 평가에 따른 것이고, 두 번째 한계는 사회복지과정이 가지는 계약적인 성격 자체에 내포된 것이다.

첫째, 현실적인 평가에 따른 한계이다.

① 클라이언트 본인에 의한 한계이다. ㉠ 클라이언트가 선택에 대한 대안이 전혀 없는 경우이다. 현실적으로 클라이언트가 선택할 수 있는 대안이나 자원이 부재하는 경우로, 예를 들어 24시간 보호가 필요한 중증의 장애인이 보호를 거부하고 독립적인 삶을 결정하고자 할 때 현실적인 한계를 고려하게 된다. ㉡ 클라이언트의 선택능력에 의한 경우이다. 자기결정은 클라이언트의 선택능력을 포함하며, 그 선택은 클라이언트의 성장과 발전을 위한 긍정적인 선택을 전제로 한다. 그러나 모든 사람이 이러한 선택을 할 능력을 가지고 있다고 볼 수 없다. 법적으로 아동이나 정신장애인에게는 자기결정능력이 결여된 것으로 간주하고 이들에 대

해 법적인 후견인에 의하여 결정을 위임하게 되기 때문이다. ⓒ 클라이언트의 자기결정이 가져올 예상에서 생기는 제한이다. 예컨대, 클라이언트의 선택이 자신에게 해를 끼치는 부정적인 결과를 초래할 것이 분명한 경우, 혹은 타인의 권리와 충돌하게 될 것이 예상되는 경우에 클라이언트의 권리는 제한을 받게 된다.

② 사회규범이나 법률에 의한 제한이다. 클라이언트가 선택한 행동이 사회규범에 위배될 경우, 사회복지사는 클라이언트의 선택을 극대화시켜 줄 수 없다. 예를 들어, 클라이언트가 불법적인 마약 밀수를 직업으로 선택하려고 한다든지 마약을 상습적으로 복용하려고 한다든지 자신의 아이나 부인을 학대하려고 하는 등의 결정을 하려고 한다면 사회복지사는 클라이언트의 선택이 자신에 대해 부정적일 뿐만 아니라 부도덕한 방향이므로 제한을 가할 수밖에 없게 된다.

③ 사회복지기관의 기능에 의한 제한이다. 모든 사회복지기관은 각 기관 나름대로의 특정한 기능을 수행하기 위하여 여러 가지 규정을 설정하고 그에 따른 기능을 구체화하고 있다. 클라이언트가 사회복지기관의 서비스를 활용하려면 사회복지기관의 기능에 부합되어야 한다. 기관의 기능을 초월한 대상자의 적격요건이나 서비스는 받을 수 없다.

④ 사회복지사에 의한 제한이다. 사회복지사는 클라이언트에게 도움을 주는 원조전문가이고 클라이언트는 도움을 요청하는 수혜자이기 때문에 사회복지사는 클라이언트보다 더 많은 힘을 가지고 있다. 또한 사회복지사는 전문적인 지식과 기술로 클라이언트로 하여금 더 나은 결정을 하도록 도와야 한다는 의무를 가지고 있다. 이러한 과정에서 사회복지사는 알게 모르게 클라이언트의 의사결정에 영향을 미침으로써 클라이언트 자기결정의 권리에 제한을 가하게 된다.

둘째, 사회복지과정의 계약적 성격에 내포된 한계이다.

원조과정이 가지는 계약적인 성격 그 자체가 클라이언트 자기결정의 권리를 제한시키는 경향이 있다. 면접과정에서 클라이언트나 가족은 그들의 사생활을 노출

될 수밖에 없다. 그러한 노출은 자신이나 가족에게 해가 될 수도 있고 또한 사회복지사에게도 자신들의 약점을 드러내어 취약해질 수도 있다. 클라이언트의 자기결정권은 사회복지라는 전문직에서 최고로 중요한 가치로서 인간의 존엄성을 실현하는 수단적인 가치임에는 틀림없다. 그러나 클라이언트의 자기결정은 절대적일 수 없고 클라이언트의 능력, 법, 관습, 타인의 권리, 자신에게 해를 끼칠 것으로 예상되는 상황이나 생명에 위험을 초래하는 결정 등에서는 어느 정도 제한을 받게 된다.

3. 지적장애인

(1) 지적장애인 – 가족지원

사 례 장애인 가족을 대상으로 한 윤리적인 실천

클라이언트(남, 뇌병변 1급, 지적장애)는 복지관주간보호서비스, 복지관 조기교육 서비스를 이용 중이나 재활프로그램에 참가할 수 없을 정도로 지능이 낮고, 공격성이 강해 프로그램을 지속할 수 없는 상황으로, 프로그램 중단이 예정되어 있는 상황이다. 공격성(주변 아이들을 때리며, 물건을 집어 던짐)이 있고 지적장애 중 중도장애(지능지수 20~34)로, 교육적 측면에서 훈련이 매우 어려운 상황이다. 가정에서도 클라이언트의 어머니를 공격한다(어머니의 경우 클라이언트 태도에 대해 계속적인 지적을 하고 이런 행동에 대해 클라이언트가 공격적으로 반응하고 있다). 클라이언트의 아버지는 클라이언트가 시설에 입소하는 것에 반대하며, 지역사회에서 같이 거주하기를 희망하고 있다. 클라이언트의 어머니는 클라이언트에 대해서 두려움을 가지고 있다. 지적장애로 인한 정도가 일상활동지원을 위한 반복된 훈련이 매우 어려운 상황이다. 지역사회복지관에서 밑반찬 서비스 및 후원, 나들이 서비스 제공, 육아보조인 협회에서 가정방문서비스를 지원받고 있다.

- 본 사례에서 윤리적인 쟁점은 무엇인가?
- 가족과 함께 생활하는 것도, 주간보호시설에서 보호를 받은 것도 사실상 어려운 클라이언트의 경우, 거주시설에서 생활하는 것이 윤리적인가?
- 보호자의 자기결정을 존중하여, 현재와 같은 삶을 지속해야 하는가?
- 본 사례에서 사회복지윤리실천에서 어떤 종류의 가치들이 상호 충돌하고 있는가?
- 사회복지사의 윤리적 실천은 무엇인가?

본 사례에서 나타난 윤리적 쟁점은 첫째, 클라이언트의 자기결정권이다. 예컨대, 클라이언트 부모는 클라이언트가 지역사회에 속한 가정 내에서의 계속적인 보호와 지원을 요구하고 있다. 둘째, 아동의 권익문제이다. 예컨대, 클라이언트의 삶의 질을 개선하기 위해서는 조금 더 교육적이고 치료적 효과를 제공할 수 있는 장애인 거주시설로의 입소가 바람직하다는 의견이다.

(2) 지적장애여성 – 자기결정권

인간은 '자기의지'가 있으며, 자기 스스로 결정하고자 하는 욕구가 있고, 동시에 누구나 '자기결정'능력을 가지고 있다. 이와 같은 가치관에 기초한 클라이언트의 '자기결정원칙'은 사회복지실천 전 과정에 걸쳐 클라이언트 개인의 권리와 욕구를 실현하기 위한 것으로서, 클라이언트는 모든 의사결정과정에 참여하여 스스로 선택하고 결정하는 자유를 누리는 것을 뜻한다.

① 윤리강령상의 자기결정

첫째, 한국 사회복지사 윤리강령에서는 자유결정의 내용을 "사회복지사는 클라이언트가 자기결정권을 최대한 행사할 수 있도록 도와야 하며, 저들의 이익을 최대한 대변해야 한다."고 명시하고 있다.

둘째, 클라이언트의 자기결정권의 실현을 위해 "사회복지사는 클라이언트의 자기결정권을 존중하고 증진하며, 클라이언트가 목표를 규정하고 명확화하도록 지원해야 한다. 또한 사회복지사는 자신의 전문적 판단에 의해 클라이언트의 조치 또는 잠재적 조치가 그들 자신이나 다른 사람들에게 심각하고 예상 가능하며 임박한 위험을 야기할 때에는 클라이언트의 자기결정권을 제한할 수 있어야 한다(NASW)."

셋째, 윤리원칙심사란 윤리규칙심사가 효과적이지 못할 경우 사회복지사로 하여금 상충하고 있는 NASW 윤리강령의 원칙 가운데 좀 더 윤리적인 것이 무엇인지를 판단할 수 있는 지침을 제공하는 수단이다. 로웬버그와 돌고프는 자유의 원칙,

즉 자기결정권에 관한 사항을 7개의 단계 중 세 번째로 나타내었다. 이를 보면 그들이 생명보호와 평등 및 불평등의 원칙을 제외하고는 자기결정권을 매우 중요하게 생각하였음을 알 수 있다.

넷째, 리머의 의사결정모델에서 갈등해결지침에 의하면, "어떤 개인이 가지는 자기결정에 관한 권리는 자신의 기본적인 안녕에 대한 권리에 우선한다."라고 명시하여 개인의 자유가 안녕보다 우선적으로 고려되어야 하는 것으로 나타내고 있다. 어떤 개인이 비록 자살과 같은 자기 파괴적 행위를 선택한다 할지라도, 그와 같은 결정을 내리는 과정에 어떠한 문제점이 존재하지 않는다고 한다면, 예를 들어 자기결정의 의미와 결과에 대한 충분한 정보를 가지고 완전히 자유로운 상태에서 자기의지로 선택했다면, 사회복지사는 그가 내린 결정을 절대적으로 존중하여야만 하는 것이다.

② 상충되는 가치 및 제한점

첫째, 선행의 원칙에 따르면, 클라이언트가 다른 사람이나 자기 자신에게 해를 입히는 것을 막기 위해서 사회복지사가 클라이언트의 자기결정권을 제한하려 할 때, 그 제한이 정당화되려면 선행의 원칙과 같은 상충되는 도덕적 원칙에 근거해야 한다.

둘째, 온정주의의 접근에 의하면, 온정주의란 개인의 복지, 선, 행복, 욕구, 흥미, 관심, 가치를 이유로 개인의 자유활동에 대한 간섭을 정당화하는 것이라고 정의한다. 그리고 개인의 복지를 보호하거나 향상시키기 위해서 그 개인의 활동이나 상태에 강제적인 개입을 시도하거나 행하는 행위, 신체활동뿐 아니라 정서 상태까지 포함하는 개념이다. 온정주의적 선행모델에 의하면 클라이언트의 거절에도 불구하고 클라이언트의 삶의 질을 향상시키기 위해서 행해지는 보호적 개입이라 정의한다.

클라이언트의 자기결정권 실천과정에 온정주의는 다음의 세 가지 형태로 나타난다.

- 사회복지사가 클라이언트의 이익을 위해 클라이언트에게 정보를 공개하지 않는 것이 정당하다고 믿는 경우
- 사회복지사가 클라이언트의 이익을 위해 클라이언트에게 실제로 거짓말을 하는 경우(단순히 정보를 공개하지 않는 것과는 비교가 된다)
- 자기 자신의 이익을 위한 클라이언트의 바람과 상반되게 클라이언트에게 신체적 간섭을 하는 경우

사회복지사의 온정주의적 개입이 정당화될 수 있는 경우는 다음과 같다. 사회복지사의 온정주의적 개입의 정당화에 따라서, 첫째, 간섭을 하지 않을 때 일어날 수 있는 해로운 결과가 되돌릴 수 없는 결과가 될 수 있는 경우, 둘째, 일시적으로 클라이언트의 자유를 제한함으로써 보다 넓은 범주에서의 클라이언트의 자유가 보장될 수 있는 경우, 셋째, 당면하고 있는 원조의 필요성이 간섭 금지보다 우선하는 경우 등이다.

온정주의적 개입을 정당화하는 클라이언트의 속성은, 첫째, 클라이언트에게 관련 정보가 결여되어 있을 경우, 둘째, 클라이언트에게 일시적으로나 영구적으로 관련 정보를 이해할 능력이 없는 경우, 셋째, 클라이언트가 간섭 전에 개입에 동의한 경우, 넷째, 클라이언트가 간섭 후에 개입에 동의한 경우이다. 가령 판단력이 일시적으로 손상된 개인의 자기 파괴적 행동에 대해 온정주의적 간섭을 하는 경우 등이다.

강제적 개입을 하는 과정에서 직면하게 되는 윤리적 딜레마는 클라이언트의 자기결정권과 사회복지사의 온정주의가 상충하면서 발생되는 것이다.

자기결정과 온정주의의 상충 예로서, 가정폭력 피해자, 알코올중독자, 정신장애인, 치매노인 등과 같은 클라이언트를 심각한 위험으로부터 보호하기 위해서 서비스를 제공하고자 하지만 클라이언트가 보호시설 입소나 치료시설 입원과

같은 서비스를 거부할 경우, 또는 지역사회의 학교, 사회복지관, 병원, 정신보건센터 등에서 근무하고 있는 사회복지사가 아동학대와 유기에 대한 신고의무를 알고 있지만 신고할 것인가 등 사회복지의 다양한 실천 분야에 대해 윤리적 딜레마가 제기된다.

사 례 **자기결정권: 지적장애여성의 자녀 입양문제**

클라이언트 김 씨(여, 24세, 지적장애 2급)는 임신 6개월로 이 씨(남, 32세, 비장애)와 동거 중이다. 동거남은 일용직으로 일하며 받은 돈으로 생활하고 있다. 최근 동거남은 잦은 구토와 복통으로 병원을 찾았고, 정밀검사 결과 위암 말기 판정을 받았다. 동거남의 주치의 소견에 의하면 여명기간은 6개월 이내로 보고 있다. 클라이언트는 혼자서 아이를 키우는 것에 대한 두려움이 있으며, "오빠(동거남, 아이아빠) 없이는 혼자서는 못 키운다."고 말하며 태어날 아이에 대해서는 입양을 원하고 있다. 이들은 현재 혼인신고도 하지 않는 상태이다. 동거남의 어머니는 아들이 사망한 이후에는 며느리와 태어날 손자와 함께 살겠다고 하지만 경제적 상황이 여의치 않은 상황이다. 클라이언트 김 씨는 친모와 아주 어릴 때 헤어져 왕래가 없었으며 클라이언트 오빠(26세, 지적장애 3급)와는 가끔 연락하며 지내고 있다. 클라이언트는 동거남이 사망한 후에 혼자서 아이를 키울 생각이 없으며 시어머니와 함께 살고 싶은 생각도 없다. 동거남 역시 아기는 좋은 부모 밑으로 입양되기를 희망하고 있으며, 김 씨도 자신이 사망한 이후에는 자신을 잊고 새로운 삶을 살았으면 좋겠다는 생각을 가지고 있다.

본 사례와 관련한 윤리적 쟁점은 지적장애인의 의사결정권 존중여부와 앞으로 태어날 아이는 누가 양육해야 하는가? 그리고 지적장애 2급인 클라이언트의 의사를 존중하여 아이를 입양시켜야 하는가? 등의 문제이다. 앞으로 태어날 아이가 건강하게 성장할 권리(생명존중의 원칙)가 있다. 그러나 병원에서 아이 아버지의 여명기간을 6개월 이내로 보고 있어 아이가 태어난 이후 부모와 함께 살 수 있는 기간은 최대 2~3개월이다. 곧 태어나게 될 아기는 누구보다도 건강하게 성장할 권리를 가지고 있으며 자신의 생명을 유지하고 건강을 보호받아야 한다.

- 본 사례에서 윤리적인 쟁점은 무엇이며 윤리적 실천을 위한 전략은 무엇인가?
- 클라이언트(지적장애인)의 자기결정권에 대해 생각해 보자.
- 자녀 입양문제에 대한 윤리적 쟁점은 무엇인가?
- 사회복지사의 윤리적 실천에 관해 논의해 보자.

4. 여성장애인

(1) 여성장애인의 성폭력

참고

지적장애인 권리선언

- 지적장애인은 실제적으로 다른 일반 시민들과 동등한 권리를 가진다.
- 지적장애인은 적절한 의료적 보호 및 물리적 치료를 받을 권리를 가지며, 그 능력을 계발하고 가능성을 최대한도로 발휘할 수 있도록 교육과 훈련, 재활, 지도를 받을 권리를 가진다.
- 지적장애인은 경제적 보장과 적절한 생활수준유지의 권리를 가진다. 또한 그들은 자기의 능력을 최대한 계발시키기 위하여 생산적인 일을 수행하거나 다른 의미 있는 직업에 종사할 권리를 가진다.
- 장소에 제한됨이 없이, 지적장애인은 그들의 가족이나 위탁부모(foster parent)와 동거하며, 각종 지역사회에 참여할 수 있어야 한다. 지적장애인과 동거하는 가족들은 원조를 받아야 한다. 시설보호가 필요한 경우에는 통상적인 생활과 최대한 접근된 환경과 조건이 조성되어야 한다.
- 지적장애인은 자기의 개인적 복지와 이익을 보호하기 위하여 필요할 경우, 자격 있는 후견인을 둘 권리가 있다.
- 지적장애인은 착취와 유기, 학대로부터 보호받을 권리를 가진다. 만일 범죄행위로 인하여 기소된다면, 지적장애인은 그의 정신적 책임이 충분히 감안된 상태에서 공정한 사법적 재판을 받을 권리를 가진다.
- 중증장애로 인하여 지적장애인이 그 모든 권리를 유용하게 행사할 수 없거나, 또는 그 권리의 일부나 전부가 제한되거나 배제되어야 할 필요가 생겼을 경우, 권리의 제한이나 배제가 행사되는 절차가 남용되지 않도록 적절한 법적인 보장을 받아야 한다. 이러한 절차는 자격을 갖춘 전문가들에 의한 지적장애인의 사회적 능력평가에 기초를 두어야 하며 또한 정기적인 재검토와 상급기관에 항소권이 전제되어야 한다.

사 례 여성장애인의 성폭력

클라이언트(여, 지적장애 2급, 고등학교 1학년 재학 중)는 부모의 이혼, 어머니의 가출로 현재 실제 양육책임은 고모가 맡고 있다. 현재 함께 살고 있는 친오빠로부터 상습적인 성폭력이 의심된다. 클라이언트는 일상생활 및 영양섭취에서 방임을 받고 있는 상태여서 사회복지사가 주 1회 클라이언트의 샤워 및 목욕을 도와주었으나, 고등학교 입학 후 이것이 어려워져 청결과

보건이 위험에 노출된 상태이다. 또한 알코올을 섭취하면 노숙자들에게 숙식을 제공하는 아버지의 생활 패턴을 고려하여 현재 보호자의 역할을 하고 있는 고모에게 본 복지관의 생활시설 입소를 권유하였으나 클라이언트의 아버지가 클라이언트와 함께 살아온 기간이 얼마 되지 않아 입소가 불가하다고 반대하였다. 클라이언트가 고등학교에 진학 후 채팅으로 알게 된 10~15명의 남자와 원조교제를 한 것을 고모가 알게 되었으며, 고모가 개인적으로 연락하여 사실 확인을 하고, 다시는 클라이언트와 만나지 않을 것을 확인 받고 있다고 하였다. 사회복지사는 함께 신고를 하고 클라이언트에게 적절한 사후 서비스를 제공하자고 제의하였으나 클라이언트의 고모는 시간적이나 건강상 오랜 시간을 클라이언트에 할애할 수 없음을 표시하며 거부하였다.
– 이 사례의 윤리적 쟁점은 무엇인가?
– 사회복지사의 윤리적인 실천을 생각해 보자.

본 사례의 윤리적 쟁점은, 첫째, 기관 및 사회복지사의 성폭력 신고의무, 둘째, 부양의무자의 의사결정권 존중여부, 셋째, 사회복지사의 클라이언트의 윤리적 책임(클라이언트의 인간다운 생활에 대한 보장 및 권익보호) 등으로 이해할 수 있다.

(2) 여성장애인의 성교육, 임신·출산

윤리적 의사결정은 하나의 과정이다. 단순히 해결책만으로는 해결할 수 없는 복잡한 윤리적 쟁점을 가진 수많은 사회복지 사례가 존재한다. 사회복지사는 윤리적 판단이 보장되도록 모든 상황에 적합한 강령의 모든 가치, 원칙, 기준을 고려해야 한다. 사회복지사의 판단과 조치는 강령의 규정뿐만 아니라 정신에도 일관되어야 한다.

사 례 **여성장애인의 성, 산부인과 진료의 자기결정권**

백 씨는 지적장애인(여, 33세, 다운증후군)으로, 현재 그룹홈(장애인공동생활)에서 생활하고 있다. 백 씨는 B혼성그룹홈에서 생활하다가 다양한 이유(행정상, 백 씨 개인적인 상황)로 A여성그룹홈으로 이동하게 되었다. A여성그룹홈으로 이동 후 그룹홈 거주인들과 긍정적으로 생활하는 모습을 보이고, 사회복지사를 도와 부재 시 리더의 역할을 수행하고 있으나, 간혹 본인의 욕구에 맞지 않으면 주저앉아 크게 울거나 기분 변화가 심하고 집단 혹은 개별활동을 거부할 때도 있다. A여성그룹홈으로 이동 후에도 남자친구와의 만남을 지속적으로 유지하고 있다. 그럼에도 불구하고 무단외출을 하여 B혼성그룹홈에 있는 남자친구와 공개적인 장소에서 성관계하는 모습을 그룹홈 거주인들에게 보이거나 남자친구의 부재 시 성적 욕구가 있는 다른 그룹홈 지적장애인과 성관계를 맺기도 하였다.

최근 무단외출을 하여 확인할 수 없는 사람과 이틀 동안을 보내고 돌아왔다. 사회복지사는 이틀 동안의 상황에 대해 이야기를 나누던 중 신원을 확인할 수 없는 모 씨와 성적인 관계를 맺었다는 사실을 확인할 수 있었다.

사회복지사는 클라이언트에게 산부인과 질환증상이 나타나서 혹시 모를 상황과 산부인과 진료에 대해 설명을 하고 함께 병원에 방문하여 진료를 실시하려고 하였다. 그러는 과정 중에 클라이언트가 진료방법에 충격을 받아 완강히 거부하는 모습을 보여 진료를 실시하지 못하였다. 의사도 지적장애인의 진료에 어려움을 토로하였으며 다른 진료방법으로 백 씨를 수면(마취)상태에서 검사하는 방법이 있다고 하였다. 백 씨에게 수면(마취)검사에 대해 설명을 해 주고 진료의사를 물어보았으나 이 역시 완강히 거부하였다. 사회복지사는 수면(마취)검사에 대한 동의서가 필요하다는 것을 백 씨의 원가족에게 알리기 위하여 연락을 취하였으나 연락이 닿지 않은 상태이다.

- 이때 사회복지사의 윤리적인 실천은 무엇인가?
- 사회복지사가 할 수 있는 일은 무엇인가?

본 사례에서 충돌되는 윤리적 쟁점은 사회복지사가 기관에 대한 의무와 클라이언트에 대한 의무 사이에서 윤리적인 판단을 내려야 하는 것이다.

첫째, 기관에 대한 의무는 사회복지사가 기관에 대하여 갖는 의무로, 소속기관의 성장과 발전에 공헌해야 하는 의무, 기관의 정책과 절차를 준수해야 할 의무, 기관의 권위체계를 따라야 할 의무가 있다.

둘째, 클라이언트에 대한 의료사회복지사의 의무는 클라이언트의 권익을 최우선으로 삼아야 하는 가치를 존중할 의무, 클라이언트의 자기결정권을 최대한 행사할 수 있도록 도와야 하는 의무, 클라이언트에 대한 비인도적인 행위의 실천을 예방하여 전문직의 위상을 높여야 하는 전문직에 대한 의무가 있다.

클라이언트 백 씨는 그룹홈에서의 규칙, 권리, 의무를 수행하지 못하는 경우, 계약관계에 의해 퇴소조치 되어야 하는 상황이다. 현재 그룹홈에서는 거주인들이 서로의 생활을 존중해 주기 위해 거주인 자치회의를 통하여 그룹홈 내 생활규칙을 만들었다. 이 규칙 안에는 개인적인 생활영위를 위해서 타인에게 피해를 주는 어떠한 행위도 하여서는 안 된다고 제시되어 있다. 그리고 이러한 규칙을 위반할 시 그룹홈의 거주에 어려움이 생긴다. 이러한 규칙이 있는 것을 알고 있는 백 씨는 타인에게 피해를 주어 퇴소조치를 당할 상황에 직면하였다. 그러나 현재 백 씨가 원가족에게 방임된 상태이므로 거처할 곳을 찾지 못하는 어려운 상황에 당면해 있다.

원가족의 방임태도로 진료지연에 대한 문제, 자기결정권과 인권문제, 의사무능력자의 법률행위는 무효이고, 행위무능력자(미성년자, 한정치산자, 금치산자)의 법률행위는 취소할 수 있다. 이처럼 당사자의 자기결정권보다는 법률에서 정하는 법률행위 시에는 법적 대리인이 부모로 명시되어 있으나 현재 백 씨의 부모는 연락이 두절된 상태이다. 계약관계에 규정을 지켜 적용한다면 백 씨의 의사결정을 존중해 줘야 하지만 백 씨의 건강상의 문제가 진행되고 있으므로, 치료가 장기적으로 지연될 경우 생명에 지장이 올 수 있다는 사실을 간과해서는 안 된다.

(3) 여성장애인의 가정폭력, 이혼

다음은 지적장애인이 종종 경험하는 가정폭력과 이혼 사례이다. 윤리적인 해결을 위한 실천방법에 대해 살펴보자.

사 례 **여성장애인의 이혼**

클라이언트(29세, 지적장애 3급, 여성)는 3명의 자녀가 있는 어머니이다. 자녀의 연령은 7, 6, 5세이고 인근 어린이집에 다니고 있으나 가정 내 교육이 이루어지지 않아 학습수준과 일상생활기술 수준이 현저히 낮다. 자녀 중 첫째 아동에게 언어장애가 있으나 장애등록은 하지 않은 상태이고, 인근 복지관에서 언어치료를 받은 경험은 있으나 치료기간 종결로 인해 현재는 받고 있지 않은 상태이다. 남편은 알코올중독으로 병원에 강제입원 중이나 곧 퇴원할 예정이다. 남편이 입원 전에 술을 마신 뒤 자녀와 클라이언트에게 잦은 폭력을 행사하였으며, 현재 본인의 강제입원에 대해 커다란 분노를 느끼고 있다.
클라이언트는 남편의 퇴원과 관련하여 추후 강제입원에 대한 보복 폭행을 크게 두려워하고 있다. 클라이언트는 남편과 이혼하기를 원하고 있지만 현재 살고 있는 임대주택의 명의가 시어머니 앞으로 되어 있어 이혼을 할 경우 거주지에 대한 문제가 있고 도와줄 친인척이 없어 이혼 후 생활과 자립에 능력이 없는 상태이다. 현재 클라이언트는 직업을 가지고 있지 않으며 경제적인 부분에 대해서는 기초생활수급비와 인근 복지관, 교회로부터의 지원으로 생활하고 있다.
클라이언트는 일반적 지적장애인에 비해 인지수준은 비교적 양호하나 주변인의 이야기를 쉽게 받아들여 부적절하게 의사결정하는 경향이 있으며, 가사 및 양육에 대한 생각은 있지만 전반적인 기술이 부족하고 성실하지 못한 모습을 보이고 있다.

- 본 사례의 윤리적 쟁점은 무엇인가?
- 사회복지사의 윤리적 실천 및 윤리적 의사결정은 무엇인가?
- 클라이언트(지적장애여성)의 이혼에 대한 자기결정권은 어디까지 존중해야 하는가?
- 클라이언트의 행복추구권과 자기결정권에 대해 생각해 봅시다.
- 더불어 아동의 삶의 질 문제에 관해 생각해 봅시다.
- 자녀양육능력이 부족한 부모(보호자)의 권리와 아동의 삶의 질 문제 간의 윤리적 갈등을 어떻게 해결해야 하는가?

CHAPTER 14

후천성면역결핍증(HIV/AIDS) 감염인과 복지현장에서의 윤리적 실천

1980년대 초에 에이즈(AIDS)가 질병으로 처음 확인되고 에이즈 감염인에 대한 통계가 집계된 이후 지속적으로 감염인이 증가하고 있으며, 이로 인해 사망자 또한 지속적으로 증가하고 있는 추세이다. 최근 새로운 의약품의 개발과 치료로 인해 에이즈 감염인은 과거에 비해 생명이 연장되었으나 높은 치료비 부담이 심각한 문제로 남아 있다.

사회복지실천을 담당하는 사회복지사는 에이즈 감염인을 가장 먼저 접촉하고 이들을 처음으로 담당하는 전문가 가운데 한 집단이다. 이미 사회복지사 윤리강령이나, 에이즈 예방법 등에 의해 에이즈 감염인에 대한 비밀보장을 명시하고 이들의 보호하는 등 에이즈 감염인에 대한 인권문제를 강조하고 있다. 미국의 장애인법(ADA, 1990)에서는 에이즈 감염인을 장애인으로 정의하고, 이들 장애인의 고용, 공공주택, 대중교통, 그리고 공공서비스에 있어서의 차별을 금지하는 내용이 명시되어 있다. 즉, 후천성면역결핍증/에이즈(HIV/AIDS)의 감염인들도 장애인법(ADA)에 적용을 받고 있다. 그럼에도 불구하고 후천성면역결핍증/에이즈 감염이 사회복지사의 윤리적인 실천에 있어 도전에 직면하고 있다.

우리나라의 사회복지사 윤리강령에서는 에이즈 감염인에 대한 구체적인 규정이나 지침이 마련되어 있지 않다. 사회복지실천에 있어 에이즈와 같은 특정한 질병이 다른 장애나 질병에 대한 논의에서 제외되지 않도록 지속적인 관심이 요구된다. 그렇지만 사회복지사 윤리강령의 다른 규정들은 사회복지사가 에이즈 감염인과 함께 서비스를 제공하는 일에 적용할 수 있다. 예컨대, 차별금지, 클라이언트의 비밀보장, 알 권리, 자기결정권, 그리고 삶의 질 향상, 이 밖에도 인권문제, 자유와 평등의 문제 등의 윤리적인 가치들이 에이즈 감염인에게도 다른 클라이언트와 같은 수준으로 적용될 수 있음을 확실히 할 필요가 있다.

1. 사회적 약자, 소외되고 억압받는 클라이언트

에이즈(AIDS)는 혈액, 성적인 접촉, 그리고 죽음과 연관되어 있기 때문에 낙인을 받는 질병으로 인식되어 왔다. 이는 19세기의 천연두 피해와 비교되어 왔으며, 중세의 검은 죽음인 페스트와 비교되어 왔다. 사회복지사는 에이즈에 대해서 우선 무서운 감염 공포와 연관 지어 생각하고 있다. 한 가지 예를 들면, 우울증인 젊은 여성들을 대상으로 상담 중인 한 정신건강센터에서의 전문 사회복지사가 있다. 이들 중 한 여성이 최근에 후천성면역결핍증(HIV: Human Immunodeficiency Virus, AIDS 바이러스) 양성으로 진단을 받고, 불안해하고 있는데, 함께 상담 중인 다른 여성들이 감염된 사람들과 식사를 함께하는 것만으로도 에이즈에 감염이 될 수 있다고 생각하는 등 왜곡된 생각으로 불안을 더욱 심각하게 만들고 있다. 따라서 에이즈에 대한 정확한 지식을 익히고, 이를 홍보하고 교육하는 일이 전문 사회복지사뿐만 아니라 사회복지를 전공하는 학생들에게도 중요한 일로 인식되고 있다.

대부분의 나라에서는 에이즈 감염인이 대체로 이성 간인 반면, 미국의 경우에는 후천성면역결핍증/에이즈가 처음 확인된 사람들이 대체로 남성동성애자였다. 1984년에는 이 병을 동성애자병(게이병)이라고 불렀다. 이렇게 게이병으로 인식되면서, 이 병에 걸린 사람들에 대해서 억압과 낙인을 가하며, 여러 가지 형태의 차별이 가해졌다. 그러나 공공의료기관에서 후천성면역결핍증/에이즈에 대한 연구가 진행되면서 이 병이 감염에 의한 질병으로 인식되기 시작하였다. 사회복지사 윤리강령에서는 사회복지사는 성적인 동향에 기초한 차별을 금지해야 한다고 명시하고 있다. 그 후 1990년대 중반에 동성애자에 대한 차별을 금지하는 사회적 목소리가 나타나기 시작하면서 사회복지사 윤리강령에서는 각기 다른 성적인 성향을 가진 사람에 대해 차별을 금지하는 규정을 마련하였다. 그러나 우리 사회에서는 아직도 동성애자에 대한 일반인의 인식이 차별적인 상황인 것은 현실이다.

정맥주사를 사용하는 사람들은 에이즈 감염에 커다란 영향을 받아 왔다. 이들은 또 다른 상처받기 쉬운 집단인데, 사회복지사는 이들에게 '저항자', '교묘한 사람', '도움을 받아들이지 않는 사람' 등의 표현을 하고 있다. 이러한 표현은 기본적으로 자신의 클라이언트 문제가 자신의 일에 영향을 미치는 것에 대해 개인 반응을 어떻게 하는지를 실험하는 것이다. 만약 클라이언트가 기본적인 중독 문제를 가지고 있다면, 후천성면역결핍증/에이즈 감염인의 의료적인 욕구, 그리고 심리·사회적인 욕구가 무시될 수 있을 것이다.

영국의 「빈곤법」에서는 법의 대상자, 즉 사람들을 '가치 있는' 혹은 '가치 없는' 빈곤자로 분류하였는데, 현재는 동성애자 혹은 약물 중독자에 대해서는 가치 없는 대상자로 분류한다. 이는 이들을 후천성면역결핍증/에이즈를 확산시키는 사람들로 인식하기 때문이다. 그러나 혈우병 환자(hemophiliacs)나 후천성면역결핍증 양성으로 태어나는 유아들은 또 다른 측면에서 가치 있는 피해자이다.

후천성면역결핍증/에이즈 감염인과 함께 효과적으로 일을 하기 위하여, 사회복지사는 자신의 가치를 성적인 성향, 인종, 종족의 차이 등에 관한 것으로 시험하게 된다. 한국 사회복지사 윤리강령에서는 특별히 특정 질병뿐만 아니라 장애에 기초한 어떠한 차별도 금지하고 있다. 예컨대, 국적, 종족, 인종, 연령, 성별, 장애 여부, 성적인 지향성, 이 밖에도 우리의 경우에는 출신지역의 차이가 차별이 되어서는 안 된다는 것을 명시하고 있다.

우리나라의 경우에도 후천성면역결핍증/에이즈 감염인은 매년 급속히 증가하고 있는 추세이나 정확한 감염인 숫자는 확인하기 어렵다. 누군가 에이즈 감염인으로 확인되면 반드시 등록하여 관리를 받도록 법률로 규정하고 있다. 그러나 이들에 대한 후속대책으로 효과적인 치료와 보호 관리가 반드시 이루어져야 하나, 오히려 개인의 사생활 침해와 자유의 규제로 인식되고, 가족과 이웃으로부터 외면을 당하는 등 부정적인 경험을 하게 됨에 따라 에이즈 감염인에 대한 관리가 완벽하게 이루어지고 있지 못한 것이 현실이다. 우리나라는 매년 보건복지부의 질병관리본부에서 에이즈 감염인의 숫자를 파악하여 보고하고 있다.

(1) 후천성면역결핍증 검사의 대상

에이즈 검사와 관련한 몇 가지 윤리적인 질문을 할 수 있다.

첫째, 누가 검사의 대상인가?

둘째, 후천성면역결핍증의 고위험 대상자는 누구인가?

셋째, 검사는 강제적으로 이뤄져야 하는가? 혹은 자발적으로 이뤄져야 하는가?

넷째, 강제로 검사가 이뤄진다면 인권침해와 같은 윤리적인 문제는 없는가?

이처럼 후천성면역결핍증 감염 여부를 확인하기 위한 '검사의 범위와 대상'을 둘러싸고 많은 쟁점들이 있다. 모든 사람들을 대상으로 후천성면역결핍증 감염 여부를 검사하는 방식과 후천성면역결핍증 감염의 고위험 대상을 선별적으로 검사하는 방식, 혹은 '강제적인 검사'를 실시하는 방법과 '자발적인 검사'를 실시하는 방식 등의 쟁점에 초점이 맞춰지고 있다. 이러한 쟁점에 관심을 갖고 있는 사이에 현재 후천성면역결핍증 검사는 소수의 고위험 대상자들만이 모든 사람들을 대상으로 하는 검사를 추천하고 있다. 소수의 사람들만이 검사를 받는 것은 인권침해 행위로 볼 수 있으나 모든 사람들이 검사를 받을 경우에는 비용·비효율성의 문제가 제기될 수 있다. 더불어 제기되는 문제는 때때로 에이즈 검사 자체에 오류가 많아 검사결과 잘못된 에이즈 양성자를 만들어 내고 있다는 내용들이다. 이 밖에도 만약 모든 사람을 대상으로 한 검사를 강제적으로 실시하는 경우에는 전통적인 시민의 자유와 사생활에 대한 침해, 자율권에 대한 박탈을 우려하여 이를 반대하는 입장이다. 에이즈 감염여부를 알아보기 위한 검사를 강제적인 방법이 아닌 개인의 건강검진 시 혹은 입원·수술 전에 실시하는 기본 검진 시 해당자 모두를 대상으로 검사를 실시한 결과, 만약 에이즈 양성으로 진단된 후에 이 질병에 대한 적절한 치료가 이루어질 수 있는가 하는 것이 또 다른 쟁점이다. 이러한 논쟁을 통해 많은 사람들이 후천성면역결핍증에 대해 알게 됨으로써 개인의 생활태도에 대한 변화가 나타난 것은 바람직한 일일 것이다.

대부분의 사회과학자와 의료진은 만인을 대상으로 하는 HIV검사보다는 선별적인 검사를 실시하는 것이 바람직한 선택이라고 생각하는데, 이와 관련하여 다음과 같은 질문을 고려할 수 있다.

- 어떠한 집단의 사람들이 에이즈 검사를 받아야 하는가?
- 에이즈 감염 여부를 확인하기 위한 검사를 자발적으로 해야 하는가? 혹은 강제적으로 해야 하는가?

위험도가 높은 집단으로 지목된 집단의 자발적인 검사는 조속히 치료를 시작할 수 있으며, 위험성이 높은 행동을 줄일 수 있다. 위험요인과 이득요인을 분석하는 위험·이득분석이 이 문제에 적용될 수 있다. 위험·이득분석을 실시하면, 검사를 통해 치료를 일찍 시작할 수 있고, 성적인 행동의 변화를 가져올 수 있는 이득이 있는 반면, 사회적인 위험(차별, 낙인)과 심리적인 위험(불안, 우울, 자살 등의 증가)이 반드시 고려되어야 한다. 또한 단지 후천성면역결핍증 감염 여부를 알아보기 위한 검사에 그치는 것은 현재 후천성면역결핍증 감염인들에게는 충분한 조치가 되지 못한다. 이들을 위한 검사 전후의 상담 등 필요한 서비스 제공이 이루어져야 한다.

에이즈가 공공건강 문제로 다루어지면서, 강제적인 검사에 대해 언급하는 경우가 많아졌다. 후천성면역결핍증/에이즈에 대한 검사가 강제적으로 이루어지고 있다는 실례들이 있다. 예를 들어, 모든 헌혈자들에 대해서는 에이즈 검사가 이루어지고 있으며, 모든 입대 시 신체검사, 모든 이민자, 그리고 모든 수형자들도 강제적으로 검사가 이루어지고 있는 대상들이다. 또한 병원 환자들을 대상으로 기본 검사에 에이즈 검사가 포함되기도 한다.

만약 국가차원에서 후천성면역결핍증 감염인을 파악하기 위해 혼인한 모든 남녀에게 혼인증명서 제출 시 후천성면역결핍증 검사 결과를 함께 제출하도록 한다면, 이와 같은 방법이 비용-효과적인 면에서 적절하지 않다고 반대하는 입장이 있을 수 있다. 후천성면역결핍증/에이즈 강제적인 검사에 있어 가장 논쟁이 되는 문제는 임신한 여성과 새로 태어날 태아에 대한 검사에 대한 질문이다. 강제적으로 에이즈 검사를 실시하는 것에 찬성하는 입장의 주장에 따르면, 에이즈 감염 사실을 조금이라도 일찍 확인하는 경우에는 임산부나 태아에 대한 생명연장을 위한 의료적인 조치가 가능하다. 그러나 강제적인 검사를 실시하는 것에 반대하는 입장의 주장에 따르면 강제적인 검사에 의해 후천성면역결핍증 양성으로 확인되는 경우에는 차별이나 낙인과 같은 또 다른 사회적인 문제에 직면하게 되는 경우를 우려된다.

참고

• 신생아에 대한 후천성면역결핍증 강제 검사 – 후천성면역결핍증 방지법(미국 뉴욕주)

1995년도 미국의 뉴욕 주에서는 새로 태어나는 모든 신생아에 대한 강제적인 후천성면역결핍증 검사와 그 검사결과를 산모에게 알리도록 하는 내용의 법률 제정을 위해 투표를 실시하였다. 조기에 검사를 통해 후천성면역결핍증/에이즈 감염 여부를 확인하고 새로운 의료적인 조치를 취하는 등 그 결과로 에이즈로 인한 사망률은 줄어들고 있다. 이와 함께 새로 에이즈 감염 여부에 대해 강제적인 검사와 보고를 받는 사람들이 늘어나면서 이에 대한 관심이 생겨나고 있다. 「후천성면역결핍증 방지법(HIV Prevention Act)」이다. 이 법은 누구라도 후천성면역결핍증로 노출된 경우에는 해당 주는 본인에게 강제로 에이즈 감염 사실을 알리고, 모든 수술을 시술하기 전에 미국의료협의회의 서명을 받고 의사에게 후천성면역결핍증 검사를 실시하는 사실을 소개하고 허락을 받도록 하는 제도이다.

참고

우리나라 후천성면역결핍증 예방법(1999)

우리나라의 경우 「후천성면역결핍증(AIDS)예방법」(1999)에 의하면, 다음과 같다.

법률
제2장 신고 및 보고
제7조 비밀누설금지(감염자에 관한 업무상 알게 된 비밀을 누설하여서는 안 된다)
제4장 감염자의 보호관리
제15조 강제처분조항
제16조 요양시설 등의 설치 운영
제18조 취업의 제한
제19조 전파매개 행위금지(예방조치 없이 행하는 성행위, 혈액, 체액, 타인에게 전파행위)
제6장 벌칙(3년 이하의 징역에 처한다)
제25조 전파매개 행위를 한 자, 감염된 혈액, 장기, 조직, 정액을 유통 판매하는 행위자
제26조 3년 이하 징역 및 천만 원 이하의 벌금(비밀누설자, 감염인이 규정에 의한 검사를 실시하지 않는 자)

(2) 후천성면역결핍증/에이즈와 비밀보장, 알 권리

후천성면역결핍증/에이즈(HIV/AIDS)는 1980년대 처음으로 건강문제에 낙인을 받을 수 있는 매우 심각한 질병으로 확인되었다. 그 후 후천성면역결핍증/에이즈에 감염인에 대한 비밀보장을 유지하는 데 있어 많은 압력을 받아 왔다. 예를 들어, 조기검진에 의한 질병의 조기진단, 질병의 확산을 막는 것이 사회적 이득이라는 생각이 지배적이었다. 따라서 에이즈 확산에 대한 경고의 역할 등 의료진의 경우에는 감염인의 사적인 비밀보장보다는 공공 차원의 질병확산 방지와 같은 건강문제를 우선적으로 고려하였다. 그러나 사회복지사의 경우에는 이들 에이즈(AIDS) 환자와 함께 일하면서 그들의 개인적인 비밀보장을 유지하는 것에 대한 지속적으로 압력을 받았다. 개인에 대한 비밀보장은 사회복지실천에서 클라이언트와 사회복지사 간의 관계의 형성과 유지, 돕는 관계의 기본 원칙으로 여겨 왔다. 그러나 동성애와 무관한 사람들(예, 여성, 신생아, 아프리카 주민, 아동들)에게까지 에이

즈와 같은 질병이 확산되는 것을 보며, 질병과 무관하며 질병확산에 영향을 미치는 위험한 행동과는 상관이 없는 대상자들에게 질병이 확산되고 있는 상황에서까지 비밀보장을 유지해야 하는가 하는 질문이 생기고 있다.

한편 에이즈 감염인의 사적인 비밀보장과 주변의 타인들과 잠재적 에이즈 감염자, 즉 피해를 입을 가능성이 있는 사람의 알 권리를 소홀히 하고 있다는 지적에서 무엇이 좀 더 사회정의를 실현하는 것인가 대해 질문을 하게 된다. 많은 부분 에이즈 감염인의 사적인 비밀보장보다는 잠재적인 피해자의 개인의 권리가 소홀히 다루어져서는 안 될 것이다.

사회복지사 윤리강령에서는 비밀보장의 예외적인 경우를 제시하고 있는데, "클라이언트 자신 혹은 다른 사람에게 심각하거나, 예측할 수 있는 경우, 즉각적으로 해가 되는 경우에는 피해를 예방하기 위해 비밀을 공개하는 것이 필요하다."고 규정하고 있다. 사회복지실천현장에서 클라이언트의 비밀을 보호하는 것과 비밀을 더 이상 보호할 수 없는 제한과 관련하여서는 개인의 비밀로 공공의 위험이 시작되었을 때, 더 이상 비밀을 유지될 수 없으며 클라이언트의 비밀보호에 대한 특권은 소멸됨을 강조하고 있다. 다시 말해 사회복지사는 클라이언트의 잠재적인 피해를 경고해야 할 의무가 있다는 기준을 마련하고 있다.

몇몇의 사람들은 이러한 결정이 상황에 적합하지 않다는 주장하는데, 그 이유는 잠재적인 피해자들이 확인될 수 없기 때문이다. 또한 클라이언트의 진실에 위반하는 것은 클라이언트가 치료를 중단하거나 혹은 안전한 성적인 관계마저도 회피하는 원인이 되고 있다. 후천성면역결핍증 양성 반응을 보인 개인들이 성적으로 위험한 상황을 알 수 없는 성적 상대자와 함께 있는 경우, 그리고 클라이언트의 상황이 '공공에게 위험이 시작되었을 때, 개인의 비밀보장은 중단된다.'와 관련이 있는 상황에 놓여 있는 것 등의 경우는 서로 다른 주장을 하고 있다. 윤리학자들은 정확하게 행동의 방향에 대해 의견을 나누어야 한다고 생각하고 있다. 그러나 윤리적인 의사결정모델은 윤리적인 딜레마에 빠져들게 만들고 또한 윤리적인 딜레마를 해결하기 위한 시작이 되는 쟁점들을 임상적으로 명확하게 하는 데 도움이 된다.

사회복지사의 윤리적인 딜레마는 후천성면역결핍증 감염인 클라이언트에 대해 다른 사람들에게 경고하는 사회복지사의 역할을 고려할 때 생겨나게 된다.

다음의 사례를 윤리적인 의사결정모델에 적용하여 윤리적인 딜레마를 이해한다.

사 례 후천성면역결핍증/에이즈 검사결과와 비밀보장, 그리고 알 권리

최 선생은 경험이 많은 임상 사회복지사이다. 현재 한수 씨 가족치료를 담당하고 있다. 한수 씨 부부의 갈등은 지난 4년간의 결혼생활 동안에 지속적으로 증가해 왔다. 이 부부의 스트레스 원인이 되는 것 가운데 하나는 경제적인 문제이다.

결혼 4년이 되도록 이 부부에게는 아이가 없었다. 한수 씨의 부인은 임신 3개월을 넘기지 못하고 유산이 되었다. 그러던 중 한수 씨는 건강검진을 받았다. 그 검사 결과 그는 후천성면역결핍증 반응검사에서 양성이라는 통보를 받았다는 것이다. 한수 씨는 검사결과를 믿을 수 없어 재검사를 받을 것이라고 하였다. 한수 씨는 누군가에게 이 이야기를 하여야 할 것 같아 사회복지사 최 선생에게 전화를 하였다고 하였다. 한수 씨의 감정은 자신의 상황을 아내에게 털어놓을 수 없다는 생각이고, 만약 아내가 이 사실을 알게 되면 자신을 떠날지도 모른다는 두려움을 호소하였다. 한수 씨는 지난해 술에 취해 3일간 외박을 하면서 한 술집여성과의 잠자리를 기억하고, 아마도 에이즈 질병이 그때 옮겨졌을 것이라 생각하고 있다.

한수 씨는 최 선생에게 계속해서 자신의 아내에게 이러한 사실을 알리지 않을 것을 부탁하였다.

- 이때 사회복지사의 윤리적인 실천은 무엇인가?
- 에이즈 감염과 관련하여 윤리적인 쟁점은 무엇인가?
- 클라이언트의 비밀보장의 범위와 한계에 대해 생각해 보자.

2. 에이즈 진단 후 치료 등 지원 서비스

후천성면역결핍증/에이즈 감염인과 함께하는 사회복지실천에 있어, 윤리적 쟁점과 딜레마는 감염인 본인과 이들 가족에 대한 미시적 접근과 거시적 접근 모두에 해당된다. 감염인의 진단이 이루어지고 난 후에 미시적으로 어떤 치료의 지원이 이루어져야 할 것인지, 거시적으로는 이들에게 적용된 제도와 법률, 정책적 지원이 마련되어야 할 것인지 명료하지 않다. 대표적은 예로서, 에이즈 치료를 위한 기금은 지속적으로 주요 쟁점이 된다. 현재 의료·건강 비용이 상당히 증가하고 있는 상황에서 특별히 에이즈 환자의 생명연장을 위한 치료 등 만성병 치료에 의료적인 관심이 높아지고 있다. 특히 이들 질병에 대한 치료비 등 의료비용과 관련해서는 더욱더 그렇다.

대부분의 민간의료보험회사는 에이즈 바이러스에 양성으로 반응된 사람에 대해서는 보험을 적용하고 있다. 만인에 대한 건강보호서비스를 지향하는 정부 차원의 프로그램이 존재하나, 모든 질병에 적용되는 것은 아니어서 많은 근로 계층의 사람들은 건강보호를 받지 못하고 있다. 후천성면역결핍증 양성인 사람들은 그들의 질병과 관련한 검진을 받을 수도, 의약품을 살 수도 없는 실정이다. 새로운 복지법률 하에서, 후천성면역결핍증 양성인 개인이 일을 하는 데 질병이 심한 경우, 그들은 복지나 의료적 혜택에 대해 욕구를 형성하는 데 어려움이 있을 것이다. 의료보호에 의한 보호관리의 제공자들은 후천성면역결핍증/에이즈의 사람들을 특별한 욕구, 즉 의료적·사회적인 서비스에 대한 욕구가 있는 집단으로 인식하고 있다.

만성질환은 예방과 보호 비용이 요구된다. 예를 들어 고등학교에서의 에이즈 예방을 위한 교육프로그램을 실시하고 있는데, 최근에는 이에 대한 예산을 삭감하여 에이즈 예방교육에 심각한 피해가 되고 있다. 질병에 대한 진단 후 정확한 치료는 가장 관심을 두어야 할 분야이다. 특히 만성질환으로 고통받는 사람들의 숫자가 증가하고 있는 상황에서 이들에 대한 관심이 늘어나야 하며, 특히 에이즈와 만성질환을 함께 가지고 있는 사람이 증가하고 있는 추세이다.

에이즈 환자에 대한 사회복지서비스의 책임은 지역보건소를 중심으로 인식되고 있다. 그러나 에이즈 환자에 대한 정부의 보호 및 서비스 혜택의 수준은 매우 심각한 상태이다. 이들이 겪는 최대 문제는 에이즈 치료제에 대한 경제적인 부담이다. 대체로 에이즈 질병에 대한 일반 사람의 낙인감은 과거보다는 줄어드는 분위기이다. 에이즈 감염인이 자신의 가족이나 이웃들과 함께하지 못하고 집을 벗어나 쉼터 등에서 살고 싶으나, 이들이 갈 만한 쉼터도 부족한 실정이다. 그뿐만 아니라 이들은 직업생활이나 일상생활에서 배제되고 차별을 받는 경험은 더욱 심화되고 있는 상황이다. 그럼에도 이들에게 필요한 사회복지서비스의 제공은 매우 낮은 수준이며 매우 제한적이다.

다음은 에이즈 진단과 치료의 과정을 소개한 사례이다.

사 례 **에이즈 감염과 비밀보장 혹은 치료**

박 선생은 외국인근로자지원센터의 사회복지사이다. 본 센터는 외국인근로자의 노동현장에서의 권익을 대변하는 역할을 수행하고 있다. 종종 불법체류근로자의 법률문제도 상담하고 있다. 얼마 전부터 동남아시아의 한 국가에서 온 클라이언트 아딸(남, 22세)이 몸이 아프다고 하여, 지역병원에서 진단과 치료를 받던 중 아딸이 에이즈에 감염되었다는 사실을 알게 되었다. 아딸은 이 사실이 고용주에게 알려지면, 자신은 공장에서 퇴출당하고 한국에서 추방당하게 될지도 모른다고 이 사실을 비밀로 해 달라고 했다.

박 선생은 아딸의 증상이 점점 심각해지고 있음을 안다. 지속해서 공장 일을 하는 것보다는 약물치료와 심신안정이 필요한 상태라 생각하였다. 박 선생은 아딸과 상담을 통해, 고용주에게 이 사실을 알리고, 퇴직하고 귀국하여 치료에 집중하는 것이 아딸의 건강을 위해 현재로서 가장 먼저 고려해야 할 것이라 생각하였다. 아딸은 마음을 돌려, 결국 퇴사를 결정하였다. 박 선생은 아딸이 귀국 전에 국제의료단체의 도움을 얻어 에이즈 치료약을 무상으로 공급받을 수 있도록 도와주었다. 현재 아딸은 자신의 나라에서 질병치료에 집중하고 있다는 소식을 들었다.

– 이 사례에서 사회복지사의 실천은 대체로 적절했는가?

– 윤리적인 면에서 적절했는가?

에이즈 연구에 있어 많은 윤리적 딜레마를 경험하게 된다. 예컨대, 새로운 에이즈 신약 개발을 위하여, 실험집단과 통제집단의 활용이 필요한 경우가 있다. 이러한 의미는 에이즈 환자들로 구성된 집단을 만들어, 한 집단에게는 생명연장을 위해 만들어진 신약의 혜택을 포기하도록 하고, 다른 한 집단에는 신약의 혜택을 제공하는 등 실험으로 인한 윤리적인 딜레마를 경험하게 될 가능성이 있다는 의미이다. 이처럼 연구를 위하여 필요한 치료에 대한 접근을 부인하는 것은 생명의 문제와 연관 지어 볼 때 비윤리적인 것이다.

사회복지사는 에이즈로 인해 고통받는 모든 사람들이 비용지불능력에 상관없이 적절하게 보호받고, 확실하게 치료받을 수 있도록 해야 할 책임이 있다. 그러나 사회복지사는 그들의 시간배분에 대한 욕구가 증가하고 있다. 어떻게 그들이 에이즈 환자에게 공정하고 확실하게 서비스를 전달할 수 있는가? 예산의 삭감이나 제공되는 서비스 규모의 축소 등으로 인해 급격하게 늘어나는 부담을 겪는 사람들과 일하는 사회복지사는 종종 어려운 결정을 해야 한다. 사회복지사들 가운데, 어떤 에이즈 환자가 가장 시급하게 또는 많은 관심을 요구하고 있는지 등을 분류하고 순위를 매길 수 있는 사회적인 분류체계를 도입하려는 사회복지사가 늘어나고 있다. 예를 들어, 에이즈 환자들 가운데, 어떤 사람은 가족들과 함께 자신의 집에 살면서 직장에서 일을 하고 있고, 어떤 사람은 노숙자이며 치매현상을 보이는 경우, 이 두 사람 가운데 누가 사회복지사의 서비스를 우선적으로 받아야 하는가?

사 례 에이즈 감염인 쉼터의 사회복지사의 윤리적 딜레마

김 선생은 에이즈 감염인 쉼터에서 대략 15명의 클라이언트를 돌보는 사회복지사이다. 이 쉼터에 살고 있는 모든 클라이언트는 가족과 이웃으로부터 배제되어, 쉼터에서 살고 있다. 사회적 낙인이 심한 우리 사회에서 에이즈 감염인이 취업하는 것은 거의 불가능하다. 이들은 약물치료를 하고 있으나 종종 한밤중에 열이 나서 응급처치를 받을 때도 있다. 에이즈 치료약이 매우 비싸기 때문에 약물치료에 경제적 부담이 매우 크다. 이런 상황에서 쉼터에 살고 있는 클라이언트 대부분은 치료약을 복용하지 못하고 치료를 중단한 상태이다.

낮 시간 동안에는 일부 클라이언트가 외출을 하기도 하나, 대부분 쉼터에서 무료한 시간을 보내고 있다. 사회복지사는 자원봉사자의 도움을 얻어 사회교육이나, 문화활동을 지원하고 싶으나, 에이즈 감염인 쉼터인 것을 아는 순간 자원봉사자들의 발길도 끊기는 상황이다. 때로는 지역사회에서 누군가가 에이즈 감염인 쉼터라는 사실을 알게 되는 순간, 또 다른 삶의 터전을 찾아서 이사해야 한다.

- 본 사례에서 사회복지실천의 윤리적 쟁점은 무엇인가?
- 사회복지사의 윤리적 실천은 무엇인가?
- 이들 클라이언트에게 지원 가능한 치료서비스를 비롯한 사회복지서비스는 무엇인가?

3. 직장 내의 에이즈 감염인에 대한 행정·관리자의 역할

우리 사회에 에이즈 감염인이 늘어나면서 사회복지실천의 행정과 자문 및 슈퍼비전을 담당하는 관리자들의 역할과 과업은 더욱 중요하게 강조되고 있다. 슈퍼바이저는 조언을 통해 반드시 사회복지사는 클라이언트의 욕구에 즉각적인 관심을 보이는 사람이라는 것을 인식하도록 노력해야 한다. 아직까지 많은 클라이언트가 에이즈에 감염되어 있지는 않으나, 이들은 사회적·심리적·의료적인 문제를 가지고 있다. 에이즈에 감염된 클라이언트의 경우에는 의료적인 치료에 대한 욕구를 비롯한 사회복지서비스의 욕구가 매우 높다. 그러나 동시에 이들은 또한 매우 심한 낙인을 받고 있다.

현재 이들에 대해 즉각적인 관심이 요구되는지 혹은 가장 많은 관심이 요구되는지 행정관리자는 에이즈 감염인을 클라이언트로 둔 사회복지사와 일하는 데서 어려운 결정을 내려야 할 때가 많다.

사 례 **직장 내 에이즈 감염인에 대한 관리자의 입장**

최 부장은 대략 18년간 지역사회종합복지관에서 근무하고 있는 사회복지사이며 관리자이다. 최 부장은 복지관의 전반적인 운영과 관리의 책임을 맡고 있다. 사례관리 담당자인 김 선생은 몇 년 전 제왕절개수술을 하면서 수혈을 했고, 그 후 에이즈에 감염되었다. 그 이후 김 선생은 남편과 이혼하였다. 최 부장은 김 선생의 이와 같은 사정을 잘 알고 있고, 기회가 될 때마다 김 선생에게 격려와 힘이 되는 지원을 아끼지 않고 있다. 최 부장 역시 과거에는 에이즈에 대한 좋지 못한 감정을 가지고 있었으나, 현재에는 에이즈 역시 누구나 걸릴 수 있는 질병이며, 관리를 받으면 무리 없이 생활할 수 있는 병으로 인식하고 에이즈 감염인에 대한 편견이나 낙인, 거부감을 거의 느끼지 않고 있다. 그러나 이 사실을 자신만 알고 있다는 생각에 다른 복지관 직원들에게 심적으로 불편함을 느낄 때가 상당히 많다.

- 최 부장은 현재와 같이 지속적으로 김 선생의 에이즈 감염사실을 혼자만 알고 있어야 하는가?
- 김 선생이 에이즈에 감염되었다는 사실을 다른 직원들과도 공유해야 하는가?
- 김 선생에 대한 배려를 어떻게 지속해야 하는가?
- 관리자 입장에서 최 부장이 어떤 윤리적 실천을 할 수 있겠는가?

사회복지실천현장에서 행정관리자의 문제는 후천성면역결핍증 양성반응을 보인 사람을 고용하는 문제이다. 첫째, 특히 에이즈에 대한 비밀보장을 원칙으로 하는 환경에서, 후천성면역결핍증 양성인 사람에게 행정관리자는 어떤 정보를 제공할 수 있는가? 행정관리자가 에이즈 감염인 직원에 대해 아무것도 말하지 않기로 결정한다면, 여러 가지 소문들이 만들어져 특정한 고용인에게 피해가 될 것이고, 직장환경에도 여러 가지 피해가 발생하게 될 것이다. 그러나 에이즈 예방에 관한 법률에서는 후천성면역결핍증/에이즈에 관한 정보의 공유를 금지하고, 에이즈에 관해서는 비밀보장을 유지할 것을 규정하고 있다.

다른 고려사항은 행정가는 업무를 정해 일을 하도록 배치해 주어야 하는 것이다. 이때 에이즈에 감염된 고용인의 경우 건강과 관련한 이유로 종종 결근을 하게 된다. 그러나 행정가는 일을 완벽하게 하는 경우에는 이에 대해 책임을 물을 수 없다. 또한 행정가는 후천성면역결핍증 양성인 고용인에게 여러 업무들 가운데 상대적으로 쉬운 일만을 골라서 할 것을 요구한다면 그것 또한 문제가 될 수 있다. 예를 들어, 후천성면역결핍증 양성 고용인이 상대적으로 쉬운 일을 하게 된다면 다른 직원들이 일에 대한 부담을 더 지게 될 것이고, 이것 또한 윤리적으로 받아들이기 어려운 문제가 되지 않겠는가?

따라서 사회복지실천 행정가는 반드시 에이즈 감염 직원에 대해서는 개인적인 쟁점으로 배려심을 보여야 할 것이며, 또한 이들 에이즈 감염 직원에 대한 차별에 영향을 미칠 수 있는 것에 대한 인식을 계속 지니고 있어야 한다. 그리고 가능한 오랫동안 그들의 법률적이고 사회적인 권리를 지속할 수 있는 방법이 무엇인지 계속적으로 인식해야 한다.

에이즈 감염 직원과 함께 일하는 행정가의 책임, 관리를 수행하는 일에서 기대되는 책임, 직원들의 반응 등은 사회복지사가 뜨거운 논쟁의 주제로 여기는 일이다. 많은 갈등은 행정관리자 개인 사회복지사의 욕구 혹은 조직의 욕구 중 어디에 우선적으로 초점을 두는지에 달려 있다.

임상적인 면에 초점을 맞춘 행정관리자의 경우, 직원의 근무시간 조절을 고려하거나 직원의 과업을 재조정하는 등 궁극적으로는 직원의 업무부서를 재배치하는 작업들을 통해 위협받는 직원들의 건강을 돌보는 일을 해야 한다. 행정에 초점을 맞춘 행정·관리자의 경우에는, 사회복지사의 업무 변경, 차선책의 계획으로 수정, 클라이언트의 법률적인 권리 확인, 조직의 생산성 향상을 위한 조직의 욕구 파악 등의 방법을 통해 행정가가 행동을 취하는 것은 매우 강조되는 중요한 일이다.

대부분의 행정가들은 행정가가 되기 전에 대체로 임상을 다룬 경험이 있다. 특히 임상 중심의 업무가 주요 업무였던 행정가의 경우에는 개인에 대한 관심과 임상적인 접근에 대해서는 어려움이 그리 크지 않으나, 행정적이고 법률적인 절차를 거쳐 업무를 수행하고 조직을 관리하는 능력을 발휘하는 일에는 종종 어려움을 호소하고 있다. 특히 조직 내에 에이즈에 감염된 직원과 함께 일하는 경우에는 이 직원 개인에 대한 지지와 함께 조직 전체에 미칠 수 있는 모든 영향 등을 고려해야 하기 때문에 어려움이 더욱 크다. 조직 내, 특히 작업 현장에서 에이즈와 관련한 좋지 않은 소문들이 돌고, 이로 인해 생겨난 불안을 감소시키는 일은 어려운 일이 될 것이다. 따라서 직원을 대상으로 한 후천성면역결핍증/에이즈 예방 및 인식 개선 교육을 실시하여 업무에 도움을 줄 수 있도록 한다.

사회복지사 윤리강령에서는 사회복지사의 옹호활동의 중요성에 대해 강조하고 있다. 윤리강령에서는 "상처받기 쉽고, 불이익을 당하기 쉽고, 억압받고, 그리고 사적인 이용이나 착취당하기 쉬운 개인이나 집단에 대해서는 특별한 관심을 가져야 한다."고 명시되어 있다. 에이즈에 감염된 사람들은 당연히 상처받기 쉬운 사람이며, 사회복지실천 행정가들은 반드시 자신이 일하고 있는 기관 등 사회복지실천현장에서뿐만 아니라 더 넓은 지역사회 내에서 이들 에이즈 감염인들의 욕구를 위한 옹호활동에 적극 참여하여야 한다.

참고문헌

강두호 옮김(고메스-로보 지음)(2008). 도덕과 인간의 선: 자연법 윤리학 개론. 고양: 인간사랑. (Gomez-Lobo, A., 1940, Morality and the human goods: An introduction to natural law ethics. Washington D.C.: Georgetown University Press).

강명신 옮김(샌델 지음)(2010). 생명의 윤리를 말하다: 유전학적으로 완벽해지려는 인간에 대한 반론. 파주: 동력. (Sandel, M. J., 2009, The case against perfection: Ethics in the age of genetic engineering. Cambridge, MA: Belknap Press).

강선경·김욱 옮김(콩그레스 지음)(2004). 사회복지 가치와 윤리. 서울: 시그마프레스(주). (Congress, E. P., 1999, Social work values and ethics: Identifying and resolving professional dilemmas. Chicago: Nelson-Hall).

강신주(2011). 철학이 필요한 시간: 인문학가운슬링. 파주: 사계절.

강신철(1999). 낙태에 관한 기독교 윤리적 연구. 장로회신학대학원 석사학위논문.

강재륜(1996). 윤리학의 역사. 서울: 대왕사.

강준호 옮김(바지니, 파슬 지음)(2007). 윤리학의 연장통: 윤리학적 개념과 방법의 일람표. 파주: 서광사. (Baggini, J., & Fosl, P. S., 2007, The ethics toolkit: A compendium of ethical concepts and methods. Massachusetts: Blackwell Pub).

강준호 옮김(토마스 지음)(2005). 윤리학 입문: 도덕판단의 다섯 가지 중심모델들. 서울: 철학과현실사. (Thomas, G., 1993, An introduction to ethics: Five central problems of moral judgement. London: G. Duckworth).

고미영·최경원·황숙연 옮김(리머 지음)(2003). 사회복지실천의 가치와 윤리. 고양: 사회복지실천연구소. (Reamer, F. G., 1999, Social work values and ethics (2nd ed.). New York, Chaster, West Sussex: Columbia University Press).

고수현(2002). 사회복지윤리와 철학. 서울: 도서출판 양지.

권선진(2004). 장애인 차별실태와 인권의식 개선방안에 관한 연구. 사회과학 연구, 18, 59-75. 평택대학교 사회과학연구소.

김기덕(2002). 사회복지윤리학. 서울: 나눔의집.

김동규(2010). 하버마스의 규범철학. 개성은 왜 사회를 발전시키는가?. 서울: 도서출판 한울.

김상균·오정수·유채영(2002). 사회복지 윤리와 철학. 서울: 나남.

김상득(2001). 생명의료 윤리학. 서울: 철학과현실사.

김석민 옮김(기다켄 엮음)(2010). 소크라테스에서 미셸푸코까지: 서울사회과학연구소. 서울: 도서출판 중원문화. (木田元, 1998, 哲學の古典101物語. 東京: 新書館).

김석욱·강준호·구영모·김은희·박상혁·최경선 옮김(마이클 샌델 강의)(2008). 공동체주의와 공공성. 서울: 철학과현실사.

김성옥(2004). 사회복지 윤리와 철학. 서울: 청목출판사.

김영진 옮김(테일러 지음)(1987). 윤리학의 기본원리. 서울: 서광사. (Taylor, P. W., 1974, Principles of ethics. Encino, Calif.: Dickenson Publishing Company, Inc.)

김영훈(2008). 하고 싶은 것과 해야 할 것: 아리스토텔레스 윤리학 읽기. UUP 울산대학교 출판부.

김태길(2004). 윤리학(개정판). 서울: 박영사.

나달숙(2003). 헌법상 인간의 존엄과 안락사: 자기결정권과 관련하여. 사회과학연구, 제10권, 277-302.

노흥태(1993). 암의 고지에 대한 의식조사. 대한산부회지, 36(1), 63-74.

도성달(2013). 윤리, 세상을 만나다. 한국학중앙연구원 출판부.

박균열·이정원·김대군·최선영·황수경·남영주·윤영도·조흥제·이원봉·박종태·서현영·임여진 옮김(포프, 바스케즈 지음)(2007). 심리치료와 상담의 윤리학. 서울: 철학과현실사. (Pope, K. S., & Vasquez, M. J. T., 1998, Ethics in psychotherapy and counseling: A practical guide. San Francisco, CA: Jossey-Bass).

박은진·장동익 옮김(펠드만 지음)(1999). 기초 윤리학. 서울: 철학과현실사. (Fedrnan, F., 1978, Introductory ethics. New Jersey: Prentice-Hall).

박이문(2005). 논어의 논리. 서울: 문학과지성사.

박재주·김재식·박균열 옮김(스프로드 지음)(2007). 윤리탐구공동체 교육론. 서울: 철학과현실사. (Sprod, T., 2001, Philosophical discussion in moral education. London:

Routledge).

박종대 외(2008). 현대인의 삶과 윤리. 서울: 민지사.

박찬구(2006). 개념과 주제로 본 우리들의 윤리학. 서울: 서광사.

변순용(2007). 책임의 윤리학. 서울: 철학과현실사.

서동명(2007). 2007 전국장애인복지 인권 비교연구. 한국장애인단체 총연맹.

서미경(2003). 정신장애인의 인권보장과 제한에 관한 연구. 한국사회복지학, 55(11), 231-254.

서미경·김영란·박은미 옮김(로웬베르그, 돌고프 지음)(2000). 사회복지 실천윤리. 서울: 양서원. (Loewenberg, F. M., & Dolgoff, R., 1996, Ethical decisions for social work practice. Itasca, IL: F. E. Peacock).

서병훈 옮김(밀 지음)(2011). 공리주의. 서울: 책세상문고. (Mill, J. S., 1987, Utilitarianism. New York: Prometheus Books).

서양근대철학회 엮음(2010). 서양근대윤리학. 파주: 창비.

서은숙 옮김(진순신 지음)(2010). 논어 교양 강의: 삶과 세계에 대한 깊은 지혜와 성찰. 파주: 돌베개. (陳舜臣, 2009, 論語抄. 東京: 中央公論新社).

송현미(2000). 의료 윤리에서의 환자의 권리에 관한 연구. 동아대학교 교육대학원 석사학위논문.

송휘철·황경식 옮김(사하키안 지음)(2004). 윤리학의 이론과 역사. 서울: 박영사. (Sahakian, W. S., 1974, Ethics: An introduction to theories and problems. New York: Barnes & Noble).

안진환·이수경 옮김(마이클 샌델 지음)(2010). 왜 도덕인가?. 서울: 한국경제신문. (Sandel, M. J., 2005, Public philosophy: Essays on morality in politic. Cambridge: Harvard University Press).

양옥경 외(2004). 사회복지실천과 윤리. 서울: 나눔의집.

양영란 옮김(아탈리 지음)(2007). 미래의 물결. 서울: 위즈덤하우스. (Attali, J., 2006, (Une) brève histoire de l'avenir. Paris: Librairie Arthène Fayard).

양해림(2005). 에코 바이오테크시대의 책임윤리: 과학기술의 진보의 이성. 서울: 철학과현실사.
엄명용·김성천·오혜경·윤혜미(2001). 사회복지실천의 이해. 서울: 학지사.
오유석 옮김(에피쿠로스 지음)(2007). 쾌락. 서울: 문학과 지성사. (Epicureans).
오윤수·정현태·이대주(2010). 사회복지윤리와 철학. 고양: 공동체.
오지은 옮김(프라이어 지음)(2010). 덕과 지식 그리고 행복: 고대 희랍윤리학 입문. 파주: 서광사. (Prior, W. J., 1991, Virtue and knowledge: An introduction to ancient greek ethics. London: Routledge).
오혜경(2005). 사회복지사의 윤리적인 의사결정(워크북). 서울: 북카페.
윤찬영(2004). 사회복지법제론. 서울: 나남출판사.
윤현진·박병춘·황인표·정창우·정책준 옮김(카츠 나딩스, 스트라이크 엮음)(2007). 정의와 배려. 고양: 인간사랑. (Katz, M. N. N., & Strike, K. A., 1999, Justice and caring: The search for common ground in education. New York: Teachers College Press, BF Agency.)
이경직 옮김(모어랜드, 크레이그 지음)(2011). 논리학·윤리학. 서울: 기독교문서선교회. (Moreland, J. P., & Craig, W. L., 2003, Philosophical foundations for a Christian worldview. Downers Grove, Ill.: Intervarsity Press).
이영란(1986). 형법상 낙태죄에 대한 고찰. 아세아여성연구, 제25집. 숙대아시아여성문제연구소.
이영철 옮김(비트게슈타인 지음)(1994). 철학적 탐구. 서울: 서광사. (Wittgenstein, L., 1953, Philosophische untersuchungen. Frankfurt am Main: Suhrkamp).
이위환·김용주(2009). 현대사회와 인간관계론. 고양: 공동체.
이종훈·한면희(1999). 현대사회와 윤리. 서울: 철학과현실사.
이주명 옮김(앤서니 지음)(2007). 윤리문제에서 딜레마 뛰어넘기. 서울: 필맥. (Anthony, W., 2007, Creative problem-solving in ethics. Oxford: Oxford University Press).
이창선 옮김(마이클 샌델 지음)(2010). 정의란 무엇인가?. 파주: 김영사. (Sandel, M. J., 2009, Justice: What's the right thing to do?. New York: Farrar Straus Giroux).
이혜원(2005). 인권과 사회복지실천. 서울: 학지사.
이효선(2003). 사회복지 윤리와 철학의 이해. 서울: 학지사.

임도빈(2008). 글로벌 공공윤리. 서울: 법문사.

장동익 옮김(마이클 지음)(2002). 덕의 부활: 의무윤리의 좌절과 덕 윤리학의 재등장. 서울: 철학과현실사. (Michael, S., 1992, From morality to virtue. Oxford: Oxford University Press).

장인협·문인숙 옮김(브릴 지음)(1986). 사회복지의 원리와 방법. 서울: 집문당. (Brill, N., 1973, Working with people: The helping process. 지역: Lippincott).

정영근(2009). 인간이해와 교육학. 서울: 문음사.

정영숙·이현지(2003). 장애인복지론. 서울: 현학사.

정옥분·곽경화(2003). 배려지향적 도덕성과 정의지향적 도덕성. 서울: 집문당.

정하윤(2003). 말기 환자의 자율적 치료선택과 관련된 의사 역할에서의 딜레마 고찰. 연세대학교 대학원 석사학위논문.

조남두(2007). 인간관계론. 서울: 동문사.

조민정(1998). 장기이식의 윤리성에 대한 태도 조사. 이화여자대학교 대학원 석사학위논문.

조수환(2007). 건전한 삶을 위한 정신건강. 서울: 동문사.

주은선 옮김(힐, 오브리언 지음)(2001). 상담의 기술. 서울: 학지사. (Hill, C. E., & O'Brien, K. E., 1999, Helping skills. American Psychological Association(APA)).

진교훈(1985). 인간존엄성에 관한 철학적 고찰. 사목, 통권 제102호, 24-31. 한국천주교중앙협의회.

진교훈(2003). 현대사회윤리연구. 서울: 울력.

최용학(1999). 현대인과 생활윤리. 서울: 도서출판 한글.

최유신(2006). 윤리란 무엇인가? – 주제와 역사. 서울: 철학과현실사.

최행식(2003). 의사의 설명의무와 환자의 자기결정권. 법학연구, 제17호, 343-363.

최현미(2004). 의료사회복지에서의 강점모델 적용 연구. 평택대학교 논문집, 제18집, 87-102.

추병완(2003). 정보사회와 윤리. 서울: 울력.

한국문화연구회(2000). 페미니즘은 휴머니즘이다. 서울: 한길사.

한국사회복지사협회(1992). 한국사회복지사 윤리강령(1992. 10. 22). 서울: 사회복지사협회.

한국카톨릭의사협회(1984). 의학윤리. 서울: 수문사.

한석환 옮김(아크릴 지음)(1992). 철학자 아리스토텔레스. 파주: 서광사. (Ackrill, J. L., 1981, Aristotles the philosopher. Oxford: Oxford University Press).

한춘기(1994). 신학적 윤리적 입장에서 본 인공유산. 서울: 기독교교육연구소.

헌법(1952. 7.7 제정/ 1987.10.29 7차 전문 개정).

홍종률(2007). 정보사회와 직업윤리. 서울: 형설출판사.

홍태영 외(2010). 현대 정치철학의 모험. 파주: 난장.

황경식·김성동 옮김(피터 지음)(2013). 실천윤리학. 고양: 연암서가. (Peter, S., 1980, Practical ethics. New York: Cambridge University Press).

황경식·박정순 외(2009). 롤스의 정의론과 그 이후. 서울: 철학과현실사.

황정미(2007). 결혼이주여성에 대한 한국인의 태도 분석. 서울대학교 여성연구소. 국제학술회의 발표자료.

황진우(2006). 인간관계론. 서울: 학문사.

ADA (1990). *American Disability Act*.

Aptekar, H. H. (1964). American social values and their influence on social welfare programs and professional social work. *Journal of Social Work Process, 14*(19).

Banks, S. (1995). *Ethics and values in social work*. Basingstoke: Macmillan.

Biesteck, F. P. (1957). *The casework relationship*. Chicago: Loyola University Press.

Bruce Bueno de Mesquita (2010). *Predictioneer's game: Using the logic of braxen self-interest to see 8*.

Canda, E. R. (1988). Spirituality, religious diversity and social work practice. *Social Casework, 69*(4), 238-47.

Catalano, S. (1997). The challenge of clinical practice in small friendships. *Smith College Studies in Social Work, 59*, 267-278.

Chung, K. H., & Megginson, L. C. (1981). *Organizational behavior: Development managerial skills*. New York: Harper & Row.

Congress, E. (1999). *Social work values and ethics: Identifying and resolving professional dilemmas.* Wadsworth: Thomson Learning.

Conrad, A., & Joseph, V. (1996). A model for ethical problem solving: A process for resolving questions and quandaries. *Presentation at the Annual NASW Conference.* OH: Cleveland.

Constable, R. (1983). Values, religion and social work practice. *Social Thought, 9*(4), 29-41.

Corey, G., & Herlihy, B. (1997). Dual/multiple relationships: Towards a consensus if thinking. In B. Herlihy, & G. Corey (Eds.), *The hatherleigh guide series* (Vol. 10). Ethics in therapy (pp.183-194). New York: Hatherleigh Press.

Corey, G., Marianne, S. C., & Patrick, C. (1998). *Issues and ethics in the helping professions* (5th ed.). Pacific Grove, CA: Brooks, Cole.

Curtis, M. (1981). *The great political theories* (Vol.2). New York: Avon.

Daniel, C. (1970). *Aborion: Law, choice and morality.* New York: Macmillan Company, 11.

Donagan, A. (1977). *The theory of morality.* Chicago: University of Chicago Press.

Duska, R., & Whelan, M. (1975). *Moral development: A guide to Piaget and Kablberg.* New York: Paulist Press.

Ephross, P. H., & Reisch, M. (1982). The ideology of same social work text. *Social Service Review, 56*(2), 273-91.

Erikson, E. (1980). *Identity and the life cycle.* New York: W. W. Northon Company, Inc.

Famsel, D., & Shinn, E. (1978). *Children in foster care: A longitudinal investigation.* New York: Columbia University Press.

Flexner, A. (1915). Is social work a profession? *Proceedings of National Conference of Charities and Corrections, 42* (pp.576-590). Chicago: Hindman.

Fook, J. (2000). *Social work : Critical theory and practice.* London: Sage Publications.

Frankel, C. (1969). Social values and professional values. *Journal of Education for Social Work, 5*, 29-35.

Germain, C. B. (1991). *Human behavior in the social environment.* New York: Columbia University Press.

Gewirth, A. (1978). *Reason and morality.* Chicago: University of Chicago Press.

Gewirth, A. (1996). *The community of rights.* Chicago: University of Chicago Press.

Giddens, A. (2006). *Sociology* (5th ed.). Cambridge: Polity Press Ltd.

Gil, D. (1994). Confronting social injustice and oppression. In F. G. Reamer (Ed.), *The foundation of social work knowledge* (pp.231-263). New York: Columbia University Press.

Glasser, W. (1965). *Reality therapy.* New York: Harper & Law.

Goldstein, H. (1987). The neglected moral link in social work practice. *Social Work, 32*(3), 181-186.

Goleman, D. (1985). Social workers vaults into a leading role in psychotherapy. *New York Times, April 30,* C1-C9.

Gordon, W. E. (1965). Knowledge and value: Their distinction and relationship in clarifying social work practice. *Social Work, 10*(3), 32-39.

Hamilton, G. (1940). *Theory and practice of social casework.* New York: Columbia University Press.

Hardman, D. G. (1975). Not with my daughter, You don't. *Social Work, 20*(4), 278-85.

Hassan, R. (1982). On human rights and the quranic Perspective. In A. Swider (Ed.), *Human rights in religious traditions* (pp.51-65). New York: Pilgrim.

Hollis, F. (1964). *Case work: A psycho-social therapy.* New York: Random House.

Hugman, R., & Smith, D. (1995). *Ethical issues in social work.* London: Rautledge.

Hunt, L. (1978). Social work and ideology. In N. Timms, & D. Watson (Eds.), *Philosophy in social work* (pp.7-25). London: Routledge & Kegan Paul.

Jamal, K., & Bowie, N. E. (1995). Theoretical considerations for a meaningful code of ethics. *Journal of Business Ethics, 14*(9), 703-714.

Joseph, M. V. (1987). The religious and spiritual aspects of clinical practice. *Social Thought, 13* (1), 12-23.

Keith-Lucas, A. (1992). A socially sanctioned profession? In P. N. Reid, & P. R. Popple (Eds.), *The moral purposes of social work* (pp.51-70). Chicago: Nelson-Hall.

Lazarus, A., & Zur, O. (2002). *Dual relationships and psycho therapy*. New York: Springer.

Levy, C. (1973a). The value base of social work. *Journal of Education for Social Work, 9*, 34-42.

Levy, C. (1973b). The ethics of supervision. *Social Work, 18*(3), 14-21.

Levy, C. (1979). The ethics of management. *Administration in Social Work, 3*(3), 277-289.

Levy, C. (1983). *Guide to ethical decisions and action for social service administrators: A land-book for managerial personnel*. New York: Haworth Press.

Levy, C. S. (1976). *Social work ethics*. New York: Human Sciences Press.

Lewis, H. (1972). Morality and the politics of practice. *Social Casework, 5*(3), 404-417.

Lewis, H. (1984). Ethics assessment. *Social Casework, 65*(4), 203-211.

Loeb, P. R. (1999). *Soul of a citizen: Living with conviction in a cynical time*. New York: St. Martin's Griffin.

Loewenberg, F., & Dolgoff, R. (1996). *Ethical decisions for social work practice*. Itasca, IL: F. E. Peacock.

Loewenberg, F., Dolgoff, R., & Harrington, D. (2000). *Ethical decision for social work practice*. Belmont, CA: Thomson Brooks Cole.

Maluccio, A. N. et al. (2002). Ethical issue in working with vulunerable families. *Social Work Practice with Families and Children*. New York: Columbia University Press.

Marty, M. E. (1980). Social service: Godly and Godless. *Social Service Review, 54*(4), 463-481.

McAuliffe, D. (2005). Putting ethics on the organisational agenda. The Social Work ethics audit on trial. *Australian Social Work, 58*(4),

McDermott, F. E. (Ed.). (1975). *Self-determination in social work*. London: Routledge & Kegan Paul.

National Association of Social Workers (1996). *Code of ethic*. Washington, D.C.: Author.

Perlman, H. H. (1976). Believing and doing: Values in social work education. *Social Casework, 57*(6), 381-390.

Peterson, M. (1992). *At personal risk: Boundary violation in professional-client relationships*. New York: Norton.

Popper, K. (1966). *The open society and its enemies* (5th ed.). London: Reoutledge & Kegan Paul.

Pumphrey, M. W. (1959). *The teaching of values and ethics in social work education* (Vol.13). New York: Council on Social Work Education.

Rawls, J. (1971). *A theory of justice*. Cambridge, Mass.: Harvard University Press.

Reamer, F. G. (1990). *Ethical dilemmas in social service* (2nd ed.). New York: Columbia University Press.

Reamer, F. G. (1994). *The foundation of social work knowledge*. New York: Columbia University Press.

Reamer, F. G. (1995). *Social work values & ethics*. New York: Columbia University Press.

Reamer, F. G. (2000). The social work ethics audit: A risk-management strategy. *Social Work*, *45*(4): 355-366.

Reamer, F. G. (2003). Boundary issues in social work: Managing dual relationship. *Social Work*, *48*, 121-134.

Reamer, F. G. (2005). Documentation in social work: Evolving ethical and risk-management standard. *Social Work*, *50*(4).

Reid, P. N. (1992). The social function and social morality of social work: A utilitarian perspective. In P. N. Reid, & P. R. Popple (Eds.), *The moral purposes of social work* (pp.34-50). Chicago: Nelson-Hall.

Reisch, M., & Andrews, J. (2001). *The road not taken*. Ann Arbor, MI: Sheridan Books.

Rescher, N. (1969). *Introduction to values theory*. Englewood Cliffs, NJ: Prentice Hall.

Rokeach, M. (1973). *The nature of human values*. New York: Free Press.

Sahakian, W. S. (1974). *Ethics: An introduction to theories and problems*. New York: Harper & Raw.

Siporin, M. (1989). The social work ethics. *Social Though*, *15*(3/4), 42-52.

Siporin, M. (1992). Strengthening the moral mission of social work. In P. N. Reid, & P. R. Popple (Eds.), *The moral purposes of social work* (pp.71-99). Chicago: Nelson-Hall.

Smart, J. J. C., & Williams, B. (1973). *Utilitarianism: For and against.* Cambridge: Cambridge University Press.

Specht, H. (1990). Social work and the popular psychotherapies. *Social Service Review, 64*(3), 345-357.

Steinman, S. O., Nan, F. R., & Tim, M. (1998). *Ethical decision making manual for helping professional.* Pacific Grove, CA: Brooks Cole.

Sweet, W. (2003). *Philosophical theory and the universal declaration of human rights.* University of Ottawa Press.

Timms, N., & Watson, D. (1978). *Philosophy in social work.* London: Routhedge & Kegan Paul.

Timms, N. (1983). *Social work values: An enquiry.* London: Routledge & Kegan Paul.

Tomm, K. (2002). The ethics of dual relationships. In A. Lazarus, & O. Zur (Eds.), *Dual relationships and psycho therapy* (pp.32-43). New York: Springer.

Trattner, W. I. (1979). *From poor law to welfare state* (2nd ed.). New York: Free Press.

Varley, B. K. (1968). Social work values: Changes in values commitments from admission to MSW graduation. *Journal of Education for Social Work, 4*, 67-85.

Vigilante, J. L. (1974). Between values and science: Education for the profession; or is proof truth? *Journal of Education for Social Work, 10*(3), 107-115.

Weston, B., Lukes, R., & Hnatt, K. (1989). Regional human rights regimes: A comparison and appraisal. In R. Claude, & B. Weston (Eds.), *Human rights in the world community* (pp.208-220) Philadelphia: University of Pennsylvania Press.

Weston, H. (1989). Human rights. In R. Claude, & B. Weston (Eds.), *Human rights in the world community* (pp.12-29). Philadelphia: University of Pennsylvania Press.

Williams, R. M. (1968). The concept of values. *In International Encyclopedia of the Social Sciences, 16*, 283-287. New York: Macmillan/Free Press.

Wranka, J. M. (1994). Human rights and social policy in the United States: An educational agenda for the 21st Century States: An educational Agenda for the 21st century (Special issue on Human rights). *Journal of Moral Education*, *23*, 261-272.

Wronka, J. M. (1992). *Human rights and social policy in the 21st century: A history of the idea of human rights and comparison of the United Nations Universal Declaration of human rights with United States Federal and State Constitutions*. Langam, MD: University Press of America.

Zur, O. (2004). To cross or not to cross: Do boundaries in therapy protect or harm? *Psycho Therapy Bulletin*, *39*, 27-32.

국가인권위원회법(2005) www.humanrignts.go.kr/02-sub/body01.jsp

국제인권조약(1976) http://library.humanrights,go,kr/global/doc/s-detail.html?mastid=13555

세계인권선언(Universal Declaration of Human Rights, 1948)
www.unhchr.ch/udhr/lang/ khn.htm

유엔헌장(Charter ofthe United Nations, 1945)

인권에 관한 국제규약 (International Coverant of Human Rights, 1966)

UN장애인권리협약(Convention on the Rights of Persons with Disabilities, 2006)
www.humanrights.go.kr/search/XSearch.jsp

저자 소개

오 혜 경

성심여자대학교(현 가톨릭대학교) 사회복지학과 학사

미국 세인트루이스 대학교 사회복지대학원(M.S.W.) 석사

미국 펜실베니아 대학교 사회복지대학원(D.S.W.) 박사

현재 가톨릭대학교 사회복지학과 교수

〈저서〉

- 장애인복지학입문(아시아미디어리서치, 1997, 저)
- 장애인과 함께하는 사회복지실천(아시아미디어리서치, 1999, 저)
- 사회조사방법론(아시아미디어리서치, 1998, 저)
- 사회복지자료분석론(학지사, 2000, 공저)
- 여성장애인과 이중차별(학지사, 2000, 공저)
- 사회복지실천의 이해(학지사, 2000, 공저)
- 생애주기별 장애아동 가족지원(신정, 2003, 공저)
- 사회복지조사론(창지사, 2005, 저)
- 장애인복지론(창지사, 2005, 저)

사회복지 윤리와 철학

초판 1쇄 발행 2015년 1월 30일
초판 3쇄 발행 2023년 2월 21일

지 은 이 | 오혜경
펴 낸 이 | 김기섭
책임편집 | 이지혜
펴 낸 곳 | 창지사 www.changjisa.com
08589 서울시 금천구 가산디지털 1로 83 파트너스타워 1차 9층
전화 (02) 719-2211~3
팩스 (02) 701-9386
등 록 | 1977년 4월 28일 · 제1-421호

ISBN 978-89-426-2286-3 (93330)

값 23,000원